"十二五"国家重点图书出版规划项目

中国隧道及地下工程修建关键技术研究书系

U0649023

XIANDAI DITIE
MINYONG
WUXIAN TONGXIN

现代地铁

民用无线通信

蒲先俊　陶孟华　编著

人民交通出版社股份有限公司
China Communications Press Co.,Ltd.

内 容 提 要

本书以深圳地铁通信工程建设为基础,对现代地铁民用无线通信系统进行了全面论述和重点剖析。全书共十章,内容包括:总论、地铁里的电波传播、泄漏电缆、POI(多网接入平台)、区间设备、接入系统及其核心技术、传输系统、越区切换、场强覆盖、干扰及其抑制。

本书可供城市轨道交通以及相关行业的通信工程建设管理人员、系统设计人员和工程技术人员参考,也可供通信运营商、设备制造商、系统集成商、通信研究人员以及相关专业研究生参考使用。

图书在版编目(CIP)数据

现代地铁民用无线通信 / 蒲先俊,陶孟华编著. —
北京:人民交通出版社股份有限公司,2016.1
ISBN 978-7-114-12596-6

Ⅰ.①现… Ⅱ.①蒲… ②陶… Ⅲ.①地下铁道—无
线电通信 Ⅳ.①U231②TN92

中国版本图书馆 CIP 数据核字(2015)第 263410 号

书　　名	现代地铁民用无线通信
著 作 者	蒲先俊　陶孟华
责任编辑	吴燕伶
出版发行	人民交通出版社股份有限公司
地　　址	(100011)北京市朝阳区安定门外外馆斜街 3 号
网　　址	http://www.ccpcl.com.cn
销售电话	(010)59757973
总 经 销	人民交通出版社股份有限公司发行部
经　　销	各地新华书店
印　　刷	北京建宏印刷有限公司
开　　本	787×1092　1/16
印　　张	18
字　　数	430 千
版　　次	2016 年 1 月　第 1 版
印　　次	2023 年 8 月　第 4 次印刷
书　　号	ISBN 978-7-114-12596-6
定　　价	56.00 元

(有印刷、装订质量问题的图书由本公司负责调换)

前言

地铁,全名地下铁路交通或地下铁路,是城市轨道交通的主要形式。

现代地铁,是现代化城市繁荣的重要象征,是投资最大的市政工程。

我国已经进入地铁建设的快速发展期。截至 2014 年底,我国内地运营、在建及规划建设地铁的城市共计 42 座,正式运营线路已达 97 条。

飞速发展的民用无线通信业务,也伴随地铁的开通而进入地铁。能否手机通话,能否上网,通信质量如何,早已成为地铁乘客关注的话题。将民用无线通信引入地铁也成为移动通信发展的一个重要领域。

本书以深圳和其他城市地铁建设为背景,以场强覆盖和干扰分析为主线,以系统集成和工程实践为视角,以通信理论和自身经验为依托,以形象插图和简明表格为手段,对现代地铁民用无线通信系统进行了深入浅出的全面论述和重点剖析,力求为读者送上一份丰盛而美味的技术大餐,希望对相关的建设管理人员、系统设计人员和工程技术人员有所裨益,亦可供通信运营商、设备制造商、系统集成商、通信研究人员和在校研究生参考。

全书共分十章。第 1 章,对地铁、地铁通信、地铁无线通信和地铁民用无线通信的概貌,移动通信技术的发展和移动互联网的突起,无线通信频率资源和地铁民用无线通信系统案例,进行了综合述评和介绍。第 2 章,在重温电波传播基本概念之后,着重论述了各种地铁场景下的电波传播,其中最后一节(地下建筑物内的电波传播)是作者的研究成果。第 3 章,对漏缆的发展、应用、构成、原理、指标、特性和测试进行了全面论述,其中对漏缆的泄漏频率和极化的分析,也是作者的研究成果。第 4 章和第 5 章,对 POI、频段分合路器和干放这三个关键设备,分别进行了深入剖析。第 6 章,对无线公网接入系统的引入原则、引入方案、实际系统及核心技术,进行了全面介绍。第 7 章,在光纤通信概念的基础上,论述了传输系统的总体要求、使用现状和复用体制,列举了 SDH 和 MSTP 传输系统的应用实例。第 8 章,讨论了越区切换的基本概念、技术分类、一般准则、控制方式和基本特征,并对各种体制系统的越区切换进行了分析。第 9 章,系统地讨论了公网场强覆盖,包括覆盖指标、典型配置、设计原则、边缘场强和覆盖方案。第 10 章,梳理了 4G 时期我国地铁无线通信频段,探讨了干扰形成机理、干扰抑制办法和干扰分析方法,重点分析了公网与专网间的干扰以及公网内系统间的干扰。书中部分内容是第一次公开发表,每章后面附有主要参考文献。

在此,特别感谢深圳市地铁集团有限公司、广州市地下铁道总公司、中国电信深圳市分公司、中国中铁二院工程集团有限公司领导和同事的大力支持和真诚帮助,感谢在地铁工程建设过程中,设计院、监理单位、施工单位和通信集成商的交流与合作,感谢家人对我们编撰工作的理解和支持,感谢人民交通出版社的大力支持和高效工作。特别感谢在本书出版和资料收集中,肖远强、周杭、蔡昌俊、黄格宁以及贺明、蒲瑶等的热情相助。封面照片由深圳市地铁集团有限公司提供(周元拍摄)。

我们虽然长期工作在第一线,有较多的经验积累,但由于时间、条件及水平的限制,书中疏漏和错误之处在所难免,诚挚欢迎读者批评指正。

作　者
2015 年 8 月 28 日

目录

第1章 总论

1.1 关于地铁

地铁,全名地下铁道或地下铁路,是在城市中修建的快速、大运量、用电力牵引的轨道交通。列车在全封闭的线路上运行,位于中心城区的线路基本设在隧道内,中心城区以外的线路一般设在高架桥或地面上。

地铁和城市规划同步,可引领城市功能分区,使产业布局和结构调整趋于合理。

地铁在未来城市交通中将占一半以上。

地铁架起了一座不同阶层人们之间沟通的桥梁,让市民深切感受到"人同城,车同轨"的温馨。

地铁站作为现代城市的独特建筑,也是国际大都市的繁华象征。

地铁建设和运营水平反映城市现代化水平,是高质量城市化的重要组成部分。

据统计,截至 2014 年底,中国地铁(含轻轨)共有 97 条线路正式运营,其中运营线路数量最多的是北京 17 条,其次是上海 14 条,再次是香港的 12 条。如果香港另算,则地铁运营线路数量最多的四个城市正好是四个一线城市,即"北上广深"。在现已拥有地铁的城市中,随着城市不断向郊区扩大,或是补充和完善原有线网,各城市都选择继续兴建新路线或是延伸老路线。

截至 2014 年底,我国内地各城市地铁运营线路数量如图 1-1 所示,各城市地铁车站总量

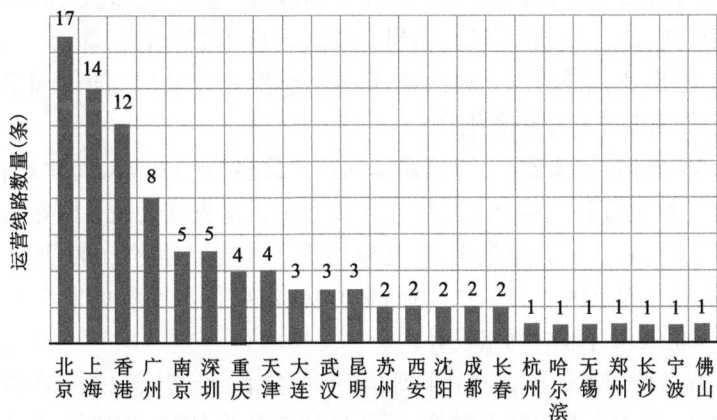

图 1-1　我国内地各城市地铁运营线路数量

如图 1-2 所示,各城市地铁线网长度如图 1-3 所示。

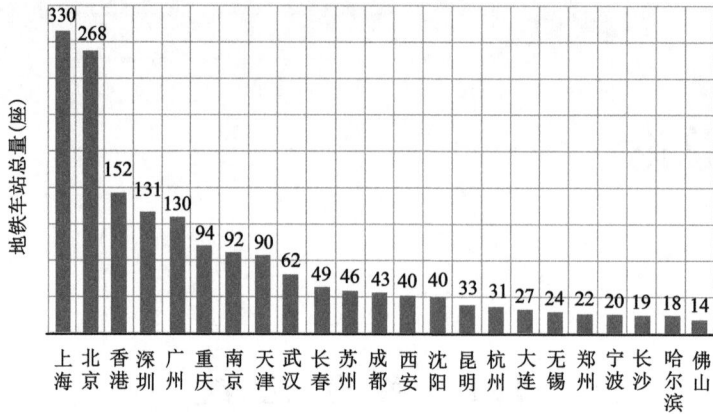

图 1-2 我国内地各城市地铁车站总量

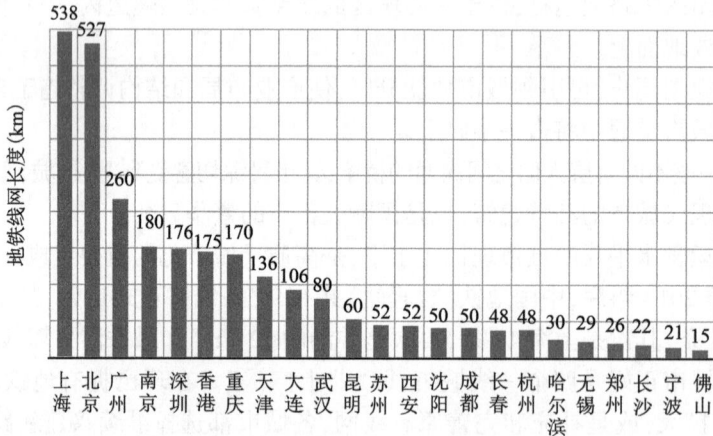

图 1-3 我国内地各城市地铁线网长度

实际上,除 2014 年底地铁运营的 23 座城市外,我国内地在建及规划建设地铁的城市还有 19 座,包括徐州、东莞、贵阳、常州、温州、福州、太原、乌鲁木齐、南昌、珠海、兰州、厦门、澳门、合肥、济南、南宁、泉州、南通、镇江。这样,我国内地运营、在建及规划建设地铁的城市共计 42 座。(台湾地铁运营城市有台北和高雄)

从 2014 年底的统计数据来看,上海地铁车站数量最多,有 330 座,而北京有 268 座名列第二。同时,上海和北京也分列线网公里长度排名前两位。这直接反映了两座城市面积之大,需要对应的地铁网络来覆盖。从客运量来看,北京地铁单日峰值超过 1000 万人次,而上海地铁客运量的历史最高峰值是 938.1 万人次。拥挤的地铁需要依靠密集的发车频率来疏散人流,但进一步的分流只能依靠合理的网络设计。

深圳,别称鹏城,计划单列市,中国国家区域中心城市(华南),地处广东省南部,珠江口东岸,与香港一水之隔,东临大亚湾和大鹏湾,西濒珠江口和伶仃洋,南边深圳河与香港相连,北部与东莞、惠州接壤。

深圳是我国改革开放以来所设立的第一个经济特区,是我国改革开放的窗口。2013 年,深圳地区生产总值(GDP)14500.23 亿元,比上年增长 10.5%;人均 GDP 为 22113 美元;地方公共财政收入 1731 亿元,增长 16.8%。深圳市域边界设有中国最多的出入境口岸。深圳是国家重要的综合交通枢纽和边境口岸,皇岗口岸实施 24 小时通关。

深圳市轨道交通的发展目标是:构筑以轨道交通为核心的一体化客运交通体系;远期公交在机械化出行中的分担率达到 80%,轨道交通在公交中的分担率达到 50%～60%。

根据 2015 年 4 月 3 日审议并原则通过的《深圳市轨道交通规划(2012—2040 年)》,深圳城市轨道网络远期共规划 20 条线路,总里程约 748.5km(含弹性发展线路约 73.7km);同时规划 5 条城际线路,形成约 146.2km 的城际线网。加上国家铁路,深圳轨道交通总里程远景规划将达到 1080km,轨道规模和密度与东京等国际先进城市基本相当。

时至 2015 年,深圳地铁正在进行三期工程建设,包括 6 号线、7 号线、9 号线、11 号线(机场快线)和 8 号线(初步确定为跨坐式单轨系统)。

地铁工程,涵盖土建(主体结构)、车辆和机电设备三个方面。其中,机电设备又分为常规设备(通风、空调、给水、排水、车站照明等)和系统设备(信号、通信、电梯、自动扶梯、自动售检票、防灾报警、环境与设备监控、供电等)两大类。

就设计使用年限而言,地铁的主体结构是一百年,而机电设备一般只有十至二十年。因此,机电设备的建设、使用、升级、换代等任务,愈来愈受到广泛关注和高度重视。

1.2　地铁通信

地铁通信系统,是地铁机电设备系统的重要组成部分,是地铁的血脉和神经,由专用通信系统、民用通信系统和警用通信系统组成,如图 1-4 所示。

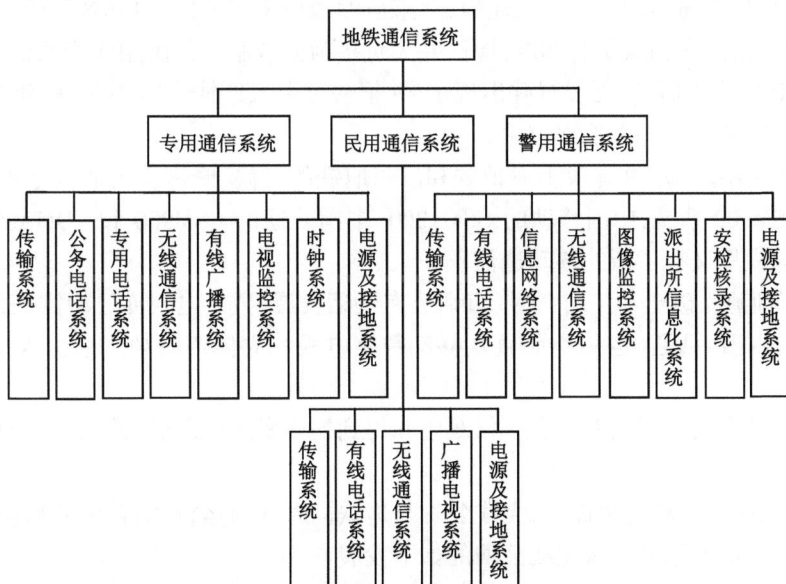

图 1-4　地铁通信系统的基本组成

地铁专用通信系统的功能是:为列车运营提供多种调度指挥和通信联络手段;在灾害或事故情况下,作为应急处理、抢险救灾的手段。此系统由以下八个系统组成:传输系统、公务电话系统、专用电话系统、无线通信系统、有线广播系统、电视监控系统、时钟系统和电源及接地系统。

地铁民用通信系统的功能是:为旅客提供移动通信、有线电话和广播电视等信息服务。此系统由以下五个系统组成:传输系统、有线电话系统、无线通信系统、广播电视系统和电源及接地系统。

地铁警用通信系统的功能是:为保证市民的出行安全和地铁列车的运行安全,为快速、准确、高效地执行地铁安全保卫任务,提供信息通信保障。此系统由以下八个系统组成:传输系统、有线电话系统、信息网络系统、无线通信系统、图像监控系统、派出所信息化系统、安检核录系统和警用电源及接地系统。

此外,有的城市把政务通信系统(或称应急通信系统),也列在地铁通信系统或地铁无线通信系统之中。

由此可见,地铁通信系统不是单一的系统,而是多个独立系统的组合。这些独立系统在不同的运营环境下,应能可靠地协调工作,以使整体作用最大化。

1.3　地铁民用无线通信

值得一提的是,在我国地铁行业中,人们习惯于把专用无线通信系统称作无线专网,把民用无线通信系统称作无线公网。本书尊重并使用这种习惯叫法。

1.3.1　地铁民用无线通信的发展

研究表明,地铁发展史也伴随着一段通信发展史。

地铁最初是灯光通信和有线电话通信,后来虽然增加无线通信,但都是用于列车调度和地铁运营的专用通信。在相当长时期内,地铁并无直接为公众服务的民用无线通信。

20世纪80年代中后期,无线寻呼出现了,并很快被引入地铁。20世纪90年代初期,蜂窝移动通信出现了,又很快进入地铁应用。

20世纪90年代后期,在建设上海地铁和广州地铁的时候,蜂窝移动通信已不再是单一的中国移动的GSM900系统,中国移动的GSM1800、中国联通的GSM900和CDMA800系统也争相上市,于是地铁里又有了新的移动通信。

2000年深圳地铁破土动工时,无线市话已有迅猛发展,数字电视亦已崭露头角,这就使得深圳不得不考虑把市话通(也称小灵通)、移动数字电视和立体声调频广播引入地铁(后来有所调整)。

如果说,地铁无线公网在上海和广州诞生并得到初步发展,那么地铁无线公网在深圳则得到了新的更大发展。

在深圳地铁一期工程的建设中,无线公网与地铁同时开通运行,而且引入移动通信系统之多前所未有,为我们展示了地铁无线公网的如下发展:

(1)接入网数的发展

从单网接入的延伸起步,向双网接入、三网接入发展,再向更多的无线公众网接入发展。

（2）接入业务的发展

从接入无线寻呼和单项移动通信业务起步，向增加无线市话、移动数字电视、无线数据传输等业务发展。

（3）覆盖地域的发展

从覆盖火车隧道和办公大楼起步，向覆盖地下铁路、地下商业城、大型会展中心、大型体育场馆、大型综合楼宇等地域发展。

（4）覆盖技术的发展

从使用单频带分布式天线和单频带漏缆覆盖技术起步，向多频带（特宽频带）漏缆覆盖技术和无漏缆覆盖技术发展。

1.3.2 地铁民用无线通信的实质

从技术层面看，地铁无线公网是地面民用无线通信网向地铁的延伸，实质是一个无线多网接入覆盖系统。随着地铁的快速发展，地铁内乘客对移动通信的需求以及在地铁内发生的移动通信的通话量也在飞速增长。由于地铁内移动通信是地面移动通信的扩展和延伸，所以，地铁内移动通信的制式和技术也是和地面网的发展紧密同步的。

2000 年以来，我国地铁引入民用无线通信系统的典型案例见表 1-1（★为实际引入，☆为引入预留）。从中不难看出，实际引入及预备引入的系统有调频广播、移动数字电视、移动通信和移动互联网（WiFi）。而且，移动通信是引入的重点，移动互联网是引入的创新。

2000 年以来我国地铁引入民用无线通信系统的典型案例 表 1-1

序号	被引入的民用无线通信系统		北京地铁 5 号线（2007 年 10 月开通）	深圳地铁一期（2004 年 12 月开通）	深圳地铁二期（2010 年 6 月开通）
1	调频广播 FM		★	☆	☆
2	移动数字电视 DVB-T		☆	★（初期）/☆	☆
3	移动通信	2G	①联通 CDMA800	★	★	★
			②移动 GSM900	★	★	★
			③联通 GSM900	★	★	★
			④移动 DCS1800	★	★	★
			⑤小灵通 PHS	★	—	—
			⑥市话通 CDMA1900	—	★	—
		3G	⑦联通 WCDMA	☆	☆	★
			⑧电信 CDMA2000			★
			⑨移动 TD-SCDMA			★
4	移动互联网（WiFi）		—	—	★（2 号线改进）

当然，地铁内移动通信的引入，不是简单地像楼宇、大型馆所或商场室内覆盖，仅需安装天馈系统，在必要的弱场区增加有源设备，在通话量大的地方增加系统基站。地铁内的移动通信，与楼宇、大型馆所或商场室内覆盖有很多不同，主要体现在以下四个方面：

①人员的流动性很大,乘客进地铁主要是为了便捷和快速的交通,而且,乘客进入列车车厢后,会随着列车的运行,从车站进入隧道。成百上千人集体快速移动和切换,对移动通信系统的技术要求就非常高。

②地铁内空间非常狭小,在隧道内,天馈系统与移动终端(手机)的距离非常近,由此带来的系统的多径干扰和多普勒效应很明显。大量的人员和手机集中在车厢里,造成的阻挡也很严重。

③为了方便乘客出入地铁,地铁车站的出入口很多,有许多地铁车站和地下商业区相连,地下覆盖的信号和地面覆盖的信号的衔接和切换,频率的复用和网络优化都比较复杂。地铁是一个线状的交通工具,在地下走一个区间,到下一个车站,可能从地面来看,已经出了本区或本市,其如何计费,也是需要解决的问题。

④由于地铁是一个现代化程度很高的工程,在狭小的空间内布放了大量的各种控制和检测设备,仅仅无线通信系统就有四大类(专用、警用、消防、移动无线通信系统),其中移动无线通信系统又包含中国移动、中国联通、中国电信三大运营商的2G、3G、4G,共九个系统、几十个载频。所以,防干扰、抗干扰,以及避免对其他系统或设备产生干扰,也是一个重要的课题。

这一切说明,地铁内移动通信系统的建设不仅仅要跟随整个地面移动通信的技术发展而变化,而且,还要根据新通信体制的新的技术要求制订工程措施来满足其对覆盖环境和边界条件的要求。所以,要想跟随移动通信的发展,保持地铁内能够建设一个让乘客满意、通信质量高,并和地面网同步发展的通信系统,将是一个长期的、不断改进的过程;而且,只要移动通信系统不停止发展,这个过程就会不断进行。

1.3.3 地铁民用无线通信的系统功能

地铁民用无线通信系统(又称地铁无线公网),具有多网接入、射频分配、全面覆盖和网管监控四大功能,具体如下:

(1)多网接入功能

所谓多网接入,就是完成对多个不同无线公众网发射与接收高频信号的接入。一方面,要将多路发射高频信号合成一路实施下行传输;同时,又要将多路接收高频信号合成一路实施上行传输。

(2)射频分配功能

射频分配以POI为中心并分上下行两路展开,以减少相互之间的干扰。POI的一端与各运营商的基站相连,另一端与天线分布子系统及漏缆分布子系统相连。

(3)全面覆盖功能

所谓覆盖,是指所接入(引入)的多个无线公众通信网,对地铁预定区域(包括运行中的车厢)实施信号场强的无线覆盖,以保证无线用户正常收发信息。

所谓全面覆盖,就是要保证覆盖区域在预定区域的95%以上。

(4)网管监控功能

对每个射频网络及机房环境进行监测控制。各车站监控系统设备与中心机房之间的传输,由民用通信传输系统承担。

1.3.4 地铁民用无线通信的系统组成

地铁民用无线通信系统,主要由信源(基站)、多系统接入平台、信号分布系统、网管监控系统以及传输系统五大部分组成,如图1-5所示。

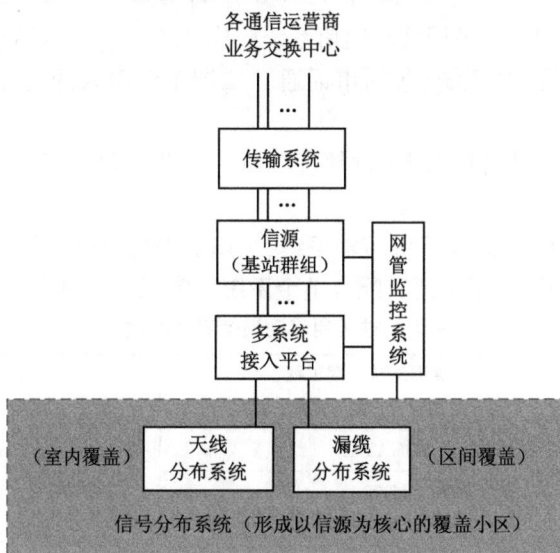

图1-5 地铁民用无线通信系统基本组成

(1)施主信源

施主信源是指商用的各类移动通信制式的基站,由通信运营商提供。

(2)多系统接入平台(POI)

多系统接入平台,又叫多网接入平台,英文全称Point of Interface或Point of Interconnection,缩写为POI。包括下行POI和上行POI,用于实现系统的"多网接入"功能。

(3)信号分布系统

信号分布系统的上下行分开,包括:

①天线分布系统,用于车站、车辆段等处的室内覆盖。

②漏缆分布系统,用于区间(隧道和高架线)的覆盖。

当区间较长时,为保证传输距离,要加装以信号放大为核心的区间设备。

(4)网管监控系统

由各站段的监测模块、传输网络和监控中心构成,用于对每个通信系统的射频网络及机房环境进行监测控制。

(5)传输系统

各站点所设信源(基站群组),同各通信运营商业务交换中心之间通信信号的对口传输,以及网管监控信号的传输,都由传输系统完成。

应当指出,每个站点所设信源是一个基站群组,由频段不同的多个基站构成。因此,信号分布系统所形成的乃是以信源为核心的覆盖小区,而且若干个这样的覆盖小区首尾重叠——呈链状结构,从而实现对整条地铁线路的无缝覆盖,如图1-6所示。

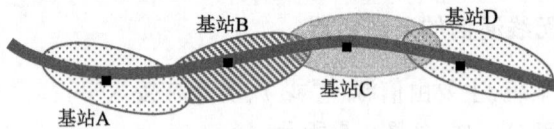

图 1-6　地铁无线公网的链状覆盖

深圳地铁一期和二期工程民用移动通信系统构成见表 1-2。两者的区别在于：

①一期工程引入的是 2G 系统(包括市话通)，二期工程引入的是 2G 系统(无市话通)和3G 系统。

②一期工程区间设备是射频系统(射频直放站)，二期工程区间设备是光纤系统(光近端机 + 光远端机)。

③一期工程传输系统是 SDH 光纤传输系统，二期工程是 MSTP 光纤传输系统。

此外，地铁民用移动通信系统还有配合整个系统正常工作的供电系统和接地系统。

深圳地铁民用移动通信系统构成　　　　　　　　　　　　　　　表 1-2

序号	比较项目	深圳地铁一期工程 (2004 年 12 月开通)		深圳地铁二期工程 (2011 年 6 月开通)	
1	移动通信 基站群组	2G	①联通 CDMA800	2G	①电信 CDMA800
			②移动 GSM900		②移动 GSM900
			③联通 GSM900		③联通 GSM900
			④移动 DCS1800		④移动 DCS1800
			⑤市话通 CDMA1900		⑤联通 WCDMA
		3G	(预留)	3G	⑥电信 CDMA2000
					⑦移动 TD-SCDMA
2	区间设备	射频系统(射频直放站)		光纤系统(光近端机 + 光远端机)	
3	传输系统	SDH 光纤传输系统		MSTP 光纤传输系统	
4	区间覆盖设备	泄漏电缆子系统(上下行分设)			
5	车站覆盖设备	分布式天线子系统(上下行分设)			
6	监控系统	综合网管子系统			

1.3.5　地铁民用无线通信的关键技术

(1)特宽频带

每个无线公众网都有规定的工作频带。由于至少两个公众网才叫多网，因此多网接入必然占据较宽甚至特宽的频带。上海地铁和广州地铁涉及移动和联通两个运营商的三个系统。深圳地铁一期工程目前涉及四个运营商的六个系统，即：

深圳移动的 900MHz GSM 和 1800MHz GSM。

深圳联通的 900MHz GSM 和 800MHz CDMA。

深圳电信的 1900MHz CDMA(市话通)。

移动数字电视(630 ~ 638MHz ／ 716 ~ 724MHz)。

如果考虑到调频广播和 3G 系统，无线多网接入覆盖系统的工作频带则从 100MHz 左右扩展到2400MHz左右,频带特宽。

（2）收发隔离（上下行隔离）

以京信通信系统控股公司的无线多网接入覆盖系统为例,除综合网管子系统外,其他三部分（装在每个站段）都有下行（发射）和上行（接收）两个通道,而且在电气上相互隔离（或称收发隔离）。

两个通道一个下行一个上行,分别包括下行POI、下行分布式天馈子系统、下行分布式漏缆子系统,以及上行POI、上行分布式天馈子系统、上行分布式漏缆子系统。这如同一条有隔离墙的双向高速公路,综合网管子系统管理则好似高速公路的监控中心。

（3）互不干扰

互不干扰,是指公众网各系统之间,以及公众网与专用网之间,不能产生相互干扰,这在技术上又是一个系统工程。可能存在的主要干扰是杂散干扰、互调干扰和阻塞干扰。

1.3.6 地铁民用无线通信的优越性

地铁无线公网（地铁无线多网接入覆盖系统）,与独立并行的多个接入覆盖系统相比,具有明显的优越性,主要体现在以下五个方面:

（1）有利于解决设备数量与设备安装空间的矛盾

地铁属大型地下建筑物,需要安装的设备很多,但安装空间非常有限。无线多网接入覆盖系统,较好地解决了设备数量与设备安装空间的矛盾。以隧道中漏缆为例,深圳地铁每个隧道只有2条漏缆（收发分开）。如果各系统各自敷设自己的漏缆,则需8条漏缆（收发合一）或14条漏缆（收发分开）,难以甚至无法安装。

（2）有利于避免各无线接入覆盖网间的相互干扰

覆盖与干扰是地铁无线公网要解决的两个关键问题,而如何避免各无线接入覆盖网间的相互干扰又是关键中的关键,因为如果干扰存在则覆盖便无从谈起。经验证明,解决多网相互干扰本身就是一个复杂的系统工程,只有通过统一规划、统一设计和统一调试,才能较好地解决多网相互干扰问题。

（3）有利于整个系统的集中统一监控和高效管理

接入地铁的各个无线公众网都需要进行监管,因此都有自己的监控系统。采用无线多网接入覆盖系统后,实行集中统一的监控,必将使管理效率大为提高。

（4）有利于系统的扩展与提高

为了便于系统的扩展与提高,整个系统在设计上都留有扩展的空间,都奠定了提高的基础。比如,系统的频带范围远大于现时需要的频带,以便新系统的加入。又比如,在功率容量上,系统也考虑了更多载频的工作。

（5）有利于降低整个系统的建设成本和维护成本

由于设备数量和维护人员成倍的减少,系统的建设成本和维护成本必然明显降低。

1.3.7 地铁民用无线通信的总体指标

1）环境电磁卫生要求

根据《电磁波环境控制限值》（GB 8702—2014）微波辐射一级卫生标准的要求,室内天线最大发射功率 EIRP 小于 15dBm(导频功率小于 5dBm),人离天线的距离应大于 30cm。

2)无线信号覆盖质量要求

(1)覆盖区域分类

根据覆盖区域的业务特点分为三类区域,即:

一类区域:公共场所覆盖区,即站台、站厅、楼梯及换乘通道。

二类区域:通信信号的切换区,即区间中部区域、地铁站出入口及列车进出隧道洞口。

三类区域:运动车体内的场强覆盖区。

(2)覆盖率要求

对车站站台站厅、地铁出入口、地铁隧道等公共区域的覆盖率达 95%。

(3)下行链路信号强度要求

下行链路是指基站下行信号到达手机接收所经过的路径。

基站可在下行 POI 端口上提供 36~37dBm 输入功率。

根据设计方案中覆盖区域场强分析,下行链路上每载频的信号场强,按 95% 的位置概率,则要求:

①移动通信系统。

包括 CDMA800、GSM900、DCS1800、CDMA 1900 和 3G。

要求在隧道内及站台站厅出入口等区域场强: ≥ −85dBm(全程 95% 区域)。

②移动数字电视。

要求隧道内及站台站厅出入口等区域场强: ≥ −82dBm(全程 95% 区域)。

③调频广播。

要求隧道内及站台站厅出入口等区域场强: ≥ −47dBm(全程 95% 区域)。

④寻呼系统。

要求隧道内场强: ≥7dBμ(−106dBm)(全程 95% 区域)。

站台站厅出入口等区域场强: ≥ −85dBm。

在满负载条件下,下行链路的载波对互调、干扰和噪声比(C/I + N)在移动台接收机天线端口上优于 30dB,Ec/Io 优于 −12dB(CDMA)。

(4)上行链路信号强度要求

上行链路是指手机上行信号到达基站接收所经过的路径。在上行链路中,信号强度应达到如下要求:

在设计满载时,GSM、CDMA、DCS 在上行链路 POI 输出端口上的载波对互调、干扰和噪声比(C/I + N)优于 20dB。

上行链路的背景和附加噪声电平:

①GSM、DCS 优于 −115dBm/200kHz。

②CDMA 优于 −107dBm/1.25MHz。

(5)切换指标要求

切换是指为保证移动用户通话时,手机通话信道从一个小区切换到另一个小区的过程。系统应确保各移动运营商系统能够满足以下要求:在从正常的基站蜂窝边界点到切换区切换平滑,在隧道中运行列车上的通话成功切换。

（6）移动通信服务总体质量指标要求

根据大量移动通信室内分布系统的设计和工程经验，以及广州地铁1号线移动电话覆盖工程设计的经验，并结合网络运营商的实际要求，总体质量指标见表1-3。

移动通信服务总体质量指标 表1-3

总体指标	GSM900、DCS1800	CDMA800、CDMA1900
通话质量	RXQUAL≤1（95%以上）	FFER<2%
掉话率	≤0.3%	≤1%
呼叫建立成功率	≥99%	≥99%
切换成功率	≥99%	≥99%
误码率GSM（误帧率CDMA）	<1%	<1%

地铁专用无线通信和地铁无线公众通信的覆盖指标基本相同，但覆盖延伸方法则有所区别。地铁专用无线通信的延伸方法是基站＋中继器。地铁无线公众通信的延伸方法有三种：基站，基站＋中继器，BBU＋RRU。

3）设备配置要求

地铁无线专用通信安装在指挥控制中心（OCC）设备较多，地铁无线公众通信则较少。两者的车站设备数量大体相当。

1.4 移动通信技术的发展

计算机、网络、人工智能等技术的发展，带来了全球信息网络化的革命，彻底改变了人类生活、工作和交往的方式。与已往以延伸和扩展人的体能为主要特点的产业革命不同，信息革命是以延伸和扩展人脑为主要特点的。信息高速公路概念的提出，使得世界变成了一个地球村，人们的交流不再受到地理位置的局限。

同时，随着通信技术的发展、通信规模的扩张，通信行业中的许多概念已经发生了很大变化，如：通信的目标，从"电器通信"发展为"信息通信"，再从"信息通信"向"信息流通"发展；通信的业务，从单一的语音，向数据、图片、音频、视频等多种媒体业务发展；通信的网络，从分立的网络，向融合化、开放架构发展；通信的终端，从单一的语音通信工具，向智能化、多功能化等性质的便携设备发展；通信的研究领域，从简单满足人们语音沟通的需求，向如何充分利用五个感官（触，尝，听，看，闻）来满足人性的需求方向发展，并以延伸人的智能与情感为其目标等等。

移动通信是指移动用户之间，或移动用户与固定用户之间的通信。随着电子技术的发展，特别是半导体、集成电路和计算机技术的发展，移动通信得到了迅速的发展。随着其应用领域的扩大及对性能要求的提高，促使移动通信在技术上和理论上向更高水平发展。20世纪80年代以来，移动通信已成为现代通信网中发展最快的通信方式之一。

1.4.1 第一代移动通信技术（1G）

移动通信技术已经发展到了第四代，如图1-7所示。

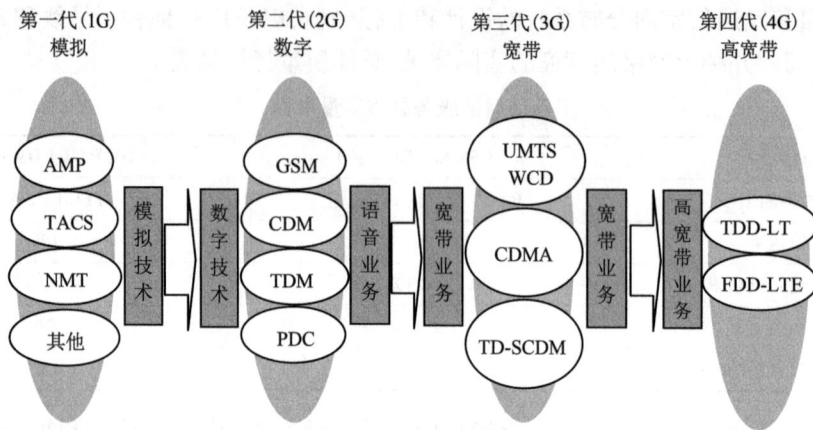

图 1-7　移动通信技术的发展

第一代移动通信技术,1G(1st Generation)为模拟蜂窝制式技术,主要用于提供模拟语音通话业务,其代表性通信手段是大哥大。

第一代移动通信系统,始建于 1981 年。当时,各国的通信频段和网络配置不同,但都采用频分多址(FDMA)接入技术。频分多址技术在频率复用、多波道共用、小区大容量蜂窝等方面,为蜂窝移动通信技术的发展,建立了不朽的功绩。但是,频分多址技术也有严重缺陷,主要是频谱效率低、容量扩充难、抗干扰能力差等。

第一代移动通信系统的典型代表,是美国 AMPS 系统(先进移动电话系统)和后来改进型系统 TACS,以及 NMT 和 NTT 等。AMPS(先进移动电话系统)使用 800MHz 频带,在美洲和部分环太平洋国家广泛使用。TACS(全向入网通信系统)是 20 世纪 80 年代欧洲的模拟移动通信的制式,也是我国 20 世纪 80 年代采用的模拟移动通信制式,使用 900MHz 频带。在北欧,则有瑞典开通的 NMT(北欧移动电话)系统,以及德国开通的 C-450 系统等。

我国的第一代移动通信系统,于 1987 年 11 月 18 日在广东第六届全运会上开通并商用,2001 年 12 月底全网关闭,前后长达 14 年,用户数最高达 660 万户。

1G 系统因采用模拟技术,容量有限,安全性差,易受干扰,价格昂贵,没有国际标准,不能国际漫游,因此无法大规模普及和应用。

1.4.2　第二代移动通信技术(2G)

第二代移动通信技术,2G(2nd Generation)是数字通信技术,以传送语音和数据为主。

第二代移动通信系统除提供语音通信服务之外,也可提供低速数据服务和短消息服务,典型系统有 GSM(采用 TDMA 方式的全球移动通信系统)、北美的 IS-136(D-AMPS)和 IS-95(US CDMA 系统),以及日本的 JDC(现在改名为个人数字蜂窝 PDC)等数字移动通信系统。

第二代移动通信系统,问世于 1991 年。主要有欧洲建立的 GSM 系统、日本建立的 JDC 系统和美国建立的 IS-136 混合系统。这些系统,都采用时分多址(TDMA)接入技术,较好地克服了第一代系统的缺陷,实现了在世界部分地区的跨国漫游。但是,第二代系统无法做到全球漫游,而且仍然面临着通信容量严重不足等问题。

在欧洲商用 GSM 系统几年后,美国又推出另一个 2G 系统——窄带码分多址系统(N-CD-MA)。1995 年,第一个商用 CDMA 网络在香港开通。随后,美国、韩国、我国内地也相继开通 CDMA 网络。

除 GSM、CDMA 外,日本的 PDC、PHS 和美国的 D-AMPS 也属 2G 系统。但 GSM 系统乃是最大最成功的 2G 系统,截至 2010 年,GSM 用户多达 40 亿,占总用户数的 78%。

1.4.3 第三代移动通信技术(3G)

第三代移动通信技术,3G(3rd Generation)是宽带数字通信技术,能提供包括语音、数据和视频等在内的移动多媒体业务。

3G 系统概念,在 1985 年由国际电信联盟提出。

3G 的诞生,使移动通信系统能够处理图像、音乐、视频等多种媒体内容,提供包括网页浏览、电话会议、电子商务等多种信息的服务。为了提供这些服务,无线网络必须分别支持至少 2Mbit/s、384kbit/s 及 144kbit/s 的传输速度。

3G 系统的主流标准有三种:WCDMA、CDMA2000 和 TD-SCDMA。

WCDMA(宽带码分多址)和 CDMA2000(多载波码分多址)为频分双工方式,上下行独享带宽,上下行之间需有频率隔离以避免干扰;适合于大区制的全国系统,能提供成本低廉的设备;适合于对称业务,如话音、交互式实时数据业务等。

TD-SCDMA(时分同步码分多址)为时分双工方式,上下行频谱相同,上下行之间需有时间隔离以避免干扰;适合于高密度用户地区——城市及近郊区的局部覆盖;适合于对称及不对称的数据业务,如话音、实时数据业务,特别是互联网方式的业务。

1.4.4 第四代移动通信技术(4G)

第四代移动通信技术,4G(4th Generation)是集 3G 系统与 WLAN(宽带局域网)于一体的技术,能够传输高质量视频图像,能流畅地承载视频、电话会议等业务。

4G 充分应用 OFDM、MINO、64QAM 高阶调制等新技术,相比 3G、2G,大大提高了频谱利用效率,最快可达 5bit/s/Hz。4G 系统能够以 100Mbps 的速度下载,比拨号上网快 2000 倍,上传的速度也能达到 20Mbps,并能够满足几乎所有用户对于无线服务的要求。

4G 系统的图像传输质量,与高清晰度电视不相上下。

世界主流 4G 网络技术是 LTE(长期演进技术),而 LTE 有两种制式:FDD 和 TDD。

FDD-LTE 是 FDD 版本的长期演进技术,采用频分双工技术。

TD-LTE 是 TDD 版本的长期演进技术,采用时分双工技术,是我国主导的 4G 标准。

TD-LTE 和 FDD-LTE 都是 4G 网络的标准模式,随着 4G 网络的不断进化,这两种模式也得到了普遍的应用。在我国,中国移动率先布局了 4G 网络,采用了 TD-LTE 网络制式。

随着社会的不断进步,高效的信息交互对提高生产力的作用日益明显。人们不再满足于移动通信所提供的传统语音业务,对承载各种信息的数据通信的需求与日俱增,从而极大地促进了移动通信从窄带到宽带、从低速到高速的迅猛发展。时至今日,移动通信技术已经发展到了第四代,各代信号、制式、功能和应用情况见表 1-4。

移动通信的代际分期　　　　　　　　　　表 1-4

代际	1G	2G	2.5G	3G	4G
信号类型	模拟	数字	数字	数字	数字
系统制式		GSM CDMA	GPRS	CDMA2000、WCDMA、TD-SCDMA	TD-LTE
主要功能	语音	语音与数据		低级宽带	广带
典型应用	通话	短信,彩信	WAP 网	高速上网与多媒体	高清

目前,国内城市中,杭州地铁 1 号线为全国轨道交通范围内第一条开通中国移动 4G 系统的地铁线路。深圳地铁 11 号线、西安地铁 3 号线同步引入三家运营商的 4G 信号。宁波地铁 1 号线,郑州地铁 1 号线,东莞轻轨 R1 线,南京地铁 3 号线、10 号线等在建线路预留了 4G 系统引入条件。其他城市由运营商自建的民用通信系统基本都会引入 4G 系统,如北京地铁 7 号线、14 号线,广州地铁 7 号线、9 号线、13 号线、21 号线,昆明地铁 3 号线、6 号线,成都地铁 3 号线、7 号线,杭州地铁 2 号线,郑州地铁 2 号线等。

4G 刚走入我们的生活,5G(第五代移动通信)又进入公众的视线。尽管 5G 尚处于研发阶段,相信和 4G 相比,其用户体验、传输延时、系统安全和覆盖性能等方面都会有显著的提高。5G 移动通信技术将紧密结合其他通信技术,构成新一代更为先进的移动信息网络。

1.5　移动互联网

移动通信和互联网,是当今世界发展最快、市场潜力最大、前景最诱人的两大业务。两者联袂,又导致移动互联网的诞生,必将带来"一加一大于二"的效果。

互联网,又称因特网,即广域网、城域网、局域网及单机按照一定的通信协议组成的国际计算机网络。

互联网,是指将两台计算机或者两台以上的计算机终端、客户端、服务端通过计算机信息技术的手段互相联系起来的结果,人们可以与远在千里之外的朋友相互发送邮件、共同完成一项工作、共同娱乐。同时,互联网还是物联网的重要组成部分。

移动互联网,是指互联网的技术、平台、商业模式和应用方面,与移动通信技术结合及实践活动的总称。

移动互联网业务的特点是:

①终端移动性。移动互联网业务使得用户可以在移动状态下接入和使用互联网服务,移动的终端便于用户随身携带和随时使用。

②终端和网络的局限性。移动互联网业务在便携的同时,也受到了来自网络能力和终端能力的限制:在网络能力方面,受到无线网络传输环境、技术能力等因素限制;在终端能力方面,受到终端大小、处理能力、电池容量等因素限制。

③业务与终端、网络的强关联性。由于移动互联网业务受到了网络及终端能力的限制,因此,其业务内容和形式也需要适合特定的网络技术规格和终端类型。

④业务使用的私密性。在使用移动互联网业务时,所使用的内容和服务更私密,如手机支

付业务等。

由此可见,移动互联网的特点不仅体现在移动性上,可以"随时、随地、随心"地享受互联网业务带来的便捷,还表现在更丰富的业务种类、个性化的服务和更高服务质量的保证。当然,移动互联网在网络和终端方面也受到了一定的限制。

工信部公布的数据显示:2014年7月,我国移动互联网用户总数达到8.72亿户,同比增长6.3%;月户均移动互联网接入流量达到178.8M,同比增长48%。

从概念上讲,移动互联网可以分成两种方式:移动终端方式和移动路由器方式。

移动终端方式:移动IP和动态主机配置协议DHCP就属这种方式。在逻辑上这些终端到达固定互联网上的路由器只有一跳距离,可以通过无线连接,也可通过有线连接。固定互联网要解决移动终端接入所需要的定位和地址管理问题。移动IP在固定互联网网络中增加了移动节点、本地代理和外地代理三个实体,用以兑现代理、发现、注册和隧道技术功能。

移动路由器方式:移动路由器和移动终端组成一个独立的无线互联网。移动终端永久性或临时性地与移动路由器相连,它不能直接与固定互联网上的路由器相连。移动路由器方式构成一个独立的IP网络,与固定互联网并行。从分层的概念上可以认为移动路由器层和固定互联网的网络层同层,移动网络可以为固定互联网提供迂回路由。这种方式主要是通过无线网络构成移动的、多跳的专用网络,通过网关与固定的互联网相连。

最适合于地铁的移动互联网是移动终端方式。

1.6 无线通信频率资源

1.6.1 无线通信频率的一般规定

1979年,世界无线电行政大会,将无线电频率分为12个频段,见表1-5。表中,1GHz = 1000MHz,1MHz = 1000kHz,1kHz = 1000Hz。1 米(m) = 10 分米(dm) = 100 厘米(cm) = 1000 毫米(mm) = 10000 丝米(dmm)。$\lambda = c/f$,λ 是波长,c 是光速(3×10^6 km/s),f 是频率。

无线电频段和波段命名   表1-5

段号	频 段 名 称	频率范围 (含上限不含下限)	波 段 名 称	波长范围 (含上限不含下限)
1	极低频	3 ~ 30Hz	极长波	10 ~ 100 兆米
2	超低频	30 ~ 300Hz	超长波	1 ~ 10 兆米
3	特低频	300 ~ 3000Hz	特长波	10 ~ 100 万米
4	甚低频(VLF)	3 ~ 30kHz	甚长波	1 ~ 10 万米
5	低频(LF)	30 ~ 300kHz	长波	1 ~ 10 千米
6	中频(MF)	300 ~ 3000kHz	中波	1 ~ 10 百米
7	高频(HF)	3 ~ 30MHz	短波	10 ~ 100 米
8	甚高频(VHF)	30 ~ 300MHz	米波	1 ~ 10 米
9	特高频(UHF)	300 ~ 3000MHz	分米波	1 ~ 10 分米

段号	频段名称	频率范围 (含上限不含下限)	波段名称	波长范围 (含上限不含下限)
10	超高频(SHF)	3~30Hz	厘米波	1~10厘米
11	极高频(EHF)	30~300GHz	毫米波、微波	1~10毫米
12	至高频	300~3000GHz	丝米波	1~10丝米

根据中国无线电管理委员会的规定,我国陆地移动通信使用频段见表 1-6,我国 3G 分配方案见表 1-7。

我国陆地移动通信使用频段　　　　　　　　表 1-6

频段名称	频率范围(MHz)		使用领域
35MHz 频段	27.5~48.5		
80MHz 频段	72.5~74.5		
160MHz 频段	138~149.9,150.05~167		
450MHz 频段	403~420,450~470		
900MHz 频段	806~821(移动台发,基站收) 851~866(移动台发,基站收)		集群通信
	825~845(移动台发,基站收) 870~890(移动台发,基站收)		部队通信
	890~915(移动台发,基站收) 935~960(移动台发,基站收)		公众陆地移动通信
2000MHz 频段	1880~1900(移动台发,基站收) 1960~1980(移动台发,基站收)		WLL(FDD) 公众通信
	1900~1960		WLL(TDD)
	1.8GHz 频段	1710~1755(移动台发,基站收) 1805~1850(移动台发,基站收)	公众蜂窝 移动通信1
	1.9GHz 频段	1865~1880(移动台发,基站收) 1945~1960(移动台发,基站收)	公众蜂窝 移动通信2
3400~3500MHz 频段	3400~3430(终端站发) 3500~3530(中心站发)		FDD 方式 固定无线接入
3G 频段	1920~1980(移动台发,基站收) 2110~2170(移动台发,基站收)		第三代 移动通信

我国3G频段分配表   表1-7

频段名称	用 途	基站收,移动台发(MHz)	基站发,移动台收(MHz)	备注
核心频段	频分双工(FDD)	1920~1980	2110~2170	共2×60MHz
核心频段	时分双工(TDD)	1880~1920	2010~2025	共55MHz
补充频段	频分双工(FDD)	1755~1785	1850~1880	共2×30MHz
补充频段	时分双工(TDD)	2300~2400		共1000MHz,新频段
卫星频段		1980~2010	2170~2200	
扩展频段		825~835	870~880	
扩展频段		885~915	930~960	
扩展频段		1710~1755	1805~1850	

1.6.2 3G时代我国地铁民用无线通信工作频段

公众移动通信进入3G时代后,我国城市轨道交通所用的无线通信频段达到8个,包括警用移动通信350MHz频段、单工对讲450MHz频段、移动电视720MHz频段、数字集群调度800MHz频段、公众移动通信2G和3G频段,以及2.4GHz频段和5.8GHz频段。这些频段的工作频率、带宽与用途,见表1-8。

3G时代地铁无线通信工作频段   表1-8

分类	用 途	子频段代号	上行 (移动台发,基站收)(MHz)	下行 (基站发,移动台收)(MHz)	带宽	备 注
移动电视	移动数字电视DTV700	F1	716~720	720~724	8MHz	供选用,上下行频率隔开
2G频段	电信CDMA800	F2	825~835	870~880	2×10MHz	原联通CDMA800
2G频段	移动GSM900	F3	885~909	930~954	2×24MHz	
2G频段	联通GSM900	F4	909~915	954~960	2×16MHz	
2G频段	移动DCS1800	F5	1710~1730	1805~1825	2×20MHz	
2G频段	联通DCS1800	F6	1745~1755	1840~1850	2×10MHz	
2G频段	电信CDMA1900	F7	1900~1905	1980~1985	2×5MHz	市话通,用于深圳
2G频段	电信TDMA1900	F8	1900~1920		40MHz	小灵通,深圳除外
3G频段	电信CDMA2000	F9	1920~1935	2110~2125	2×15MHz	
3G频段	联通WCDMA	F10	1940~1955	2130~2145	2×15MHz	
3G频段	移动TD-SCDMA	F11	1880~1915		35MHz	小灵通,退市后用
3G频段	移动TD-SCDMA	F12	2010~2025		15MHz	
3G频段	移动TD-SCDMA	F13	22320~2370		50MHz	备用频段

续上表

分类	用　途	子频段代号	上行 (移动台发,基站收)(MHz)	下行 (基站发,移动台收)(MHz)	带宽	备　注
移动电视	移动数字电视 DTV700	F1	716～720	720～724	8MHz	供选用,上下行频率隔开
	2.4GHz(免费使用)		2300～2400		100MHz	WiFi,CBTC,PIS,付费读写器
	5.8GHz(有偿使用)		5725～5850		125MHz	PIS
	带宽合计				603MHz	

值得一提的是,2.4GHz频段是各国共同使用的ISM频段,即工业、科学和医用频段。依据IEEE802.11和我国的使用规定,2.4GHz频段带宽为83.5MHz,最多有13个信道可用,相邻两个信道中心频率的间隔为5MHz,每个信道宽度22MHz。

从安全考虑,地铁在选用2.4GHz免费频段时应当格外小心,要严防出现干扰。正因为如此,业内专家曾经建议为地铁信号等系统提供专用频段。

1.7　我国地铁民用无线通信系统案例

1.7.1　2G时期案例——深圳地铁一期工程

深圳地铁一期工程,于2004年12月28日开通试运营。该工程由地铁1号线东段和地铁4号线南段组成,正线长为21.453km(双线里程),全部为地下线路,设19座地下车站、2座主变电站、1个车辆段及综合基地、1个指挥控制中心。

地铁1号线东段,由罗湖站至世界之窗站,正线长为17.446km,设15座地下车站;地铁4号线南段,由福田口岸站(原皇岗站)至少年宫站,正线长为4.007km,设5座地下车站。其中,会展中心站为1号线、4号线换乘站。

深圳地铁一期工程,是国家批准的首个装备国产化率要达到70%的地铁工程。

深圳地铁一期工程的民用无线通信系统,引入中国移动、中国联通、中国电信三大运营商的系统,主要是第二代移动通信技术(2G)。

为保证各工作频段之间的隔离,系统采用收、发链路分开的方式,因此POI分上行POI和下行POI。为降低成本,基站和中继器在沿线车站交叉使用。POI与各运营商基站或中继器的射频接口连接。

下行POI对各运营商基站发射端下行信号进行合路后,由宽带分路器分配到隧道漏缆和站厅天馈线,通过空中传播送达移动接收端。

从隧道漏缆和站厅天馈线传送来的移动台发射的上行信号,由宽带合路器合路并通过上行POI分路后,送到各运营商基站上行信号接收端。

在车站的站厅区、商业街设置相应宽带全频段全向吸顶天线,天线的架设位置将在施工设计时,经现场勘测后确定,以便保证场强的覆盖和美观,并避免在地铁出入口等区域形成信号外溢。上下行区间隧道及岛式站台层采用漏泄同轴电缆(LCX)进行覆盖。

漏泄电缆上行链路和下行链路不共用,即在双线双隧道中,每条隧道收、发各使用一条漏泄同轴电缆,在各个区间从相应的车站引出连续贯通整个区间。漏泄同轴电缆采用沿隧道壁或专用通信隧道电缆支架挂设方式,射频辐射方向应直接指向列车车窗。

无线多网接入射频分配系统采用无源方式进行组网,在全线所有车站公众通信设备室设置宽带系统合路设备POI,在车站站厅、站台安装宽带耦合器、功分器、天线,在隧道区间安装漏泄同轴电缆,在竹子林OCC公众通信机房设置监测主机。漏泄同轴电缆沿区间隧道壁或专用通信隧道电缆支架挂设方式敷设,用于隧道区间的场强覆盖。

各通信运营商的信源设备为2G基站,包括移动的GSM900基站和DCS1800基站、联通的GSM900基站和CDMA800基站、电信的市话通CDMA1900基站。

对长区间采用区间设备,包括分路器、射频直放站及合路器。

1.7.2　3G时期案例——深圳地铁2号线工程

深圳地铁二期工程,于2011年6月28日开通试运营。该工程包括1号线续建、4号线续建、2号线、3号线和5号线。其中,2号线(蛇口线)连接城市东西发展主轴,是特区内第二条东西向轨道交通客运主通道。2号线工程由初期工程和东延段工程两部分组成,线路西起蛇口赤湾站,经南山区、福田区、罗湖区,东至新秀站,全长35.78km,共设29座地下车站(含换乘站10座),设蛇口西车辆段、后海停车场。

以深圳地铁2号线为例,民用无线通信系统依然引入三大移动通信运营商的基站,但同时包括第二代(2G)和第三代(3G)移动通信系统。每个地下车站设置各移动通信系统基站和多网接入系统POI,将各无线运营商的各种制式信号合路在一起进行综合无线覆盖。

与深圳地铁一期工程相同之处为:系统采用收、发链路分开的方式,POI分上行POI和下行POI,POI与各运营商基站的射频接口连接。

与深圳地铁一期工程不同之处为:

①在2G基础上,增加了3G设备,包括TD-SCDMA基站、CDMA2000基站和WCDMA基站。

②用小区制取代中区制——各车站都使用基站,不再使用中继器。

③在国内地铁首次开发使用耦合盘,将分散的耦合器集中于机柜中进行统一管理。

④区间设备改用光纤直放站。

光纤传输具有低损耗、低干扰、布线方便及适合远距离传输等特点。

光纤直放站采用模块化的设计,所有单元模块均为金属屏蔽盒,射频部件之间采用半刚性同轴电缆,达到良好的电磁屏蔽效果,相同规格型号的器件可以互换,便于维护和替换。同时,针对地铁民用无线通信系统上、下行链路分路传输的特点,开发了适合地铁系统的射频端口收发分离的光纤直放站,避免了外置双工器对系统链路的信号损耗。而且,采用波分复用技术,收发光信号共用同一根光纤,大大提高了光资源利用率。

在国内地铁中,开发使用TD(时分)光纤直放站,其上行下行为同一路传输。

图1-8是深圳地铁一期工程无线通信频谱图。

图1-9是深圳地铁一期工程民用无线通信系统构成图。

图1-10和图1-11分别是2G时代非换乘车站和换乘车站地铁民用无线通信系统构成图。

图1-12是3G时代深圳地铁2号线民用无线通信系统构成图。

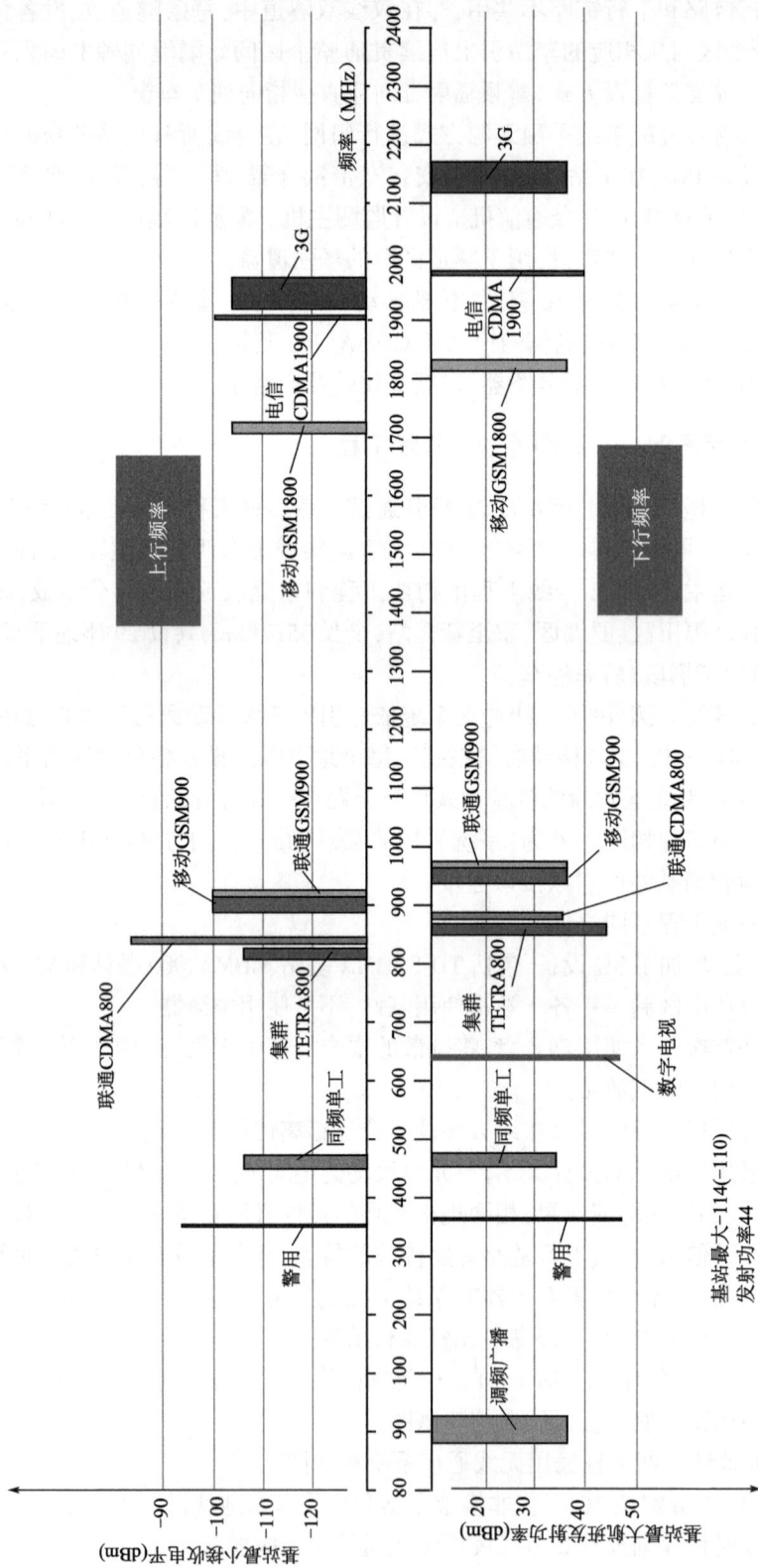

图1-8 深圳地铁一期工程无线通信频谱图

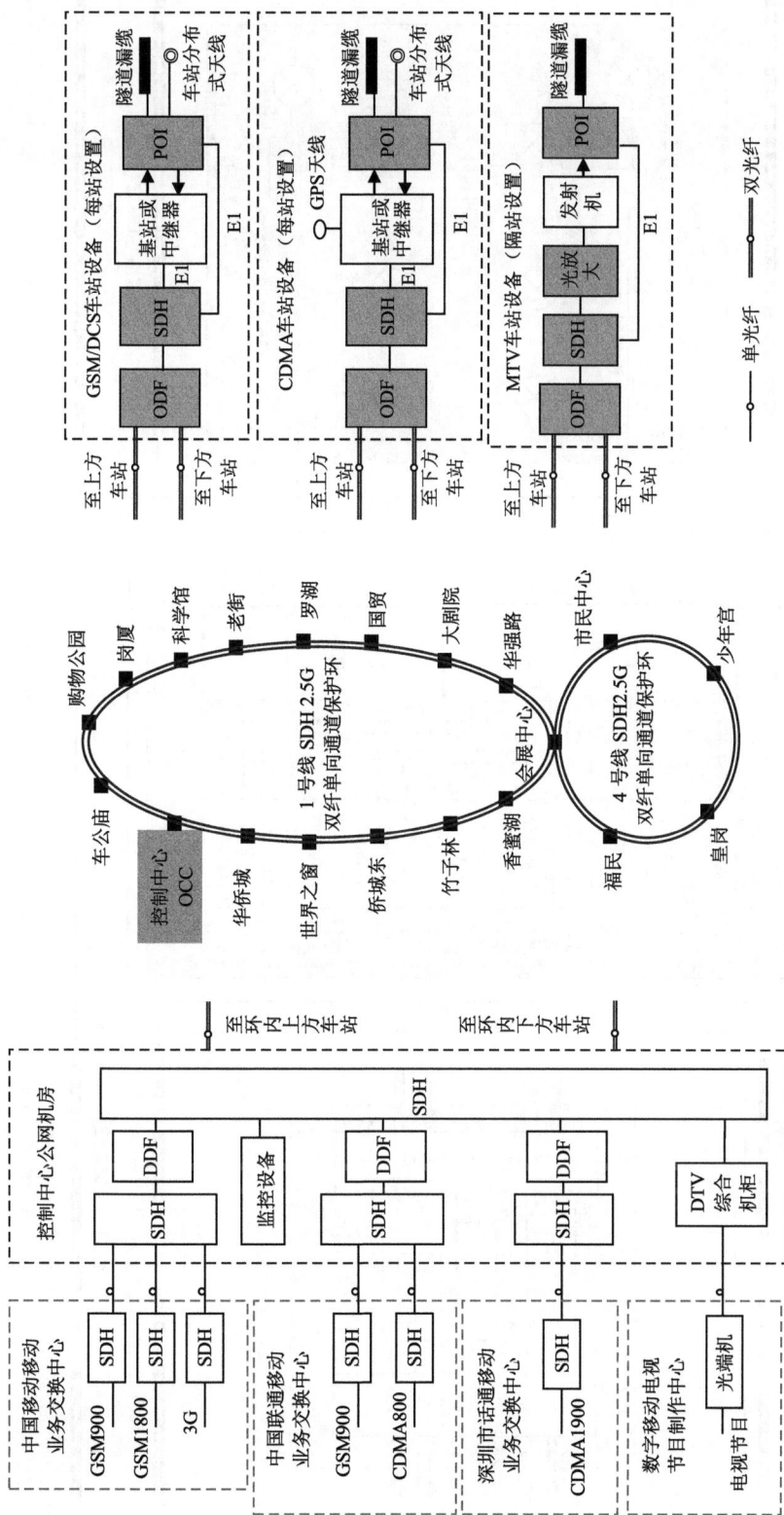

图1-9 深圳地铁一期工程民用无线通信系统构成图

21

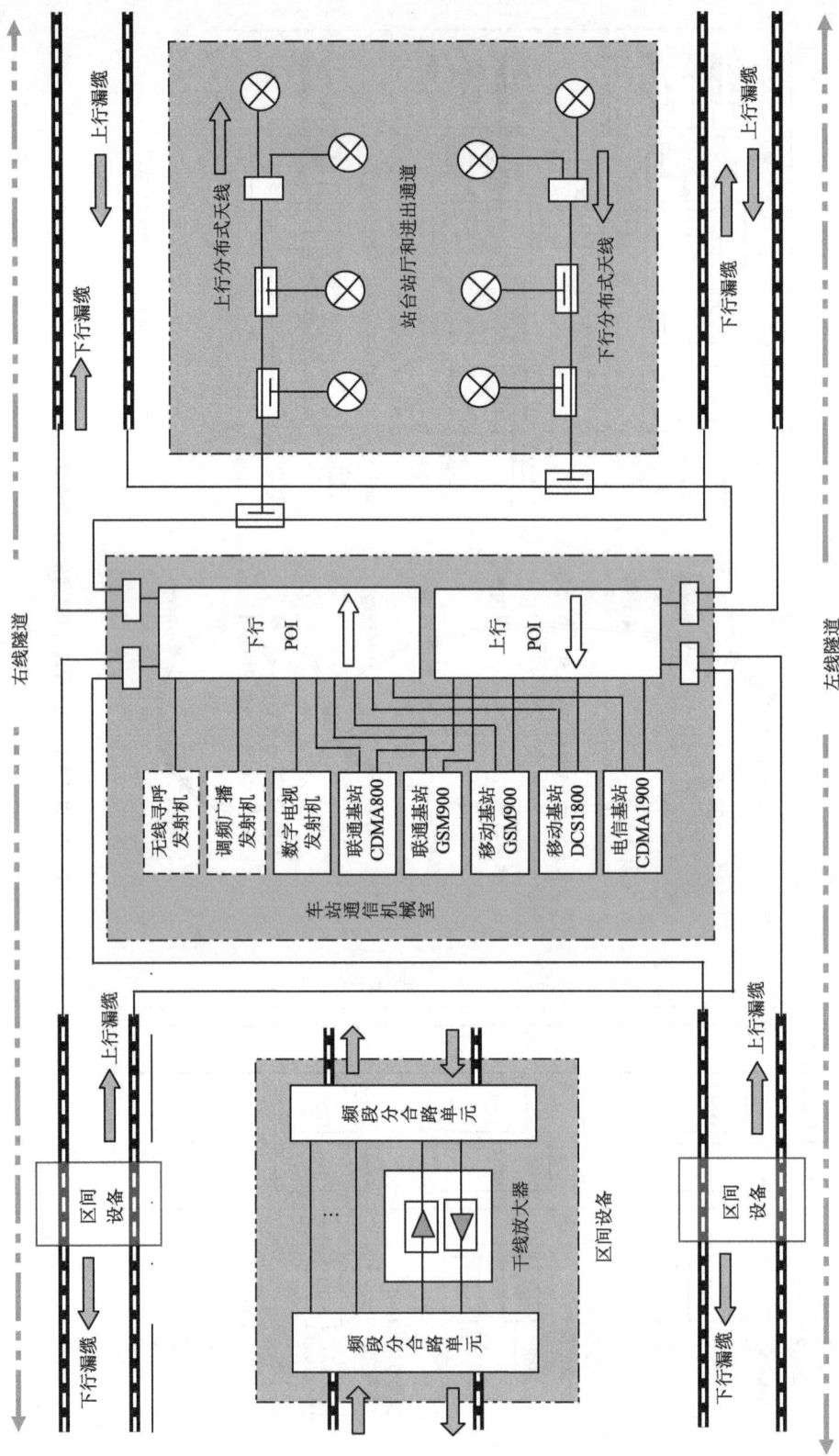

图1-10 2G时代地铁民用无线通信系统构成图（非换乘车站）

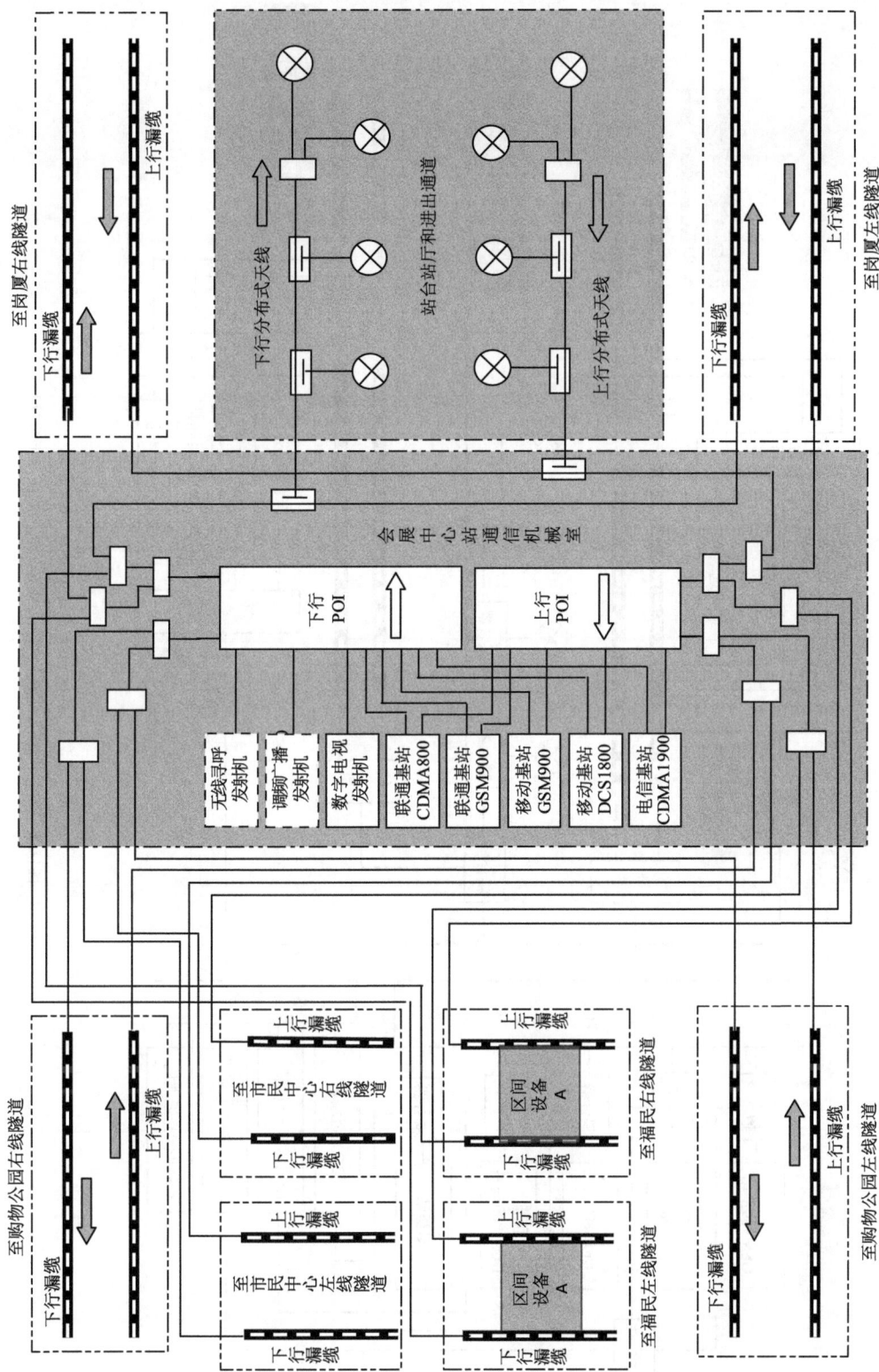

图1-11 2G时代地铁民用无线通信系统构成图（换乘站——会展中心站）

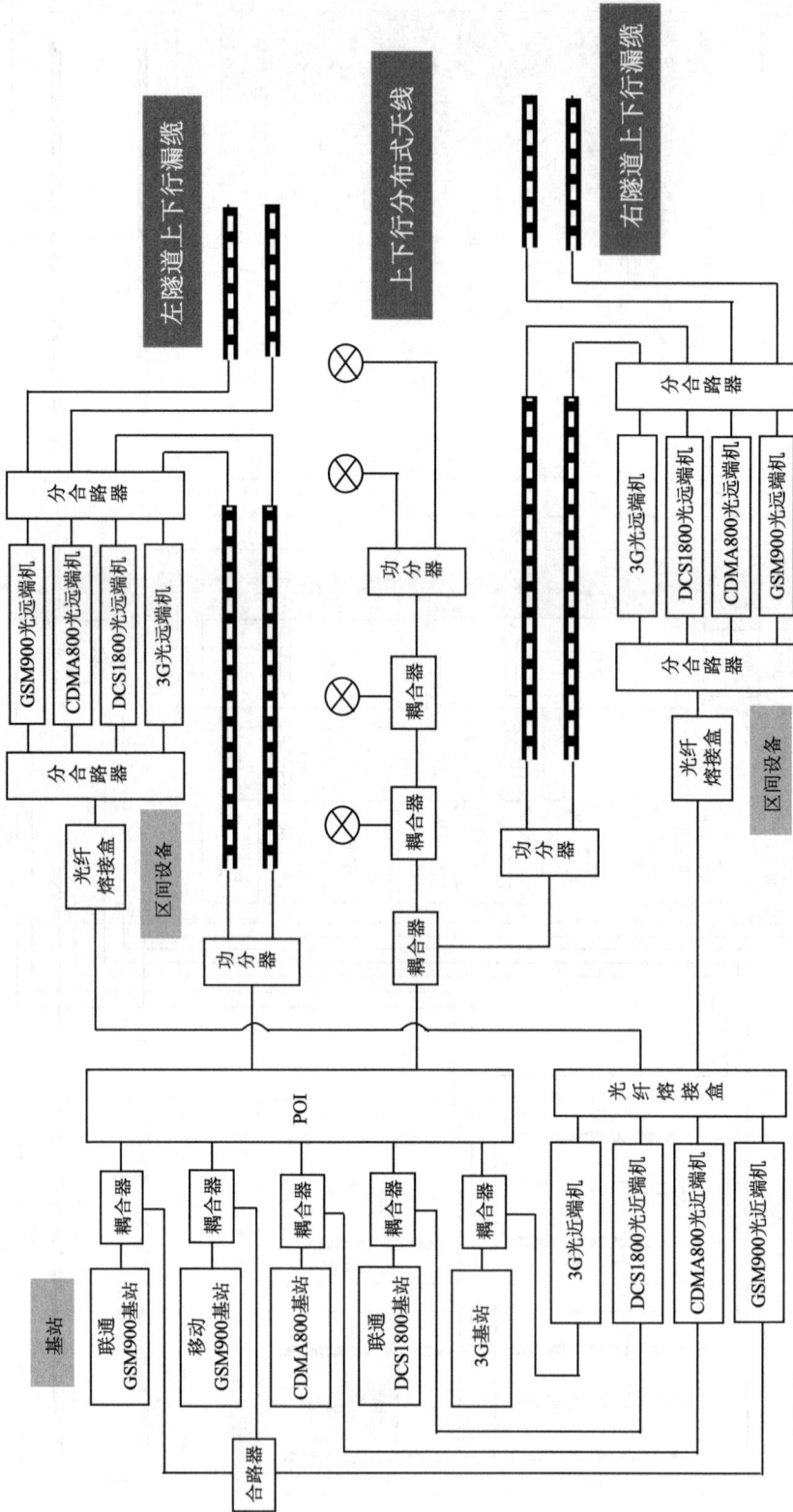

图1-12 3G时代地铁2号线民用无线通信系统构成图（车站级）

1.8 《地铁设计规范》要求

原国家标准《地铁设计规范》(GB 50157—2003)未对民用通信引入系统作出规定,但2013年8月8日发布、2014年3月1日实施的新国家标准《地铁设计规范》(GB 50157—2013)则对民用通信引入系统要求如下:

①地铁民用通信引入系统宜由民用传输系统、移动通信引入系统、集中监测告警系统、民用电源系统等组成。

②传输系统应为移动通信引入、集中监测告警系统提供传输通道。当有条件时,民用传输系统可与专用通信传输系统合设。

③移动通信引入系统应为多种民用无线信号合路及分配网络,可提供和预留不同制式的射频信号合路,并应通过天馈方式和漏缆方式将信号覆盖到地下车站和隧道空间。

④集中监测告警系统宜由监测中心设备、被控端站监测设备组成。

⑤民用电源系统应满足民用传输系统、移动通信引入系统、集中监测告警系统等设备的供电需求。

本章参考文献

[1] 北京城建设计研究总院,中国地铁咨询有限责任公司. GB 50157—2013 地铁设计规范[S].北京:中国建筑工业出版社,2014.

[2] 住房和城乡建设部地铁与轻轨研究中心. GB 50490—2009 城市轨道交通技术规范[S].北京:中国建筑工业出版社,2009.

[3] 深圳市地铁有限公司.深圳地铁一期工程管理与实践[M].北京:人民交通出版社,2007.

[4] 深圳市地铁集团公司.深圳地铁2号线工程创新与实践[M].北京:人民交通出版社,2014.

[5] 蒲先俊.深圳地铁工程建设专题研究报告[R],2009.

[6] 蒲先俊.地铁无线通信的现状与发展探讨[J].专业无线通信,2011(3).

[7] 杨爱敏.移动通信系统[M].北京:机械工业出版社,2015.

[8] 梁晓涛,汪文斌.移动互联网[M].武汉:武汉大学出版社,2013.

第2章 地铁里的电波传播

地铁无线通信,由专用无线通信、民用无线通信和警用无线通信三部分组成。地铁列车大部分时间是在地下运行,但有时也在地面运行。地铁里的电波传播包括两个方面的电波传播,即城市地面的电波传播和城市地下的电波传播。

地铁建筑成群,设备众多,主要由列车、地下隧道、地面线路、站台站厅、旅客进出口通道、车辆段、监控中心和各种机电系统等组成。因此,地铁里的电波传播涉及四种区域:

①地下建筑物内,如站台、站厅、进出口。

②地面建筑物内,如车辆段、监控中心。

③隧道与列车中。

④地面露天场区,如车辆段、停车场。

2.1 电波传播的基本概念

2.1.1 电波传播机理和雷利准则

电波,是电磁波或无线电波的简称。

电波的传播,实际上是交变电磁场的传播:波源中的交变电流在空间产生交变电场,交变电场激励交变磁场,交变磁场又激励交变电场,交变电场再激励交变磁场,……这种不可分割的相互激励,便形成了向外传播的电磁波。

图2-1是电波辐射与传播的一个简单图像。箭头线代表电场,有叉或有点的小圆圈代表磁场。

在距离波源足够远处,波是以波源为中心的球面波,球面上各点的电场强度和磁场强度(振幅和相位)都是相同的。实际研究中,人们只关注球面上的一个局部区域。只要这个区域的尺寸远小于它到波源的距离,就可以把它当作平面看待,用平面波代替球面波。其代替准则叫雷利准则,具体描述如下:如图2-2所示,P是观察点,L是天线口面的尺寸,d是观察点到天线的距离,λ是电波波长。只要天线口面上A、B两点到P点的距离差小于$\lambda/4$(即$\pi/2$的相位差),则在观察点可以把辐射场视为平面波,即要求:

$$\sqrt{d^2 + l^2} - d \leq \frac{\lambda}{4} \tag{2-1}$$

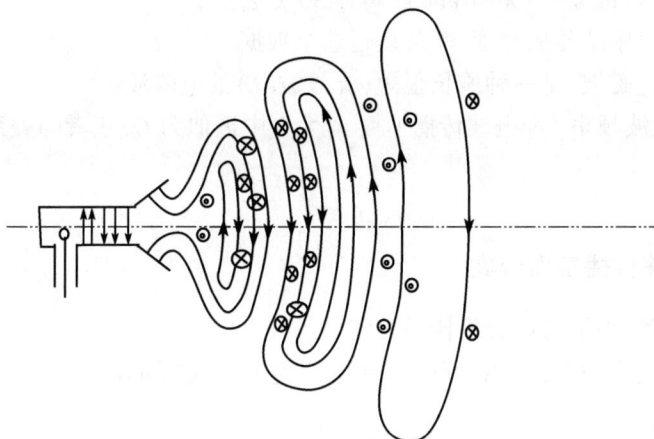

图 2-1　喇嘛天线辐射场

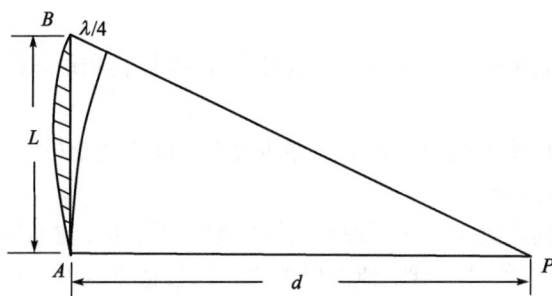

图 2-2　远区场的雷利准则

当 $\dfrac{l}{d} \ll 1$ 时,把上式左边的根式依二项式定理展开并略去高阶小项,则有:

$$d \geqslant \frac{2l^2}{\lambda} \tag{2-2}$$

式(2-2)所表达的关系就是雷利准则。只要按照这个准则来确定最小距离 d,便可以把 P 点处的电波视为平面波,否则还是球面波。例如,对工作于 1000MHz、口径 1m 的天线,可算出最小距离 d 在 6m 以上。

电波总是在实际介质中传播的。电波在真空中的传播,被称作自由空间传播,这虽然是理想情况,但方便分析并容易理解,因此常常作为研究实际传播的重要参考。同时,由于大气和真空的电磁参数十分接近,如果忽略大气的折射,就可以把大气近似当成真空的均匀介质,于是电波在大气中的传播便可以等效为自由空间传播了。

2.1.2　电波频率和电波传播速度

电波频率和电波传播速度,是完全不同的两种概念。电波频率是交变电场或交变磁场变化快慢的描述,通常叫工作频率,单位是 Hz、kHz、MHz、GHz 等。电波传播速度是电波前进快慢的描述,它与传播介质有关,而与工作频率无关。

在真空中,电波传播速度等于光速,即:

$C = 299792 \pm 0.4\mathrm{km/s} \approx 3 \times 10^5 \mathrm{km/s}$(每秒 30 万公里)

电波在实际大气中的传播速度,非常接近这个数据。

光波也是一种电磁波,是一种波长很短(光波波段)的电磁波。

电波波长 λ、电波频率 f 和电波传播速度 v(大气中近似为 C)三者的关系为:

$$\lambda = \frac{v}{f} \qquad (2\text{-}3)$$

2.1.3 电波按传播空间分类

按传播空间分类,电波可以分为传播波和导行波。

传播波是在无边界空间(自由空间)或半无界空间中传播的电磁波,分为天波、空间波和表面波三种。

①天波利用电离层的折射和反射,可以实现超视距传播。

②空间波在大气低层传播,受地球曲率影响只能在视距范围内传播,接收点场强是直达波与反射波之矢量和。

③表面波沿着地表面传播。为减小地面电特性、地貌地物和地球曲率的影响,表面波都是垂直极化波。

导行波,简称导波,是传播波型在有不同媒质边界空间中传播的电磁波。构成这种边界的装置叫做导波系统,简称波导。

导波系统的具体结构取决于工作频率和实际需要,常用的导波系统有:

①传输线,包括平行双线、同轴线、泄漏电缆、微带线,适于米波、分米波等。

②金属柱面波导,其横截面有矩形、圆形、扇形、椭圆形等,适于厘米波、毫米波。

③开波导或表面波传输线,适于毫米波、亚毫米波、光波。

此外,为适应集成电路的需要,还有各种金属和介质构成的平面导波系统,如带状线、微带线、介质带线等。

2.1.4 电波波型及其分类

按波型划分,电波有三种波型(又称波模):

①TE 波型,即横电波,特征是无纵向电场分量。

②TM 波型,即横磁波,特征是无纵向磁场分量。

③TEM 波型,即标准电磁波。

在无边界空间和半无界空间中传播的,是 TEM 波。在双线和同轴线中传播的,也是 TEM 波。在矩形波导、圆形波导和光波导中传播的,是 TE 波或 TM 波。在开波导和非均匀波导中传播的,是 TE 波与 TM 波的混合波。

2.1.5 电波极化及其分类

构成电波的电场和磁场是相互正交的两种矢量,它们在传播过程中有一定的空间取向,这种现象叫做极化。

通常,以合成电场矢量方向来定义极化形式。按极化形式的不同,电磁波可以分为线极化波、圆极化波和椭圆极化波。

①线极化波,又可分为垂直极化波、水平极化波和任意方向线极化波。在线极化波中,合成电场矢量的振动方向与电波传播方向 z 构成一个固定不变的平面,该平面或垂直于地平面(垂直极化波),或平行于地平面(水平极化波),或倾斜于地平面(任意方向线极化波)。

②圆极化波,又可分为左旋圆极化波和右旋圆极化波。在圆极化波中,合成电场矢量的振动方向与电波传播方向 z 构成一个围绕 z 轴旋转的平面,其旋转频率就是电波的工作频率。顺着传播方向看去,顺时针旋转的是右旋圆极化波,逆时针旋转的是左旋圆极化波。

③椭圆极化波也有右旋左旋之分,其定义与圆极化波相同。

根据极化形式、传播空间和传播波型的差异,可以对电波进行不同方式的分类,表 2-1 是电波按极化方式的分类。

电波按极化方式的分类　　　　　　　　　　　　表 2-1

分　类		合成电场矢量方向	特　征
线极化波	垂直极化波	E↑ 地平面	合成电场矢量方向垂直于地平面
	水平极化波	E→ 地平面	合成电场矢量方向平行于地平面
	任意方向线极化波	E↗ 地平面	合成电场矢量方向任意倾斜于地平面
圆极化波	右旋圆极化波	E 地平面	构成合成电场矢量的二正交分量振幅相等、相位相差 +90°,合成电场矢量的振动方向与电波传播方向 z 构成一个围绕 z 轴旋转的平面,旋转频率即电波频率,顺传播方向看为顺时针旋转
	左旋圆极化波	E 地平面	构成合成电场矢量的二正交分量振幅相等、相位相差 −90°,合成电场矢量的振动方向与电波传播方向 z 构成一个围绕 z 轴旋转的平面,旋转频率即电波频率,顺传播方向看为逆时针旋转
椭圆极化波	右旋椭圆极化波	E 地平面	构成合成电场矢量的二正交分量振幅不等、相位相差为正,合成电场矢量的振动方向与电波传播方向 z 构成一个围绕 z 轴旋转的平面,旋转频率即电波频率,顺传播方向看为顺时针旋转
	左旋椭圆极化波	E 地平面	构成合成电场矢量的二正交分量振幅不等、相位相差为负,合成电场矢量的振动方向与电波传播方向 z 构成一个围绕 z 轴旋转的平面,旋转频率即电波频率,顺传播方向看为逆时针旋转

2.1.6　惠更斯—费涅尔原理

惠更斯—费涅尔原理认为:电波在传播过程中,波面上的每一个点都是进行二次辐射的球面波源,而下一个波面就是前一个波面上无数个二次辐射波波面的包络面。因此,电波在传播过程中,空间任一点的辐射场,是包围波源的任意封闭曲面上各点的二次波源发出的波在该点相互干涉叠加的结果。

这个原理不难理解,因为包围波源的任意封闭曲面上都分布着电场和磁场。这些电磁矢量,每时每刻都在振动着。每一点的电场和磁场,都可以当成小的电偶极子和磁偶极子。电磁波的传播就是这些偶极子不断产生和再辐射的过程。

在估算收发天线之间传输功率的主要空间时,需要用到惠更斯—费涅尔原理。

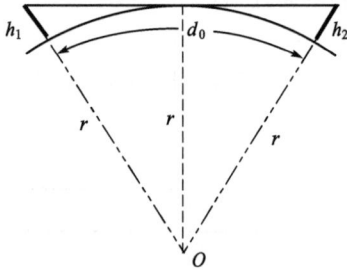

2.1.7　电波传播的直视距离

由于地球曲率的关系,电波传播受到直视距离的限制,如图2-3所示。取地球半径为 $r = 6370\text{km}$,直视距离 d_0(km)用下式计算:

$$d_0 = 3.57(\sqrt{h_1} + \sqrt{h_2}) \tag{2-4}$$

式中:h_1——发射天线的高度(m);

　　　h_2——接收天线的高度(m)。

图 2-3　直视距离

2.2　陆地移动环境中的电波传播

2.2.1　概述

陆地移动环境中的电波传播问题比较复杂,其主要原因有三个:

第一,通信双方至少一方是处于移动之中,因此使电波传播路径快速变动。

第二,电波的传播一般不是直线直达,而是可能会遇到各种地形地物,要经过多次反射、绕射和散射,才能到达对方。

第三,在接收点,无论基站或接收移动台,它任何瞬间收到的信号,都是来自多个方向的多种强度多种相位信号的矢量相加,且随时间变化。

研究表明,陆地移动环境中的电波传播特性,与电波工作频率、无线移动环境(如地貌地形与周围建筑)、天线架设高度、传输链路情况(如视距非视距与反射绕射散射)和移动台移动速度等密切相关。在陆地移动环境中,接收点位置的场强是随机场强,移动台收到的信号是随机信号。

图2-4是移动台天线收到的信号强度实测结果。测试条件是:频率900MHz,发射功率7W,发射天线架高20m,移动台距离基站5.6km,车速38.5km/h(10.7m/s)。测试结果显示:移动中的移动台收到的电波信号随机变化,变化的快慢与车速和波长有关,变化的范围可达十分贝甚至数十分贝。

实际上,在陆地移动通信系统中,移动台收到的电波信号严重衰落,这是由路径损耗、阴影遮挡和多径延时所引起的。

路径损耗、阴影遮挡和多径延时,乃是陆地移动环境中电波传播的三大主要特性,下面将分别对它们加以说明。

鉴于移动台移动速度较慢,产生的多普勒频移很小,故移动带来的多普勒效应不予考虑。

900MHz,发射天线架高20m,发射功率7W,收发距离5.6km

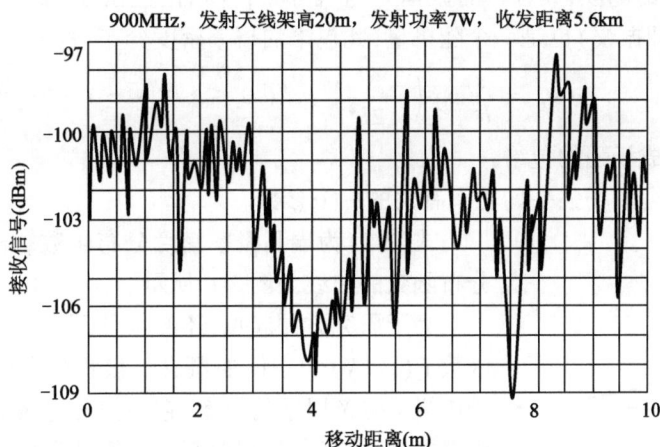

图 2-4 移动台天线收到的信号强度

2.2.2 电波信号的路径损耗

电波信号的路径损耗,是电波信号在传播路径上受到的损耗,简称路径损耗,它描述了平均接收电平随基站和移动台之间距离变化而衰减的情况。在频率复用蜂窝移动通信系统中,路径损耗确定同频邻频的干扰程度,因此也就关系到可以采用何种复用方案。

陆地电波的路径损耗具有幂定律的传播特征。为了验证这个特征,通常是让靠近基站的移动台驶离该基站,并且连续地测量移动台所接收到的功率。收到功率的变化趋势与图 2-4 类似。当功率和距离用分贝表示时,其平均功率随距离呈线性变化,因此称为幂定律传播。

图 2-5 所示为典型的市区道路的微蜂窝路径传波损耗,其回归线由两段直线构成,前一段是 2 次方幂,后一段是 4 次方幂,突变点在 150m 处。

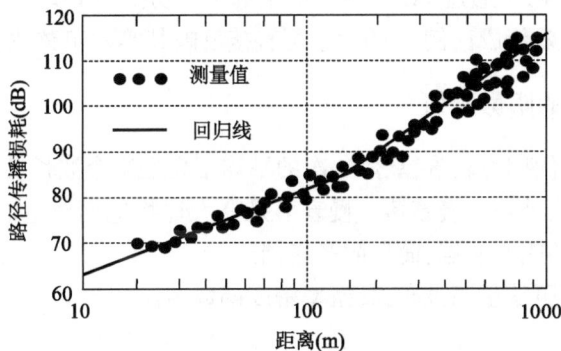

图 2-5 典型的市区道路的路径传播损耗

路径损耗对移动通信蜂窝设计的影响体现在四个方面,即:对覆盖范围的影响,对信噪比的影响,对"远近效应"的影响,对话务容量的影响。

图 2-4 中信号的起伏称为衰落,衰落一次的平均距离是半个波长,这种衰落属于快衰落。前已指出,这是移动台在移动中收到不同路径的同一信号源的电波干涉所造成的结果,只能用统计学或概率论的方法进行研究。

设有 n 个路径的电波,其各自的振幅为随机分布,各相位也在 $0 \sim 2\pi$ 内均匀分布。这时它们总和的包络(即振幅)也是一个随机量,此包络的概率密度分布为:

$$p(s) = \frac{s}{b^2}\exp\left(-\frac{s^2}{2b^2}\right) \quad (0 \leq s \leq +\infty) \tag{2-5}$$

式中: s——电波合成场强的包络;

b——与电波合成场强平均功率有关的一个参数。

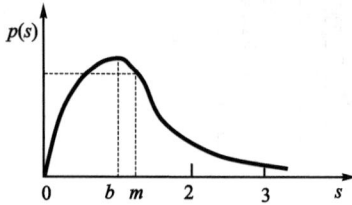

图 2-6 瑞利概率密度分布函数的曲线

式(2-5)为瑞利概率密度分布函数。标准瑞利概率密度分布函数的曲线如图 2-6 所示。

为了研究方便起见,还经常使用信号包络 s 的累积分布函数 $P(s \leq X)$ 和中值的概念。累积分布函数 $P(s \leq X)$ 是信号包络 s 在 X 以下的概率,它是信号包络值低于 X 值的各值概率之和,故又称累积概率。中值是累积概率等于 50% 时的信号包络值,记作 s_m。

表 2-2 给出了瑞利衰落信号的特性,包括包络的平均功率、平均值、中值和标准偏差。

瑞利衰落信号的特性 表 2-2

参数	数值	相对 $2b^2$ 的 dB 数	$P(s \leq X)$ 的概率
平均功率	$2b^2$	0	63
平均值(m)	$\frac{\sqrt{\pi}}{2}\sqrt{2b^2}$	-1.05	53
中值	$0.832\sqrt{2b^2}$	-1.59	50
标准偏差	$\frac{\sqrt{4-\pi}}{2}\sqrt{2b^2}$	-6.68	

表中的平均功率是按(2-5)式的电波信号振幅,通过 1Ω 电阻所产生功率的平均值。若电波信号振幅的有效值为 V,则通过 1Ω 电阻所产生的平均功率为 V^2。此时, $V^2 = 2b^2$。这表明 b 值与其等效正弦波的有效值成比例, b 的大小可直接反映其等效正弦波的场强。

2.2.3 电波信号的阴影遮挡

图 2-4 中信号的起伏称为衰落,衰落一次的平均距离是半个波长,因此这种衰落属于快衰落。其实,除了快衰落之外还有慢衰落。慢衰落是高大地物地面对电波遮挡并形成阴影所引起的,称之为电波信号的阴影遮挡,简称阴影遮挡。

阴影遮挡的慢衰落服从正态分布,其概率密度函数为:

$$P(x) = \frac{1}{\sqrt{2\pi\sigma^2}}\exp\left[\frac{-(x-m)^2}{2\sigma^2}\right] \tag{2-6}$$

式中: x——信号中值(dB);

m——信号中值的均值(dB);

σ——信号中值的标准偏差。

因为在正态分布中,均值即中值,同时其累积概率分布函数只由标准偏差 σ 决定。分析指出,如果要求场强在 90% 的地点达到预定值,则应取 1.28σ 作为信号 s 超过中值 m 的余量,

亦即以 1.28σ 作为慢衰落的余量。

实际上,慢衰落是随位置变化的衰落和随时间变化的衰落这两种衰落的合成衰落,但这两种衰落又是相互独立的,因此合成衰落标准偏差等于两者平方和的开方。所以,表2-3根据统计测量值计算出来的电波信号慢衰落时正态分布的标准偏差,也是从位置分布标准偏差 σ_L 和时间分布标准偏差 σ_T 两个方面进行描述的。

电波信号慢衰落时正态分布的标准偏差 表2-3

频率(MHz)	位置分布标准偏差 σ_L(dB)					时间分布标准偏差 σ_T(dB)				
	准平滑地形		不规格地形 ΔH(m)			D（km）	50	100	150	175
	市区	郊区	50	150	300					
50	—	—	8	9	10	2	5	7	—
150	3.5~5.5	4~7	9	11	13	海面	9	14	20	—
450	6	7.5	11	15	18	水陆混合路径	3	7	9	11
900	6.5	8	14	18	21					

不难看出:慢衰落的位置分布标准偏差随频率升高而升高,且郊区高于市区,900MHz市区为6.5dB,郊区达8dB;慢衰落的时间分布标准偏差随距离增大而增大,且海面最大,150km处陆地为7dB,海面达20dB。

时间分布标准偏差 σ_T,是由于大气参数变化引起折射系数缓慢变化而造成的一种慢衰落,它主要与传播路径的性质以及距发射台远近(愈远愈大)有关。

2.2.4 电波信号的多径延时

由于地形地物的反射,到达接收点的各路电波经过了不同路径距离,因此存在不同的多径延时,这些多路径延时之间的差称为多径延时差,又叫时延散布。

图2-7表明,基站发送一个幅度为 a 的脉冲信号,移动台收到多个信号,它们的幅度和延时互不相同,这串信号的包络便形成宽度达 Δ 的展宽信号,必然对数字信号带来重大影响。

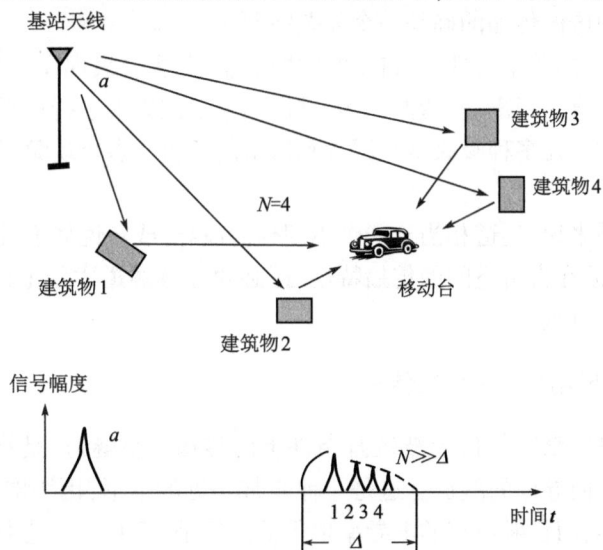

图2-7 多径延时图例

表2-4给出了多径延时的典型实测数据：市区平均多径延时 $1.5 \sim 2.5 \mu s$，对应路径距离 $450 \sim 750m$；最大时延 $12.0 \mu s$，对应路径距离 3600m。郊区平均多径延时 $0.1 \sim 2.0 \mu s$，对应路径距离 $30 \sim 600m$；最大时延 $7.0 \mu s$，对应路径距离 2100m。

多径延时典型数据　　　　　　　　　　　　　　　表2-4

数　据	市　区	郊　区
平均多径延时 d 对应路径距离	$1.5 \sim 2.5 \mu s$ $450 \sim 750m$	$0.1 \sim 2.0 \mu s$ $30 \sim 600m$
最大时延（门限为 $-30dB$） 对应路径距离	$5.0 \sim 12.0 \mu s$ $1500 \sim 3600m$	$0.3 \sim 7.0 \mu s$ $900 \sim 2100m$
平均时延扩展 Δ 最大有效时延扩展 Δ_{max} 时延散布 Δ	$1.3 \mu s$ $3.5 \mu s$ $1.0 \sim 3.0 \mu s$	$0.5 \mu s$ $2.0 \mu s$ $0.2 \sim 2.0 \mu s$

此外，研究表明，市区90%地点不发生超过 $6 \mu s$（对应1800m）的时延，郊区90%地点不发生超过 $4 \mu s$（对应1200m）的时延。

2.3　隧道里的电波传播

2.3.1　电波在隧道中传播的基本特性

18世纪末无线通信问世不久，人类就开始了对电波传播的研究工作，但对隧道中电波传播的研究则起步很晚；实际上直到20世纪60年代末，由于矿井和隧道无线通信的发展，才促使这方面的工作开展起来。大约经历了十年左右的努力，隧道中的电波传播机制才基本被研究清楚，这说明隧道中电波传播的确是一个复杂问题。

电波在隧道中传播的基本特性，与自由空间明显不同，主要表现在三个方面：

第一，由于隧道的直线距离短，弯曲较多，难以用直射波方式进行传播。

第二，由于隧道中存在多种吸收衰减因素和繁杂的反射与多径现象，使得电波极化严重混乱，传播衰减明显加大。

第三，对电波传播来说，隧道相当于一个不理想的波导，或者说隧道具有波导效应。因此，非但不能随便套用电波在自由空间的传播特性，还必须注意隧道中的电波存在特有的截止频率问题（自由空间无此问题）。

2.3.2　电波在空隧道中的固有传播

所谓固有传播，是指没有任何导波装置条件下的传播。空隧道，是指隧道内没有任何物体，特别是没有任何轴向导体的隧道。这是一种非常罕见的情形，因为隧道中往往存在路轨、水管、电缆等轴向导体，而且隧道壁的电导率也很低。但是，研究空隧道中电波的固有传播，尤其是和高电导率壁空心波导相比，却能使我们得到电波在隧道中传播的良好图景。

（1）平面大气波导的几何光学方法

为了解电波在空隧道中的固有传播特性,先考虑一个几何结构最简单的波导,它是一个平板层空气波导,两边是具有相同电特性的导电半空间,我们简称它为平面大气波导。

图2-8说明了平面大气波导中的电波传播情况。点辐射源位于z轴z_0点,它发出的射线经多次反射而向前传播,它有一组无限多个成对的像点。与高度为$2na \pm z_0$处像点相对应的射线,分别受到$2|n|$次和$|n-1|$次的反射。这种发展后的几何光学方法认为,点源辐射场中任一点的场强可以通过直射射线和反射射线相加来获得。平面大气波导的几何光学方法虽然不很准确,但却给出了远高于截止频率的隧道中的固有传播的一个有用图景。如果把这种方法推广应用到四面非理想导电波导,并把波导壁的形状、尺寸和粗糙度等考虑进去,则可逼近实际的空隧道情况。

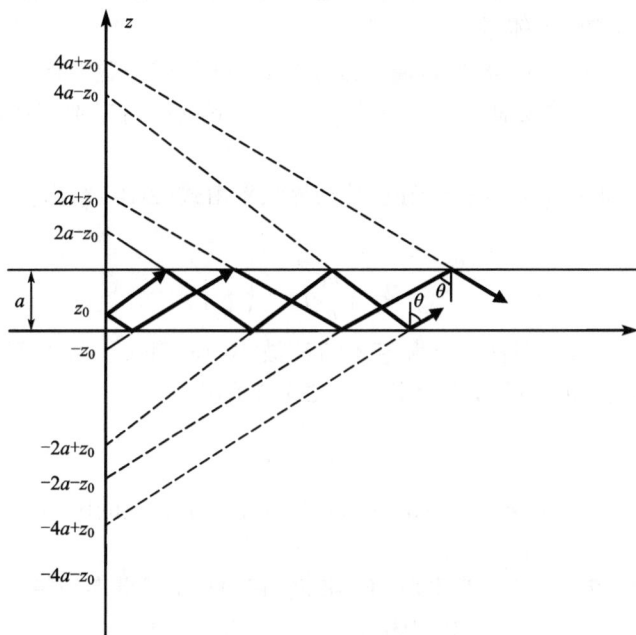

图2-8　平面大气波导的几何光学方法

（2）简化波导模型

研究表明,隧道壁(岩石、土质或混凝土)的相对介电常数,与空气的相对介电常数有很大差别,因此在隧道中完全有可能激励起电波的波导型传播。这是因为隧道截面尺寸一般是几米乘几米,而100~3000MHz频段对应的波长为0.1~3m,也就是说波长小于甚至远小于隧道截面尺寸,电波在隧道中来回反射前进,形成一定的波导模型。因此,可以把隧道看成是一种特殊的波导,而简化波导模型实际就是简化隧道模型。

理想导电波导理论指出,电磁场可以分解为一些称为波模的解式之和。一个波模是这样的一个解,它随轴向坐标z的变化关系是$\exp(-\Gamma z)$。复常数

$$\Gamma = \alpha + j\beta \tag{2-7}$$

是波模的传播常数,其实部α称作衰减率或衰减常数,单位为奈培/米(Np/m);虚部β称作相移率或相移常数,单位为弧度/米(rad/m)。

在理想导电壁空心波导中,每个波模都有一个临界频率 f_c,其大小依赖于隧道的形状和尺寸。当电波频率低于临界频率时,波模只有衰减而无相移,此时衰减率由式(2-8)给出:

$$\alpha = \frac{2\pi f_c}{c\sqrt{1 - \left(\frac{f}{f_c}\right)^2}} \tag{2-8}$$

式中: c——光速,每秒 30 万公里,即 $c = 3 \times 10^8 \text{m/s}$。

当电波频率高于临界频率时,波模只有相移而无衰减,此时相移率由式(2-9)给出:

$$\beta = \frac{2\pi f_c}{c\sqrt{\left(\frac{f}{f_c}\right)^2 - 1}} \tag{2-9}$$

具有最低临界频率值的波模称作主波模,它的临界频率就是波导的截止频率。低于这个频率,波导完全不能传输电磁能量。

在理想导电壁空心波导中,波模是横电波模(TE 波模)或横磁波模(TM 波模),也就是说两者都没有轴向分量。主波模总是一种横电波模。以下我们用二维有序数组 (m,n) 来标记波模。

对截面尺寸为 a 和 b 的矩形波导来说,其临界频率由式(2-10)给出:

$$f_{cmn} = \frac{c}{2\sqrt{\left(\frac{m}{a}\right)^2 + \left(\frac{n}{b}\right)^2}} \tag{2-10}$$

TE 波模的 m 和 n 中,允许有一个为零,但 TM 波模的 m 和 n 必须全部为正数。

假设 $a > b$,则该矩形波导的截止频率由式(2-11)给出:

$$f_c = f_{c10} = \frac{c}{2a} \tag{2-11}$$

这就是说,矩形波导截止频率的自由空间波长等于矩形长边的两倍。例如 $a = 5\text{m}$,则截止频率 $f_c = 30\text{MHz}$。

对半径为 r 的圆形波导,其主波模是 TE_{11} 波模,它的 6 个最低谐波模的临界频率如下:

$TE_{11}:0.293c/r$	$TE_{01}:0.609c/r$
$TM_{01}:0.383c/r$	$TM_{11}:0.609c/r$
$TE_{21}:0.485c/r$	$TE_{31}:0.668c/r$

对于任意形状的隧道,可以十分粗略地认为,其截止频率的自由空间波长近似等于它的截面周长。大多数隧道横向只有几米,故截止频率为几十兆赫兹。比如截面周长等于 15m,则截止频率 $f_c = 20\text{MHz}$。

然而,实际隧道壁不是理想导体而是绝缘介质或半导电介质,因此必然给电波传播带来衰减,但其衰减率可以用微扰法近似求出,结果如下:

对截面宽边尺寸为 a、窄边尺寸为 b 的矩形波导来说,TE 波模的衰减率为:

$$\alpha = \frac{R}{\eta_0 b} \cdot \frac{\varepsilon_n m^2 \frac{b}{a} + \varepsilon_m n^2}{m^2 \frac{b}{a} + n^2 \frac{a}{b}} \sqrt{1 - \frac{f_{cmn}^2}{f^2}} + \frac{\left(\varepsilon_n + \varepsilon_m \frac{b}{a}\right)\frac{f_{cmn}^2}{f^2}}{\sqrt{1 - \frac{f_{cmn}^2}{f^2}}} \tag{2-12}$$

TM 波模的衰减率为:

$$\beta = \frac{2R}{\eta_0 a} \cdot \frac{m^2 + n^2 \dfrac{a^3}{b^3}}{m^2 + n^2 \dfrac{a^2}{b^2}} \cdot \frac{1}{\sqrt{1 - \dfrac{f_{\text{cmn}}^2}{f^2}}} \qquad (2\text{-}13)$$

式中:η_0——大气固有阻抗,$\eta_0 = 377\Omega$;

R——隧道壁固有阻抗的实部;

ε_n、ε_m——介质常数。

在截面宽边尺寸为 a、窄边尺寸为 b 的矩形波导中,可以传输各种不同的波模,各种波模电波在传播过程中的损耗是不同的。最低波模是 (1,1) 型波,它的损耗最小,而且水平极化波的损耗小于垂直极化波。

在隧道中电波传播的小波动区域内,(1,1) 型波的水平极化波损耗和垂直极化波损耗分别为:

$$L_{\text{Eh}}(\text{dB}) = \frac{4.343\lambda^2 z}{a^3 (\sqrt{k-1})^{1/2}}(k + \tau^3) \qquad (2\text{-}14)$$

$$L_{\text{Ev}}(\text{dB}) = \frac{4.343\lambda^2 z}{a^3 (\sqrt{k-1})^{1/2}}(1 + k\tau^3) \qquad (2\text{-}15)$$

式中:λ——波长(m);

z——测试点离隧道口的距离(m);

a——隧道截面的宽度(m);

τ——隧道截面宽度与高度之比;

k——隧道壁的介电常数。

2.3.3 隧道里电波传播的衰减

当汽车或人通过公路隧道时,如果隧道很短,则电波场强会减弱。如果隧道很长,则电波场强会因吸收而被衰减掉,从而造成通信中断。地下铁道和地下街道中的情况,与长隧道非常相似。

测试证明,电波进入隧道衰减很快,而且同隧道形状、尺寸和电波频率关系很大。超短波波段在隧道内的衰减大,但随着频率的升高电波衰减会有所减小,这是因为波长短到一定程度后,隧道就会显现出波导作用了。尽管隧道壁不是理想导体而是绝缘介质或半导电介质,会有能量不断折入其中而消耗掉,但隧道中的损耗主要是折射损耗而不是隧道壁的导电损耗。

根据波导模理论,在图 2-9 所示的隧道横截面中,可以传播各种不同的波型,而且各波型的传播损耗也不相同,见表 2-5。其中损耗最低的传播波型是两个 (1,1) 型波,一个波的横向电场沿 x 轴极化,称为水平极化波,其单位距离的损耗用 $L_{\text{Ev}}(\text{dB/m})$ 表示;另一个波的横向电场沿 y 轴极化,称为垂直极化波,其单位距离的损耗用 $L_{\text{Eh}}(\text{dB/m})$ 表示。垂直极化波的损耗大于水平极化波的损耗,有利的波型是电场为

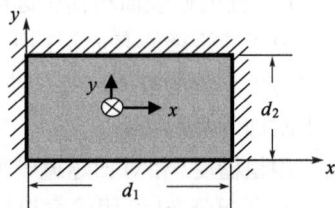

图 2-9 隧道横截面示意图

水平极化的 $L_{Eh}(1,1)$ 波，记作 $Ev(1,1)$ 波。

隧道中各种波型的传播损耗率　　　　　　　　　　　表 2-5

n_1	n_2	L_{Ev}(dB/m)	L_{Eh}(dB/m)
1	1	0.9	4.1
1	2	2.1	16.3
2	1	2.4	4.3
2	2	5.6	16.4
1	3	4.2	36.5
3	1	5.0	5.0
2	3	5.7	36.7
3	2	6.2	16.7
3	3	8.2	36.9

图 2-10 是在一个断面为 $4m \times 7.5m$、长 $2.5km$ 隧道中的测试结果。可以看出，该隧道每百米的衰耗情况：$153MHz$ 约为 $16dB$，$300MHz$ 为 $4.7dB$，$600MHz$ 为 $3.7dB$，$900MHz$ 为 $2.5dB$，$2400MHz$ 为 $1.3dB$。

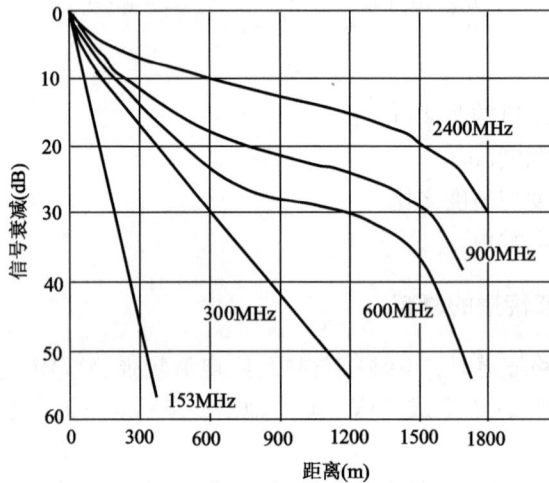

图 2-10　某隧道中的电波衰减情况

2.3.4　影响隧道衰减的主要因素

（1）隧道壁表面粗糙引起的损耗

由于隧道壁不是光滑的平面，而是粗糙的表面，因此会引起漫射，使原来的 $E_h(1,1)$ 型波转化为更高阶的波型。高阶波型容易折射入隧道壁而损耗能量，并且伴随着 E_h 波的传播还会产生附加的漫射损耗。

用粗糙度（相对于隧道壁平均表面的局部变化）来衡量隧道壁的粗糙程度。若隧道壁表平面为高斯分布时，用均方根粗糙度 h_{rou} 来表征。因隧道壁表面粗糙而引起的损耗 L_{rou} 可用式（2-16）计算：

$$L_{\text{rou}}(\text{dB}) = 4.343\pi^2 h_{\text{rou}}^2 \lambda \left(\frac{1}{d_1^4} + \frac{1}{d_2^4} \right) z \tag{2-16}$$

式中:z——收发之间的距离;

λ——波长。

(2)隧道弯道引起的损耗

隧道并非总是平直,常有分支和弯道。在隧道交叉拐弯处,电波被射进分支隧道。隧道与金属波导不同,不会以同样的波型进入分支隧道,因此一旦出现分支,电波在隧道中的衰减就会增加,而且弯曲度愈大衰减愈严重。图2-11 给出了隧道拐弯时,电波传播附加损耗 L_c 与弯曲度 θ 的关系。

频率愈高,电波的绕射能力愈弱,隧道拐弯处的衰减愈大。例如,420MHz 的电波,在直隧道内的衰减为 6dB,一个直角拐弯的衰减约为 58dB,故使拐弯后的通信距离大为缩短。为解决此问题,采用中继器或反射板,可使通信距离增加一倍,信号电平增加 20~30dB。

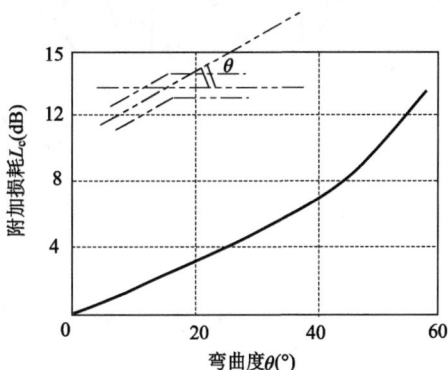

图2-11 隧道弯曲度与损耗的关系

(3)天线插入引起的损耗

不同频率下,天线插入引起的损耗 L_i 如表2-6 所示。

半波天线的 L_i 值   表2-6

$f(\text{MHz})$	$\lambda(\text{m})$	$L_i(\text{dB})$
4000	0.075	35.0
3000	0.1	32.4
2000	0.15	28.9
1000	0.3	22.9
415	0.72	15.2
200	1.5	8.9

(4)汽车流量引起的损耗

在公路隧道中,汽车流量愈大,电波的衰减也愈大。设 N 为隧道中每百米距离内的汽车数(辆/百米),图2-12 给出了 $N=9$ 和 $N=5$ 时三种频率下的附加损耗 L_s 随距离变化的情况。

(5)隧道壁倾斜引起的损耗

隧道壁通常相对其平均平面都有倾斜,这种倾斜带来附加损耗,记作 L_t。若倾斜度用 Θ 表示,则倾斜带来附加损耗 L_t 可用式(2-17)计算:

$$L_t(\text{dB}) = 4.343\pi^2 \Theta \frac{z}{\lambda} \tag{2-17}$$

式中:Θ——均方根倾斜度;

    z——收发之间的距离;

    λ——波长。

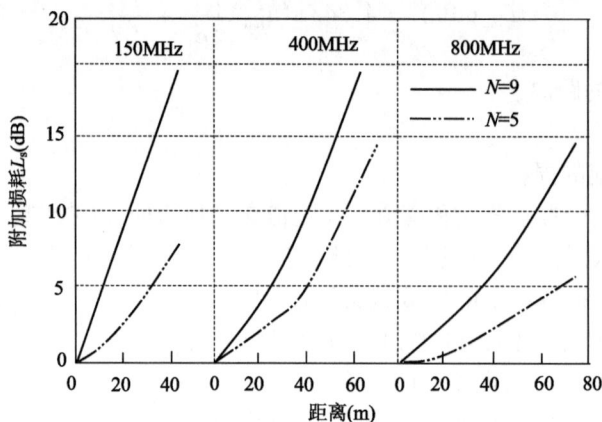

图 2-12　汽车流量对衰减的影响

2.4　地面建筑物内的电波传播

2.4.1　电波从建筑物外向建筑物内的穿透传播

此时,发射源在室外,接收点在室内,电波穿透墙壁进入室内必有衰减,这就是穿透损耗。穿透损耗的定义为室外电波场强和室内电波场强之比,单位为 dB。

穿透损耗的大小与下列因素有关:墙壁厚度,建筑结构,室内位置,楼层高低,电波频率等。墙壁愈薄,接收点靠墙愈近,楼层愈高,则穿透损耗愈小,反之愈大。例如,一层的穿透损耗比高层的穿透损耗大,并且地下室最大。不同的建筑结构和不同的电波频率,穿透损耗也不同。比如钢筋混凝土结构的穿透损耗,大于土木或砖石结构的穿透损耗。频率愈高,相对来说穿透损耗要小一些(可能是高频率信号易于穿墙、易于入窗之故)。

日英美三国穿透损耗的实测数据如表 2-7 所示。表中数据系在一楼测得,由于测试条件不详,只能作参考,它给我们的明显印象是:穿透损耗随频率升高而降低,且在 150 ~ 800MHz 范围内可达 12 ~ 22dB。日本为了防震,房屋多用金属网状构架,所以它的数据要比英美大一些。至于地下室,不论在何处,穿透损耗都大于 30dB。

墙壁穿透损耗的实测数据　　　　　　　　　　　　　　　表 2-7

国　别	测　试　频　率				测试条件
	150MHz	400MHz	460MHz	800MHz	
日本	22dB	18dB		17dB	
英国	14dB		12dB		一楼
美国				15dB	

测量表明,穿透损耗在 1 ~ 13 层范围内,随楼层升高呈直线下降趋势,大体是每升高一层降低 2 ~ 2.7dB 左右(随层高不同而异)。13 层以上,场强增速减缓,楼高增加一倍场强仅增 7dB 左右,且最大不会超过自由空间的场强。

测量还表明,高楼对电波的阻挡特别明显,而且频率愈高阻挡愈严重。若有高大楼宇直接挡住传播路径,则其阴影区内的遮挡损耗在 800 MHz 时可达 27 dB 左右。如图 2-13 所示。

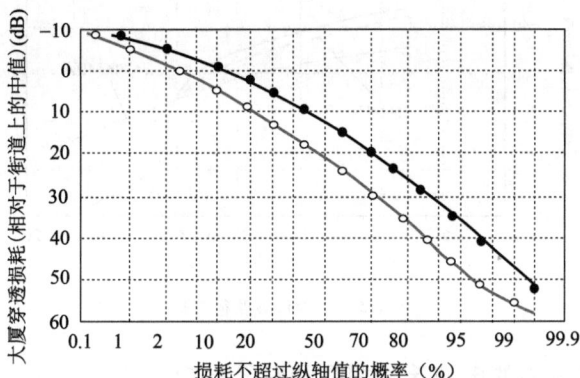

图 2-13 大楼损耗的实测分析

2.4.2 电波在建筑物内的传播

电波在建筑物内(即室内)的传播,可分为如下三种情况。

情况一:发射源和接收点同在一室,且室内比较空旷安静,这是较为理想的情况。此时,收发相距只有几米或几十米,属直射传播,可按自由空间的公式计算场强。不过由于墙壁的反射,接收点的场强会有起伏,但起伏不会太大。当执手机的人在室内走动时,接收信号会有衰落,但衰落很慢,且为赖斯衰落,不会影响接收。据测定和计算,此时的多径延时一般小于120 ns,多数在 50 ns 左右,因此不必计算。

情况二:发射源和接收点同在一室,而室内并不空旷安静,这是较为实际的情况,比如在某个展览大厅,既有发射天线,又有众多展览设备和参观人员。此时,除墙壁反射和执机人走动外,还有其他设备和人体的反射或阻挡,因此要比情况一复杂得多。又比如地铁站厅天线与移动手机之间的态势也是这样。此时,除墙壁反射和执机人走动外,还有立柱和其他物体的反射、其他移动人体的反射或阻挡,因此也要比情况一复杂得多。

情况三:发射源和接收点在同一建筑物内,但不在同一个房间内,这是较为常见的情况,比如办公大楼走廊里的覆盖用天线与房间内移动手机之间的态势就是这样。由于多了穿透损耗,因此同样要比情况一复杂得多。

如果两个房间有门窗相通或通过走廊的门窗可以使反射的电波相通,则路径损耗不会太大,比自由空间损耗增大不多。但如果两个房间之间没有门窗,只有钢筋混凝土的墙壁,此时电波必须穿透墙壁,就要增加 20 dB 左右的穿透损耗。如果相隔几个这样的房间,或在不同楼层的房间,则路径损耗会很大,甚至无法通信。

有人对室内的路径损耗作过测定,结果如图 2-14 所示:距离小于 40 m,路径损耗与距离平方成比例,和自由空间损耗接近;距离大于 40 m 时,280 MHz 的路径损耗增大很快,而800 MHz 的路径损耗则几乎仍以二次方关系增加。

关于室内的路径损耗,美国也有人作过测定,结果显示:1.3 GHz 路径损耗的标准偏差 σ在 3~8 dB 之间,随室内物体安放情况而异;也和频率有关,频率高的 σ 大一些。

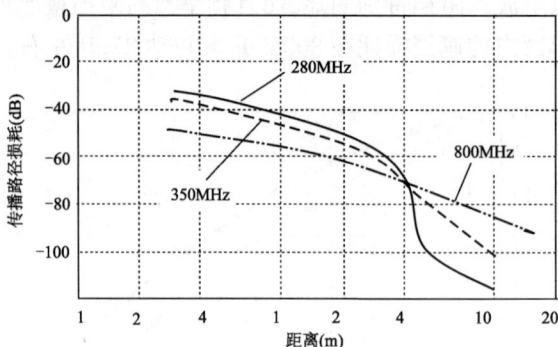

图 2-14　室内传波路径损耗

2.4.3　地面建筑物内的电波传播模型和路径损耗

地面建筑物内(简称室内)的电波传播,所受的影响因素很多。由于有限空间内环境的变化很大,墙、顶、地、人和室内物体等,都会引起电波的反射、折射、散射和吸收。因此,室内电磁场分布十分复杂,电波传播模型相应多种多样。下面着重介绍在测试基础上总结出来的地面室内三种传播模型,可供移动通信无线信号在地下建筑物内传播覆盖的预测参考。

(1)室内小尺度路径损耗

室内小尺度路径损耗,是指传播距离短,并在短时间内快速衰落(衰落深度达 20 ~ 40dB)的一种电波传播,其传播模型表达式为:

$$P_{\mathrm{L}}(d) = P_{\mathrm{L}}(d_0) + 10n\lg\left(\frac{d}{d_0}\right) + X_\delta \tag{2-18}$$

式中:$P_{\mathrm{L}}(d)$——路径 d 的总损耗值(dB);

$\quad\ \ P_{\mathrm{L}}(d_0)$——近地参考距离($d_0 = 3\lambda \sim 10\lambda$)自由空间衰减值;

$\quad\ \ n$——环境和建筑物传播损耗指数(1.6 ~ 3.3);

$\quad\ \ X_\delta$——标准偏差 $\sigma = 3 \sim 14$ 的正态随机变量。

(2)室内路径损耗因子模型

这一模型灵活性很强,预测路径损耗与测量值的标准偏差为 4dB,其衰减因子模型表达式为:

$$P_{\mathrm{L}}(d) = P_{\mathrm{L}}(d_0) + 10n_{\mathrm{SF}}\lg\left(\frac{d}{d_0}\right) + \mathrm{FAF} \tag{2-19}$$

式中:$P_{\mathrm{L}}(d)$——路径 d 的总损耗值(dB);

$\quad\ \ P_{\mathrm{L}}(d_0)$——近地参考距离($d_0 = 3\lambda \sim 10\lambda$)自由空间衰减值;

$\quad\ \ n_{\mathrm{SF}}$——同层损耗因子(1.6 ~ 3.3);

$\quad\ \ \mathrm{FAF}$——不同层路径损耗附加值(10 ~ 20dB)。

(3)室内自由空间路径损耗附加因子模型

室内传播路径,可以看作是自由空间受限的传播路径。这一模型灵活性很强,预测路径损耗与测量值的标准偏差为 4dB,其传播模型表达式为:

$$P_L(d) = P_L(d_0) + 20\lg\left(\frac{d}{d_0}\right) + \beta\alpha \qquad (2\text{-}20)$$

式中：$P_L(d)$——路径 d 的总损耗值(dB)；

$\quad P_L(d_0)$——近地参考距离($d_0 = 3\lambda \sim 10\lambda$)自由空间衰减值；

$\quad\quad \beta$——路径损耗因子($-0.21 \sim 1.6$dB/m)。

(4)室内电波场强覆盖预测

下面，我们利用上述模型进行室内电波场强覆盖的预测。

由于式(2-18)中正态随机变量 X 的标准偏差 σ 有多种取值，因此实际工程较少采用，而采用式(2-19)和式(2-20)较多。

【例2-1】 假设某工程为一室内分布系统，天线输入口功率 $P_T = 5$dBm，吸顶天线增益为 $G_M = 2.1$dBm，d_0 设定为 1m。要求采用式(2-19)，预测同层离天线(信号源)15m 处的场强。

解：$P_L(d_0) = 31.5$dB$(f = 900$MHz$)$，$P_L(d_0) = 37.5$dB$(F = 1800$MHz$)$。

先算出 $P_L(d = 15$m$)$、$f = 900$MHz 时总路径损耗值，其中 n_{SF} 取 2.8，然后代入式(2-19)，得：

$$P_L(15\text{m}) = P_L(1\text{m}) = 10 \times 2.8 \times \lg\left(\frac{15}{1}\right) + 0$$
$$= 31.5 + 32.9$$
$$= 64.4\text{dB}$$

预测出离信号源 15m 处的场强为：

$$P_{dBm} = P_T + G_M - P_L(15\text{m}) - R \qquad (R \text{ 为衰减储备，取 }10\text{dBm})$$
$$= 5\text{dBm} + 2.1\text{dB} - 64.4\text{dB} - 10\text{dB}$$
$$= -67.3\text{dBm}$$

【例2-2】 工程同例2-1。要求采用式(2-19)，预测同层离天线(信号源)15m 处的场强。

解：$P_T = 5$dBm；$G_M = 2.1$dBm；$d = 15$m；$d_0 = 1$m；$P_L(d_0) = 31.5$dB$(f = 900$MHz$)$；$P_L(d_0) = 37.5$dB$(f = 1800$MHz$)$。

采用式(2-20)，先算出 $P_L(d = 15$m$)$、$f = 900$MHz 时总路径损耗值，其中 β 取 0.6dB/m，代入式(2-20)得：

$$P_L(15\text{m}) = P_L(1\text{m}) + 20\lg\left(\frac{15}{1}\right) + 0.6 \times 15$$
$$= 31.5\text{dB} + 23.5\text{dB} + 9\text{dB}$$
$$= 64\text{dB}$$

预测出离信号源 15m 处的场强为：

$$P_{dBm} = P_T + G_M - P_L(15\text{m}) - R \qquad (R \text{ 为衰减储备，取 }10\text{dB})$$
$$= 5\text{dBm} + 2.1\text{dB} - 64\text{dB} - 10\text{dB}$$
$$= -66.9\text{dBm}$$

在上述两例中，我们分别用式(2-19)和式(2-20)，预测了离天线(信号源)15m 处的覆盖场强，结果分别为 -67.3dBm 和 -66.9dBm，它们相差不大。但是，由于室内传播非常复杂，预测出的场强和实际测量值之间，会存在一定的差异。因此，工程设计时需用实测值，对传播模型进行适当修正。

2.5 地下建筑物内的电波传播

由于地铁内空间狭小,形状不规则,使移动通信信号产生折射和反射。由于多径效应的存在,移动用户在地铁内所收到的信号乃是直达信号与多个反射信号的叠加,而周围墙壁或建筑物以及地面等产生的反射波场强的功率很大,在一些地点甚至超过了直达波。所以在这里主要分析在地铁车站站厅层内移动通信系统信号的场强分布情况。

2.5.1 自由空间电磁波的传播

在自由空间,在任何类型天线的远场中,辐射波都是球面波(图 2-15),且电场和磁场由式(2-21)表示。

$$\begin{cases} \boldsymbol{E} = \boldsymbol{a}_E ZI \dfrac{\mathrm{e}^{-jkr}}{r} f(\theta,\varphi) \\ \boldsymbol{H} = \dfrac{1}{\eta} \boldsymbol{a}_r \times \boldsymbol{E} \end{cases} \tag{2-21}$$

式中: $k = \omega/\lambda f$,其中 ω 是角频率, λ 是波长, f 是频率;

$$\eta = \sqrt{\mu_0/\varepsilon_0} \approx 377 ;$$

$\boldsymbol{a}_r$、$\boldsymbol{a}_E$ ——$\boldsymbol{H}$ 和 $\boldsymbol{E}$ 方向的单位矢量;

r ——球面的半径;

I ——天线上的电流;

Z ——电抗。

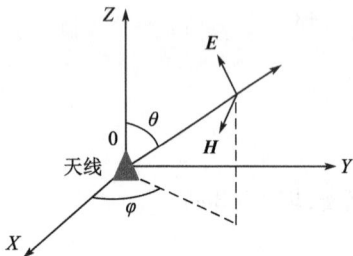

图 2-15 由天线辐射进入空间的球面波

所以,辐射波的功率密度为:

$$P = \frac{1}{2}\mathrm{Re}\,|\,\boldsymbol{E} \times \boldsymbol{H}\,| = \boldsymbol{a}_r \frac{1}{2\eta} \frac{|\,ZI\,|}{r^2} |\,f(\theta,\varphi)\,|^2 \tag{2-22}$$

P 单位为 $\mathrm{W/m^2}$,同时,球面上的总功率由下式给出:

$$P_r = \oiint\limits_{\text{sphere}} P \times \boldsymbol{a}_r \mathrm{d}A = \int_{-\pi}^{\pi}\int_0^{\pi} \frac{|\,ZI\,|^2}{2\eta r^2} |\,f(\theta,\varphi)\,|^2 r^2 \sin\theta \mathrm{d}\theta \mathrm{d}\varphi$$

为计算和分析的方便,我们不考虑天线的尺寸,假定天线按点源考虑,且认为在我们考虑的范围内,天线的各向是同性的。那么,在自由空间,由点源发射的正弦波将沿径向传播,对于各向同性的天线,如果传递到天线的功率为 P_t,天线的增益为 G_t,那么天线的发射功 P_{rad}(W)为:

$$P_{rad} = P_t G_t \tag{2-23}$$

所以距点源为 $r(\mathrm{m})$ 处电波的单位面积功率为:

$$P_{fs} = \frac{P_{rad}}{4\pi r^2} \quad (\mathrm{W/m^2}) \tag{2-24}$$

为了推导需要,我们采用均方根电场强度:

$$E_{fs} = \sqrt{Z_{fs}P_{fs}}$$

式中: Z_{fs} ——自由空间的阻抗, $Z_{fs} = \sqrt{\mu_{fs}\varepsilon_{fs}} = 120\pi \approx 377\Omega$。

其中 $\mu_{fs} = 4\pi \times 10^{-7} \text{H/m} = 4\pi \times 10^{-7} \text{V}_{-s}/\text{A}_{-m}$，$\varepsilon_{fs} = (10^{-9}/36\pi) \text{F/m} = (10^{-9}/36\pi) \text{A}_{-sec}/\text{V}_{-m}$ 分别为自由空间的磁导率和导电率(介电常数)。在与辐射源相对较远处,自由空间的电场强度为:

$$E_{fs} = \sqrt{120\pi \times \frac{P_t G_t}{4\pi r^2}} = \frac{\sqrt{30 P_t G_t}}{r} \quad (\text{V/m}) \tag{2-25}$$

如果接收机的天线增益为 G_r,那么接收功率 P_r 为:

$$P_r = \frac{\lambda^2}{4\pi} \times P_{fs} G_r = \frac{\lambda^2}{4\pi} \times \frac{E_{fs}^2}{Z_{fs}} \times G_r = \left(\frac{E_{fs}\lambda}{2\pi}\right)^2 \times \frac{G_r}{120}$$

所以,可计算自由空间的路径损耗数为:

$$L_{fs}(\text{dB}) = -10\lg \frac{\dfrac{P_r}{P_t}}{G_t G_r} + 20\lg \frac{4\pi r}{\lambda} = -27.55 + 20\lg(r \times f_{\text{MHz}})$$

式中:r——接收点与发射点的距离(m);

f_{MHz}——电磁波的频率(MHz)。

2.5.2 电磁波的反射

由于地铁车站空间有限,地铁车站的站厅一般长度不超过 200m,宽度为 40m 左右,所以在移动通信信号电磁波传递过程中,除了从天线到接收机之间的直线传播外,反射波产生的功率也非常大。

当电磁波射到站厅的墙壁上时,由于墙壁的介电常数和电导率与空间不一样,所以,必然会在两种介质的交界处产生反射波和透射波。反射波和透射波如图 2-16 所示。

图 2-16 中的 μ_1、ε_1、δ_1 和 μ_2、ε_2、δ_2 分别表示两种物质的介电常数和电导率。电场波可以平行于入射平面,也可以垂直于入射平面,或与入射平面成任意夹角。

如果设定反射系数为向量 Γ,那么入射波、反射波和透射波之间的关系可以表示为:

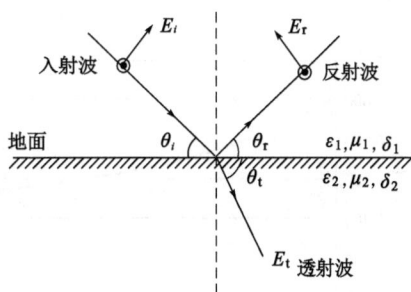

图 2-16　入射波、反射波和透射波

$$\begin{cases} E_r = \Gamma E_i \\ E_t = (1 - \Gamma) E_i \end{cases} \tag{2-26}$$

其中

$$\Gamma = \frac{\sin\theta_i - Z}{\sin\theta_i + Z} = |\Gamma| e^{j\omega t} \tag{2-27}$$

这里

$$Z = \begin{cases} \sqrt{\varepsilon_g - \cos^2\theta_i} & (\text{水平极化}) \\ \sqrt{\dfrac{\varepsilon_g - \cos^2\theta_i}{\varepsilon_g}} & (\text{垂直极化}) \end{cases} \tag{2-28}$$

其中

$$\varepsilon_{\mathrm{g}} = \varepsilon - j \frac{\delta}{2\pi f \varepsilon_{\mathrm{fs}}}$$

由于地铁墙壁的外面为土,所以墙壁的典型参数值取为:$\varepsilon = 10, \delta = 0.01$。

$$\varepsilon_{\mathrm{g}} = 10 - j \frac{179.8}{f} \tag{2-29}$$

如果假定我们考虑的移动通信的频率为 900MHz,那么式(2-29)就转化为:

$$\varepsilon_{\mathrm{g}} = 10 - j0.19981 \tag{2-30}$$

将式(2-30)代入式(2-28),再代入式(2-27),可得反射系数 Γ 以 θ 为变量的函数:

即 $$\Gamma = \mid \Gamma(\theta) \mid e^{j\omega t} \tag{2-31}$$

这里仅做出水平极化反射系数 $\Gamma \parallel (\theta)^{\circ}$ 的变化曲线,其曲线如图 2-17 所示。从图中我们可以看出,水平极化反射系数的幅度变化在 $0.6 \sim 1$ 之间。

2.5.3 反射波的路径差

假定一个车站的站厅如图 2-18 所示,天线安装在屋顶上,移动手机在距天线 L' 处,那么,手机所收到的信号不仅仅是从天线传来的直达波,也包括是从墙面反射过来的反射波。反射波有很多途径,其主要的反射波有三个:一是从天线发出,经地面反射过来的反射波;一个是右边墙反射来的反射波;还有一个是从左边墙反射来的反射波(图 2-19 ~ 图 2-21)。每个反射波的路径的长度都不一样,再加上反射系数 Γ 的幅度和移相也不相同,导致在接收点产生多径效应也不相同。在本节,我们先来计算三种反射波的路径与直达波的路径的差值 $\Delta L_i (i = 2, 3, 4)$。

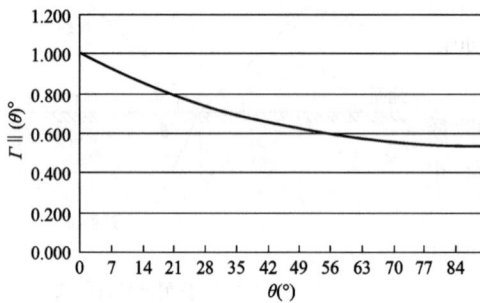

图 2-17 水平极化反射系数的幅度 $\Gamma \parallel (\theta)^{\circ}$ 的变化曲线

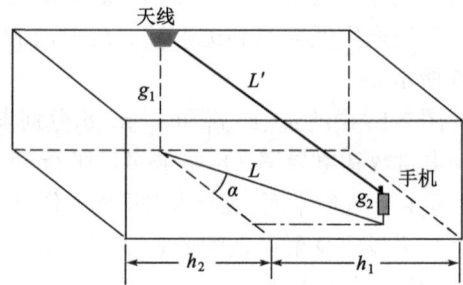

图 2-18 站厅的三维图形

(1)地面反射波(图 2-19)

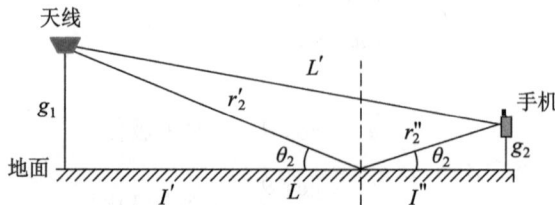

图 2-19 以 L'、L 为基线,垂直于地面的平面图(地面反射波所在的平面)

由于
$$\sin\theta_2 = \frac{g_1}{r_2'} = \frac{g_2}{r_2''}$$

故
$$g_1 = r_2'\sin\theta_2 \quad g_2 = r_2''\sin\theta_2$$

又因为
$$\tan\theta_2 = \frac{g_1}{L_2'} = \frac{g_2}{L_2''} = \frac{g_1 + g_2}{L_2' + L_2''} = \frac{g_1 + g_2}{L} \tag{2-32}$$

所以，$\Delta L_2 = (r_2' + r_2'') - L'$

$$= g_1\sqrt{1 + \frac{L'^2 - (g_1 - g_2)^2}{(g_1 + g_2)^2}} + g_2\sqrt{1 + \frac{L'^2 - (g_1 - g_2)^2}{(g_1 + g_2)^2}} - L' \tag{2-33}$$

（2）经右面墙的反射波（图 2-20）

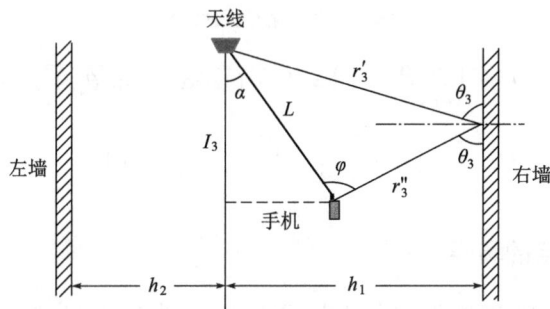

图 2-20　以 L 为基线，垂直于图 2-19 平面的平面图
（经右面墙反射的反射波）

因为
$$I_3 = r_3'\cos\theta_3 + r_3''\cos\theta_3 = (r_3' + r_3'')\cos\theta_3 = L'\cos\alpha$$

所以
$$\frac{r_3' + r_3''}{L'} = \frac{\cos\alpha}{\cos\theta_3}$$

$$\sin\theta_3 = \frac{h_1}{r_3'} = \frac{h_1}{L'} \cdot \frac{2\sin\theta_3\cos\theta_3}{\sin(\theta_3 + \alpha)}$$

$$\cos\theta_3 = \frac{\cos\alpha}{\sqrt{\left(\frac{2h_1}{L'}\right)^2 - 2\left(\frac{2h_1}{L'}\right)\sin\alpha + 1}} \tag{2-34}$$

$$\Delta L_3 = (r_3' + r_3'') - L' = L'\left(\frac{\cos\alpha}{\cos\theta_3} - 1\right) = L'\left[\sqrt{\left(\frac{2h_1}{L'} - \sin\alpha\right)^2 + \cos^2\alpha} - 1\right] \tag{2-35}$$

（3）经左面墙的反射波（图 2-21）

与右面墙反射类似，我们有 $r_4' + r_4'' = L' \cdot \frac{\cos\alpha}{\cos\theta_4}$

所以 $\Delta L_4 = (r_4' + r_4'') - L' = L' \cdot \left(\frac{\cos\alpha}{\cos\theta_4} - 1\right)$

$$\cos\theta_4\left(\frac{2h_2}{L'} + \sin\alpha\right) = \sin\theta_4\cos\alpha$$

$$\tan\theta_4 = \frac{\sin\theta_4}{\cos\theta_4} = \frac{\left(\frac{2h_2}{L'} + \sin\alpha\right)}{\cos\alpha} \tag{2-36}$$

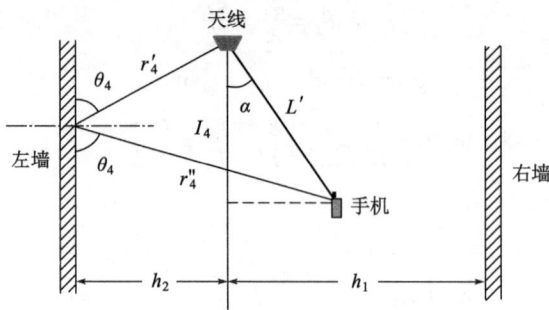

图 2-21　以 L 为基线，垂直于图 2-19 平面的平面图
（经左面墙反射的反射波）

$$\Delta L_4 = L' \cdot \left(\frac{\cos\alpha}{\cos\theta_4} - 1 \right) = L' \cdot \left(\cos\alpha \sqrt{\tan^2\theta_4 + 1} - 1 \right)$$

$$= L' \cdot \left[\sqrt{\left(\frac{2h_2}{L'} + \sin\alpha \right)^2 + \cos^2\alpha} - 1 \right] \tag{2-37}$$

2.5.4　信号接收点的场强

经上面的分析，我们知道，在地铁车站内，手机接收到的信号实际上是由天线发出经多个不同的路径传播或反射的信号叠加的结果。在本节中，我们分析几个主要的信号传播途径，也就是 E_1（直达波），E_2（经地面反射），E_3（经右面墙反射的反射波），E_4（经左面墙反射的反射波）。忽略其他一些细节因素，如通过地波传播到达接收机的一部分信号等，在接收点的信号场强 E_r 就是这几个场强的叠加。

$$\boldsymbol{E}_r = \boldsymbol{E}_1 + \boldsymbol{E}_2 + \boldsymbol{E}_3 + \boldsymbol{E}_4 \tag{2-38}$$

如果假定电场波平行于入射平面，从式（2-25）和式（2-26），我们有：

$$E_1 = \frac{\sqrt{30P_tG_t}}{r_1} e^{j\bar{\omega}t}$$

$$E_2 = \Gamma_2 \frac{\sqrt{30P_tG_t}}{r_2} e^{j(\bar{\omega}t - \Delta\beta_2)}$$

$$E_3 = \Gamma_3 \frac{\sqrt{30P_tG_t}}{r_3} e^{j(\bar{\omega}t - \Delta\beta_3)}$$

$$E_4 = \Gamma_4 \frac{\sqrt{30P_tG_t}}{r_4} e^{j(\bar{\omega}t - \Delta\beta_4)}$$

这里 $\Delta\beta$ 是由于传播路径的不同而引起的相位增量。如果令 $t = 0$，$A_0 = \sqrt{30P_tG_t}$，那么就有：

$$\frac{|E_r|^2}{A_0^2} = \left| \frac{1}{r_1} + \Gamma_2 \frac{e^{-j\Delta\beta_2}}{r_2} + \Gamma_3 \frac{e^{-j\Delta\beta_3}}{r_3} + \Gamma_4 \frac{e^{-j\Delta\beta_4}}{r_4} \right|^2 \tag{2-39}$$

图 2-22 所示为 $f(L') = 10\lg\left(\frac{|E_r|^2}{A_0^2} \right)$ 随距离变化的情况。

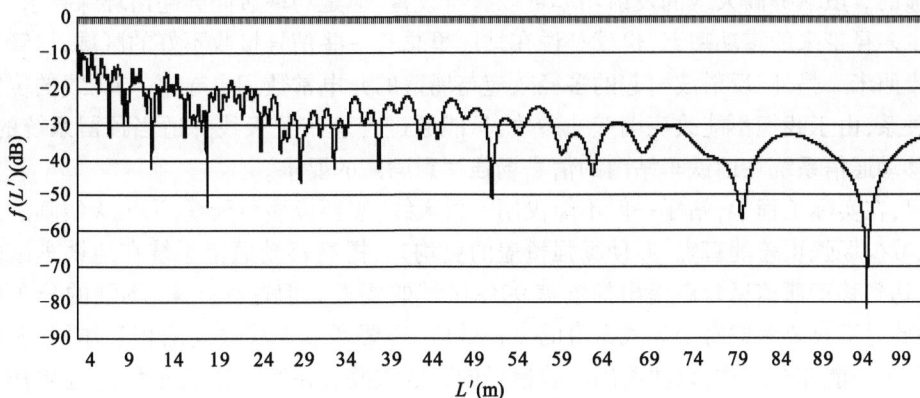

图 2-22 接收点处的信号场强随距离 (L') 变化情况

接收点处的场强和自由空间场强的比值的平方为：

$$\left|\frac{E_r}{E_{fs}}\right|^2 = \left|1 + \Gamma_2 \frac{r_1 e^{-j\Delta\beta_2}}{r_2} + \Gamma_3 \frac{r_1 e^{-j\Delta\beta_3}}{r_3} + \Gamma_4 \frac{r_1 e^{-j\Delta\beta_4}}{r_4}\right|^2 \qquad (2\text{-}40)$$

$$\left|\frac{E_r}{E_{fs}}\right|^2 = \left|1 + \Gamma_2 \frac{r_1 e^{-j\Delta\beta_2}}{1 + \dfrac{\Delta L_2}{L'}} + \Gamma_3 \frac{r_1 e^{-j\Delta\beta_3}}{1 + \dfrac{\Delta L_3}{L'}} + \Gamma_4 \frac{r_1 e^{-j\Delta\beta_4}}{1 + \dfrac{\Delta L_4}{L'}}\right|^2 \qquad (2\text{-}41)$$

将式(2-28)、式(2-30)、式(2-31)分别代入式(2-27)，就可计算出 Γ_2、Γ_3、Γ_4。同时根据式(2-39)~式(2-41)，可得出式(2-42)，即以 L'、α 为变量的函数。

$$\left|\frac{E_r}{E_{fs}}\right|^2 = f(L', \alpha) \qquad (2\text{-}42)$$

图 2-23 所示为地铁车站内接收点处的场强和自由空间场强的比值。

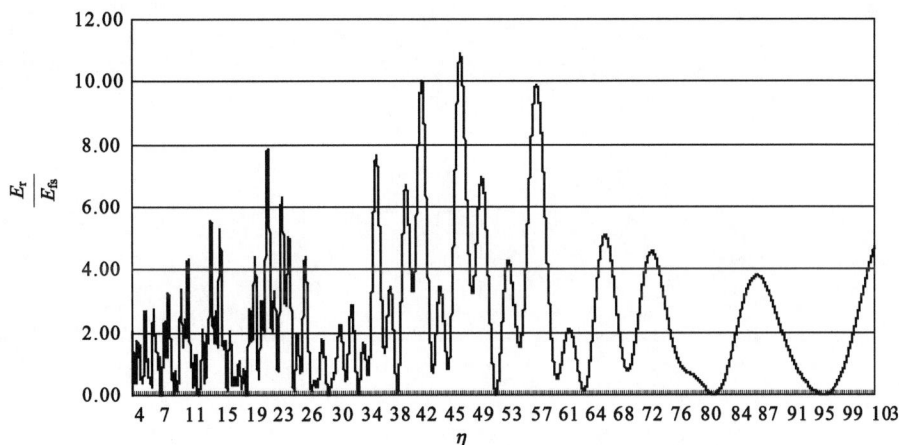

图 2-23 地铁车站内接收点处的场强和自由空间场强的比值

2.5.5 结论和应用

从以上分析,我们可以看到,由于地铁车站里的空间有限,所以由反射波带来的多径干扰是很明显的。虽然提高天线的发射功率可以有所改善,但是功率过高会超出环保要求,而且还不能减少多径带来的零功率点,也就是说在站厅里总有一些信号接收不好的区域,尽管其范围只有几十厘米。另外,反射波引起的多径效应与墙壁的介电常数和电导率、与天线的位置都有很大的关系,由于我们不能改变墙壁的参数,只能通过合理布置天线并适当预留系统的余量,来保证移动通信系统在地铁车站内的信号场强达到满意的要求。

所以,在实际工程中,站厅一般不能仅用一付天线,需要设多付天线,形成天线阵。其好处是,可以减少场强覆盖的盲点,并使场强覆盖的更均匀,提高移动通信系统在地铁车站内的信号质量,达到移动通信运营商提出的覆盖 99% 区域的要求。但这样一来,场强的分布更加复杂,因为此时不仅要考虑每个天线自身的多径效应,还要考虑天线之间的相互作用,所以天线安装的位置不能完全对称,以防两副天线信号的盲区重叠。在实际施工过程中,还要作现场测试,并根据测试结果,局部调整天线的分布,以弥补计算值和实际值之间的偏差,同时减少其他干扰源对本系统的影响。

本章参考文献

[1] 陶孟华. 地铁内移动通信信号的分析和计算[J]. 铁道工程学报,2008,8.

[2] 吴志忠. 移动通信无线电波传播[M]. 北京:人民邮电出版社,2002.

[3] 王一平,肖景明. 微波传播(修订本)[M]. 北京:人民邮电出版社,1987.

[4] 盛振华. 电磁场与微波技术[M]. 北京:电子工业出版社,1988.

第3章 地铁用泄漏电缆

3.1 泄漏电缆的发展和应用

泄漏电缆,全称泄漏同轴电缆(Leaky Coaxial Cable),简称漏缆,英文缩写 LCX。由于这种电缆具有同轴电缆和线型天线的双重功能,有时又被叫做辐射电缆(Radiating Cable)或同轴天线(Coaxial Antenna)。

泄漏电缆,是为解决地下隧道之类特殊环境内无线电波难以传输问题而发展起来的。早在 1956 年,美国蒙克等人首先提出了泄漏通信原理,即在地下隧道中敷设一条泄漏传输线,使其与移动电台相连,用以代替隧道天线。

20 世纪 60 年代,美国、日本、西欧各国都相继开展了泄漏通信的研究工作。最初的研究集中在双传输线,利用其开放的电磁场来实现泄漏通信。但是,人们发现双传输线敷设与维修都不方便,而且易受环境和气候的影响,只能用于甚高频段(30～300MHz),应用范围大受限制。于是,转向各种类型泄漏电缆的研究和发展。

八字形槽孔泄漏电缆,20 世纪 60 年代末源于日本,具有耦合效率高、特性容易控制等优点,北京地铁使用的就是这种漏缆。

椭圆形槽孔泄漏电缆由美国发明,横槽式泄漏电缆则是西德的专利,这两类泄漏电缆辐射特性的频带都很宽。其中,横槽式泄漏电缆被大量采用,深圳地铁所用的漏缆就是德国生产的这种漏缆。

泄漏电缆,是一种特殊的同轴电缆,与普通同轴电缆的区别在于:其外导体上开有用作辐射的周期性槽孔。普通同轴电缆的功能,是将射频能量从电缆的一端传输到电缆的另一端,并且希望有最大的横向屏蔽,使信号能量不能穿透电缆以避免传输过程中的损耗。但是,泄漏电缆的设计目的则是特意减小横向屏蔽,使得电磁能量可以部分地从电缆内穿透到电缆外。当然,电缆外的电磁能量也将感应到电缆内。此外,泄漏电缆的场强覆盖比较均衡,其应用涉及80～2800MHz 的整个频谱,如表 3-1 所示。

几十年来,泄漏电缆的发展十分迅速,在众多领域被广泛应用:

(1)列车无线通信

这是漏缆最主要的应用领域,图 3-1 所示是其工作示意图。车站固定台发出的信号,经中继器传给隧道里的泄漏电缆,泄漏电缆一面向前传输一面向外辐射,其辐射信号被沿线行驶的列车移动台所接收。反之,列车移动台发出的信号,也可以通过泄漏电缆和中继器传到车站固定台。而且,在两个或多个移动台之间,也可利用该泄漏电缆实现直接相互通信。这样,便较好地解决了火车进隧道后无法收到列调无线信号的难题。

泄漏电缆的应用

表3-1

频率范围(MHz)	应 用 对 象	频率范围(MHz)	应 用 对 象
87~108	无线电广播	600~866	数字电视、集群通信
140~280	无线寻呼	866~960	公众移动通信
300~400	公安、消防	1720~1980	公众移动通信
410~470	无线对讲	2000~2400	公众移动通信

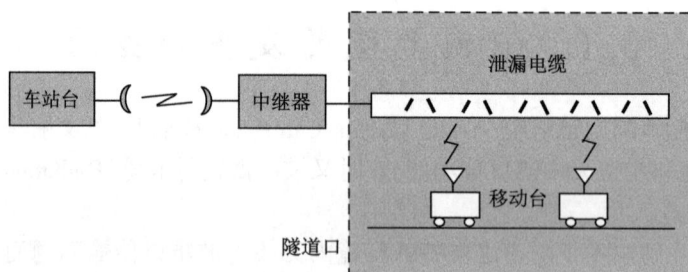

图3-1　泄漏电缆工作示意图

(2)公众移动通信

公众移动通信的室内、地下和隧道覆盖,是漏缆目前应用最多的领域。其主要优点是:延伸移动通信的覆盖范围比较方便,能较好地解决覆盖盲区,节省功率和频率资源,避免同其他无线系统的相互干扰。

(3)矿山坑道通信

早在1966年,为了提高生产效率及保障矿工安全,英国和比利时就开展了煤矿坑道VHF无线通信的研究工作,且很快集中研究漏缆的应用问题,并于1970年建成世界上第一个煤矿坑道无线通信系统,通信距离达9km。随后,应用漏缆的矿山坑道通信得到迅速发展。

(4)有线电视系统

有线电视系统采用漏缆进行传输,主要优点是:节省有线传输器材,提高电视传输质量,电视机可以随意移动。

(5)资源保护系统

1973年,为了保护自然资源地区或其他重要地区,加拿大科学家提出"导波雷达"概念,至今已获很大发展。导波雷达的基本原理是,在被保护区域的周界,敷设两条漏缆,一条发射,一条接收,若有入侵者越过周界便产生报警。

总而言之,漏缆可以实现任何地方的无线通信,不论是否存在电磁波干扰,诸如矿山、隧道、地铁、机场、地下商场、大型仓库、建筑楼宇、体育场馆、会展中心、地下停车场及其他重要地域,等等。

3.2 泄漏电缆的构成

泄漏电缆,主要由内导体、绝缘介质、带槽孔外导体和电缆护套等构成,如图 3-2 所示。

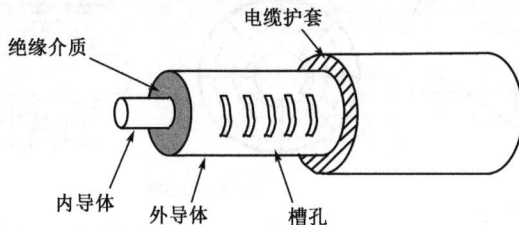

图 3-2 泄漏电缆的构成

内导体采用退火紫铜管。外导体采用薄铜皮,其上开制不同形式的槽孔,而且槽孔的排列也不尽相同。槽孔的形式、尺寸、排列,与频带、频率、泄漏、极化、辐射方向图等密切相关。漏缆的槽孔形式、实用频率和应用场合,列于表 3-2。

各式槽孔泄漏电缆的应用   表 3-2

序号	槽 孔 形 式	实用频率	应 用 场 合
1	组合垂直开槽,大间距		各种隧道,简单的系统设计,大功率,宽带负荷
2	组合垂直开槽,中间距	各种频率	隧道和建筑物内,要求辐射强度低的场合
3	组合垂直开槽,小间距		隧道,要求多种耦合损耗、辐射损耗接近恒定系统损耗及低幅变量的场合
4	斜口开槽	高频	高频和数字传输,要求低辐射损耗的场合
5	椭圆形开槽		建筑物和矿井的简单设备安装,要求大功率及小弯曲半径
6	椭圆形开槽	低频	安装范围狭窄、小弯曲半径场合的更好应用
7	八字形开槽		隧道和高速铁路,可有多种耦合损耗

内外导体可以轧纹成波纹管,也可以不轧纹,轧纹是为了减轻由于弯曲给外导体和槽孔带来的应力及截面变形。

绝缘介质为防火物理发泡聚乙烯,其介电常数很小。电缆护套的材料是黑色聚乙烯,要求防火、防水、防震、防腐蚀、阻燃、低烟、无卤、无毒及防紫外线。

泄漏电缆的安装方式,主要有悬挂线和固定夹两种。悬挂线由镀锌钢丝绞合而成,位于泄漏电缆上方。固定夹为工业塑料制品,预先按一定间距(如 1.2m)装在墙上或隧道壁上。

北京地铁采用悬挂线方式,深圳地铁采用固定夹方式。

3.3 泄漏电缆工作原理

3.3.1 泄漏电缆的传输原理

漏缆是一种特殊的同轴电缆,但首先是一种同轴电缆,它的传输原理与普通同轴电缆相同。微波传输理论指出,当射频信号的工作波长远大于同轴电缆的截面尺寸时(例如,900MHz

的波长是 33cm,而同轴电缆外导体直径在 5cm 以下),在同轴电缆内外导体之间,传输的是横电磁波(TEM 波),如图 3-3 所示。

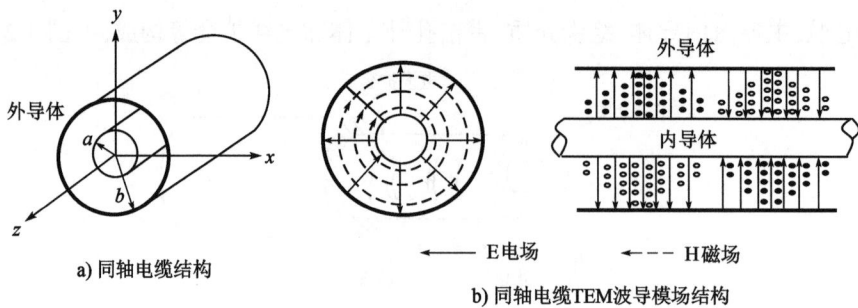

a) 同轴电缆结构

b) 同轴电缆TEM波导模场结构

图 3-3　同轴线结构及同轴电缆 TEM 波导模场结构

同轴电缆是一种电磁波的导波系统。在它的 TEM 波导模场结构图中,实线表示交变电场,虚线和圈点表示交变磁场。

同自由空间中的电磁波传播一样,在同轴电缆中,交变电场感应交变磁场,交变磁场又感应交变电场,这种现象不断反复出现,从而将电磁能量极快地传输到远处去。但是,受限于同轴电缆的导波作用,电磁波在同轴电缆中的传播速度 V_r,要低于在自由空间中的传播速度,并且可以用式(3-1)进行计算:

$$V_r = \frac{1}{\sqrt{L_1 C_1}} \tag{3-1}$$

将 $L_1 = \mu/2\pi \ln(b/a)$ 和 $C_1 = 2\pi\varepsilon_r/\ln(b/a)$ 代入上式,得:

$$V_r = \frac{C_0}{\sqrt{\varepsilon_r \mu}} \tag{3-2}$$

式中:C_0——光速;

　　L_1、C_1——同轴电缆的分布电感(H/m)和分布电容(F/m);

　　μ、ε_r——同轴电缆导体的导电率和绝缘介质的介电常数;

　　a、b——同轴电缆内外导体的半径。

在同轴电缆中,由于绝缘介质的存在,电磁波的传播速度慢于在自由空间的传播速度。因此,同轴电缆中的导波波长 λ_r 比自由空间波长 λ_0 短。当导体导电良好时($\mu = 1$),两者关系只与绝缘介质的介电常数 ε_r 有关,而与同轴电缆尺寸无关,计算公式为:

$$\lambda_r = \frac{\lambda_0}{\sqrt{\varepsilon_r}} \tag{3-3}$$

将介电常数 $\varepsilon_r = 2.65$(聚乙烯)或 1.12(优质物理发泡聚乙烯),代入式(3-3),得不同频率下的波长如表 3-3 所示。该表列出了 100 ~ 2400MHz 范围内 9 个频率的波长,包括自由空间波长、同轴电缆内导波一个波长、半波长和四分之一波长,单位为 mm。

计算表明,采用聚乙烯介质,导波波长比自由空间波长短 38%,而采用发泡聚乙烯介质只短 5.4%。换言之,采用发泡聚乙烯介质,不仅介质损耗小,而且导波波长与自由空间波长比较接近。

不同频率下同轴电缆内的波长

表 3-3

频率 （MHz）	自由空间波长 （mm）	同轴电缆内的导波波长（mm）					
		一个波长		半波长		四分之一波长	
		$\varepsilon_r = 2.65$	$\varepsilon_r = 1.12$	$\varepsilon_r = 2.65$	$\varepsilon_r = 1.12$	$\varepsilon_r = 2.65$	$\varepsilon_r = 1.12$
100	3000.0	1842.8	2835.5	921.4	1417.8	460.7	708.9
630	476.2	287.0	450.1	143.5	225.0	71.7	112.5
800	375.0	230.3	354.4	115.2	177.2	57.6	88.6
900	333.3	204.7	315.0	102.4	157.5	51.2	78.8
1000	300.0	184.3	283.6	92.1	141.8	46.0	70.9
1800	166.7	102.4	157.6	51.2	78.8	25.6	39.4
1900	157.9	96.9	149.0	48.4	74.5	24.2	37.3
2200	136.4	83.8	128.9	41.9	64.5	20.9	32.2
2400	125.0	76.8	118.1	38.4	59.0	19.2	29.5

3.3.2 泄漏电缆的类型和泄漏原理

按泄漏原理，泄漏电缆分为三种基本类型：耦合型、辐射型和泄漏型。其中，泄漏型可以归属辐射型。

1）耦合型漏缆

耦合型漏缆有许多不同的结构形式，例如，在外导体上开一长条形槽，或开一组间距远小于波长的小孔，或在漏缆两边开缝。

电磁场通过小孔衍射，激发漏缆外导体的外部电磁场。电流在外导体外表面流动，漏缆好像一条可移动的长天线，向外辐射电磁波。

与耦合模式对应的电流平行于漏缆轴线，电磁能量以同心圆的方式扩散在漏缆周围，并随传输距离的增加而迅速减少，因此这种形式的电磁波又叫"表面电磁波"。这种电磁波主要分布在漏缆周围，但也有少量存在于附近障碍物和间断点（如吸收夹钳、墙壁处），进而产生衍射。

外导体轧纹且纹上铣小孔的电缆，是典型的耦合型漏缆。图 3-4 所示为其辐射过程。

2）辐射型漏缆

辐射型漏缆外导体上，按一定规律连续开制不同形式的槽孔，槽孔有八字形、斜一字形、横一字形等，而电磁波就是这些槽孔产生的，如图 3-5 所示。

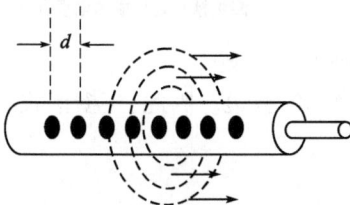

图 3-4 耦合型漏缆的辐射过程
注：d 远小于波长。

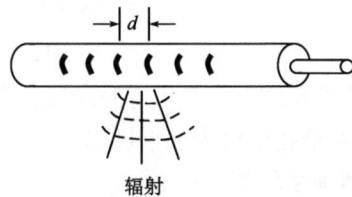

图 3-5 辐射型漏缆的辐射过程

外导体上的槽孔间距 d 与波长 λ_r（或半波长）有关,其槽孔结构使信号在槽孔处符合相位叠加原理。唯有精确的槽孔结构,并对应特定的工作频率,信号在槽孔处才能同相叠加。此时,耦合损耗最低,但频带很窄。高于或低于特定频率,耦合损耗都会增加。

辐射型漏缆的工作频段可由式(3-4)确定:

$$(\sqrt{\varepsilon_r} - 1) \times d \le \lambda_r \le (\sqrt{\varepsilon_r} + 1) \times d \tag{3-4}$$

辐射型漏缆泄漏的电磁能量有方向性,相同的泄漏能量可在辐射方向上相对集中,并且不会随距离的增加而迅速减小。

外导体上开着周期性变化的横槽,是典型的辐射型漏缆。

为使 TEM 型电磁波在传输过程中向外辐射一部分能量,必须在漏缆外导体上开制槽孔,以便切断流过电缆外导体上的部分电流,产生向外辐射激励,如图 3-6 所示。开槽情况有三种:

(1)与漏缆轴平行开槽

此槽为纵槽,槽孔不截断高频电流,不会形成裂缝电场,因此不会引起辐射效应。

(2)与漏缆轴正交开槽

此槽称为垂直槽或横槽,槽孔截断了高频电流,会在槽孔处形成与电流方向相同(垂直宽边)的电场 E,因此会引起辐射效应。

(3)与漏缆轴向成一定角度开槽

此槽为斜槽,槽孔部分截断了高频电流,会在槽孔处形成电场,该电场 E 可以分解为与宽边平行的电场 E_2 及与槽孔宽边垂直的电场 E_1。电场 E_1 外导体上高频电流方向有一个夹角 θ。E_1 是辐射电场,会引起辐射效应。

图 3-6 左边,说明了同轴电缆外导体上的高频电流和三种开槽情况。图 3-6 右边(A 指向的侧),说明了漏缆槽孔处形成的电场方向。

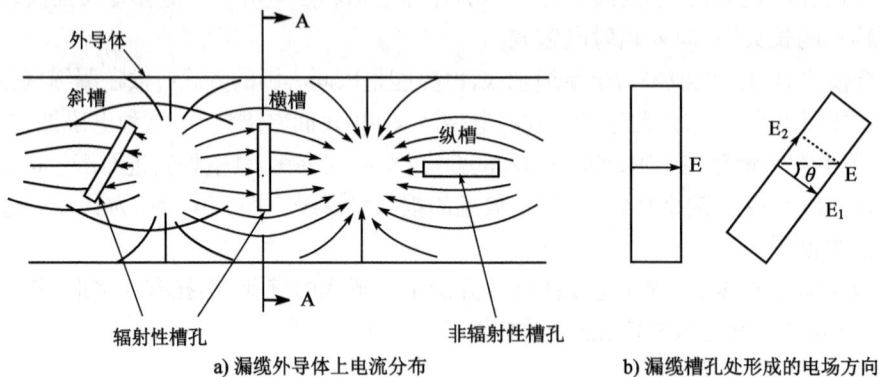

a) 漏缆外导体上电流分布　　　　b) 漏缆槽孔处形成的电场方向

图 3-6　辐射型漏缆外导体上的电流分布及电场方向

漏缆槽孔辐射电场的方向即极化方向,垂直于漏缆槽孔的宽边。因此,当横槽式漏缆水平安装时,则槽孔辐射为水平极化。

3)泄漏型漏缆

泄漏型漏缆外导体的开槽方式与辐射型类似,不同之处在于它的外导体由泄漏段和非泄漏段相间组成,如图 3-7 所示。泄漏段相当于天线,只有一小部分能量转换为辐射能。非泄漏段相当于馈线,有着与普通同轴线相同的作用。合理选择泄漏段之间的距离(或非泄漏段的长度),可以达到对不同频段泄漏辐射的满意效果。试验证明,对特定方式的开槽,10~50m的泄漏段间距,可以满足1000MHz以下所有通信的需要。

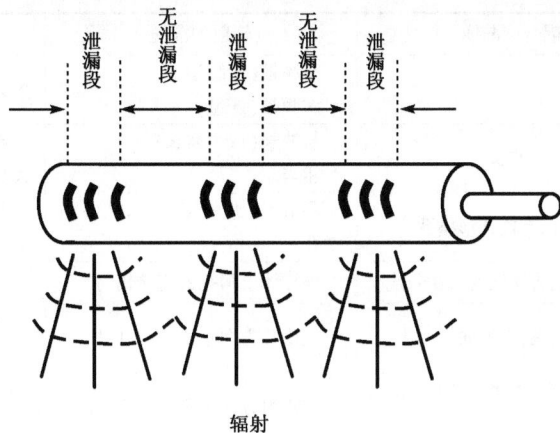

图 3-7   泄漏型漏缆的辐射过程

泄漏型漏缆的独特设计,使它在相同条件下又可作为连续的补偿馈线,而且具有更好的衰减特性和耦合特性。泄漏段相当于有效的模式转换器,可以控制电缆附近的电磁场强度,该强度将是泄漏段长度和电性能的函数。

据称,泄漏段的长度很短,占电缆总长度的2%~3%。因此,泄漏段不仅辐射损耗很小,插入损耗也很小,插入损耗通常只有0.2或0.3dB。

图3-8表示使用完全相同的等间距泄漏段后,漏缆沿线电磁场强度的起伏变化情况。

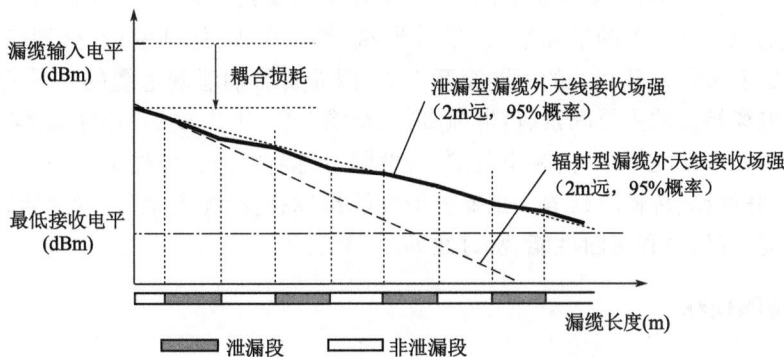

图 3-8   等间距泄漏型漏缆沿线的电磁场强度

三种类型漏缆的比较见表3-4。不难看出:

①耦合型漏缆槽孔间距远小于工作波长,泄漏能量扩散在电缆周围无方向性,受环境影响较大,适合于宽频带工作。

②辐射型漏缆的槽孔间距与工作波长有关,泄漏能量扩散在电缆周围有方向性,受环境影响较小,适合于窄频带工作。新型辐射型漏缆采用组合技术,也能多频带工作。

③泄漏型漏缆的槽孔间距也与工作波长有固定关系,泄漏能量扩散在电缆周围有方向性,

受环境影响较小,适合于多频带工作。

应当根据不同的使用场合,选择不同类型的泄漏电缆。目前,耦合型漏缆和传统辐射型漏缆应用较少,新型辐射型漏缆应用较多。

三种类型漏缆的比较　　　　　　　　　　表3-4

比较项目	耦合型漏缆	辐射型漏缆	泄漏型漏缆
适用频带	宽频带	窄频带(传统型) 多频带(新型)	多频带
槽孔间距	远小于工作波长	与波长(或半波长)相当	与不同频带的波长(或半波长)相当
外导体特征	通常轧纹,有椭圆形槽孔	不轧纹,开一字形、八字形等槽孔	开槽的泄漏段和不开槽的非泄漏段相间
电磁泄漏机理	外导体上表面波的二次效应	外导体上槽孔的直接辐射	
泄漏能量扩散	在电缆周围,无方向性	在槽孔方向集中,有方向性	在槽孔方向相对集中,有一定方向性
信号衰减	随离电缆的距离增加　信号迅速衰减	在辐射方向上不会随距离的增加而迅速衰减	
耦合损耗	变化范围大,50%~95%差值通常为11dB	变化范围小,50%~95%差值可低至3dB	耦合损耗小于耦合型和辐射型
受环境影响	较大	较小	
工艺复杂性	相对简单	比较复杂(性能指标优于耦合型)	

3.4　泄漏电缆的性能指标

同轴电缆的内外导体、介质和护套的材料,物理结构及其工艺,决定了电缆的电性能和物理性能。泄漏电缆外导体上的槽孔结构(槽孔形状、槽孔大小、排列密度、排列阵式),决定了泄漏电缆内电磁能量和外部环境的不同交互方式,因而将影响泄漏电缆的几乎所有电性能指标。影响泄漏电缆指标的主要因素有:电缆直径、绝缘介质、工作频率和槽孔结构。

泄漏电缆主要电性能指标有:频率范围、特性阻抗、耦合损耗、传输损耗(传输衰减)、总损耗的变化范围、驻波比、传输时延等。主要物理性能指标有:绝缘电阻、绝缘介质强度(耐压)、阻燃和烟毒性能、抗扭力和弯曲性能、密封性等。

3.4.1　传输损耗

漏缆的纵向传输损耗,即传输损耗或传输衰减,是描述漏缆内部所传输电磁能量损失程度的重要指标。

图3-9所示为以下行为例,表明了射频信号经漏缆传输的路由。信源产生的下行射频信号,一边向前传输,一边向外泄漏。

设漏缆的输入功率是P_{in},输出功率是P_{out},则漏缆传输损耗与漏缆长度有关,单位是dB/100m,其计算公式为:

$$L_T = 10\lg\frac{P_{in}}{P_{out}} \tag{3-5}$$

若用传输衰减系数表示,则有:

$$\alpha = \alpha_1 \cdot \sqrt{f} + \alpha_2 \cdot f + \alpha_3 \qquad (3\text{-}6)$$

式中:α——给定频率的传输衰减系数(dB/100m);

$\quad\ \alpha_1$——导体的损耗系数;

$\quad\ \alpha_2$——介质的损耗系数;

$\quad\ \alpha_3$——泄漏的损耗系数;

$\quad\ f$——频率(MHz)。

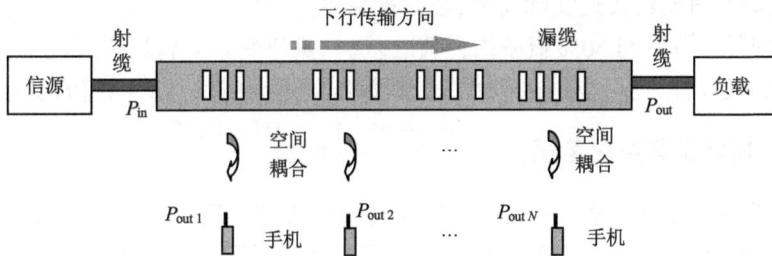

图3-9 射频信号经漏缆传输的路由图

导体损耗与频率和 α_1 有关。α_1 取决于导体的阻抗与尺寸,粗电缆的导体损耗显然较低。因为趋肤效应,粗电缆的内导体可以用铝材,而在表层敷铜或者使用空心铜管。对于漏缆,外导体表层的导电率也应尽量大。

介质损耗与频率和 α_2 有关。α_2 由介质的相对介电常数及损耗因子决定,用发泡聚乙烯(目前大多采用注入氮气的物理发泡方法,发泡度可达80%),作为介质材料时其损耗系数最小。

泄漏损耗系数 α_3 取决于电缆的槽孔结构,同时也受频率和电缆周边环境的影响。

3.4.2 耦合损耗

耦合损耗是描述泄漏电缆辐射量与可接收量的综合指标。

耦合损耗值的定义是:泄漏电缆内的信号与离开电缆特定距离(一般为2m)处的半波长偶极天线所接收的信号之比(dB)。该损耗值是建立在天线距离漏缆为2m的前提下的,假定天线距离是6m而不是2m,所测得的耦合损耗会增加约5dB。

根据定义,再结合图3-7和图3-8,不难明白:耦合损耗,与信号在漏缆中的传输距离无关,而且应由槽孔辐射损耗和空间传播损耗两部分构成。这是因为,槽孔泄漏出来的射频能量,并未被接收天线所全部接收,其中大部分在空间传播中损耗掉了。接收天线离漏缆愈近,接收的射频能量愈多。

根据工程测定值,耦合损耗 L_0(dB)的计算公式为:

$$L_0 = 10\log\frac{P_r}{P_{in}} - L_T r_T \qquad (3\text{-}7)$$

式中:P_r——距离漏缆2m处接收到的功率;

$\quad\ P_{in}$——漏缆的输入功率;

$\quad\ L_T$——传输损耗;

$\quad\ r_T$——漏缆输入端到接收天线处的漏缆长度。

显然,耦合损耗越小(泄漏越多)则传输衰减越大,但可以选择槽孔结构以使耦合能量尽量大,而使因泄漏附加的传输衰减尽量小。

由于空间传播的多径效应,不同相位的信号叠加,必然带来耦合损耗采样值沿电缆轴向的抖动变化,耦合损耗与传输距离、接收概率有关,见图3-10。

通常所说的耦合损耗值应理解为概率统计值,常用50%和95%概率值,其含义如下:

50% 接收概率值——耦合损耗的测量数据大于和小于这个值的,各占50%。

95% 接收概率值——耦合损耗的测量数据大于和等于这个值的,占95%。

95% 接收概率值比较接近实际需要,故常被采用。

95% 概率损耗值及其与50%概率损耗值之差(衡量抖变),是链路设计的依据之一。

基于漏缆的互易性,也可以用类似方法分析漏缆附近天线信号对电缆的耦合。

3.4.3 总损耗及其变化范围

漏缆总损耗的定义为电缆传输衰减与耦合损耗之和,其值不得超过系统允许的容限。

图3-11所示为两条尺寸相同但耦合损耗不同的两条漏缆总损耗比较示意图。其中,漏缆A的传输损耗和辐射损耗均大于漏缆B,但漏缆A的耦合损耗小于漏缆B。可以看出,随着漏缆长度的增加,辐射较大的漏缆A总损耗将超过漏缆B总损耗,并且其变化范围比较大。由此看来,漏缆尺寸和耦合损耗的选取,要根据系统总体要求来确定。

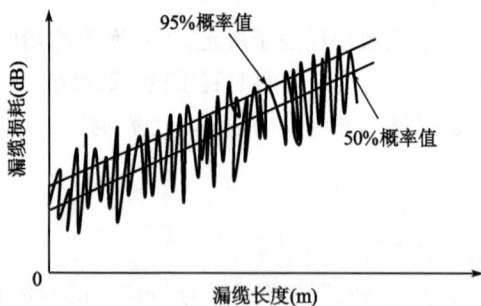

图3-10 耦合损耗与漏缆长度、接收概率的关系

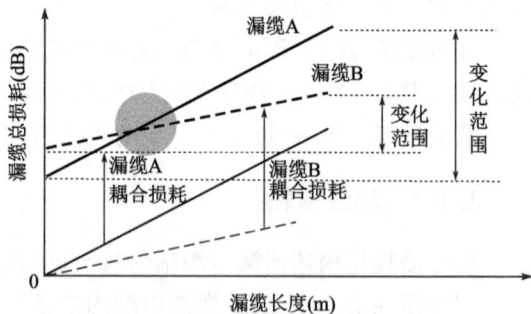

图3-11 尺寸相同但耦合损耗不同的两条漏缆总损耗比较示意图

只有基站和移动台时,总损耗的波动变化不是问题,因为基站和移动台都有很大的动态适应范围。此时,自动增益控制(AGC)可以补偿远近效应,因屏障和多径引起的瑞利衰落也可得到补偿。

但是,一旦引入中继器(尤其是光中继),上行信号的变化范围就成了问题。如果信号电平太低,可能被噪声淹没;如果信号太强,会引起通带内的互调。为避免这种情况的发生,可以在中继设备端下功夫。比如,采用低噪声放大器以增加灵敏度,采用选频中继器以抑制互调干扰,或在宽频中继器中采用前馈技术以增加线性。

应当指出,让泄漏电缆的总损耗曲线平坦些,有利于节省传输功率。或者说,在相同的信源功率和无线覆盖条件下,可以覆盖更远距离。

事实上,电波沿着漏缆向前传输,总损耗(传输衰减加耦合损耗)在增加。因此,沿传输方向逐步减小耦合损耗,以补偿纵向传输衰减,能使电缆的可用长度显著增加。按耦合损耗逐步递减(相对泄漏量递增而言)的原理,分段设计槽孔结构(譬如槽孔由稀变密),可以减小全段漏缆的总损耗变化范围,即沿线的实际场强分布较之常规漏缆要均匀些,如图3-12所示。图中,将漏缆分为三段,*ab*、*bc*、*cd*段的传输损耗和耦合损耗各不相同,从而使总损耗变化范围明显降低(虚线变为实线),并趋于平缓。

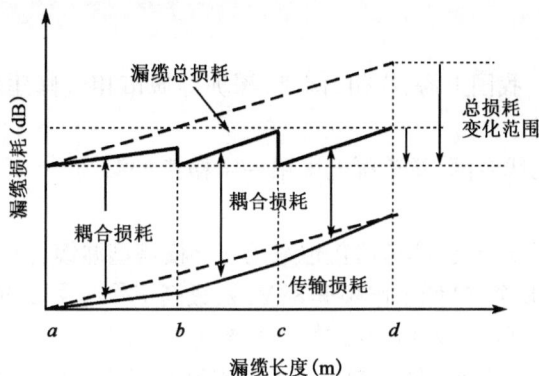
图 3-12　分段降低耦合损耗以减小漏缆总损耗的变化范围

3.4.4　泄漏电缆的物理性能

(1)绝缘介质

发泡聚乙烯(采用注入氮气的物理发泡方法,发泡度可达80%)作为绝缘介质材料,不仅损耗系数最小、机械性能稳定、强度高、有很好防潮性能,而且可以提高电缆的长期使用寿命和可靠性。

(2)最小弯曲半径

为了在弯曲时不对漏缆的结构造成损坏,在漏缆的结构性能指标中,给出了漏缆的最小弯曲半径,这在拉伸和最终安装时都必须遵守。

(3)防火性能

延燃性、烟密度和卤素气体释放量,是保证漏缆防火性能的三个重要因素。

(4)防雷及防高压击穿

泄漏电缆要有可靠的防雷接地,要考虑安装防高压击穿的直流高压保护器。

3.4.5　工程中要注意的问题

(1)安装位置

漏缆的安装位置对耦合损耗的影响很大。安装时,应使电缆轴线与墙壁保持5cm以上的悬距。

(2)槽孔朝向

漏缆外导体上有一系列的槽孔,为得到最小的耦合损耗和最小的场强波动,必须将漏缆的槽孔朝向移动设备。

(3)固定支架

选用非金属支架,或周期性出线的金属支架,或会影响漏缆内驻波性能。

(4)去污和防水

要注意接头处的密封防水。电缆护套上堆积的含有盐分或金属粒子的灰尘、油污是潜在的损耗因素,会增大传输衰减,视需要应作不定期清洗。

3.5 深圳地铁漏缆

3.5.1 技术指标

20世纪90年代以来,我国上海、广州、南京、深圳等城市相继修建地铁,所采用的漏缆大都是一字形单横槽型漏缆。

深圳地铁一期工程无线专网,隧道覆盖采用一字横槽型漏缆,上下行共用一条漏缆,工作频率是806~866MHz。

深圳地铁一期工程无线公网,隧道覆盖也采用一字横槽型漏缆,但上下行分别使用各自的漏缆,而且工作频段多达8个,最低工作频率88MHz,最高工作频率2170MHz。

深圳地铁无线专网和无线公网所用漏缆,外径皆为1-7/8″。

表3-5和表3-6列出了深圳地铁一期工程无线专网和无线公网所用漏缆的技术指标。从表中看到,两者的物理性能和环境条件相同,差别主要在传输损耗和耦合损耗两个方面。

深圳地铁一期工程漏缆技术指标 表3-5

指 标 名 称	地铁无线专网漏缆	地铁无线公网漏缆
工作频率(MHz)	806~866(最高2200)	75~2400
电压驻波比	≤1.5	<1.3
特性阻抗(Ω)	50	
传输损耗	2.4dB/100m(20℃,800MHz)	见表6.8
耦合损耗(50%)	68dB(2m/800MHz)	
内导体直流电阻(Ω/km)	0.92	
外导体直流电阻(Ω/km)	1.1	
绝缘电阻(MΩ/km)	10000	
绝缘介质强度	50Hz内外导体间加3kV,2min不击穿	
最大抗扭力(N)	1700	
最小弯曲半径(mm)	700	
内导体材料	铜管	
外导体材料	开槽波纹铜管	
绝缘材料	防火物理发泡聚乙烯(护套材料为黑色聚乙烯)	
内导体外径(mm)	17.3±0.3	
外导体外径(mm)	43.5±0.8	
护套外径(mm)	48.0	
质量(kg/m)	1.50	
安装温度(℃)	−25~+60	
存储温度(℃)	−70~+85	
工作温度(℃)	−40~+85	
护套	防火、防水、防震、防腐蚀、阻燃、低烟、无卤、无毒、防紫外线	
包装长度及轴外形尺寸	600m	最长706m,包装轴直径2.6m,宽1.5m

深圳地铁一期工程公网漏缆的传输损耗和耦合损耗技术指标 表3-6

频率(MHz)	传输损耗(dB/100m)(20℃)	耦合损耗(dB)(50%,2m 距离)	耦合损耗(dB)(95%,2m 距离)
75	0.61	57	68
88	0.67	59	69
108	0.74	64	76
150	0.88	66	78
280	1.24	72	82
450	1.6	79	89
636	2.0	62	65
800	2.3	65	68
900	2.5	60	63
1800	4.6	62	67
1900	5.0	60	65
2200	6.2	60	65
2400	7.4	59	64

图3-13 绘出了传输损耗和距离、频率的关系。图3-14 绘出了传输损耗、耦合损耗和频率的关系。

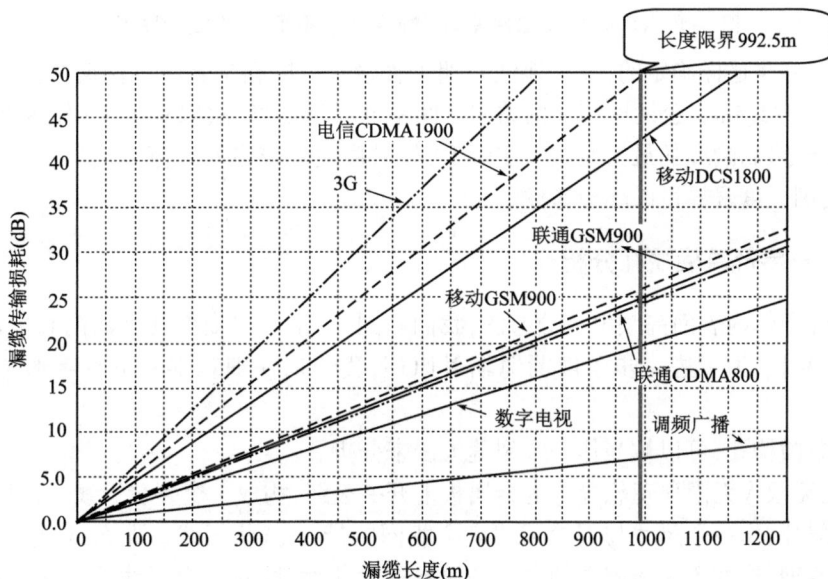

图3-13 深圳地铁无线公网漏缆传输损耗和漏缆长度的关系曲线

从表3-5 和图3-13、图3-14 不难看到：

①传输损耗随距离增大和频率增高而上升,在 0.61~7.4dB/100m 之间变化,最高最低相差12倍。

②耦合损耗的测定条件是气温 20℃,距漏缆 2m,接收概率 50% 和 95% 两种。

③接收概率50%的耦合损耗,随频率在57～79dB之间变化,最高最低相差22dB,比95%概率的低2～12dB。接收概率95%的耦合损耗,随频率在63～78dB之间变化,最高最低相差15dB。

④在200MHz以下,50%概率的耦合损耗在57～66dB之间,比95%概率的低10～12dB。在600MHz以上,50%概率的耦合损耗在57～66dB之间,比95%概率的低2～5dB。

⑤由图3-13可知,深圳地铁无线公网漏缆的最大长度限界为992.5m。

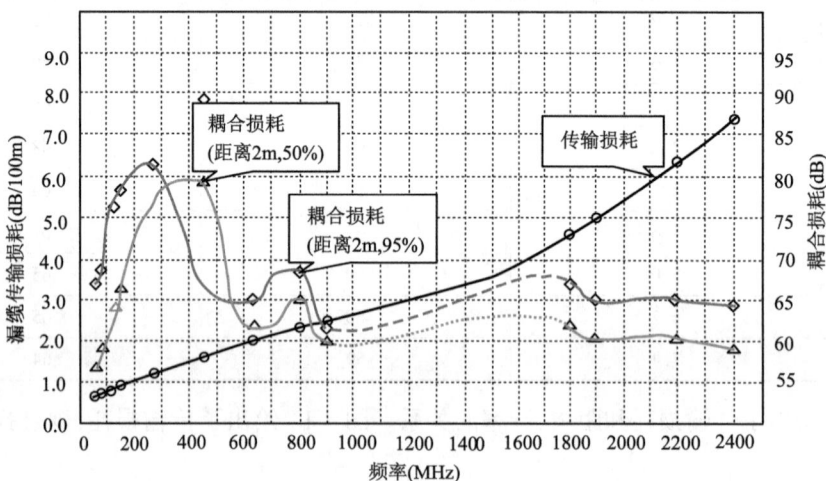

图3-14　深圳地铁无线公网漏缆传输损耗、耦合损耗与频率的关系曲线

此长度限界是这样确定的:深圳地铁一期工程最长区间在华强路和岗厦之间,达1985m,其二分之一为992.5m。公网漏缆从两站向区间中部对传信号,故取992.5m作为漏缆最长的限界,目的在于限制漏缆的最大衰减。实际上,如果最大衰减在允许范围之内,公网漏缆在区间又不截断,则长度限界可以不予考虑。

3.5.2　一字形单横槽孔分析

从漏缆外导体内表面高频电流分布图,我们看到,一字形单横槽孔截断高频电流后,会在槽孔处产生辐射。为了进一步了解漏缆辐射原理,我们来仔细观察一下一字形单横槽孔的情况。

一字形单横槽孔,可以被当作一个裂缝天线来分析。

设想,在无限大无限薄理想导电的金属板上开一裂缝,构成一个裂缝天线。再用无限薄理想导电的金属片,作一个尺寸与裂缝天线完全相同的带(线)状天线。那么,根据电磁场理论中的对偶性原理,这两个天线周围的电磁场便具有对偶性,即对一个天线是电场,对另一个天线便是磁场,反之亦然。这虽是理想情况,但应用在产品中依然非常接近实际。

图3-15形象地说明了相当于裂缝天线的一字形单横槽孔会在周围形成电磁场的情况。

一字形单横槽孔的方向图如图3-16所示。图中实线是实际裂缝方向图,虚线是理想裂缝天线方向图,两者差别主要在E面上。

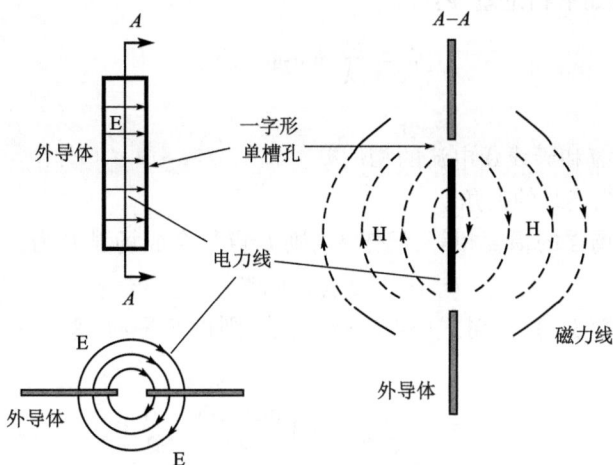

图 3-15 一字形单横槽孔的辐射原理

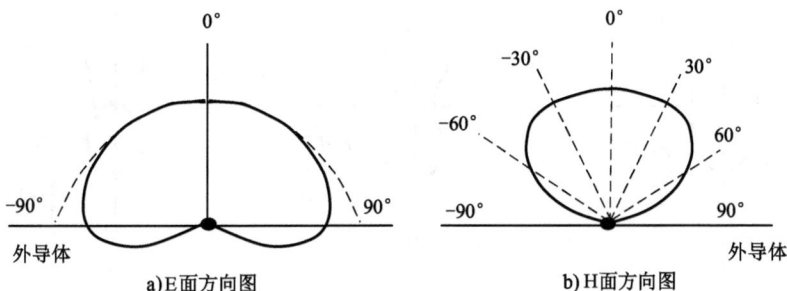

图 3-16 一字形单横槽孔 E 面和 H 面方向图

3.5.3 天线阵及二元阵

为了增强天线辐射的方向性,往往由许多天线组成天线阵,并常常遵循以下两个原则:

①组成天线阵的阵元天线,形式一致,空间取向也一致。

②各阵元按一定规律排列,馈电电流的幅度和相位按一定规律变化。

天线阵的种类很多,有二元阵、多元阵、线阵、面阵等,但二元阵是最基本的阵,也是分析其他天线阵的基础。

从辐射角度看,开有规律性槽孔的漏缆是典型的线形天线阵(线阵),而一字形双槽孔则是典型的二元天线阵(二元阵)。

为了解二元阵方向图的形成,请参看图 3-17。两天线相距 d,到观察点 P 的距离分别是 r_0 和 r_1。P 点的场强是两天线在该点场强的矢量相加。若 d 远远小于 r_1,则在计算 P 点合成场强幅度时,可认为 r_0 和 r_1 平行且相等。但在计算 P 点合成场强相位时,则不能忽略路程差($r_1 =$

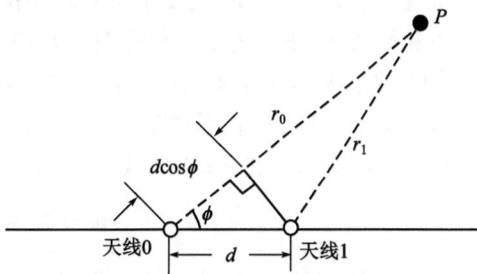

图 3-17 二元天线阵

65

$r_0 - d\cos\phi$），所带来的如下相位差 ψ：

$$\psi = \frac{2\pi}{\lambda}d\cos\phi - \beta \tag{3-8}$$

式中：λ——波长；

β——天线 1 电流和天线 0 电流的相位差；

ϕ——r_0 与两天线连线的夹角。

设两天线在该点场强的幅度相等，记作 E_0，则 P 点的合成场强 E 为：

$$E = E_0(1 + e^{j\psi}) \tag{3-9}$$

将式（3-8）代入式（3-9），并对式（3-9）取绝对值，则得 E 平面（垂直一字槽宽边）内二元阵方向图为：

$$|E| = 2|E_0|\cos\left(\frac{\pi d\cos\phi}{\lambda} - \frac{\beta}{2}\right) \tag{3-10}$$

当 β 和 d/λ 取不同数值时，得到不同的二元阵方向图，如图 3-18 所示。

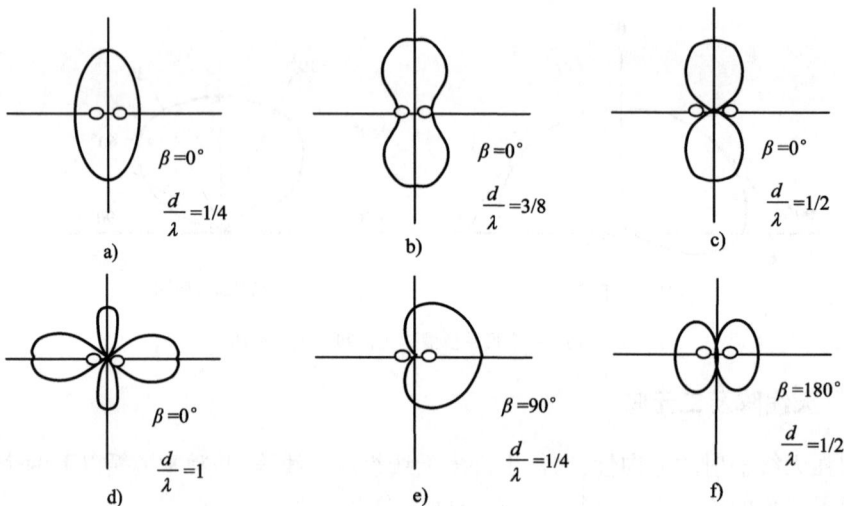

图 3-18　二元阵方向图

显然，图 3-8e）所示的方向图比较符合要求，因为：

①它把辐射能量较好地集中到了需要覆盖的区域。

②槽距较短，只有 $\lambda/4$，便于设置较多槽孔，以控制泄漏能量。

③槽距 $\lambda/4$，正好满足二元阵对二元相位相差 90°的需要。

④合理采用不同 $\lambda/4$ 槽距，可以实现漏揽的多频带工作。

为了加深理解，我们再对图 3-18e）作进一步分析。

将 $E = 1$、$\beta = 90°$ 和 $d = \lambda/4$ 代入式（3-10），并去掉绝对值符号，得：

$$E = 2\cos\left(\frac{\pi}{4}\cos\phi - \frac{\pi}{4}\right) \tag{3-11}$$

取不同的 ϕ 值，可得此时的二元阵方向图，如图 3-19 所示。这是一个心形方向图，具有单方向性。在由天线 0 到天线 1 的方向，天线 1 上电流落后天线 0 为 90°，但在行程上相差 $\lambda/4$，故其场强与天线 0 的场强同相叠加,得最大辐射。反之,在由天线 1 到天线 0 的方向,天线 1 的电流和行程都比天线 0 落后 90°,共落后 180°,故两者场强反相叠加,完全抵销。这样一来,便形成了单方向性。

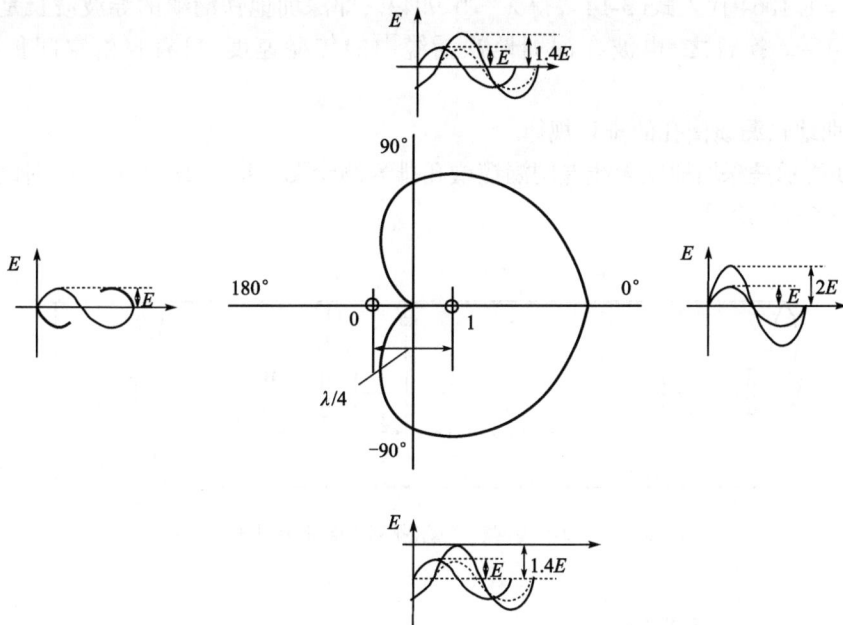

图 3-19 $\beta = 90°$ 和 $d = \lambda/4$ 时的二元阵方向图

3.5.4 技术分析

(1)漏缆绝缘介质的介电常数 ε_r

深圳地铁无线专网漏缆和公网漏缆的参数如下:

特性阻抗 $Z_C = 50\Omega$。

内导体外径 $d = 17.3\text{mm} \pm 0.3\text{mm}$。

外导体外径 $D = 43.5\text{mm} \pm 0.8\text{mm}$。

采用同轴电缆的下述公式:

$$Z_C = \frac{60}{\sqrt{\varepsilon_r}}\ln\frac{D}{d} \tag{3-12}$$

得到

$$\varepsilon_r = \frac{60}{Z_C}\ln\frac{D}{d} \tag{3-13}$$

将数据代入式(3-13),求得 $\varepsilon_r = 1.224$,或 $\sqrt{\varepsilon_r} = 1.1064$。

不同厂家,漏缆绝缘介质(物理发泡聚乙烯)的介电常数 ε_r 不同。据称,地铁漏缆的 ε_r 可低至 1.12。为使分析结果接近实际,下面取标称值 $\varepsilon_r = 1.224$ 进行计算。

(2)深圳地铁一期工程漏缆的导波波长 λ_r

采用同轴电缆的式(3-14),计算漏缆的导波波长:

$$\lambda_r = \frac{\lambda_0}{\sqrt{\varepsilon_r}} \qquad\qquad (3\text{-}14)$$

式中：λ_0——自由空间波长。

将 $\sqrt{\varepsilon_r} = 1.1064$ 代入式(3-14)，得 $\lambda_r = 0.904\lambda_0$，即深圳地铁漏缆的导波波长是自由空间波长的 90.4%。换言之，电波在深圳地铁漏缆中的传播速度，只有自由空间传播速度的 90.4%。

（3）深圳地铁漏缆槽孔的排列规律

图 3-20 所示是深圳地铁无线专网漏缆槽孔排列测绘图。图 3-21 所示是深圳地铁无线公网漏缆槽孔排列测绘图。

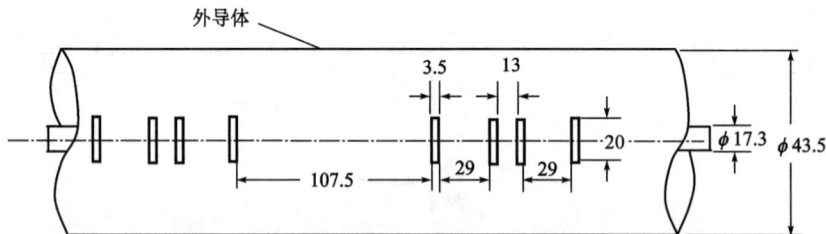

图 3-20　地铁无线专网漏缆槽孔排列测绘图(尺寸单位:mm)

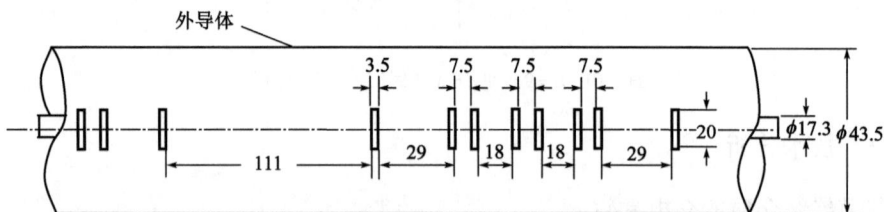

图 3-21　地铁无线公网漏缆槽孔排列测绘图(尺寸单位:mm)

从图 3-20 和图 3-21 可知：

①专网和公网漏缆的内外导体直径、介质材料相同,绝缘介质均为物理发泡聚乙烯。

②专网和公网漏缆槽孔的形状、尺寸相同,槽孔为垂直漏缆轴线的竖条状,高 20mm,宽 3.5mm。

③专网漏缆槽孔 4 个一组,组内孔距有 29mm 和 13mm 两种,组间距离为 107.5mm。

④公网漏缆槽孔 8 个一组,组内孔距有 7.5mm、18mm 和 29mm 三种,组间距离为 111mm。

⑤专网和公网漏缆槽孔,在整条漏缆上,均按上述规律呈周期性的排列。

（4）深圳地铁一期工程漏缆的泄漏频率

定性地说,漏缆槽孔的形状、尺寸和数量,决定漏缆泄漏辐射的强弱;漏缆槽孔的宽度和间距,决定漏缆泄漏辐射的频率。

为了定量地探索深圳地铁漏缆泄漏频率和槽孔排列的关系,我们采用如下分析思路：

①把一条漏缆看作一条线形天线阵,该线阵由无数个不同的二元阵组合而成,每个槽孔是一个阵元。其中任意一对二元阵槽孔如图 3-22 所示。

②一种二元阵对应一个频率,该频率取决于该二元的间距 d 和介电常数 ε_r。

③由于槽孔有一个宽度,即二元间距 d 有最大值和最小值,分别对应着最低频率和最高频率,故每一种二元阵对应一个频段。

④把每一种二元阵看作一个带通滤波器,它只让对应频段的高频信号通过。由于存在多种二元阵,故一条漏缆可以泄漏多个频段的高频信号,从而成为多频段漏缆。

⑤由于每一种二元阵并非是一个理想的带通滤波器,它的幅频特性有前沿和后沿,故偏离对应频段不远的高频信号也能通过一部分。

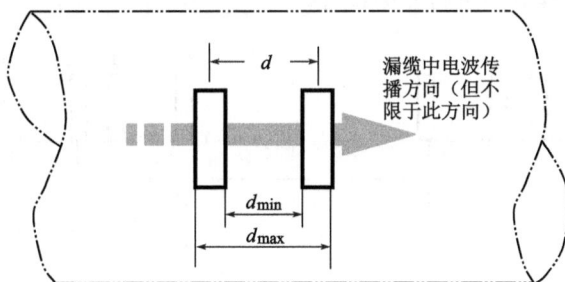

图 3-22　漏缆上的二元槽孔

设:漏缆泄漏频率为 f,单位 MHz;最高泄漏频率为 f_{rmax},最低泄漏频率为 f_{rmin},单位 MHz;电波在自由空间的传播速度 v_0,$v_0 = 3 \times 10^5$ km/s $= 3 \times 10^{11}$ mm/s;电波在自由空间的波长为 λ_0,单位 mm;电波在漏缆中的传播速度为 v_r,单位 mm/s;电波在漏缆中的波长为 λ_r,单位 mm;漏缆槽孔的间距为 d,单位 mm;漏缆槽孔间距的最大值为 d_{rmax},最小值为 d_{rmin},单位 mm。

漏缆绝缘介质(物理发泡聚乙烯)的介电常数 $\varepsilon_r = 1.224$,或 $\sqrt{\varepsilon_r} = 1.1064$。

取漏缆槽孔间距等于四分之一波长,由

$$d = \frac{\lambda_r}{4}、\lambda_r = \frac{\lambda_0}{\sqrt{\varepsilon_r}} \text{ 和 } \lambda_0 = \frac{C_0}{f}$$

不难推得漏缆泄漏频率计算公式如下:

$$f = \frac{C_0}{4d\sqrt{\varepsilon_r}} = \frac{75 \times 10^3}{d\sqrt{\varepsilon_r}} \quad \text{(MHz)} \tag{3-15}$$

$$f_{max} = \frac{75 \times 10^3}{d_{min}\sqrt{\varepsilon_r}} \quad \text{(MHz)} \tag{3-16}$$

$$f_{min} = \frac{75 \times 10^3}{d_{max}\sqrt{\varepsilon_r}} \quad \text{(MHz)} \tag{3-17}$$

基于介电常数的标称值 $\varepsilon_r = 1.224$,或 $\sqrt{\varepsilon_r} = 1.1064 \approx 1$(若 $\varepsilon_r = 1.12$,$\sqrt{\varepsilon_r} = 1.0583 \approx 1$),则式(3-15)便可简化为:

$$f \approx \frac{75 \times 10^3}{d} \quad \text{(MHz)} \tag{3-18}$$

式(3-18)是槽孔间距等于四分之一波长条件下,漏缆泄漏频率的近似计算公式,这在工程上十分有用(注意 f 的单位是 MHz, d 的单位是 mm)。

如图 3-23 所示,对深圳地铁专网漏缆,取四对槽孔(四对二元阵),槽宽 3.5mm。漏缆泄漏频率的计算结果见表 3-7。现分析如下:

①序号④是 A_1—A_4 槽孔,泄漏频率为 797 ~ 869MHz,完全包括数字集群专网频率 806 ~ 866MHz,满足深圳地铁要求,这说明计算公式和计算结果是可信的。

②其余三组计算结果涵盖了 600MHz 和 1800MHz 等频段,这说明此漏缆很可能是以一种频带较宽的漏缆为基础改进而来,或者原有那种频带较宽的漏缆本来就满足深圳地铁要求,并未针对深圳地铁一期工程专网进行专门设计。

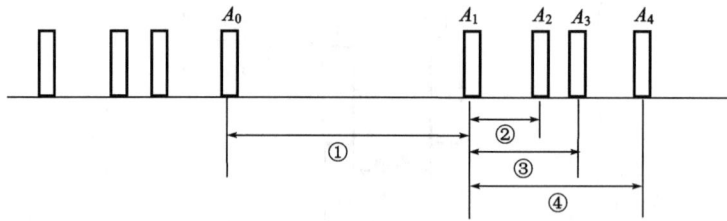

图 3-23 专网漏缆上的二元槽孔对

如图 3-24 所示,对深圳地铁一期工程公网漏缆(调频广播除外),取十对槽孔(十对二元阵),槽宽 3.5mm。公网漏缆泄漏频率(广播频段除外)的计算结果见表 3-8。

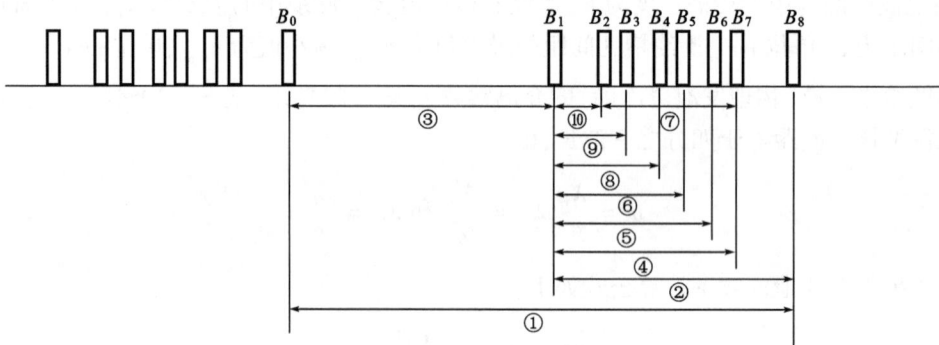

图 3-24 公网漏缆上的二元槽孔对

深圳地铁一期工程专网漏缆泄漏频率的计算结果　　　　　　　　　表 3-7

二元阵槽孔		槽孔间距 d(mm)		工作频率 f(MHz)	
序号	代号	最大 d_{rmax}	最小 d_{rmin}	最低 f_{rmin}	最高 f_{rmax}
①	A_0—A_1	114.5	107.5	592	629
②	A_1—A_2	36.0	29.0	1882	1903
③	A_1—A_3	52.5	45.5	1291	1489
④	A_1—A_4	85.0	78.0	797	869

漏缆泄漏频率和公网工作频率的比较如图 3-25 所示。

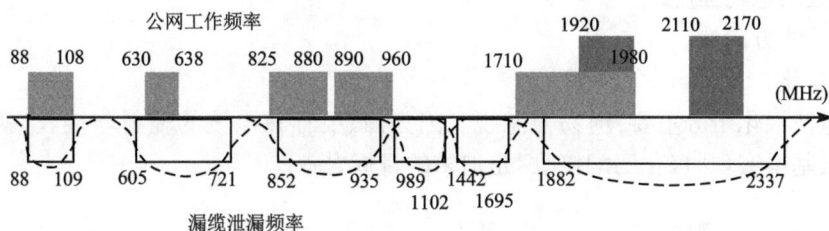

图 3-25　漏缆泄漏频率和公网工作频率的比较

现综合分析如下：

①由表 3-8 所示计算结果以及图 3-25 可知，公网漏缆泄漏频率基本上涵盖了深圳地铁无线公网所有的工作频率，这说明计算公式和计算结果是可信的。

深圳地铁一期工程公网漏缆泄漏频率的计算结果　　　　表 3-8

二元阵槽孔		槽孔间距 d（mm）		工作频率 f（MHz）	
序号	代号	最大 d_{rmax}	最小 d_{rmin}	最低 f_{rmin}	最高 f_{rmax}
①	B_0—B_8	259.0	252.0	261	269
②	B_1—B_8	144.5	137.5	469	493
③	B_0—B_1	118.0	111.0	574	610
④	B_1—B_7	112.0	105.0	605	645
⑤	B_1—B_6	101.0	94.0	671	721
⑥	B_1—B_5	79.5	72.5	852	935
⑦	B_2—B_7	76.9	70.3	881	964
⑧	B_1—B_4	68.5	61.5	989	1102
⑨	B_1—B_3	47.0	40.0	1442	1695
⑩	B_1—B_2	36.0	29.0	1882	2337

②在 800MHz、900MHz 和 1800MHz 频段，似乎还有未完全含盖的地方，但正如前指出过的，由于每一对裂缝并非是理想的带通滤波器，它的幅频特性有前沿和后沿，故理想通带附近的高频信号也能通过相当一部分。

③除此之外，公网漏缆泄漏频率还可以涵盖其他频段。

（5）漏缆方向图

深圳地铁一期工程公网漏缆的垂直方向图是一个不规则的近似圆形，与八字槽漏缆类似。在自由空间，公网漏缆的水平方向图是周期性排列的一串心形。

公网漏缆敷设在隧道壁上，槽孔朝着隧道。假定隧道壁对电波基本吸收，则深圳地铁公网漏缆的水平方向图是周期性排列的一串不规则的半心形，如图 3-26 所示。这些半心形分为若干组，如果有 i 个泄漏频率，则每组就有 i 个水平半心形方向图，每一个半心形对应一个泄漏频率。各组水平方向图的排列相同。第 1 组过后是第 2 组，第 2 组过后是第 3 组，直到第 n 组，n 的大小取决于漏缆长度。

可以把这一串周期性排列且不规则半心形的包络，看作公网漏缆总的水平方向图。

（6）漏缆极化

从高频电磁场角度看，影响接收效果的主要因素有三个：

①接收处的电场强度。

②接收天线方向性。

③电波极化。

其中,电波极化十分重要,但易被忽视。因为,只要存在电波的辐射与接收,就有极化问题,而实现或基本实现"极化匹配接收"是追求的目标之一。

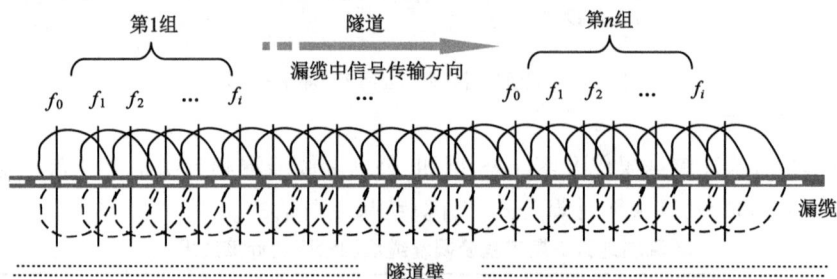

图 3-26 深圳地铁漏缆方向图

前已指出,极化是指电场的方向:电场方向水平则为水平极化,电场方向垂直则为垂直极化,电场方向旋转则为旋转极化或圆极化。

漏缆类型有 A 型、B 型、C 型和 D 型四种,如图 3-27 所示。

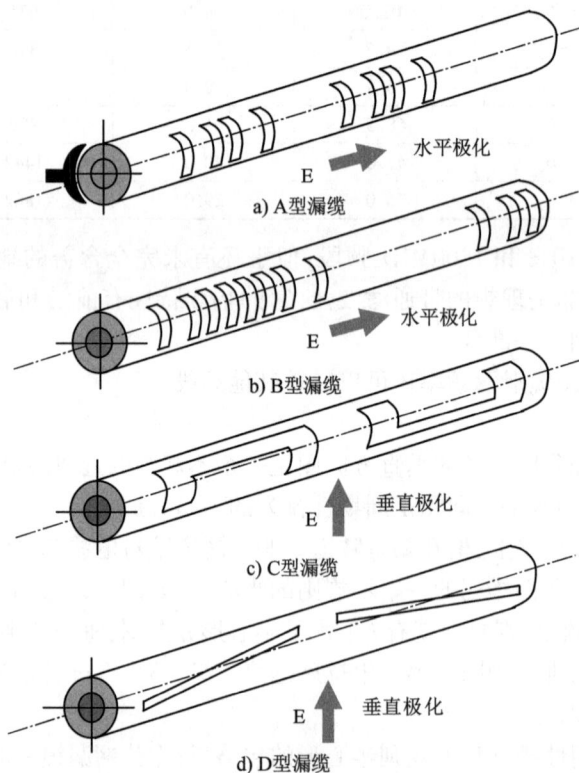

图 3-27 漏缆类型示意图

深圳地铁公网漏缆辐射的电场方向,与漏缆轴线平行。漏缆在隧道壁上水平缆敷,电场方向水平,故深圳地铁公网漏缆极化为水平极化。

为有良好的正常接收效果,接收深圳地铁公网漏缆泄漏辐射的天线,也必须是水平极化或接近水平极化。

例如,在隧道中测试漏缆使用半波振子天线时,其振子应当水平放置而不能垂直放置,否则接收效果将受到影响,严重时甚至可能收不到信号。

3.6 漏缆测试

漏缆测试,分出厂检测和现场测试两种类型。

出厂检测,在漏缆制造厂进行。由于测试设备和测试环境较好,故测试结果比较准确。

现场测试,在漏缆安装完毕后的现场进行。由于测试设备相对简便及测试环境较为复杂,故测试结果不会像出厂检测那么准确,但现场测试对保证工程仍有重要价值。

出厂检测和现场测试的测试项目主要包括:驻波系数,传输损耗,耦合损耗,机械特性和阻燃特性。下面着重介绍驻波系数、传输损耗和耦合损耗的测试。

3.6.1 驻波系数测试

对驻波系数的测试,出厂检测和现场测试的原理和方法基本相同。所不同的是:现场测试时,被测漏缆已按使用状态安装,例如已装在隧道壁上,环境比较复杂;出厂检测时,被测漏缆则是安放在专用测试场地上,环境比较理想。

测试设备连接如图3-28所示。被测漏缆通过跳线与驻波测试仪相连,终端接50Ω匹配负载,把驻波测试仪调整在要求频段上。

图3-28 驻波系数测试设备连接图

现场测试典型状态:1-5/8″漏缆309m;1/2″跳线5m;50Ω5W终端负载;数据采样周期为50ms。

驻波系数现场测试典型结果如表3-9所示。

驻波系数要求小于1.3,现场测试结果小于1.2。

深圳地铁一期工程漏缆驻波系数现场测试典型结果   表3-9

频 段	频率(MHz)	驻波系数测试值	频 段	频率(MHz)	驻波系数测试值
100MHz	99.01	1.006	900MHz	953.22	1.006
	99.70	1.049	1900MHz	1705.40	1.103
800MHz	841.88	1.002		1718.45	1.004
	856.20	1.053	2100MHz	2119.77	1.004
900MHz	945.90	1.068		2329.10	1.096

3.6.2 传输损耗测试

对传输损耗的测试,出厂检测和现场测试的原理和方法也基本相同。所不同的是:现场测试时,被测漏缆已按使用状态安装,例如已装在隧道壁上,环境比较复杂;出厂检测时,被测漏缆则是安放在专用测试场地上,环境比较理想。

专用测试场地有两种方案:一种是电缆试样敷设在非金属的支架上,离水泥地面的高度为 10 ~ 12cm;另一种是电缆试样敷设在木杆上,离水泥地面的高度为 1.5 ~ 2.0m。

传输损耗测试设备连接如图 3-29 所示。被测漏缆通过跳线,分别与信号发生器和场强仪(或频谱分析仪)相连。被测漏缆、跳线和测试仪表的特性阻抗,应当相等(达到阻抗匹配)。

图 3-29 传输损耗测试设备连接图

传输损耗的测试步骤如下:

①调节信号发生器频率到测试值,保持其输出功率不变(如 13dBm)。

②调节 60dB 可变衰减器,使漏缆输入功率 P_{in} 为设定值(如 −37dBm)。

③用频谱分析仪或场强仪记录收到的功率电平。

④去掉跳线②的衰减,得被测漏缆的输出功率 P_{out}(dBm)。

⑤记录被测漏缆长度 l(m)。

⑥记录环境温度 T(℃)。

⑦数据采样周期取 50ms。

⑧计算每百米漏缆的传输损耗(dB/100m)。

百米漏缆传输损耗 L_T(dB)的计算公式为:

$$L_T = \frac{P_{in} - P_{out}}{l} \times 100 \times \left[1 - 0.002(T - 20) \right] \tag{3-19}$$

现场测试典型状态:1-5/8″漏缆 309m;1/2″跳线 5m(两根);信号发生器 HP8648C;场强仪 CHASE GPR 4433A;测试 6 个频率,即 634/830/875/900/1830/2100MHz。

公网漏缆传输损耗现场测试结果,如表 3-10 所示。

深圳地铁一期工程公网漏缆传输损耗现场测试结果　　　　　　表 3-10

频率	跳　　线		被　测　漏　缆		
(MHz)	长度(m)	损耗(dB/m)	长度 L(m)	单位损耗(dB/m)	总损耗(dB)
634	5	0.0548	309	0.0199	6.1491
830	5	0.0639	309	0.024	7.416
875	5	0.0642	309	0.0248	7.6632
900	5	0.068	309	0.34	7.725
1830	5	0.0991	309	0.044	13.596
2100	5	0.108	309	0.54	17.613

3.6.3　耦合损耗测试

漏缆试样可敷设在地面上或架空敷设。漏缆终端接匹配负载(50Ω)。

地面敷设如图3-30所示。漏缆试样敷设在非金属支架上,离水泥地面的高度为10~12cm。半波长偶极天线固定安装在小车上,并沿着电缆平行移动,半波天线极化与漏缆平行并朝向漏缆槽孔。天线的中心点位于电缆上方2m处。

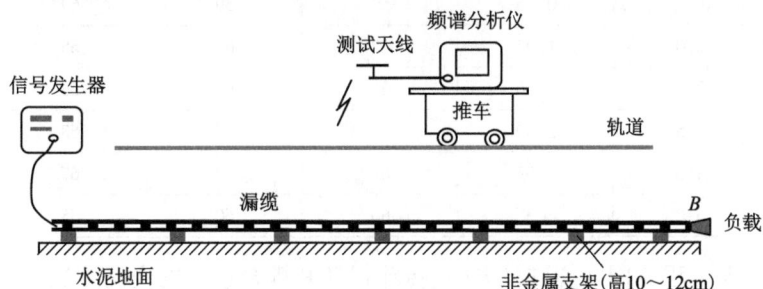

图3-30　漏缆工厂耦合损耗测试设备布局(地面敷设)

架空敷设时,电缆悬挂在木杆上,离水泥地面的高度为1.5~2.0m。半波天线极化与漏缆平行并朝向漏缆槽孔,固定安装在小车上,平行电缆移动。天线中心点的高度应和漏缆悬挂的高度相同,而与电缆的水平距离应为2.0m。围绕电缆中心轴线,半径至少为2.5m的圆柱空间内不应有金属体。

现场测试时,被测漏缆已按使用状态安装,例如已装在隧道壁上。固定安装半波长偶极天线和测试仪表的小车,沿地铁轨道做匀速移动。天线高度和漏缆高度相同,离轨面2.85m,两者相距2.0m。耦合损耗测试仪表除与传输损耗测试仪表相同外,小车还有与频谱分析仪相连的用来录存数据的手提电脑。测试步骤如下:

①调节信号发生器的频率和输出功率电平,保持输出功率不变,如50dBm。

②将调整好的信号输入到被测电缆试样的始端A。

③将小车沿着被测电缆平行移动,用频谱分析仪或其他仪器进行测量,并采样记录偶极天线的接收功率电平与偶极天线离电缆试样始端A的距离,采样周期为50ms。

耦合损耗采样值的测试结果按式(3-20)计算:

$$L_C = P_A - P_r - \alpha \chi - Q \tag{3-20}$$

式中：L_C——与漏缆试样始端A相距X处的耦合损耗采样值(dB)；

$\quad$ P_A——漏缆试样始端A的功率电平(dBm)；

$\quad$ P_r——天线的接收功率电平(dBm)；

$\quad$ $\alpha \chi$——漏缆试样的传输损耗(dB),其中α为传输损耗系数(dB/100m)；

$\quad$ χ——天线中心点位置与电缆试样始端A之间的水平距离；

$\quad$ Q——隧道因子(dB),如专网漏缆取5dB。

对耦合损耗的采样数据进行统计处理,得出50%概率耦合损耗值(50%的耦合损耗的采样测量值均小于此值),或95%概率耦合损耗值(95%的耦合损耗的采样测量值均小于此值)。为避免被测电缆试样端部的影响,与电缆端部B相距5m之内的测量数据不应纳入统计计算。

频谱分析仪也可以用场强计和记录仪代替,场强计与偶极子天线相连并用于测量,记录仪进行记录。偶极子天线与漏缆的距离有 1.5m 和 2m 两种规定。

深圳地铁一期工程公网漏缆传输损耗和耦合损耗出厂检测结果见表 3-11。

深圳地铁一期工程公网漏缆传输损耗和耦合损耗出厂检测结果　　　表 3-11

频率（MHz）	传输损耗 L_T（dB/100m）		50% 耦合损耗 L_C（dB/100m）		95% 耦合损耗 L_C（dB/100m）	
	要求值	测量值	要求值	测量值	要求值	测量值
88	0.67	0.66	59	59	69	69
634	2.0	1.97	62	62	65	64
820	2.3	2.26	65	65	68	66.5
900	2.5	2.39	60	60	63	61.8
1800	4.6	4.55	62	62	67	66
1900	5.0	4.9	60	60	65	63

深圳地铁一期工程专网漏缆驻波系数、传输损耗和耦合损耗的现场测试结果见表 3-12。

深圳地铁一期工程专网漏缆驻波系数、传输损耗和耦合损耗的现场测试结果　　表 3-12

测试项目	测试频率（MHz）	理论值	实 测 值				
驻波系数	820	<1.3	1.15				
	865	<1.3	1.15				
传输损耗（dB/100m）	820	2.4	2.325				
	865	2.5	2.375				
耦合损耗(95%,2m 距离)(dB)	820	68	1	2	3	4	5
			64.96	65.5	64.5	66	66
	865	68	1	2	3	4	5
			63	64	64.5	66	65

深圳地铁一期工程专网漏缆耦合损耗现场测试图,如图 3-31 和图 3-32 所示。

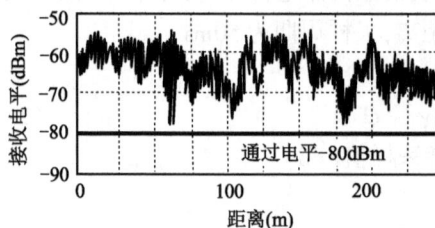

图 3-31　820MHz 专网漏缆现场测试结果　　　　图 3-32　862MHz 专网漏缆现场测试结果

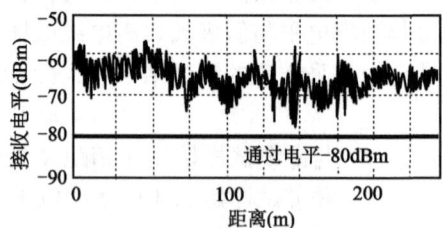

深圳地铁一期工程公网漏缆耦合损耗现场测试图,如图 3-33 ～ 图 3-38 所示。

以上现场测试结果说明:

①随着距离的增加,无论专网漏缆还是公网漏缆,耦合损耗都呈增大趋势。

②公网漏缆耦合损耗的波动范围较大,最大到最小超过 30dB,甚至达 40dB。专网漏缆耦合损耗的波动范围比公网漏缆小,最大到最小在 20dB 左右。

③专网漏缆耦合损耗低于 −80dBm,公网漏缆耦合损耗低于 −85dBm,均满足要求。

④传输损耗随着频率增高而增加,但耦合损耗无此规律,而是呈起伏状态。

⑤在 600MHz 以上频段,95% 的耦合损耗比 50% 的耦合损耗大 2 ~ 5dB。

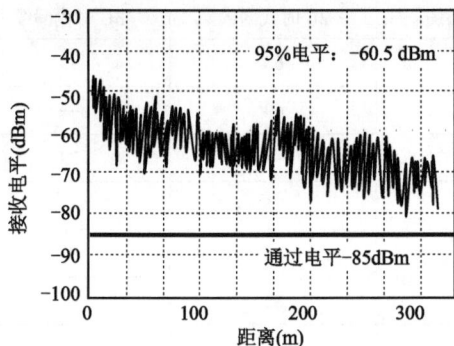

图 3-33　634MHz 公网漏缆现场测试结果

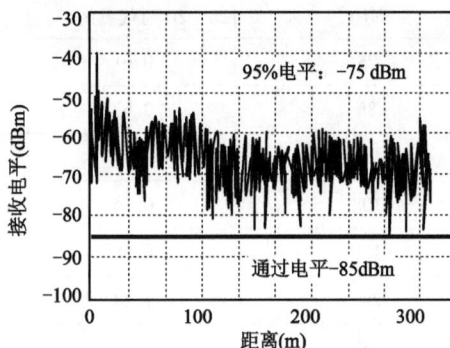

图 3-34　834MHz 公网漏缆现场测试结果

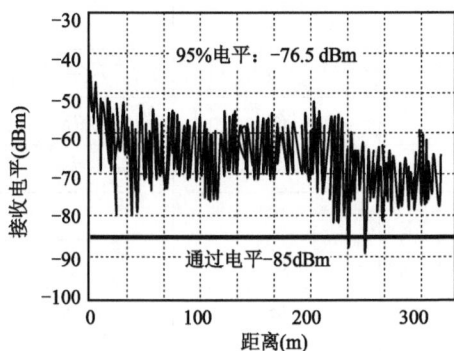

图 3-35　875MHz 公网漏缆现场测试结果

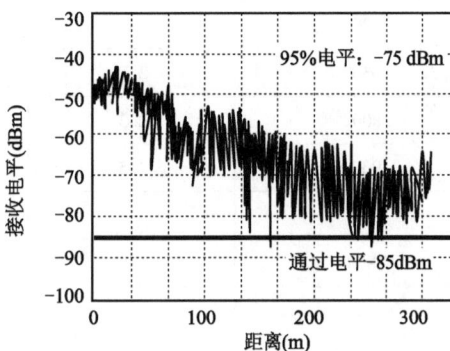

图 3-36　900MHz 公网漏缆现场测试结果

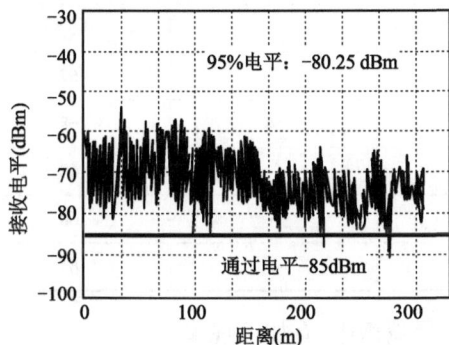

图 3-37　1830MHz 公网漏缆现场测试结果

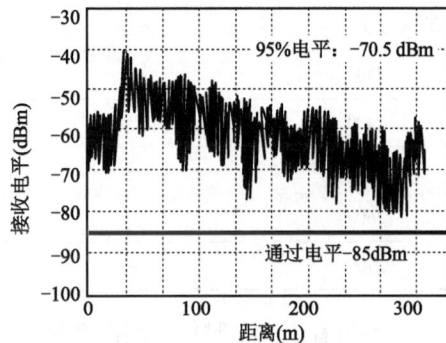

图 3-38　2100MHz 公网漏缆现场测试结果

3.7　2G 和 3G 时代公网漏缆的特性比较

深圳地铁一期工程无线公网所采用的漏缆属于 2G 时代的公网漏缆,二期工程则是 3G 时代的公网漏缆。这两种都是 1-5/8″漏缆,物理特性和电气特性基本相同,主要差别体现在衰减特性方面,具体见表3-13、图3-39和图3-40。

2G 和 3G 时代公网缆漏衰减特性之比较 表 3-13

测试频率（MHz）	传输损耗(20℃)(dB/100m)		耦合损耗(95%,距漏缆2m)(dB)	
	2G 时代漏缆	3G 时代漏缆	2G 时代漏缆	3G 时代漏缆
75	0.61	0.5	68	79
88	0.67	—	69	—
100	—	0.6	—	79
108	0.74		76	
150	0.88	0.7	78	82
280	1.24	—	82	—
350	—	1.2	—	85
450	1.6	1.3	89	80
600	—	1.6	—	82
636	2.0	—	65	—
800	2.3	1.9	68	73
900	2.5	2.0	63	74
1700	—	3.2	—	72
1800	4.6	3.3	67	69
1900	5.0	3.5	65	68
2000	—	3.6	—	68
2100	—	3.8	—	68
2200	6.2	4.2	65	67
2300	—	4.3	—	67
2400	7.4	4.5	64	68
2500	—	4.8	—	68
2600	—	5.2	—	68
2700	—	5.7	—	67

从中不难看出,3G 时代公网漏缆同2G 时代公网漏缆相比,有如下规律:

①频率范围扩大了:2G 时代漏缆最高频率为2400MHz,3G 时代漏缆为2700MHz,提高了300MHz。

②传输损耗下降了:以2400MHz 处的传输损耗为例,3G 时代漏缆比2G 时代漏缆下降了3dB/100m。

③耦合损耗上升了:以2400MHz 处的耦合损耗为例,3G 时代漏缆比2G 时代漏缆上升了4dB。在其他频点,大部分也是上升。

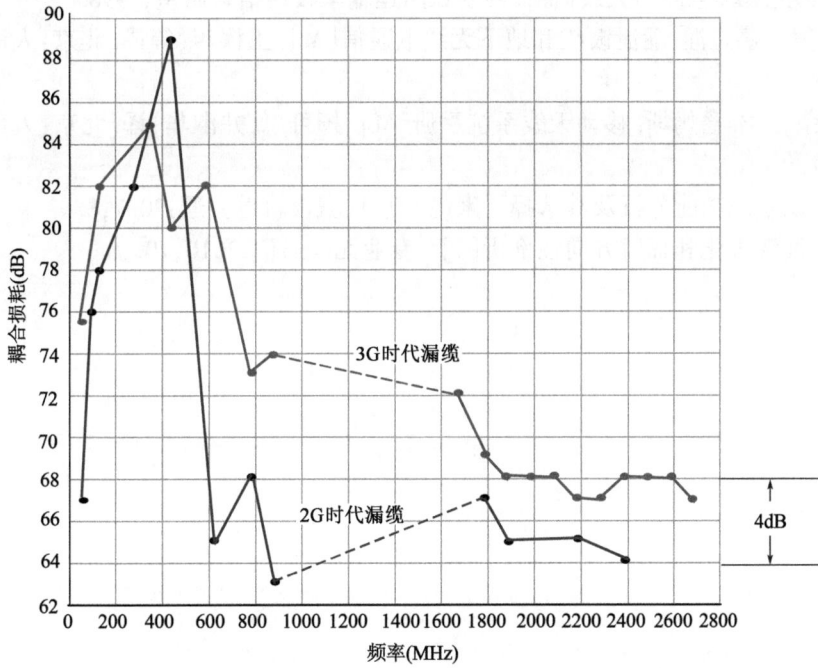

图 3-39　2G 和 3G 时代 1-5/8″公网漏缆耦合损耗比较

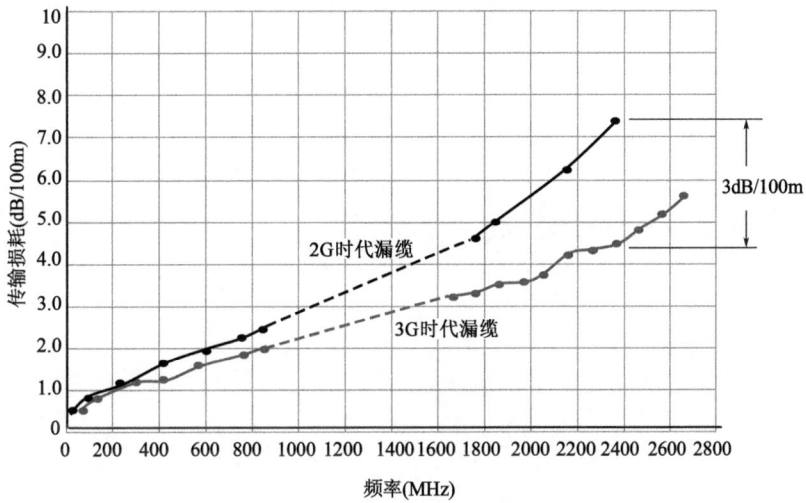

图 3-40　2G 和 3G 时代 1-5/8″公网漏缆传输损耗比较

本章参考文献

［1］电子工业部第二十三研究所.漏泄同轴电缆专集［M］.1984.

［2］钱国峰,徐华林.地下铁道移动通信设计［M］.北京:中国铁道出版社,1994.

[3] 郭小莉,孙卫星.电波与天线[M].西安铁路运输学校通信教研室,1998.

[4] [比]保罗·德隆涅.漏泄馈线和地下无线电通信[M].王棒年,等译.北京:人民邮电出版社,1988.

[5] 滕本共荣,J.R.詹姆斯.移动天线系统手册[M].杨可忠,井淑华,译.北京:人民邮电出版社,1997.

[6] 周杭.泄漏电缆功能分析及其选择要素[J].现代城市轨道交通,2007,8.

[7] 蒲先俊.漏缆极化和辐射方向性剖析[J].专业无线通信,2010,10.

第4章 POI（多网接入平台）

4.1 概　　述

POI(Point of Interconnection 或 Point of Interface)，是指多网接入平台或多系统接入平台。

POI 的国内称呼曾不统一，有过"多系统合路平台"、"多网合路平台"、"宽带合路平台"、"多网综合通信平台"、"多频段汇接合路器"、"公共输入输出设备"、"耦合器前端输入设备"等叫法。

POI 是地铁无线公网与引入的多个公众网的对接部分，既用作合路，也用作分路。因此，称其为多网接入平台（或多系统接入平台），相对比较确切。

但是，不管 POI 的称谓如何，有一点是肯定的，那就是：POI 是各种公众网信源与宽频覆盖网之间的桥梁，在信号下行与上行传输中起着举足轻重的作用，如图 4-1 所示。

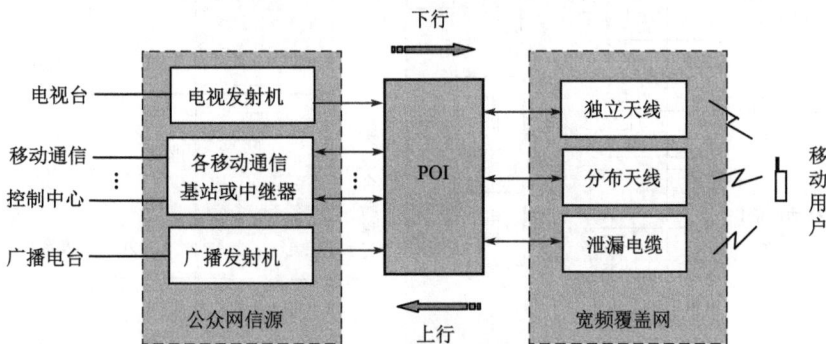

图 4-1　POI 的地位与作用

公众网信源，包括与各移动通信控制中心相连的基站或中继器、与电视台相连的电视发射机及与广播电台相连的广播发射机等，可以是其全部也可以是其中的一部分。

宽频覆盖网，包括独立天线、分布天线和泄漏电缆，可以是其全部也可以是其中的一部分。

移动用户，包括各类移动通信手机和移动电视接收机等。

POI 具有下行和上行双向功能，以满足双向移动通信的需要。

4.2　POI 基本功能

为了避免相互干扰，在无线接入覆盖系统中，将下行信号和上行信号分开传输，于是 POI 便被分成下行 POI 和上行 POI 两部分。因此，POI 的基本功能也包括下行 POI 和上行 POI 两部分。

下行 POI 的基本功能是:将各运营商的不同频段的载波信号合路,然后分别送至共用的分布式天馈子系统和分布式漏缆子系统,简称合路功能。对下行 POI 的输入和输出要进行监测。

上行 POI 的基本功能是:对分布式天馈线或漏缆子系统收到的不同制式的手机信号进行分路,将属于不同运营商的不同频段的载波信号送往相应基站,简称分路功能。调频广播和数字电视无上行信号,且对上行 POI 输入和输出不进行监测。

简而言之,POI 的基本功能为:下行是合路与监测功能,上行是分路功能。

4.3　POI 基本构成

在地铁无线公网中,要使用若干台 POI,而每一台 POI 则由下行 POI 和上行 POI 两部分构成,并且包含系统监测部分。

4.3.1　下行 POI 基本构成

在地铁无线公网中,下行 POI 基本构成如图 4-2 所示。一台下行 POI,包括:一个频段合路单元、一组电桥、一组耦合器、一组信号输入口、一组输入信号监测口、两个信号输出口和两个输入信号监测口。

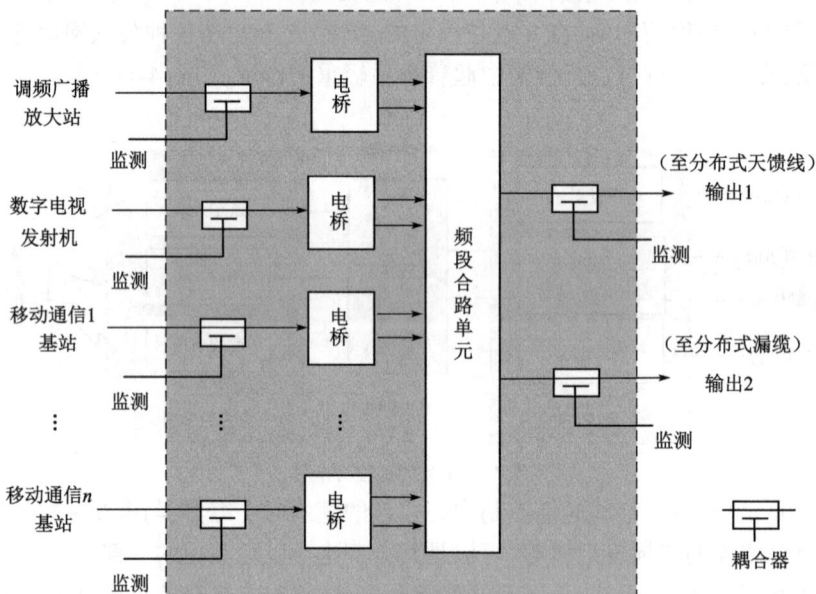

图 4-2　下行 POI 基本构成

各公众网信源,分别经对应的耦合器和电桥,进入频段合路单元。频段合路单元有两路相同的输出,每路输出都是各公众网信源的合路信号。一路输出送给分布式天馈线子系统,另一路输出送给分布式漏缆子系统。

4.3.2　上行 POI 基本构成

在地铁无线公网中,上行 POI 基本构成如图 4-3 所示。一台上行 POI,包括:一个频段分路单元、一组电桥、两个信号输入口和一个信号输出口。

来自分布式天馈线子系统的信号和来自分布式漏缆子系统的信号,在频段分路单元中进行信号频段分路。被分离出来的各频段信号,经对应电桥送给相应的信源接收机。

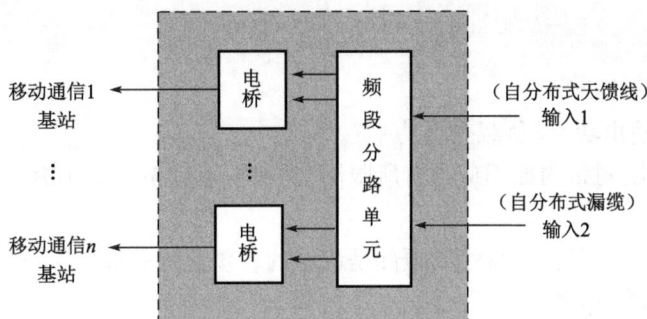

图 4-3 上行 POI 基本构成

4.4 POI 整机指标

（1）工作频带

POI 的工作频带,即 POI 的工作频率范围。在无线多网接入覆盖系统中,POI 的工作频带取决于要接入公众网的下行和上行工作频率范围,通常涉及几个频带,分布也很宽,最低几十兆赫兹,最高可以超过 5000MHz。

（2）最大输入功率

最大输入功率,通常是指下行 POI 的最大输入功率。由于同下行 POI 输入对接的是公众网的基站,因此下行 POI 的最大输入功率,就是对应基站的最大输出功率,通常是几瓦至几十瓦。

至于上行 POI 的输入功率,在数量上则远小于下行 POI 的最大输入功率。

（3）输出功率

输出功率,通常也是指下行 POI 的输出功率。POI 是无源网络,对输入信号会造成衰减,但为保证覆盖的需要,必须规定下行 POI 的输出功率不低于某预定值,例如不低于 30dBm。

至于上行 POI 的输出功率,在数量上也远小于下行 POI 的输出功率（故有时省去不提）,但必须满足基站接收的需要。

（4）功率容量

功率容量,通常也是对下行 POI 而言,因为它的输入功率远大于上行 POI 的输入功率。为保证系统正常工作,功率容量应大于各网诸载波的射频功率之和。例如,接入 5 个公众网,每网 3 个载波（共 15 个载波）,每载波的射频功率为 40dBm 即 10W,则 15 个载波的射频功率和为 150W,因此功率容量必须大于 150W,指标可定为 200 ~300W。

功率容量,与系统的散热设计、稳定性和可靠性密切相关。

（5）带内插损

POI 拥有多个工作频带,要完成合路或分路功能,就要求属于该工作频带内的有用信号能够顺利通过,而让该工作频带外的无用信号不能通过。为此必须使用滤波器等多种无源器件,这自然会给频带之内引来插入损耗,或称带内插损。

POI 的带内插损 L_A 的定义公式为:

$$L_A = 10\lg \frac{P_i}{P_L} \quad (\text{dB}) \tag{4-1}$$

式中:P_i——POI 的输入功率;

P_L——POI 的输出功率(负载获得功率)。

为保证 POI 性能,对带内插损应当有所限制,例如不超过 5dB 或 7dB。

(6)带内波动

在 POI 工作频带内,其幅频特性的顶部是起伏的。该起伏的最大值与最小值之差,称作带内波动或带内起伏,单位 dB。

通常,要求 POI 的带内波动不大于 2dB。

(7)带外抑制

为防止工作频带以外的无用信号进入 POI,必须对这类信号进行有效抑制,称作带外抑制。通常规定,在高于或低于某特定频率条件下,要求对信号的抑制度不小于多少分贝,例如,不小于 70dB 或 80dB。

(8)互调抑制

互调抑制,是指 POI 对互调产品或互调干扰的抑制能力。互调产品是系统的主要干扰源之一,必须进行有效抑制,通常规定互调抑制大于 110dBc。

(9)端口隔离度

上行 POI 和下行 POI 是相互隔离的,但它们各自都有不止 1 个输出端和输入端。为防止这些端口间的有害串扰,必须对下述端口隔离度作出规定:

①输出端口至输出端口的隔离度,例如不低于 30dB。

②输出端口至输入端口的隔离度,例如不低于 80dB。

(10)特性阻抗

为了保证匹配传输,要求上行 POI 和下行 POI 的输入阻抗和输出阻抗等于特性阻抗 (Z_C),通常取 $Z_C = 50\Omega \pm 2\Omega$。

(11)电压驻波比

POI 接入系统时,由于不可能做到理想匹配,故其输入端和输出端会有驻波产生。驻波大小用电压驻波比或电压驻波系数 ρ 来表征,简称驻波比或驻波系数,它是传输线上电压波峰值与电压波谷值之比。驻波比愈小,表明匹配愈好。理想匹配时,驻波比等于 1。通常要求驻波比不大于 1.3。

(12)反射系数

反射系数(Γ),是反射波与入射波的电压比,是 POI 接入系统后匹配好坏的另一种标志。反射系数是一个复数,它的模 $|\Gamma|$ 和驻波比 ρ 有如下关系:

$$\rho = \frac{1 + |\Gamma|}{1 - |\Gamma|} \tag{4-2}$$

反射系数愈小,表明匹配愈好:$|\Gamma| = 0$ 时,$\rho = 1$;$|\Gamma| = 0.13$ 时,$\rho = 1.3$。

（13）回波损耗 L_r

回波损耗 L_r 的定义为：

$$L_r = -20\lg|\Gamma| \quad (dB) \quad\quad (4-3)$$

其中 $|\Gamma|$ 为反射系数的模。将式（4-2）代入上式得：

$$L_r = -20\lg\frac{\rho-1}{\rho+1} \quad (dB) \quad\quad (4-4)$$

回波损耗与驻波比的对应关系见表4-1。从中看到：

①回波损耗随驻波比的增大而减小。

②若要求驻波比不大于1.3，则要求回波损耗大于18dB。

③若要求驻波比不大于1.5，则要求回波损耗大于14dB。

回波损耗与电压驻波比的对应关系　　　　　　　表4-1

ρ	1.05	1.1	1.2	1.3	1.4	1.5	1.6	1.7	1.8	1.9	2.0
L_r(dB)	32.25	26.44	20.83	17.69	15.56	13.98	12.74	11.73	10.88	10.16	9.54

（14）监控功能

要求对POI的监控项目和监控方法作出规定。通常，主要监控下行POI的输入和输出，包括射频功率和驻波比的大小。

（15）对外接口

对外接口包括：POI输入和输出连接器的型号规格，监控系统的数传接口，以及供电和安装方面的要求。

4.5　上海地铁 POI

4.5.1　准无源 POI 的应用

在POI应用方面，上海地铁起步较早，经验也较丰富。

2002年，为了引入联通CDMA，上海地铁在国内率先使用的POI，基本上是无源设备，但其上行部分采用了低噪声放大器，为便于区分，称之为准无源POI。

（1）无线覆盖方案

隧道、站台和站厅全部采用漏缆进行，一个车站的漏缆布局如图4-4所示。

右线隧道和左线隧道内的两侧，各敷设一条漏缆，分别为下行漏缆和上行漏缆，共8条漏缆。站台敷设两条漏缆，分别为下行漏缆和上行漏缆。站厅也敷设两条漏缆，分别为下行漏缆和上行漏缆。一个车站POI总共连接12条漏缆，不用区间设备。

（2）POI接入框图

图4-5所示是下行POI接入框图。发射信源4个：移动GSM900、联通GSM900、联通CDMA800和无线寻呼。下行POI输出口6个，分别接至对应的下行漏缆。

图4-6所示是上行POI接入框图。6条上行漏缆，分别接至相同的带通滤波器和低噪声放大器。带通滤波器的频带均为825~915MHz。上行POI输出口3个，分别接至对应的基站，

包括移动 GSM900、联通 GSM900 和联通 CDMA800。采用低噪声放大器的目的,是为了解决因上行信号太弱而带来的上下行平衡问题。

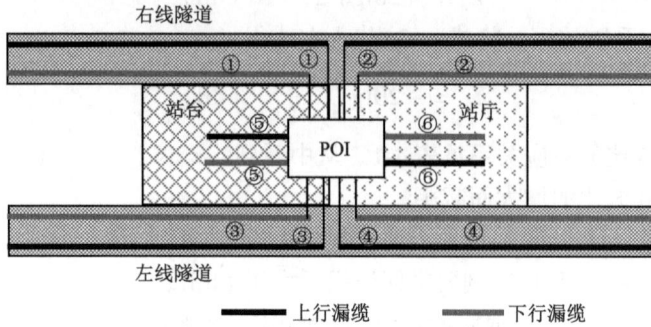

图 4-4　上海地铁 1 号线、2 号线车站漏缆布局

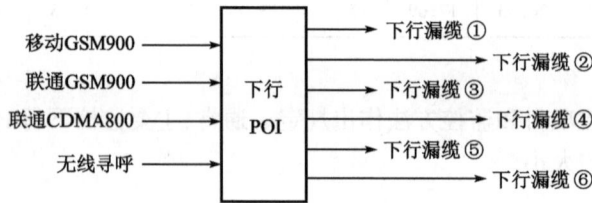

图 4-5　下行 POI 接入框图

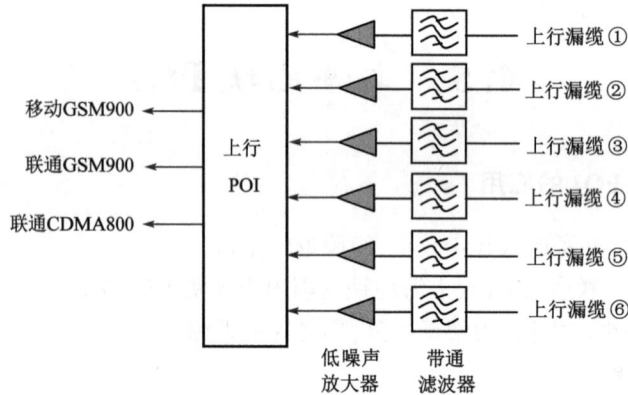

图 4-6　上行 POI 接入框图

（3）POI 内部结构

图 4-7 所示是下行 POI 内部结构图。寻呼 150 信号经通带为 137～172MHz 的滤波器滤波,寻呼 280 信号经通带为 275～295MHz 的滤波器滤波,联通 GSM900 信号经通带为 954～960MHz 的滤波器滤波。以上三个滤波器的输出,抑制了带外干扰,所得有用信号经一个混合接头成为一路信号,送入 3dB 耦合器。

同理,移动 DCS1800 信号经通带为 1805～1820MHz 的滤波器滤波,移动 GSM900 信号经通带为 935～954MHz 的滤波器滤波,联通 CDMA800 信号经通带为 870～880MHz 的滤波器滤波。这三个滤波器的输出,也经一个混合接头成为一路信号,并送入同一个3dB耦合器。

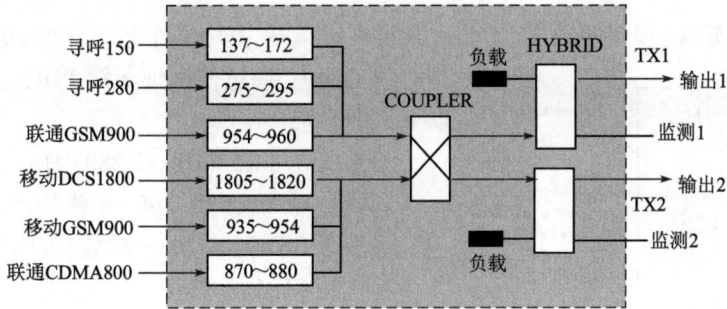

图 4-7　下行 POI 内部结构图

3dB 耦合器合成两路输入,得到包含以上6种信号的合路输出信号共两路。这两路信号再分别经定向耦合器分两路输出,其中一路作为覆盖信号,另一路作为监测信号。

在此过程中,下行 POI 不仅完成了合路功能,而且增大了信号间的相互隔离,减少了互调干扰。负载接电桥,作为吸收负载。

图 4-8 所示是上行 POI 内部结构图。来自两个不同覆盖区的上行信号,分别进入上行 POI 的两个输入口,经定向耦合器分两路输出信号。

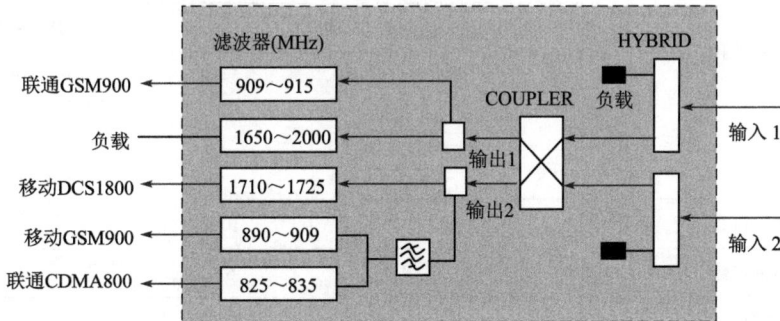

图 4-8　上行 POI 内部结构图

输出 1 经三通接头又分为两路,一路经通带为 909～915MHz 的滤波器,还原成联通 GSM900 信号;另一路经通带为 1650～2000MHz 的隔离器后接吸收负载。

输出 2 经三通接头也分为两路,一路经通带为 1710～1725MHz 的滤波器,还原成移动 DCS1800 信号;另一路经频段为 800～950MHz 的隔离器,将移动 GSM900、联通 CDMA800 信号与移动 DCS1800 信号隔离开。然后,再分别经通带为 890～909MHz 和 825～835MHz 的滤波器,将移动 GSM900 和联通 CDMA800 信号分别还原成独立频段的一路信号。

（4）POI 主要指标

①插入损耗:≤5dB。

②回波损耗:≥15dB。

③隔离度:≥20dB。

④互调抑制:≤ -80dBc。

⑤带外抑制:不低于45dB。

4.5.2 纯无源 POI 的应用

上海地铁北延段,线路全长 12.49km,共设 9 座车站,其中 4 个地下车站,于 2004 年完成。

在此项工程中,通过使用纯无源 POI,上海地铁引入了以下 5 个系统:

①无线寻呼 150MHz 和 280MHz。

②移动 GSM900MHz,4 ~ 6 载波,分区覆盖。

③联通 GSM900MHz,4 载波,分区覆盖。

④联通 CDMA800MHz,3 载波。

⑤预留 3G,2 端口。

上海地铁北延段下行 POI 引入框图如图 4-9 所示。技术指标见表 4-2 和表 4-3。

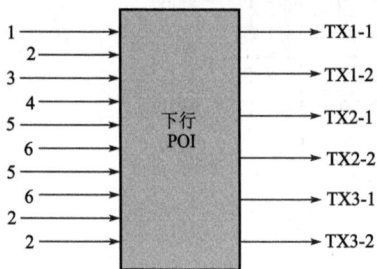

图 4-9 上海地铁北延段下行 POI 引入框图
1-DTV;2-移动 GSM;3-联通 GSM;4-联通 CDMA;
5-3G1;6-3G2

上海地铁北延段下行 POI(TX 单元)**技术指标** 表 4-2

项 目	引 入 系 统	指 标
输入口频率范围(MHz)	DTV	686 ~ 694
	CDMA800	870 ~ 880
	GSM900(移动)(3 端口)	935 ~ 954
	GSM900(联通)	954 ~ 960
	3G1(2 口)	2110 ~ 2170
	3G2(2 口)	1850 ~ 1880
输入端口数	10 个	
输出端口数	6 个	
测试端口数	10 个	
驻波比	<1.3	

上海地铁北延段上行 POI(TX 单元)**技术指标** 表 4-3

项 目	引 入 系 统	指 标
输入口频率范围(MHz)	CDMA800	825 ~ 835
	GSM900(移动)(3 端口)	890 ~ 909
	GSM900(联通)	909 ~ 915
	3G1(2 口)	1920 ~ 1980
	3G3(2 口)	1755 ~ 1785
输入端口数	9 个	
输出端口数	6 个	
驻波比	<1.3	

4.6 深圳地铁一期工程 POI

4.6.1 设备功能及构成

（1）下行 POI(TX 单元)功能

①合路功能:对 8 个系统的下行信号进行合路输出,这 8 个系统是 FM、DTV、CDMA800、GSM900(联通)、GSM900(移动)、GSM1800、CDMA1900 和 3G 系统。

②隔离功能:实现各系统之间的隔离和上下行信号之间的隔离。

③取样功能:对输入信号和输出信号进行功率取样,对输入和输出的驻波进行取样。

本单元的构成是:耦合模块、合路模块、分路模块、滤波模块、功率检测模块、驻波检测模块等。

（2）上行 POI(RX 单元)功能

①分路功能:对 6 个系统的上行信号进行分路输出,这 6 个系统是 CDMA800、GSM900(联通)、GSM900(移动)、GSM1800、CDMA1900 和 3G 系统。

②隔离功能:实现各系统间隔离、上下行信号隔离等功能。

本单元的构成是:耦合模块、合路模块、分路模块、滤波模块等。

（3）监控单元功能

本单元用来监测和控制 POI 的操作参数,并且为远程监控提供通信接口。

本单元引出 RS-232 串口、RS-485 通信口、RS-422 通信口和状态指示灯,并与监控主板相连接,通过接口板上的 RS-232 通信口可对直放机进行本地调测,通过 RS-485 通信口或 RS-422 通信口可实现集中监控功能(该功能预留),通过各状态指示灯可了解设备的工作及通信状态。

4.6.2 技术特点

（1）接入的公众网很多

深圳地铁无线公网要为包括中国移动、中国联通和中国电信三家运营商网络的手机提供信号覆盖,同时还要兼容数字电视和调频广播两个广电网络,并且为将来的 3G、4G 网络建设预留扩展接口。为此,POI 接入了 8 个公众网,支持多种业务射频信号合路,馈入同一套天馈,大大地节省了天馈部分的投资。

（2）上行和下行分开

为了避免各业务系统间的干扰,深圳地铁无线公网的天馈采用收、发分开的方式。站厅和侧式站台采用室内分布系统的方式覆盖(上下行分开),隧道采用泄漏电缆覆盖(上下行分开)。所用的天馈器件和缆材均具有很宽的频域,能兼容 88～2200MHz 的有效工作频带。为此,POI 分为上行 POI 和下行 POI。

（3）纯无源系统

为了避免有源器件可能带来的互调等干扰,POI 主体部分,全部采用微波无源器件,从而构成名副其实的纯无源系统。为了获得低带内插损、高带外抑制和高隔离度,频段合路和频段分路主要采用性能优越的同轴空腔滤波器。为了减小体积与质量,电桥与耦合器等采用性能优越的微带器件。

(4)远程监控能力

深圳地铁要求无线公网监控基站和隧道中干放的工作状态,因此POI必须具有远程监控能力。干放由两个厂家提供,设备的监控协议尚无标准,两类设备监控中心平台相对独立。在深圳地铁的监控中心,采用SNMP(简单网管协议),将两类设备的监控项目整合并入同一监控中心,实现了POI和各类干放监控中心的统一。各站POI监控信号用光纤有线方式,隧道中干放监控信号用光纤无线方式。

4.6.3 工作原理

(1)下行POI工作原理

下行POI的基本功能是合路,要合路的信号有8路,而合路后的信号又要送到漏缆和天线两个方向去。欲达此目的,应遵循"先分后合"原则。为了说明这个道理,让我们观察只有三个信源的最简单情况。

如图4-10所示。设电桥是理想电桥,信源经过电桥功率减半,即每路只有3dB损耗。合路器由三个滤波器构成,假定插损为0。这样,按图示逻辑,便可得到三个信源 A、B、C 的两路合路信号($A/2 + B/2 + C/2$)。

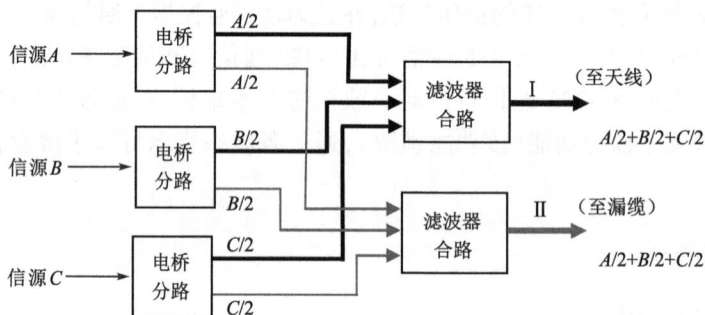

图4-10 下行POI合格原理

图4-11所示是下行POI的组成及原理框图,它就是遵循"先分后合"原则设计出来的。

图4-12所示是下行POI各滤波器幅频特性和输出信号原理图,每路信号都有自己对应频段的滤波器。

(2)上行POI工作原理

上行POI的基本功能是分路,要把漏缆和天线两个方向送来的信号又分为6路,送到6个信源(基站)去。欲达此目的,也应遵循"先分后合"原则。为了说明这个道理,让我们观察只有两个信源的最简单情况。

如图4-13所示。设电桥是理想电桥,信源经过电桥功率减半,即每路只有3dB损耗。分路器由两个滤波器构成,假定插损为0。先由滤波器分路,再由电桥合路。这样,按图示逻辑,便可使两个信源分别得到所需的信号 $M/2$ 和 $N/2$。

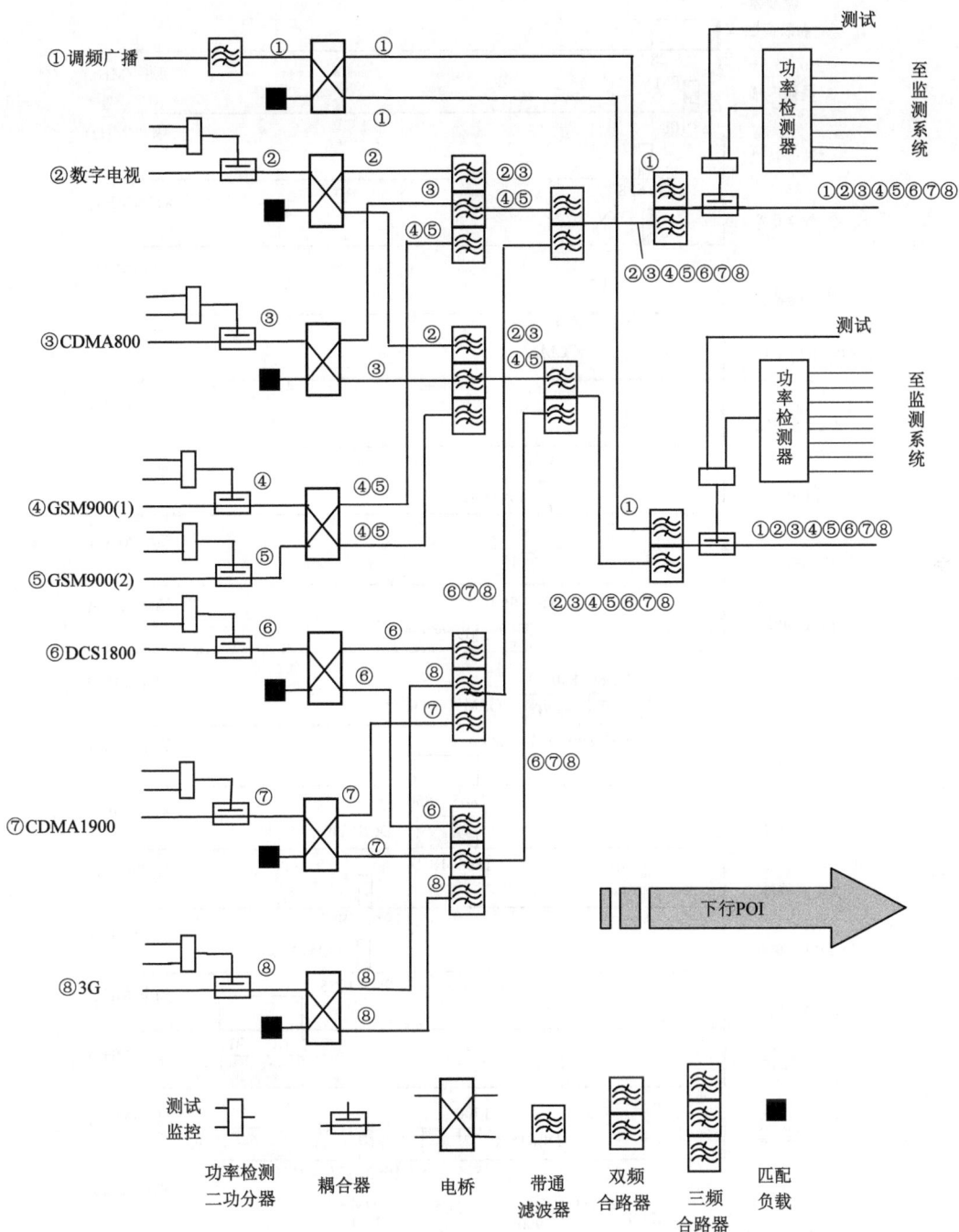

图 4-11 下行 POI 的组成及原理框图

图 4-14 所示是上行 POI 的组成及原理框图，它就是遵循"先分后合"原则设计出来的。

图 4-15 所示是上行 POI 各滤波器幅频特性和输出信号原理图。

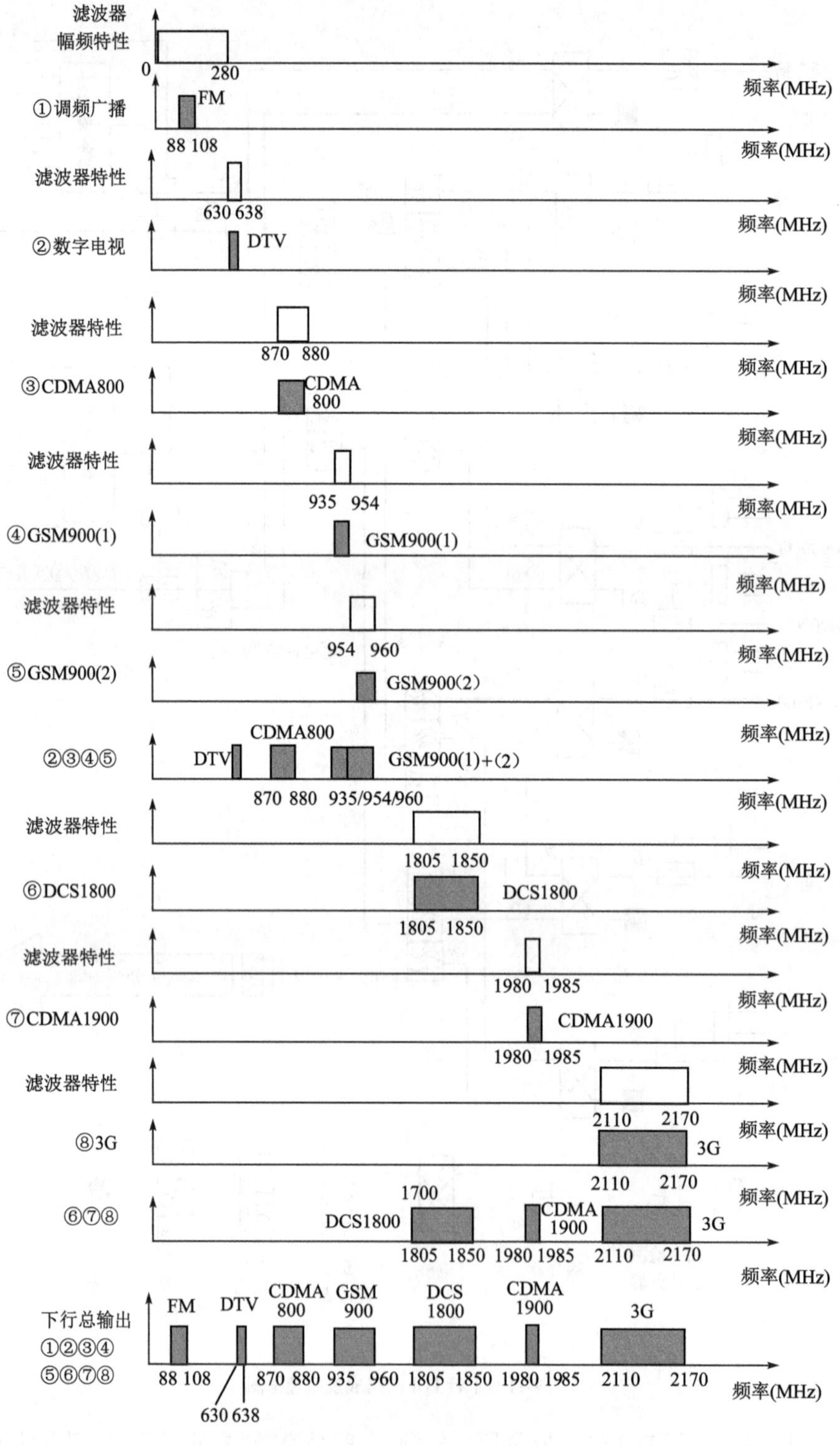

图 4-12 下行 POI 各滤波器幅频特性和输出信号原理图

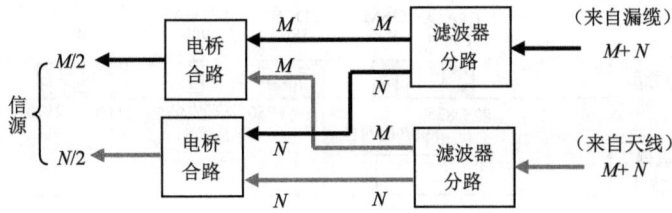

图 4-13　上行 POI 合路原理

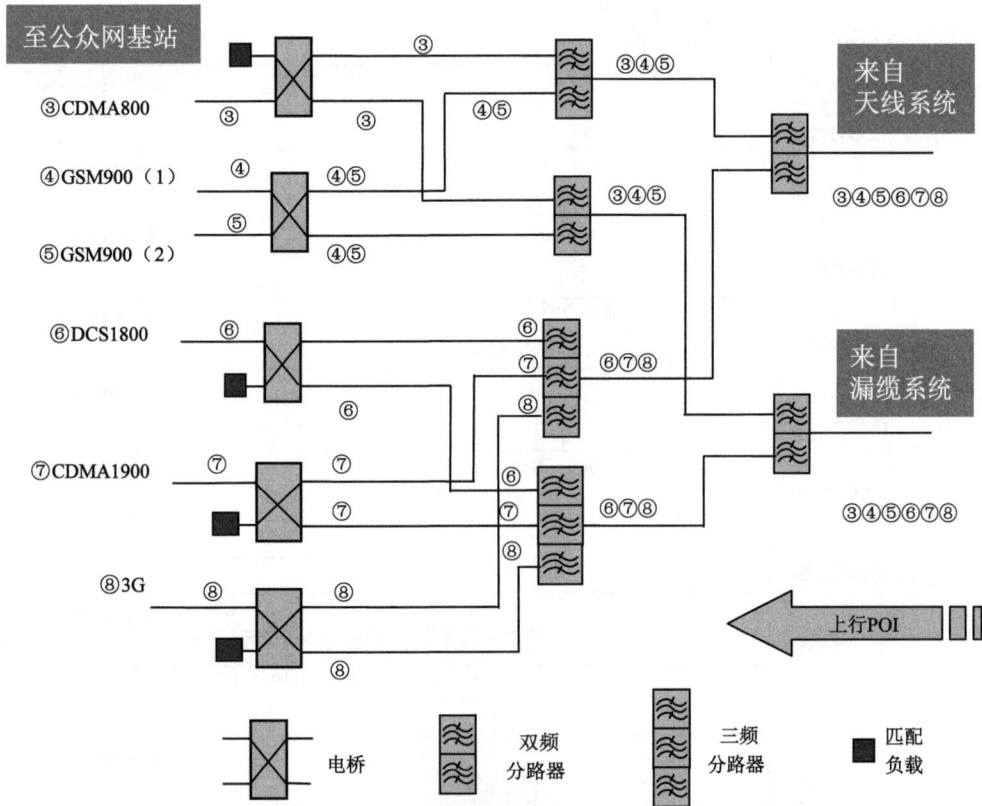

图 4-14　上行 POI 的组成及原理框图

（3）监控系统工作原理

地铁无线公网监控系统的监控对象是：各车站的 POI 和隧道中的干放。

监控功能是：检测 POI 和干放的输入输出参数（功率、驻波、电源等），并按规定告警。

监控信息的传输方式为：对 POI 的监控采用有线传输方式（无须设备提供底层协议），即用地铁 E1 光网络（传输系统Ⅱ）传输监控信息；对隧道中的干放的监控采用无线传输方式，即用 MODEN 和移动 GSM900 无线网络传输监控信息，如图 4-16 所示。由于 POI 监控单元和监控中心服务器接口是 RS-232，而光网络是 E1 标准，故需设置 E1 转换。

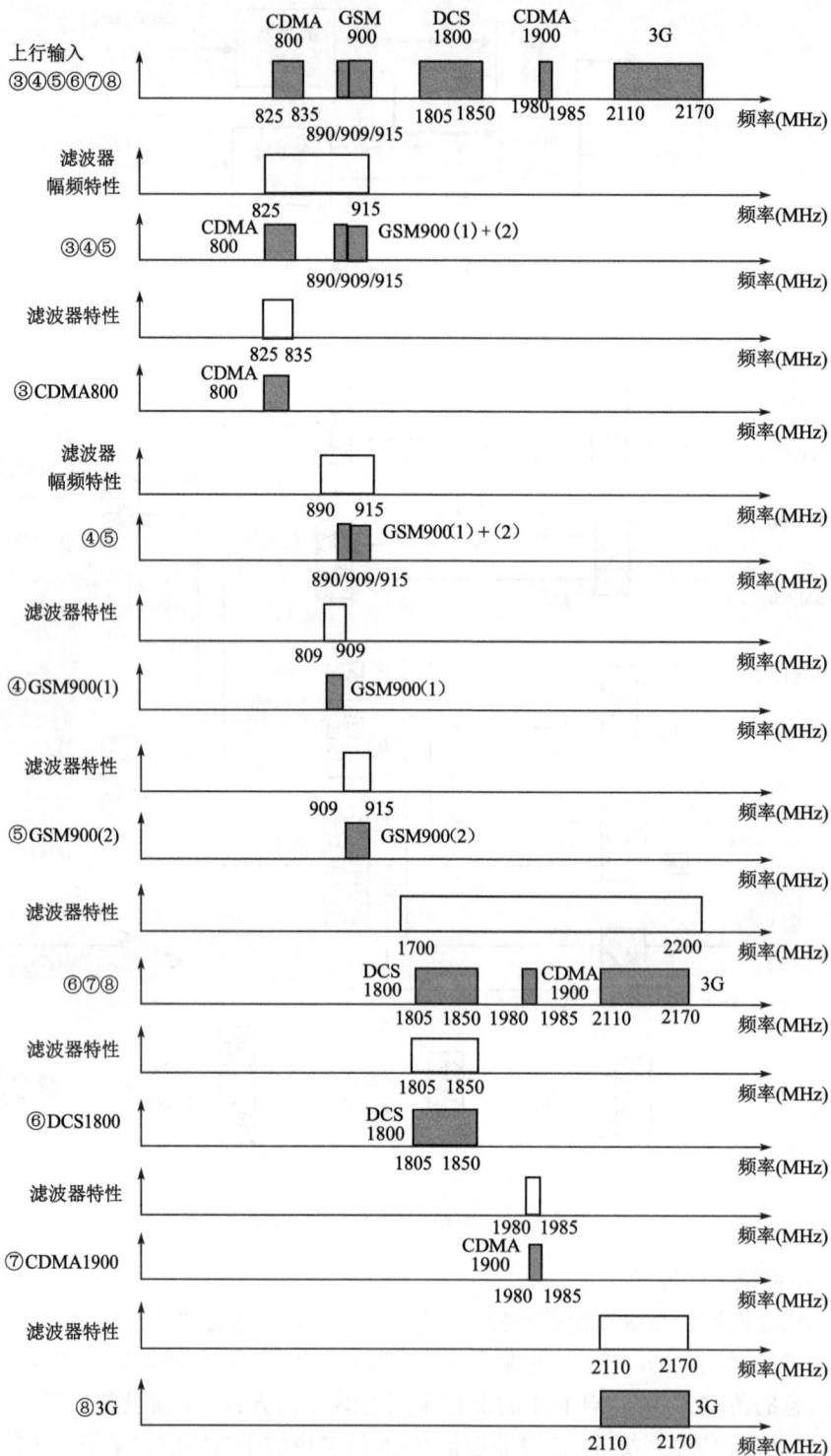

图 4-15 上行 POI 各滤波器幅频特性和输出信号原理图

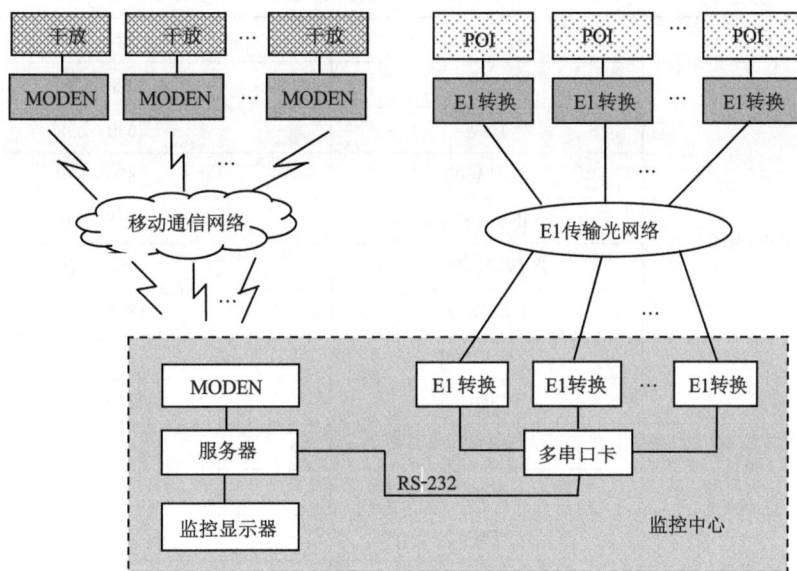

图 4-16   无线公网监控系统构成原理框图

POI 监控部分原理框图如图 4-17 所示。以一路信号为例,基站送来的输入信号经耦合器和二功分器,取出检测信号并送给监控单元。POI 的输出信号经功分器和功率检测器,取出检测信号并送给监控单元。监控单元处理后,经 RS-232 接口和 E1 转换,送到监控中心。

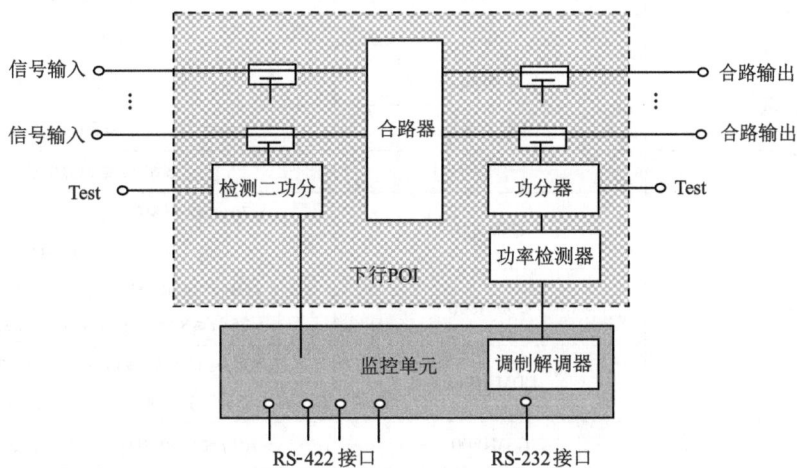

图 4-17   POI 监控部分原理框图

4.6.4   技术指标

表 4-4 ~ 表 4-8,是深圳地铁 POI 技术指标,包括下行 POI(TX 单元)、上行 POI(RX 单元)、机械特性、监控特性、系统特性和环境特性五个表格。

下行 POI（TX 单元）   表 4-4

项　目	系　统	指　标
输入口频率范围（MHz）	FM	88～108
	DTV	630～638
	CDMA800	870～880
	GSM900（移动）	935～954
	GSM900（联通）	954～960
	GSM1800	1805～1820
	CDMA1900	1980～1985
	3G	2110～2170
插入损耗（dB）	FM/DTV	≤5
	其他	≤7
最大输入功率（dBm）	FM	50
	DTV	47
	CDMA800	36/载频,2 载频
	GSM900（移动）	37/载频,6 载频
	GSM900（联通）	37/载频,2 载频
	GSM1800	37/载频,6 载频
	CDMA1900	40/载频,2 载频
	3G	50
隔离度（dB）	系统间	≥80
	TX1/TX2	≥30
带外抑制（dB）	DTV	$>60(f{\leq}806\mathrm{MHz})$
	GSM900	$>70(f{\leq}915\mathrm{MHz})$；$>75(f{\leq}835\mathrm{MHz})$；$>80(f{\leq}821\mathrm{MHz})$
	CDMA800	$>60(f{\geq}890\mathrm{MHz})$；$>45(f{\leq}866\mathrm{MHz})$；$>75(f{\leq}835\mathrm{MHz})$；$>80(f{\leq}821\mathrm{MHz})$
	CDMA1900	$>70(f{\leq}1820\mathrm{MHz})$；$>80(f{\leq}1725\mathrm{MHz})$；$>45(f{\leq}1910\mathrm{MHz})$；$>60(f{\leq}2110\mathrm{MHz})$
	GSM1800	$>70(f{\leq}1850\mathrm{MHz})$；$>80(f{\leq}1725\mathrm{MHz})$
输入端口数		8 个
输出端口数		2 个
互调抑制		$\leq-120\mathrm{dBc}$
功率容量		$>200\mathrm{W}$
带内波动		≤2dB
驻波比		<1.3

上行 POI（RX 单元）　　　　　　　　　　　　　　　表 4-5

项　　目	系　　统	指　　标
输入口频率范围（MHz）	CDMA800（联通）	825 ~ 835
	GSM900（移动）	890 ~ 909
	GSM900（联通）	909 ~ 915
	GSM1800（移动）	1710 ~ 1725
	CDMA1900（电信）	1900 ~ 1905
	3G	1920 ~ 1980
插入损耗（dB）		≤7
最大输入功率（dBm）	CDMA800	10/载频,2 载频
	GSM900（移动）	10/载频,6 载频
	GSM900（联通）	10/载频,2 载频
	GSM1800	10/载频,6 载频
	CDMA1900	10/载频,2 载频
	3G	50
隔离度（dB）	系统间	≥80
	RX1/RX2	≥30
带外抑制（dB）	GSM900	>60$(f≤880MHz)$；>70$(f≥935MHz)$
	CDMA800	>80$(f≥870MHz)$；>80$(f≤890MHz)$； >45$(f≤821MHz)$；>70$(f≥851MHz)$
	CDMA1900	>70$(f≥1725MHz)$；>60$(f≥1820MHz)$； >45$(f≥1920MHz)$；>70$(f≥1980MHz)$
端口数		输入 6 个,输出 2 个
功率容量		>200W
带内波动		≤2dB
驻波比		<1.3

POI 机械特性　　　　　　　　　　　　　　　表 4-6

项　　目	指　　标
外形尺寸（高×宽×深）	TX 单元:709×482×347（mm）； RX 单元:398×482×347（mm）； 监控单元:88×482×347（mm）； 19 英寸机柜:2000×600×600（mm）
质量	TX 单元:约 30kg； RX 单元:约 15kg； 监控单元:约 3kg； POI-016 系统（含 19 英寸机柜）:约 130kg

POI 监控特性 表 4-7

项　目	指　标
监控参数	控制:温度门限、驻波告警门限、下行输入/输出欠功率告警门限
	监测:下行输入/输出功率、电源掉电、电源故障、过温、下行输入端口驻波告警、下行输入/输出功率欠功率告警
本地监控	利用设备上的 RS-232(LOCAL)接口接至 PC 机
远程传输	采用串口直连方式,OMC 对 18 台设备进行轮询

POI 系统特性和环境特性 表 4-8

项　目	指　标		项　目	指　标
射频端口阻抗	50Ω		MTBF	>100000h
射频连接器	输入/输出口	N-K 头	温度	工作:0~50℃
	测试口	SMA 头		存储:-20~70℃
工作电源	DC-48V		湿度	工作:≤95%
电源功耗	≤2W			存储:≤100%

4.7　深圳地铁 2 号线 POI

深圳地铁 2 号线属深圳地铁二期工程,所用 POI 属 3G 时期的 POI。

2 号线 POI 接入 6 个系统,预留了数字电视的接入。较 2G 时期 POI,增加了 3G 系统。

表 4-9 是上行 POI(RX 单元)的技术指标。

表 4-10 是下行 POI(TX 单元)技术指标。表中,R1 为天馈系统接收端口 1,R2 为天馈系统接收端口 2。

下行 POI 连接器形式和上行 POI 连接器形式均为 N-F。

下行 POI 和上行 POI 的驻波比均不大于 1.3。

接入系统主要技术参数见表 4-11。

深圳地铁 2 号线上行 POI(RX 单元)技术指标 表 4-9

名　称	输　出　端		输入端	数　据
插入损耗	1	联通 CDMA800(825~835MHz)	R1/R2	≤5dB
	2	移动 GSM900(885~909MHz)		
	3	联通 GSM900(909~915MHz)		
	4	移动 DCS1800(1710~1735MHz)		
	5	联通 WCDMA(1920~1980MHz)		
	6	电信 CDMA2000(1920~1980MHz)		
	7	移动 TD-SCDMA(2010~2025MHz)	T1/T2	
承受功率				100W
特性阻抗				50Ω

续上表

名　称	输　出　端	输　入　端	数　据
	联通 CDMA800	>60dB @851MHz，>65dB @870MHz，>15dB @821MHz	
	移动 GSM900	>15dB @880MHz，>70dB @930MHz	
	联通 GSM900	>15dB @880MHz，>70dB @930MHz	
带外抑制	移动 DCS1800	>65dB @1805MHz	
	联通 WCDMA	>65dB @1880MHz，>65dB @2010MHz	
	电信 CDMA2000	>65dB @1880MHz，>65dB @2010MHz	
	移动 TD－SCDMA	>65dB @1980MHz，>65dB @2110MHz	

注：表中"@"表示"在什么条件下"。例如：>60dB@851MHz，表示在851MHz频率下>60dB。

深圳地铁2号线下行POI(TX单元)技术指标　　表4-10

名　称		输　出　端	输　入　端	要　求
插入损耗	1	联通 CDMA1900（1975～1990MHz）	T1/T2	≤5.5dB
	2	移动 GSM900（930～954MHz）		
	3	联通 GSM900（954～960MHz）		
	4	移动 DCS1800（1805～1830MHz）		
	5	联通 WCDMA（1920～1980MHz）		
	6	电信 CDMA2000（1895～1910MHz）		≤5dB
互调抑制				≤－120dBc
承受功率				100W
特性阻抗				50Ω
系统发射/发射隔离度				>40dB
系统发射/接收隔离度				>80dB
带外抑制	联通 CDMA800		>35dB @890MHz，>15dB @866MHz	
	移动 GSM900		>70dB @915MHz	
	联通 GSM900		>70dB @915MHz	
	移动 DCS1800		>70dB @1785MHz，>70dB @1895MHz	
	联通 WCDMA		>65dB @1990MHz，>65dB @2300MHz	
	电信 CDMA2000		>65dB @1990MHz，>65dB @2300MHz	
连接器形式				N-F

接入系统主要技术参数　　表4-11

序号	POI接入系统	POI支持容量	信源输出功率（dBm/每载波）	工作频率（MHz）	
				下行	上行
1	移动 GSM900	≥8载波		935～954	890～909
2	联通 GSM900	≥8载波	36	954～960	909～915
3	联通 CDMA800	≥3载波		870～880	825～835
4	移动 DCS1800	≥8载波		1805～1805	1710～1720

续上表

序号	POI 接入系统	POI 支持容量	信源输出功率 （dBm/每载波）	工作频率（MHz）	
				下行	上行
5	数字电视			预留	
6	WCDMA/CDMA2000	≥2 载波	27	2110～2170	1920～1980
7	TD-SCDMA	≥3 载波		2010～2025	

本章参考文献

［1］ 何业军,田宇兴,卢军.POI 在上海地铁 CDMA 接入系统中的应用［J］.无线电工程,2002,04.

［2］ 张武军,蒲先俊.PIO 与无线多网接入系统［C］.深圳市电子学会年会论文集,2006.

［3］ 林玉辉.POI 在地面大型建筑室内移动信号分布系统中的应用［J］.中国无线通信,2002,8(7).

第5章 区间设备

5.1 概 述

所谓区间,是指相邻地铁站之间的地方,对地下线来说是一段隧道,对高架线而言则是一段高架线路。

除始发站和终点站外,每个地铁站都面临着左线隧道和右线隧道(或称下行线和上行线)的各两个区间,共四个区间。

为了实现对隧道的全面无线覆盖,地铁无线公网和无线专网都在区间敷设了漏缆,公网设两条漏缆(上下行分开),专网设一条漏缆(上下行合一)。当信源(基站)发送和接收信号的强度因区间距离太长而低于允许电平时,则需加装以放大器为核心的区间设备,如图 5-1 所示。

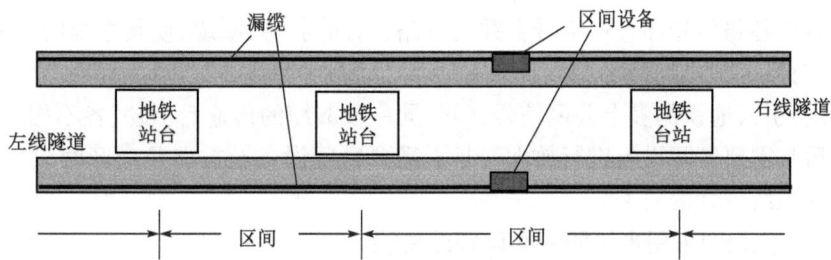

图 5-1　地铁区间及区间设备

不难看出,地铁区间设备乃是地铁无线通信系统所特有的无线覆盖设备。

然而,是否需要加装区间设备,则取决于区间长度、信源功率、信号频率和漏缆衰减等因素。一般来说,有以下三种情况:

情况一:区间距离较短,对任何频段仅靠漏缆均能满足全面覆盖要求,无需加装区间设备。

情况二:区间距离中等,靠漏缆只能满足无线公网 1000MHz 以下的全面覆盖要求,必需加装 1000MHz 以上的区间设备。

情况三:区间距离较长,对任何频段只靠漏缆都不能满足全面覆盖要求,需同时加装 1000MHz 以下的区间设备和 1000MHz 以上的区间设备。

上述三种情况,在各城市的地铁建设中一般都会遇到,在深圳地铁一、二期工程的无线公网中均有实例。而地铁无线专网(800兆数字集群通信)因传输衰减较小,没有加装区间设备,则属于情况一。

地铁无线公网的区间设备因所用直放站的不同又可分为三类:

第一类:射频区间设备,采用射频直放站,为深圳地铁一期工程所使用;

第二类:光纤区间设备,采用光近端机和光远端机,为深圳地铁二期工程所使用;

第三类:BBU + RRU,即射频拉远技术。

下面,首先以深圳地铁一期工程为例,论述区间设备的功能、组成及其频段分合路器。然后,在介绍直放站和干放一般概念基础上,着重论述2G时期和3G时期的地铁干放和光纤直放站。

5.2 区间设备功能

根据设置区间设备的基本出发点,地铁无线公网的区间设备应当具备以下4项功能。

(1)频段分路功能

从上行漏缆或下行漏缆中,按频段分离出需要放大的信号并各成一路,而让其他无需放大的信号另成一路。频段分路时插损要小,以对系统的影响最小。

(2)信号放大功能

用相应频段的干线放大器(也可以采用光纤直放站)对需要放大的各路信号,按系统要求分别进行不失真的适量放大。

(3)信号直通功能

对无需放大的信号不作分路处理,而让它们仍成一路,直接通过。

(4)频段合路功能

把放大后的各路信号和直通信号合并为一路,送回同一条漏缆,使其继续向前传输。而且插损要小,以对系统的影响最小。

应当指出,引入地铁的多个公网信号,经过同一段漏缆的传输后,衰减各不相同,并非是经同一段漏缆后都需要区间设备进行放大。是否需要区间设备及需要几套区间设备,完全取决于现场情况和系统设计的要求。

图5-2所示流程图可用来说明区间设备的功能。

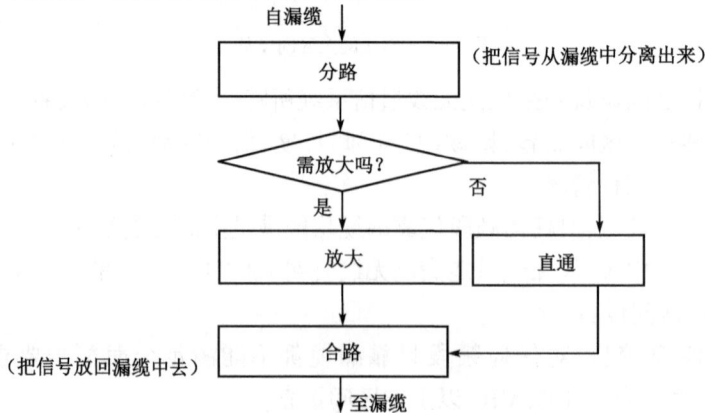

图 5-2　区间设备的功能流程

首先,区间设备进行频段分路,把信号从漏缆中分离出来。接着,被分离出来的信号,若无需放大则直行通过,若需放大则送到干放进行放大。最后,将放大了的信号和直通信号进行频段合路,并放回漏缆中去。此流程既适用于下行,也适用于上行。

5.3 区间设备组成

5.3.1 区间设备的原理组成

对于单个频段上需放大的信号,为了实现区间设备的 4 项功能,地铁无线公网区间设备的原理组成应包括以下 4 个部分:频段分路器、干线放大器、频段合路器、直通电缆。

这种原理组成既适用于下行,也适用于上行,如图 5-3 所示。

图 5-3 区间设备的原理组成

值得指出的是,采用射频拉远技术,可以直接将 BBU 输出的基带信号通过光纤传递到射频部分 RUU,而 RRU 的输出可以直接连接到频段合路器。

5.3.2 确定实际组成的五个因素

(1)区间设备分为高低两个频段的设备(A、B 两类)

地铁无线公网涵盖的频谱很宽,从 88 MHz 到 2200 MHz。一条漏缆可以在这么宽的频谱下工作,但一台区间设备做不到。解决办法是以 1000 MHz 为界,将区间设备分为高低两个频段的设备,高于 1000 MHz 的叫区间设备 A,低于 1000 MHz 的叫区间设备 B。

区间设备 A 用来分离、放大及合路 1000 MHz 以上的信号,包括:1000 MHz 以上的频段分合路器 A、移动 ADS1800 MHz 干放、电信 CDMA1900 MHz 干放和 3 GHz 干放。

区间设备 B 用来分离、放大及合路 1000 MHz 以下的信号,包括:1000 MHz 以下的频段分合路器 B、联通 CDMA800 MHz 干放、移动 GSM900 MHz 干放和联通 GSM900 MHz 干放。

为了说明区间设备 A 和区间设备 B 的区别,将它们的性能对比列于表 5-1。

(2)频段分路器与频段合路器的对称互易性

对于双工形式的设备和组成架构,频段分路器在下行时作分路器使用,反过来,在上行时则可作合路器使用。同理,频段合路器在下行时作合路器使用,反过来,在上行时则可作分路器使用。这就是频段分路器与频段合路器的对称互易性。

但是,在单工形式(上下行分开)的组成架构中,则不具备上述的对称互易性,即频段不同的设备不能通用。

为便于区分,把放在下行输入端的叫频段分合路器Ⅰ,把放在下行输出端的叫频段分合路器Ⅱ。频段分合路器Ⅰ和频段分合路器Ⅱ的内部结构可以完全相同,但在外部标识上则应有所区别。比如同一个端口,频段分合路器Ⅰ标"输入",频段分合路器Ⅱ则标"输出"。

区间设备 A 和区间设备 B 的性能对比　　　　　　　　　　表 5-1

区间设备	组　成	特　点	放大信号	直通信号	备　注
区间设备 A	频段分路器 A(Ⅰ) 频段合路器 A(Ⅱ) 干线放大器(组)	分离和放大的频段高于 1000MHz	移动 1800 电信 19003G	FM DTV 联通 800 移动 900 联通 900	FM 和 DTV 只有下行信号没有上行信号,其余皆有下行信号和上行信号
区间设备 B	频段分路器 B(Ⅰ) 频段合路器 B(Ⅱ) 干线放大器(组)	分离和放大的频段低于 1000MHz	联通 800 移动 900 联通 900	FM DTV 移动 1800 电信 1900 3G	FM 和 DTV 只有下行信号没有上行信号,其余皆有下行信号和上行信号

(3)上行干放和下行干放处于同一个箱体中

干放由中继器或直放站发展(改造)而来,而中继器或直放站原本都是双工的,因此地铁无线公网的上行干放和下行干放往往处于同一个箱体中。这就要求上行和下行的区间设备放在同一个地方。干放用来补偿干线上的电缆损耗,提升信号强度,以达到延伸覆盖的目的。

(4)上行漏缆和下行漏缆在隧道中平行安装

地铁无线公网的上行漏缆和下行漏缆,以 0.3m 左右的距离,在隧道中平行安装。在隧道中漏缆断开处,串接区间设备。这也要求上行和下行的区间设备放在同一个地方。

(5)区间设备所需交流电由邻近车站通信设备室供给

区间设备中的频段分合路器是无源设备,干放需用 50Hz220V 交流电。区间设备所需交流电不能在隧道中就地取用,而必须由邻近车站通信设备室供给,如图 5-4 所示。选取邻近的车站,是为了避免因电缆过长而造成不必要的电压降。

5.3.3　区间设备 A 的实际组成

区间设备 A 的实际组成如图 5-5 所示,包括:

①频段分合路器 A(Ⅰ):含频段分路单元 A 和频段合路单元 A。

②干线放大器组:含 1 台 DCS1800 干线放大器,1 台 CDMA1900 干线放大器,1 台 3G 干线放大器(深圳地铁一期工程暂缺)。

③频段分合路器 A(Ⅱ):含频段分路单元 A 和频段合路单元 A。

④区间设备配电箱。

⑤射频电缆:用作区间设备的内部连接(含分别传送上行直通信号和下行直通信号的 2 条射频电缆)和外部连接(含同 4 条漏缆的跳线连接)。

对下行信号来说,频段分合路器Ⅰ完成第一项功能(频段分路),干线放大器(组)完成第二项功能(信号放大),频段分合路器Ⅱ完成第四项功能(频段合路)。第三项功能(信号直通)则由连接频段分合路器Ⅰ和频段分合路器Ⅱ的射频电缆来完成。

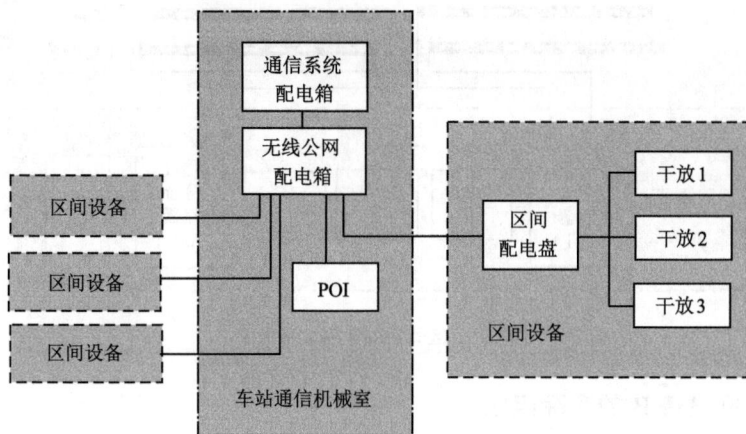

图5-4 区间设备的交流供电示意图

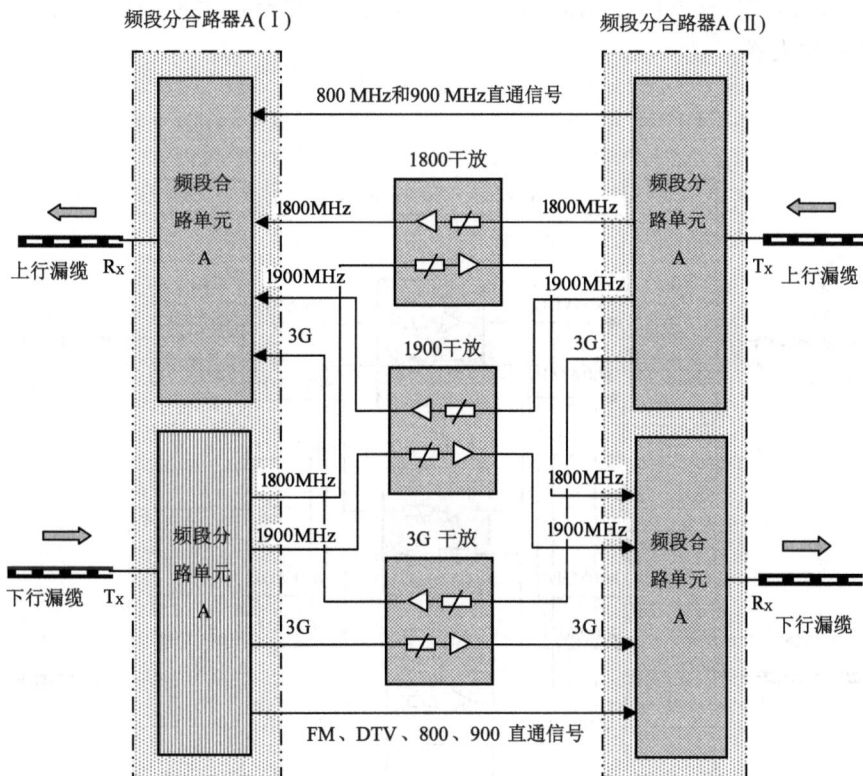

图5-5 区间设备A原理框图

对上行信号来说,频段分合路器Ⅱ完成第一项功能(频段分路),干线放大器(组)完成第二项功能(信号放大),频段分合路器Ⅰ完成第四项功能(频段合路)。第三项功能(信号直通)也由连接频段分合路器Ⅰ和频段分合路器Ⅱ的射频电缆来完成。

配电箱用来为干放配送交流电。图5-6是区间设备A安装示意图。

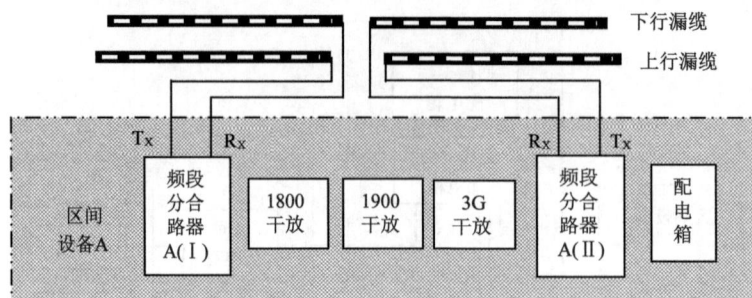

图5-6 区间设备A安装示意图

5.3.4 区间设备B的实际组成

区间设备B的实际组成如图5-7所示,包括:

①频段分合路器B(Ⅰ):含频段分路单元B和频段合路单元B。

②干线放大器组:含1台CDMA800干线放大器,1台移动GSM900干线放大器,1台联通GSM900干线放大器。

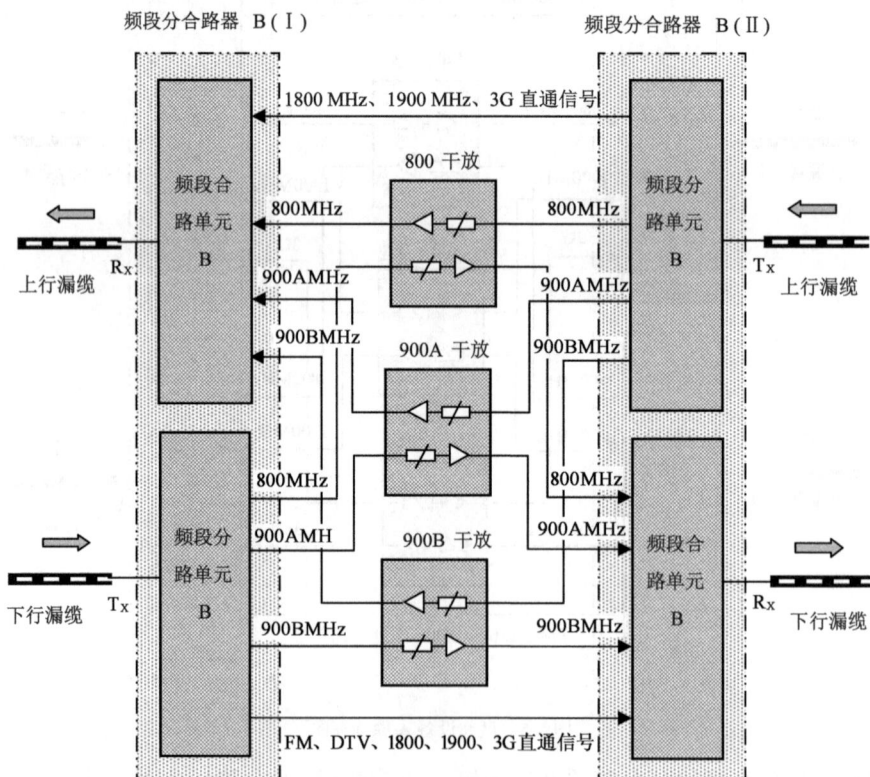

图5-7 区间设备B原理框图

③频段分合路器 B(Ⅱ):此频段分合路器 B(Ⅱ),含频段分路单元 B 和频段合路单元 B。

④区间设备配电箱。

⑤射频电缆:用作区间设备的内部连接(含分别传送上行直通信号和下行直通信号的 2 条射频电缆)和外部连接(含同 4 条漏缆的跳线连接)。

对下行信号来说,频段分合路器 Ⅰ 完成第一项功能(频段分路),干线放大器(组)完成第二项功能(信号放大),频段分合路器 Ⅱ 完成第四项功能(频段合路)。第三项功能(信号直通)则由连接频段分合路器 Ⅰ 和频段分合路器 Ⅱ 的射频电缆来完成。

对上行信号来说,频段分合路器 Ⅱ 完成第一项功能(频段分路),干线放大器(组)完成第二项功能(信号放大),频段分合路器 Ⅰ 完成第四项功能(频段合路)。第三项功能(信号直通)也由连接频段分合路器 Ⅰ 和频段分合路器 Ⅱ 的射频电缆来完成。

配电箱用来为干放配送交流电。图5-8 是区间设备 B 安装示意图。

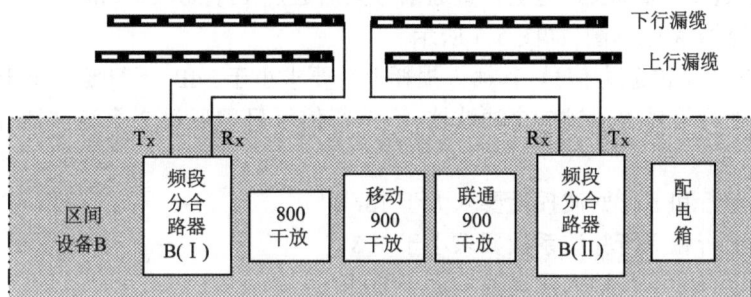

图5-8 区间设备 B 安装示意图

5.4 频段分合路器

5.4.1 技术参数

表5-2 和表5-3 分别列出了频段分合路器 A 和频段分合路器 B 的技术参数。

频段分合路器 A 技术参数　　　　　　　　　　　表5-2

参 数 名 称		频率范围(MHz)			
		80 ~ 400/630 ~ 638/825 ~ 960	1710 ~ 1755	1900 ~ 1905	1785 ~ 1805/ 1920 ~ 1980
插入损耗(dB)	上行(合路单元)	<0.8	<2		
	下行(分路单元)	<0.4	<1.5		
回波损耗(dB)	上行(合路单元)	>18			
	下行(分路单元)				
驻波系数	上行(合路单元)	<1.3			
	下行(分路单元)				

参 数 名 称		频率范围(MHz)			
		80～400/630～638/825～960	1710～1755	1900～1905	1785～1805/1920～1980
输入隔离(dB)	上行(合路单元)	>80			
	下行(分路单元)				
功率容量(W)	上行(合路单元)	50			
	下行(分路单元)				

频段分合路器 A 的技术参数表明:对 1000MHz 以下的直通信号,其插入损耗上行要求小于 0.8dB,下行要求小于 0.4dB。这是因为,直通信号 FM 和 DTV 只有下行而无上行,因此下行直通信号要通过 2 个滤波器,但上行直通信号只需通过 1 个滤波器,故二者插入损耗相差 1 倍,如频段分合路器 A 原理图,如图 5-5 所示。

对 1000MHz 以上的放大信号,其插入损耗上行要求小于 2dB,下行要求小于 1.5dB。这是因为,需放大的上行信号要通过 3 个滤波器,但下行信号只需通过 2 个滤波器,故二者插入损耗相差 0.5dB。

对各频段,上行和下行回波损耗要求大于 18dB。

对各频段,上行和下行驻波系数要求小于 1.3。

对各频段,上行和下行输入隔离要求大于 80dB。

对各频段,上行和下行功率容量为 50W。

表 5-3 所列为频段分合路器 B 的技术参数,该参数对上行和下行都适用。

频段分合路器 B 技术参数　　表 5-3

频率范围(MHz)	80～400/630～638/1710～2170	825～880	890～960
插入损耗(dB)	<0.4	<1.5	
回波损耗(dB)	>18		
驻波系数	<1.3		
输入隔离(dB)	>60		
功率容量(W)	150		

对 800MHz 和 900MHz 频段以上的放大信号,插入损耗要求小于 1.5dB。对其他频段的直通信号,插入损耗要求小于 0.4dB。

对各频段,驻波系数要求小于 1.3。

对各频段,回波损耗要求大于 18dB。

对各频段,输入隔离要求大于 60dB。

对各频段,功率容量为 150W。

5.4.2　工作原理

图 5-9 和图 5-10 分别为频段分合路器 A 和 B 的原理图。

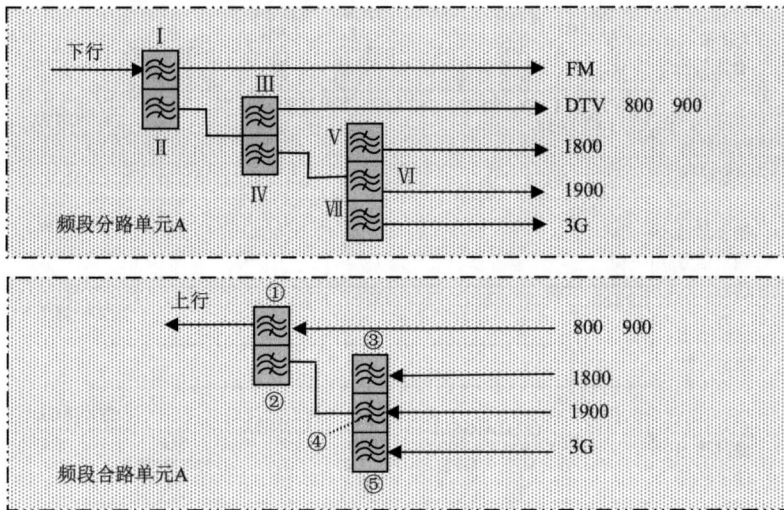

图 5-9 频段分合路器 A 原理图

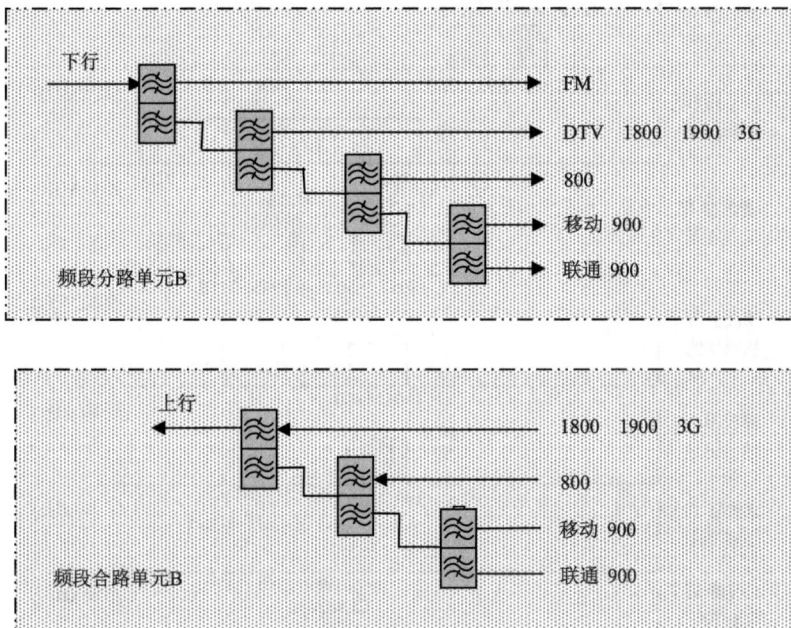

图 5-10 频段分合路器 B 原理图

现以频段分合路器 A 为例,说明频段分合路器的工作原理。为此,将频段分路单元 A(下行)各滤波器的幅频特性和输出信号示于图 5-11,将频段合路单元 A(上行)各滤波器的幅频特性和输出信号示于图 5-12。

先说明分路单元 A(下行)情况:分路单元 A 输入端接入取自漏缆的下行合路信号。

经 0 ~ 260MHz 低通滤波器 I,将调频广播(FM)信号分离出来;

经大于 600MHz 高通滤波器 II,将其他下行信号分离出来;

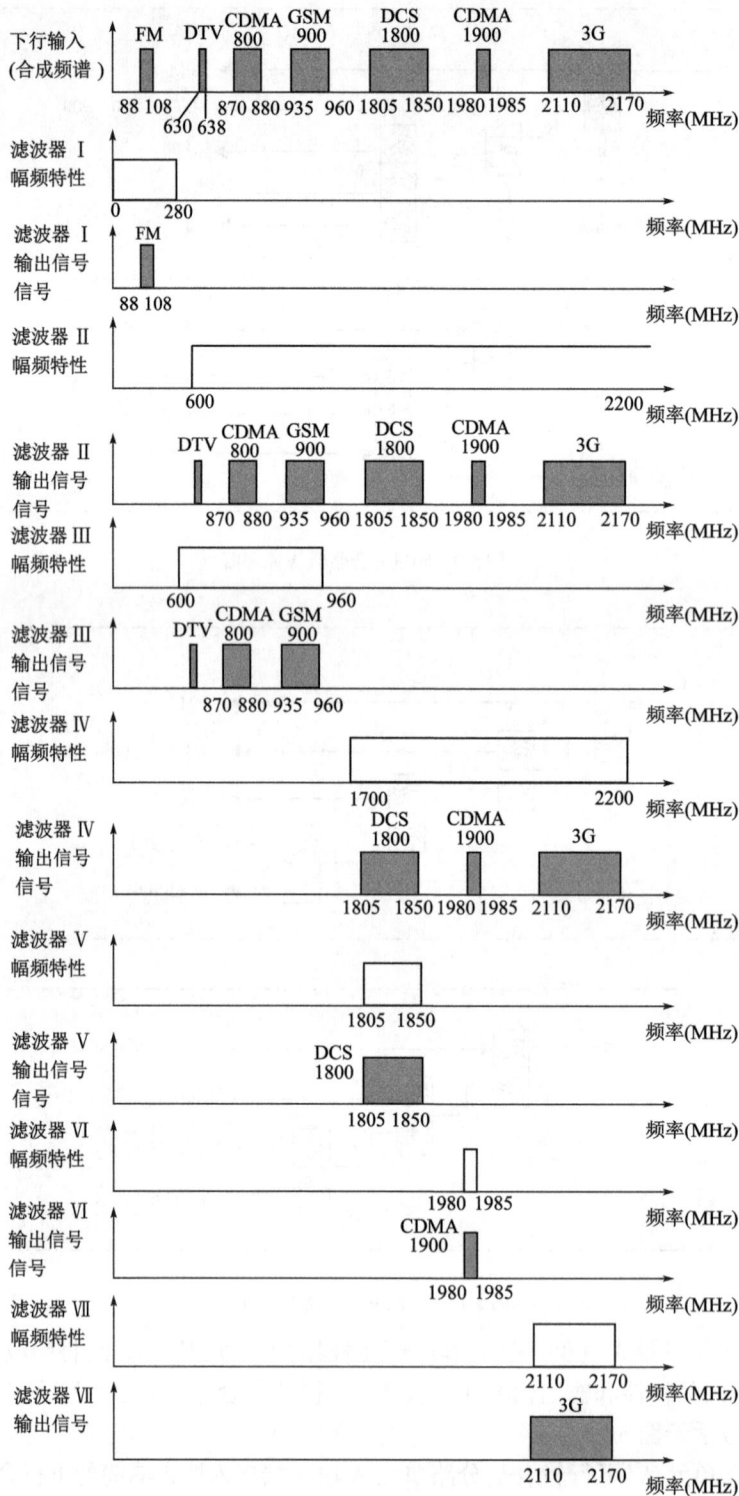

图 5-11 频段分路单元 A(下行)各滤波器幅频特性和输出信号

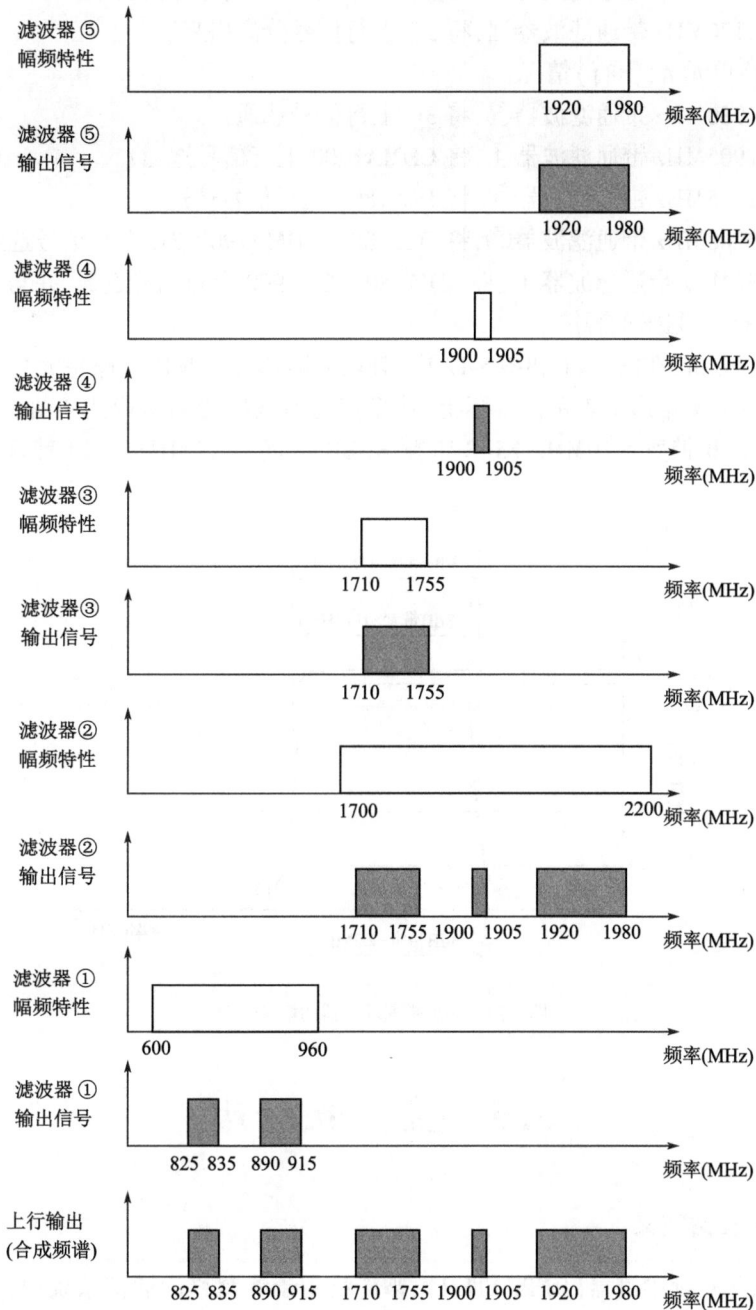

图 5-12 频段合路单元 A(上行)各滤波器幅频特性和输出信号

经 600 ~ 960MHz 带通滤波器Ⅲ,将数字电视(DTV)、CDMA800 和 GSM900 下行信号分离出来;

经 1700 ~ 2200MHz 带通滤波器Ⅳ,将 DCS1800、CDMA1900 和 3G 下行信号分离出来;

经 1805 ~ 1850MHz 带通滤波器Ⅴ,将 DCS1800 下行信号分离出来;

经 1980 ~ 1985MHz 带通滤波器Ⅵ,将 CDMA1900 下行信号分离出来;

经 2110 ~ 2170MHz 带通滤波器Ⅶ,将 3G 下行信号分离出来。

再说明合路单元 A(上行)情况:

经 1920 ~ 1980MHz 带通滤波器⑤,将 3G 上行信号选通;

经 1900 ~ 1905MHz 带通滤波器④,将 CDMA1900 上行信号选通;

经 1710 ~ 1755MHz 带通滤波器③,将 DCS1800 上行信号选通;

经 1700 ~ 2200MHz 带通滤波器②,将 DCS1800、CDMA1900、3G 上行信号选通合路;

经 600 ~ 960MHz 带通滤波器①,将 CDMA800、GSM900 上行信号选通,并与 DCS1800、CD-MA1900、3G 上行信号选通合路。

为便于直观分析,在图 5-11 和图 5-12 中,频段分路单元和频段合路单元所用带通滤波器的幅频特性采用理想矩形来表示。实际上,典型带通滤波器的幅频特性如图 5-13 所示,其前后沿非常陡峭:3dB 带宽 > 19MHz;35dB 带宽 = 3dB 带宽 + 1.2MHz;50dB 带宽 = 3dB 带宽 + 2.2MHz。

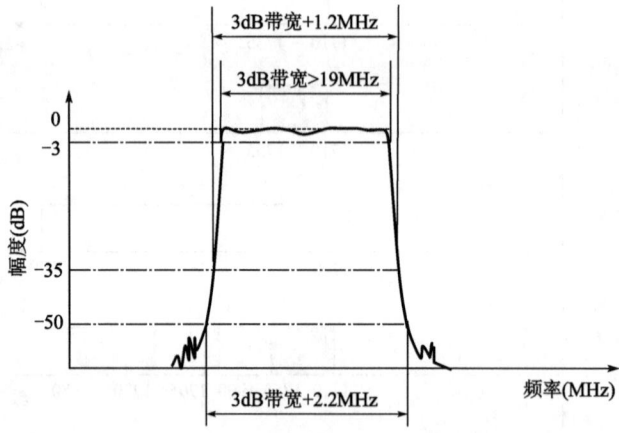

图 5-13　典型带通滤波器的幅频特性

5.5　直　放　站

5.5.1　直放站定义

直放站,又称蜂窝中继器(REPEATER),被广泛用于蜂窝移动通信系统中,用来补偿传输损失、解决覆盖盲区、增加通话容量及扩大覆盖范围。

我国《900MHzTDMA 数字蜂窝移动通信系统设备总技术规范》对直放站作了如下定义:"一个全双工射频放大器,它从归属基站的下行链路及移动台的上行链路中接收、放大射频信号,并反方向重传该信号给移动台和归属基站"。很明显,直放站的实质是基站覆盖范围的延伸,其定义的要点是(图 5-14):

①直放站是一个全双工放大器。

②直放站工作在射频频段。

③在下行链路中,直放站接收、放大来自归属基站的射频信号,并向移动台重传该信号。

④在上行链路中,直放站接收、放大来自移动台的射频信号,并向归属基站重传该信号。

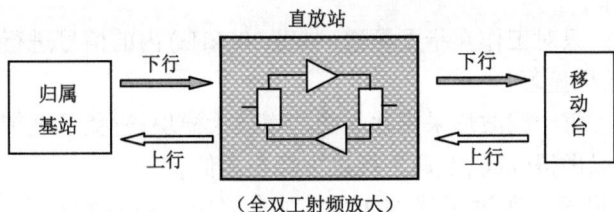

图5-14 关于直放站的定义

5.5.2 直放站分类

直放站有多种分类方法,可按接入方式分,也可按传送方式分。在ETSI规范里,直放站被分为5种类型。

(1)频段选频式直放站

在规定频段的全部或部分频段内工作的直放站,称为频段选频式直放站。其具体频率和带宽可由用户选定。

图5-15是具有远程监控功能的中频频段选频式直放站原理框图,其特点是:

①用腔体滤波器确定最大工作频带。最大工作频带应符合国家标准,如对GSM系统,中国移动为19MHz(上行890～909MHz/下行936～964MHz),中国联通为6MHz(上行909～915MHz/下行954～960MHz)。

②用中频滤波器确定实际工作频带。中频滤波器幅频特性的前后沿陡峭,故带外抑制性能优于微波滤波器。工作频带可以定制,也可以用软件设定,可调范围是2～19MHz。

③具有远程监控功能。用无线MODEN远程设置直放站参数(频带、输出功率等),并监控其工作状态。

④价格最便宜,使用也最多。

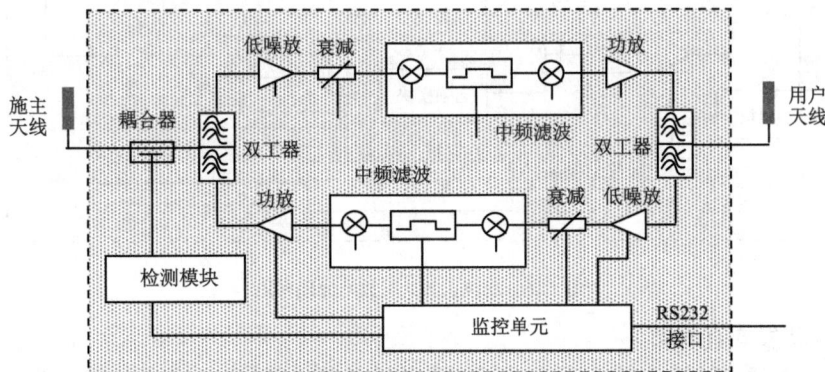

图5-15 具有远程监控功能的中频频段选频式直放站原理框图

(2)载波选频式直放站

在规定频段的全部或部分频段内,选择一个或多个指配频道工作的直放站,称为载波选频式直放站。

在我国,这种直放站只适用于 GSM,它根据 GSM 带宽(200kHz)设计,用于转发 GSM 基站信号。其特点有:

①载波窄带选频。只对工作在指配频道(带宽 200kHz)内的信号进行放大,对其他信号则滤波抑制,频带隔离效果显著。

②独立功率放大。每个载波均采用独立的功率放大模块,避免了宽带放大器带来的互调,因此其单信道功率可以做得较高,互调干扰也可降至最低。

③远程无线监控报警。通过无线 MODEN 对直放站进行远程设置,监控其工作状态并报警。

载波选频式直放站原理框图如图 5-16 所示。

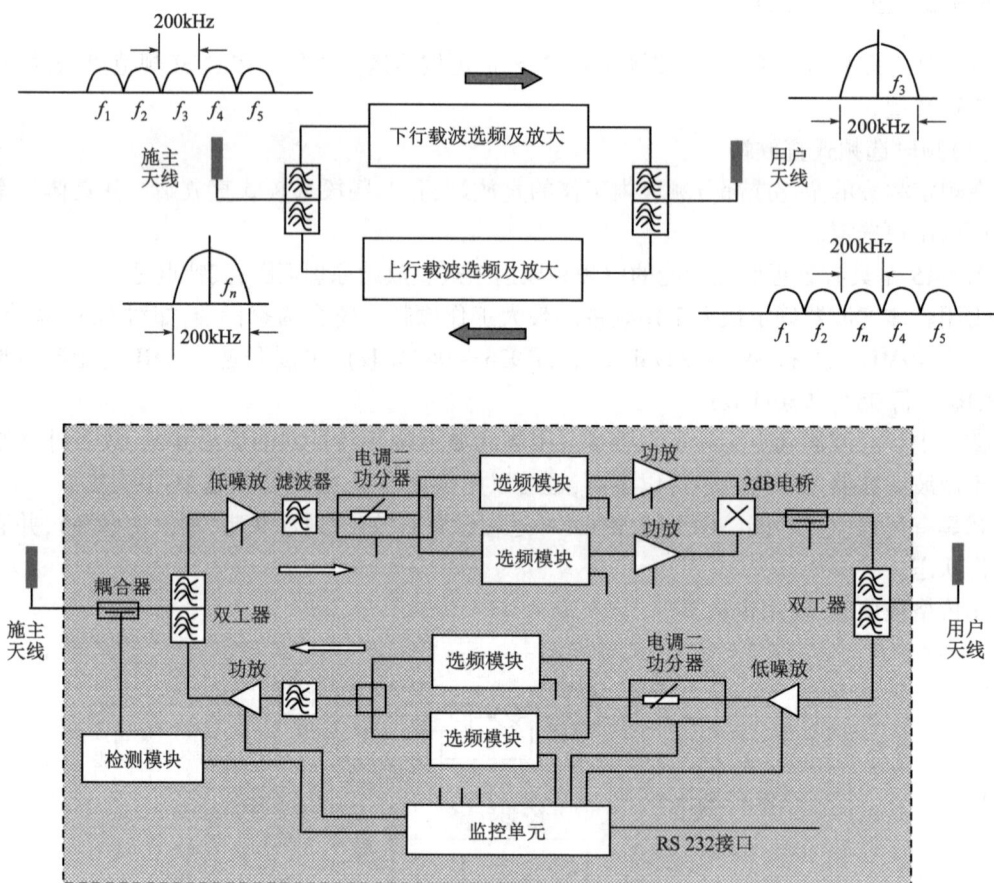

图 5-16 载波选频式直放站原理框图

(3)移频转发式直放站

将指配工作频率转换为其他频率进行信号传输的直放站,称为移频转发式直放站。

在 GSM 系统中,移频转发式直放站包括两个部分:主端单元和远端单元。主端单元和基站放在一起。远端单元放在覆盖端,系统至少有一个远端单元。

在下行链路中,主端单元将从基站耦合出的信号进行放大,并转移到不同的 GSM 频道上去发射。远端单元收到主端单元发来的信号后,再还原成原来的频率进行发射。

上行链路工作原理与下行链路相同。

在 TACS 系统中,移频转发式直放站不需要主端单元。远端单元收到基站发来的信号后,将其解开,再重新分配信道,把信号转移到另外的频率上去发射。

(4)光纤直放站

使用光纤进行信号传输的直放站,称为光纤直放站。

光纤直放站将自基站耦合来的信号或从空中收到的信号进行放大,模拟调制光信号,并发送到远端单元。在远端单元,光信号恢复成电信号,再放大发射出去。同时,远端单元将收到的移动台信号放大,模拟调制光信号,并发送到局端单元。在局端单元,光信号恢复成电信号,再送给基站接收机。

光纤直放站主要用于覆盖端不能收到施主端信号的情况,而光纤的低损耗也为信号的长距离传输提供了条件。

对 GSM 系统,基站和手机间的各环节延时,加上光纤直放站的延时,即总延时 T_A 不能超过 GSM 的规定值。TACS 系统无此限制,但超长距离传输所带来的延时会影响通话质量。

光纤直放站的放大单元,大部分采用带宽型放大器,少数采用信道选频放大器。

(5)PCM 型中继直放站

这种直放站只用于 TACS 系统。在基站端截取基站 TACS 信号后,该直放站将信令解开并编成一个时隙。在远端单元,又将 PCM 信号重新调制成 TACS 标准信号。上行链路工作原理与下行链路相同。PCM 型中继直放站的应用量相对较少。

5.5.3　直放站主要指标

表 5-4 是我国通信行业标准对两种频段直放站的技术要求。有关指标概念如下:

(1)工作频段

工作频段是直放站在线性输出状态下的实际工作频率范围,设备使用的可以是工作频段的全部或部分。

工作频段分上行频段和下行频段。

一般要求给出频率误差,例如频率误差≤输入频率的 $\pm 5 \times 10^{-8}$。

(2)最大输出功率

最大输出功率是指直放站在线性工作范围内所能达到的最大功率,此最大输出功率应满足以下条件:

①输入信号为指定的信号。

②增益为最大增益。

③满足干线放大器的其他指标。

(3)自动控制电平(ALC)

自动控制电平是指直放站工作于最大增益且输出为最大功率时,增加输入信号电平,干线放大器对输出信号电平的控制能力。

一般要求给出当输入信号电平增加小于某值(如 10dB)时,输出功率应保持最大输出功率在什么范围内(如在 ±2dB 之内或关闭)。

（4）最大增益

最大增益是指直放站在线性工作范围内对输入信号的最大放大能力。

一般要求给出最大增益及其变化范围,如最大增益不大于 50dB,变化范围为 ±3dB。

（5）增益调节范围

增益调节范围是指直放站具有可调节增益时,其最大增益和最小增益的差值。

一般要求给出增益调节范围,例如其值不小于 30dB。

（6）增益调节步长

增益调节步长是指直放站最小的增益调节量,例如 1dB/步长、1.5dB/步长或 2dB/步长。

增益调节步长误差是指实际调节步长与标称调节步长的差值。

（7）带内波动

带内波动是指有效工作频带内最大和最小电平的差值。

例如,GSM 要求带内波动不大于 2dB,CDMA 要求带内波动不大于 3dB。

我国通信行业标准对直放站的技术要求 表 5-4

名　　称	GSM900	CDMA800
工作频带	890～915MHz(上行) 935～960MHz(下行)	825～835MHz(上行) 870～880MHz(下行)
最大输入电平	−62dBm/每载波(线性输出时)	
增益	额定增益≥85dB	最大增益≤113dB
增益可调范围	>30dB	≥30dB
输出功率	1/2/5/10/20W(1dB 压缩点)	
带宽	−3dB 带宽≥26MHz −60dB 带宽≤42MHz	见表 5-5
带内波动	≤2dB	≤3dB
带外抑制	≥70dB	见表 5-5
三阶互调	输出功率相对 1dB 压缩点回退 6dB 时,三阶互调失真产物不大于 −30dBc。输出功率相对 1dB 压缩点回退 9dB 时,三阶互调失真产物不大于 −36dBc	工作频带内：< −15dBm/30kHz 偏离工作频带 1MHz 以外： 9kHz～1GHz：−36dBm/1100kHz 1～12.75GHz：−36dBm/1MHz
无用发射	在 9kHz～1GHz 范围内≤ −36dBm 在 1～12.75GHz 范围内≤ −30dBm	
输入输出阻抗	50Ω(不平衡)	50Ω(不平衡)
噪声系数	≤4dB	≤5dB(室外),≤6dB(室内)
电压驻波比		≤1.4(室外),≤1.5(室内)
传输时延	≤1.5μs	≤1.5μs(带宽直放站)/5μs
监控与告警	有输出功率和电源电压的显示与告警装置	
电源要求	DC220V$^{+22V}_{-33V}$,45～55Hz DC 48V$^{+4.8V}_{-7.2V}$,正极接地	

（8）噪声系数

噪声系数指直放站在工作频带范围内，正常工作时输入信噪比和输出信噪比的差值。通常，室外覆盖要求噪声系数不大于5dB，室内覆盖要求噪声系数不大于6dB。

（9）电压驻波比

电压驻波比，又叫电压驻波系数，是指直放站输入端或输出端传输线中电压最大值和最小值之比。例如，要求驻波比小于1.5（或1.4）。

（10）传输时延

传输时延是指直放站输出信号对输入信号的时间延迟。

通常要求：带宽直放站的传输时延不大于$1.5\mu s$；选频式直放站的传输时延不大于$5.0\mu s$；光纤直放站的传输时延不大于$5.0\mu s$；无线移频直放站的传输时延不大于$10.0\mu s$。

（11）波形质量因数

波形质量因数是指直放站实际波形与理想波形之间的归一化相关功率。

通常要求：前向波形质量因数大于0.950，后向波形质量因数大于0.960。

（12）杂散发射

杂散发射是指直放站除去工作载频以及与正常调制相关的边带以外的频率上的辐射。

不同干放对杂散发射有不同要求，但要求都比较严格。

（13）互调衰减

当工作频带内的两个信号输入后，由于非线性而在其输出端口产生互调产物。互调衰减是指直放站对这些互调产物的抑制能力。

不同直放站对互调衰减有不同要求，但要求都比较严格。

5.6 干 放

5.6.1 干放功能

地铁干线区间所用的直放站，称作干线放大器，简称干放。这是在地铁隧道中用来进行微波接力传输的异频双向放大器，是一种特殊用途的直放站。

为了弄清干放的功能、特征及其与直放站的区别，下面以铁路使用的450MHz隧道中继器为例来说明。

450MHz隧道中继器有两种类型，即洞口中继器和洞内中继器。实际上，洞口中继器就是直放站，洞内中继器就是干放。在铁路无线列调系统中，它们用来改善隧道和路堑等盲区、弱场区的通信覆盖问题。其使用配置如图5-17所示，为覆盖隧道，因只有450MHz一个频道，故下行和上行使用一条漏缆。

在下行链路中，装在洞口的直放站，通过施主天线接收来自基站的下行信号，进行射频放大，再经漏缆辐射并进入列车车厢，被车载台和车上其他移动用户所接收。如果隧道太长，为了补偿漏缆的传输损耗和辐射损耗，在隧道内的适当位置还要加装干放，射频信号经干放放大后继续向运行列车发送。

在上行链路中，车载台和车上其他移动台向漏缆发送射频信号，经装在洞内的干放和装在洞口的直放站放大,或只经装在洞口的直放站放大,进入施主天线,再由施主天线向基站发送上行射频信号。

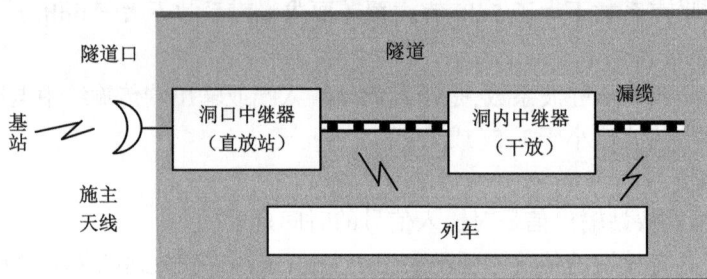

图 5-17　直放站与干放在大铁路隧道中的配置

5.6.2　干放和直放站的区别

表 5-5 是直放站和干放的技术指标。

铁路直放站和干放的技术指标　　　　　　　　表 5-5

技 术 指 标		直放站(洞口中继器)		干放(洞内中继器)	
		下行	上行	上行	下行
安装部位		隧道口		隧道内(远离隧道口)	
端口衔接		上行口接施主天线	下行口接漏缆	上行口接漏缆	下行口接漏缆
工作频率(MHz)		458	448	448	458
增益(dB)		90 ± 3		50 ± 3	
通带宽度	高端(MHz)	459	449	449	459
	低端(MHz)	457	447	447	457
带内不平坦度(dB)		≤3			
三阶互调失真(dB)(额定输出时)		>30			
静噪开起门限(dBm)		− 85 ± 3		− 55 ± 3	
AGC 控制范围(dB)		>30			
额定输出(dBm)		27 ± 3		− 3 ± 3	27 ± 3
MGC(dB)		>30			

图 5-18 是根据表 5-5 中数据绘制的直放站和干放输入输出电平及增益图。

(1)安装部位比较

两者安装部位不同,直放站在隧道口,干放在隧道内(远离隧道口)。直放站隧道口方向端口接施主天线,直放站的另一端口和干放的两个端口都接漏缆。

(2)输入电平比较

直放站上行和下行的额定输入电平相同,均在 − 85 ~ − 63dBm 之间。

干放上下行的额定输入电平不同,上行在 − 85 ~ − 53dBm 之间,下行在 − 55 ~ − 23dBm 之间。

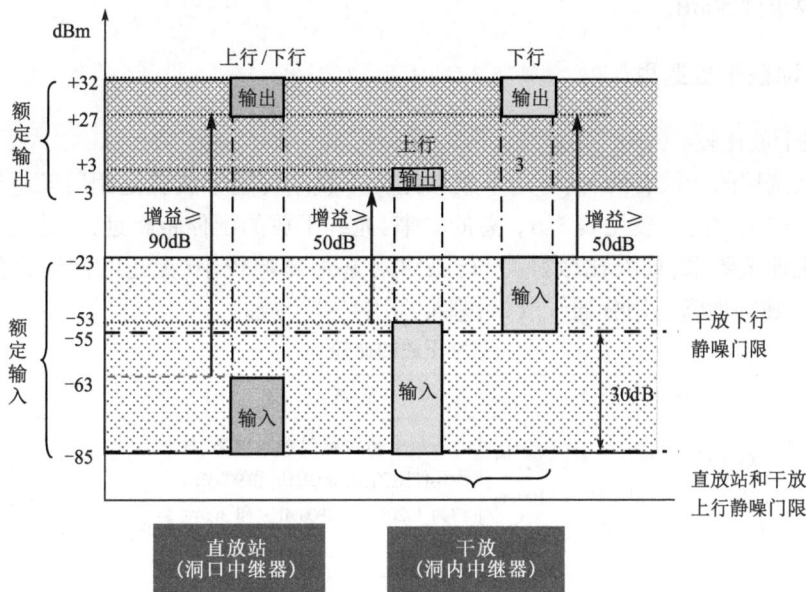

图 5-18 直放站和干放输入输出电平及增益图

（3）输出电平比较

直放站上行和下行的额定输出电平相同，均在 27 ~ 32dBm 之间。

干放上下行额定输出电平不同，上行在 -3 ~ +3dBm 之间，下行与直放站输出电平相同。

（4）功率增益比较

直放站的功率增益不低于 90dB，干放功率增益不低于 50dB，干放增益比直放站低 40dB。

（5）静噪门限比较

直放站上下行静噪开起门限相同，为 -85dBm。但干放静噪开起门限却不相同，上行为 -85dBm（与直放站相同），下行为 -55dBm，干放下行的静噪开起门限比上行高 30dBm。

通过上述 5 个方面的比较，不难看出，在干放和直放站之间，有以下 3 个区别：

①直放站上下行指标是平衡的，而干放上下行指标是不平衡的。干放上行静噪门限较低（与直放站相同），输出也较低。干放下行静噪门限较高，输出也较高。

②直放站的功率增益不低于 90dB，而干放比其低 40dB 左右。这就要求设计干放时，控制干放功率增益不低于 50dB。

③直放站的输入端和输出端一般都有双工器，以便共用漏缆或馈线。但干放不用双工器，以适应上下行分开传输。

其中，最后一个区别是地铁无线公网的特殊要求。前两个区别是由两方面原因造成的：

一方面，作为直放站，无论是下行还是上行，其输入均是来自基站或用户的空间射频信号，故额定输入功率较低，在 -85 ~ -63dBm 之间。同时，无论是下行还是上行，其额定输出功率又必须满足 27 ~ 32dBm 的要求。因此，直放站的功率增益应当高达 90dB。

另一方面，作为干放，下行时，其输入来自漏缆，输入功率较高，达 -55 ~ -23dBm，而输出功率在 27 ~ 32dBm 之间，故干放的下行功率增益只要求达到 50dB。上行时，其输入来自用户的空间射频信号，在 -85 ~ -53dBm 之间，而输出功率在 -3 ~ +3dBm 之间，故干放上行的功率增益也只要求到50dB。

5.6.3 地铁干放选用

(1)地铁干放比较

可供地铁选用的干放有两种:普通干放和光纤干放。普通干放就是用射频电缆或漏缆连接的干放。两种干放的比较见表5-6。总的看来,光纤干放的延伸距离远,但普通干放的延伸距离可以满足地铁要求,载噪比较好,上行噪声对基站影响较小,无延时问题,可靠性较高。2000年以前开建的地铁选用普通干放,后来都选用光纤干放。

两种干放的比较   表5-6

项　　目	普通干放	光纤干放	评　　价
延伸距离	单向传输,最大延伸距离:对800MHz和900MHz约为1100m;对1800MHz和3G约为600m。	可从中间向两边馈入功率,最大延伸距离:对800MHz和900MHz约为1920m;对1800MHz和3G为1200m。	光纤干放延伸距离较远,且级联放大时互调影响小于普通干放
下行载噪比	自基站直接获得信号,故载噪比较好	不是自基站直接获得信号,而是从光端机获得信号,故载噪比下降	光纤干放的下行载噪比不如普通干放
上行噪声	较小,对基站影响较小	较大,对基站影响较大	光纤干放的上行噪声不如普通干放对基站影响小
信号传输延时	无延时问题;延伸原有射频信号,在信号重叠处约有30dB的载噪比	光纤放大器传输的信号,相对原射频传输的信号,约有10μs的延时(要求不大于15μs)	光纤传输距离超过2km时,不宜使用光纤干放
可靠性	为一级有源设备,可靠性较好	包括中继端射频调制、光路传输、远端射频解调和射频放大4个环节,可靠性较差	光纤干放的可靠性不如普通干放

(2)2G时期干放

深圳地铁一期工程干放属2G时期干放,有4种干放,它们的技术指标见表5-7。CDMA800、GSM900和DCS1800干放为进口产品,CDMA1900干放为国产产品。

由于移动通信基站输出功率为36dBm,经过仔细计算,此功率不够完成对系统的覆盖,故采用放大器将基站信号放大,予以补充能量。

对800MHz-TETRA数字集群系统、中国联通800MHz-CDMA/900GSM移动通信系统、中国移动900MHz-GSM/1800MHz-DCS移动通信系统和中国电信1900MHz-CDMA市话通系统有以下要求:

①要求相应系统干放的杂散发射及互调干扰信号电平,落入上述其余任一系统接收频带内的强度(干扰限值)不大于 -67dBm/100kHz;

②要求相应系统干放的发射机杂散发射及互调干扰信号电平,落入上述其余任一系统发射频带内的强度(干扰限值)不大于 -47dBm/100kHz。

深圳地铁一期工程干放技术指标   表 5-7

分类及用途	DCS1800 干放	GSM900 干放	CDMA800 干放	CDMA1900 干放
产品来源	进口			国产(京信)
工作频段 (带宽可选)	1710～1785MHz 1805～1880MHz	890～915MHz 935～960MHz	825～835MHz 870～880MHz	1895～1910MHz 1975～1990MHz
最大增益	45dB		55dB	45dB
增益可调范围	40dB		15dB	30dB
带内波动	≤2dB	≤1.5dB	≤2dB	≤2dB
驻波比	≤1.5			≤1.5
延迟时间	<6μs			≤1.5μs
射频接头	N-K			N-F
输出总功率	下行:32dBm	下行:29dBm	下行:28dBm	下行:34dBm
最大杂散和交调	小于－36dBm(9kHz～1GHz) 小于－30dBm(1～12.75GHz)			小于－36dBm (9kHz～1GHz) 小于－36dBm (1～12.75GHz)
射频端口阻抗	50Ω			
工作电源	187～242VAC/50Hz			
远程监控	监测:输出功率、增益、功放、电源故障、电源掉电、功放功率、过温、门禁(OK)本地利用设备上的 RS－232 接口接至 PC 机(OK); 远程利用内置 GSM-Modem,监控数据传送采用"GSM 数传"或"GSM 短信"方式			

图 5-19 是国产 CDMA1900MHz 干放原理框图。

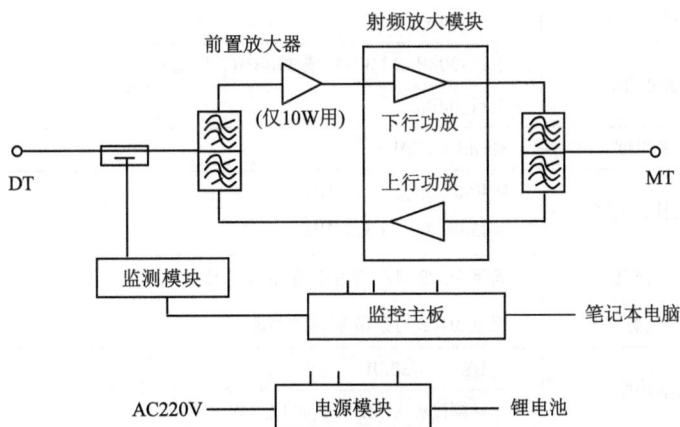

图 5-19　CDMA1900MHz 干放原理框图

如图 5-19 所示,由施主天线口(DT)送来的下行信号穿过定向耦合器,经双工器分离进入射频放大模块进行功率放大,再经双工器滤波,最后由用户天线口(MT)传输出去。

同理,手机上行信号从用户天线口(MT)进来,由上行功放进行功率放大,再经双工器滤波,最后由施主天线口(DT)传输出去。

(3)3G 时期干放

TD-SCDMA 干放为 3G 时期干放,功能如下:

①输出功率 30dBm(1W)、33dBm(2W)。

②高功率宽带线性功放,保证 TD-SCDMA 信号不失真放大。

③提供完善的监控解决方案,既可以选择单机本地或远程监控,也可选择集中本地或远程监控方式,集中监测全系统的工作状态。对于大型室内分布系统,为降低成本,用户可选择集中监控方式;对于小型室内分布系统,为了方便工程施工,用户可选择单机监控方式。

④具备本地监控功能(OMT):通过便携电脑对设备进行开关机、增益设置及设备状态和工作参数查询,以及监控软件的更新下载。同时用户可选择单机或集中监控方式,既可以单机监控设备工作参数,也可以通过主站对各从站进行集中监控。

⑤可配套完善的直放站网管系统(OMC):通过主站内置的 GSM-MODEM 与 OMC 建立远程通信,实现对设备工作参数的集中远程监测和控制。同时用户可选择单机或集中监控方式,既可以单机远程监控设备工作参数,也可以通过主站对各从站进行远程集中监控。设备监控数据的远程传送采用"GSM 数传"或"GSM 短信"方式。设备有故障会自动上拨至 OMC,方便使用维护。

⑥内置监控备用锂电池,保障设备一旦停电,故障信息可自动上报,便于及时维护。

⑦机箱采用铝合金密封外壳,高散热设计,有效防水、防潮、防腐,能全天候工作。TD-SCDMA 干放技术指标见表 5-8。TD-SCDMA 干放分类见表 5-9。

TD-SCDMA 干放技术指标   表 5-8

	名　称	参　数
1	工作频段	2010～2025MHz
2	工作带宽	15MHz
3	增益变化范围	20～40dB
4	最大输出功率	下行:30dBm(1W 型)或 33dBm(2W 型)
		上行:0dBm
5	带内平坦度	≤3dB@15MHz
6	邻道泄露比(ACLR)	≥40dB,f_{offset} ±1.6MHz
		≥45dB,f_{offset} ±3.2MHz
7	频谱发射模板	满足 3GPP 对频谱发射特性的要求
8	杂散辐射	满足 3GPP 对杂散辐射的要求
9	调制准确度	PCDE:≤ -30dB
		矢量幅度误差(EVM):≤12.5%
10	频率误差	≤0.01ppm

续上表

	名　称	参　数
11	噪声系数	≤5dB
12	延迟时间	≤5μs
13	VSWR	≤1.5
14	最大射频输入(非损坏)	+10dBm
15	射频端口阻抗	50Ω　N-K
16	监控参数	控制:上下行增益、功放开关、过温告警门限、下行输入过、欠功率门限、下行输出欠功率告警门限、告警量上拨使能
		监测:低噪放、功放、电源故障、电源掉电、功放过温、门禁、移位告警、下行输出欠功率告警、上下行输出过功率告警、外部告警
17	本地监控	利用设备上的 RS-232 接口接至 PC 机
18	远程传输	利用内置 GSM 无线 Modem,监控数据传送采用"GSM 数传"、"GSM 短信"方式
19	集中监控	485 总线式:利用设备上的 EXT-ALARM1 通信口与主、从站相连接
20	外形尺寸(高×宽×深)	540mm×330mm×175mm
21	质量	约25kg
22	防护等级	符合 IP65
23	大气压力	86～106kPa
24	工作环境	工作温度: -20 ～ +40℃　　　相对湿度:≤95%
25	工作电源	155～285VAC/50Hz±5Hz
26	电源功耗	约70W(1W 型)、95W(2W 型)
27	监控备用电池供电时间	约3h
28	开机等待时间	约10s(M-3300-C1);约120s(M-3300-C2)

TD-SCDMA 干放分类　　　　　　　　　　　表 5-9

产品型号	工作频段	工作带宽	下行输出功率	供电方式	监控数传方式	应用要点
M-3300-C1	2010～2025 MHz	15MHz	30dBm(1W 型) 33dBm(2W 型) 可选	AC220V	不带无线 Modem	在集中远程监控系统中处于从站位置
M-3300-C2					带无线 Modem	在集中远程监控系统中处于主站位置

　　在地下车站和隧道中的测试结果表明,TD-SCDMA 覆盖情况良好,信号大于 -85dBm 的测试点在 99.6% 以上。测试结果还表明,在 TD-SCDMA 接入前后,移动 G 网、联通 G 网、联通 CDMA800、电信 CDMA1900 的覆盖率和语音质量均未受到影响。

5.7　光纤直放站

5.7.1　光纤直放站基本组成

在深圳地铁二期工程中,民用无线通信系统采用光纤直放站。

光纤直放站由近端机和远端机组成,二者之间由光纤连接,用来延伸基站的覆盖范围。

近端机由滤波器、射频光纤传输模块(简称光模块)、光分路器或选带器等组成,如图5-20所示。

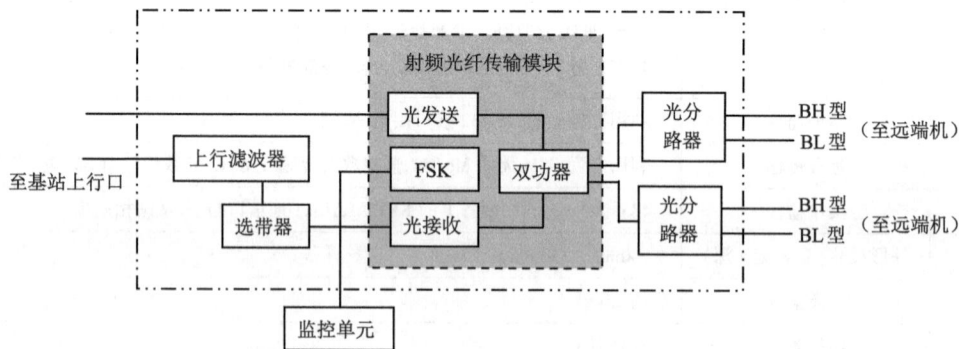

图 5-20　2G 光纤直放站近端机原理图

远端机由滤波器、集成模块、射频光纤传输模块(光模块)、开关电源、监控系统等组成,如图 5-21 所示。

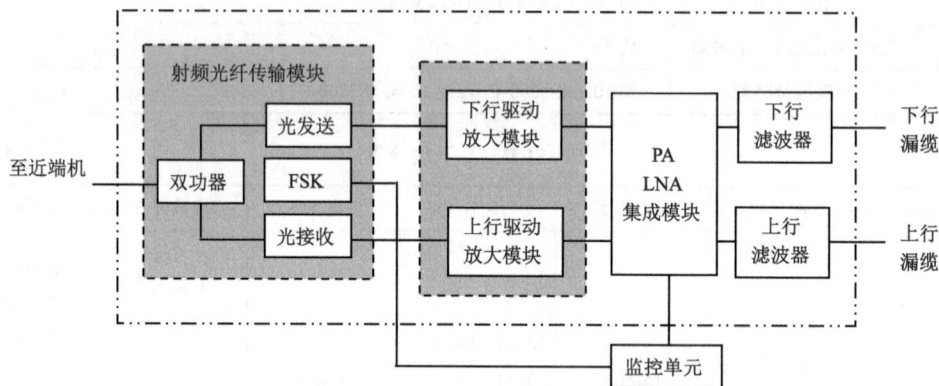

图 5-21　2G 光纤直放站远端机原理图

下行链路工作原理:下行信号从基站中耦合出来后,进入近端机,通过电光转换,电信号转变为光信号,从光近端机输入至光纤,经过光纤传输到远端机,远端机把光信号转为电信号,进入 RF 单元进行放大,信号经过放大后送入下行泄露电缆,覆盖目标区域。

上行链路工作原理与下行链路一样,手机发射的信号通过上行漏缆进入远端机,低噪声放大后经光模块转换为光信号,经同一光纤传到近端机,再由光模块转换为原来的射频信号,传到基站。

近端机和远端机中的光模块,由光电子器件、功能电路和光接口等组成。光电子器件包括发送和接收两部分。发送部分输入一定码率的电信号,经内部的驱动芯片处理后驱动半导体激光器(LD)或发光二极管(LED),发射出相应速率的调制光信号,其内部带有光功率自动控制电路,使输出的光信号功率保持稳定。接收部分将一定码率的光信号输入模块后,由光探测二极管转换为电信号,再经前置放大器后输出相应码率的电信号。

简而言之,光模块的作用就是光电转换,发送端把电信号转换成光信号,通过光纤传送后,接收端再把光信号转换成光信号。

近端机中的光模块:光波长 1550nm,光发射功率 0±3dBm,光传输距≤18km。

远端机中的光模块:光波长 1310nm,光发射功率 2~5dBm,光传输距≤18km。

远端机中的集成模块,包含功率放大器(PA)和低噪声放大器(LNA)。功放的作用是把来自信号源的微弱电信号进行放大,以驱动设备正常工作。低噪放位于放大链路输入端,作用是针对给定的增益要求,引入尽可能小的内部噪声,并在输出端获得最大可能的信噪比。

GSM900 光纤直放站频段为 885~915MHz/930~960MHz;

DCS1800 光纤直放站(地铁覆盖用)频段为 1710~1755MHz/1805~1850MHz;

CDMA800 光纤直放站频段为 825~835MHz/870~880MHz。

整机具有 30dB MGC 人工增益控制和 20dB ALC 自动电平控制,实现功率恒定输出,避免干扰基站。

5.7.2　设备的配置和连接

(1)一拖二的配置和连接

近端机选用一拖二,远端机的配置没有特别要求。但远端机与近端机的连接要注意,如两种远端机种类相同,当一台远端机连接在近端机的 1 号或 2 号光端口时,另一台远端机必须连到 3 号或 4 号端口;如两种远端机种类不同,可任意连接。

(2)一拖四的配置和连接

近端机选用一拖四,远端机的配置为每种两台。连接方式为:1 号和 2 号端口必须连接不同种类的两台远端机,3 号和 4 号端口必须连接不同种类的两台远端机。

(3)二拖六的配置和连接

近端机由一台一拖四和一台一拖二组成。远端机配置原则为,每种不能少于两台。连接方式为:1 号和 2 号,3 号和 4 号所连远端机种类必须不同;5 号和 6 号所连远端机种类没有特别要求。

注意:常用光纤接头与插座分为 FC/APC 和 FC/PC 两种,连接时,光纤接头与光插座类型必须一致,不能混插。

5.7.3　光纤直放站指标

(1)光纤直放站指标定义

①最大输出功率:直放站在线性工作区内所能达到的最大输出功率。

②最大增益:直放站在线性工作区内对输入信号的最大放大能力。

③增益调节误差:增益可调时,设置增益与实际增益的差值。

④自动电平 ALC:直放站工作于最大增益且输出为最大功率时,当增加输入信号电平,直放站对输出信号的电平的控制能力。

⑤杂散发射:去除载频和正常调制相关的边带以外频率上的发射。

⑥噪声系数:被测直放站在工作频段范围内,正常工作时输入信噪比与输出信噪比的比值,用 dB 表示。

⑦电压驻波比:驻波的电压峰值与电压谷值之比。

⑧带内波动:被测直放站在声明的工作频段范围内最大电平与最小电平之间的差值。

⑨传输时延:输入信号与输出信号之间的延迟。

⑩三阶互调:当两个及以上的信号输入直放站时,由于直放站的非线性而在其输出端口产生的与两个或者多个输入信号有特定关系的产物为互调产物。互调衰减是指对这些互调产物的抑制能力。

(2)2G 时期光纤直放站技术指标

GSM900、CDMA800 及 DCS1800 光纤直放站技术指标如表 5-10 ~ 表 5-12 所示。

GSM900 光纤直放站技术指标　　　　表 5-10

工作频段	上行		885 ~ 915MHz	
	下行		930 ~ 960MHz	
	上行	下行	输出功率	备注
最大增益	(65 ±3)dB	(55 ±3)dB	5W	配一拖一近端机测试
	(65 ±3)dB	(60 ±3)dB	10W	
	(50 ±3)dB	(40 ±3)dB	5W	配一拖四近端机测试
	(50 ±3)dB	(45 ±3)dB	10W	
增益调节(ATT)范围	上行		30dB,步进 1dB	
	下行		30dB,步进 1dB	
标称最大输出功率	下行		(37 ±2)dBm(5W)	
			(40 ±2)dBm(10W)	
	上行		≥ −10dBm	
自动电平控制(ALC)范围			≥20dB	
杂散发射			≤ −36dBm(9kHz ~ 1GHz)	
			≤ −30dBm(1 ~ 12.75GHz)	
噪声系数			≤5dB(上行)	
输入、输出电压驻波比			≤1.4	
带内波动(峰—峰值)			≤3dB	
传输延迟			≤5μs	
三阶互调			≤ −50dBc	
端口阻抗			50Ω	

续上表

工作频段	上行	885～915MHz
	下行	930～960MHz
端口类型		射频接口:N(F);光纤接口:FC/APC(座)
监控接口(本地)		DB9(座),RS232接口
远程监控		通过监控单元实现
环境温度		-20～+55°C
环境湿度		≤95%
光传输参数	光发射功率	(0±3)dBm(近端机),2～5dBm(远端机)
	接收无光告警电平	≤-16dBm
	光发射波长	1310nm(近端机),1550nm(远端机)
	光传输距离	100m～18km

CDMA800 光纤直放站技术指标   表 5-11

工作频段	上行		825～835MHz	
	下行		870～880MHz	
最大增益	上行	下行	输出功率	备注
	(65±3)dB	(55±3)dB	5W	配一拖一近端机测试
	(65±3)dB	(60±3)dB	10W	
	(50±3)dB	(40±3)dB	5W	配一拖四近端机测试
	(50±3)dB	(45±3)dB	10W	
增益调节(ATT)范围	上行		30dB,步进1dB	
	下行		30dB,步进1dB	
标称最大输出功率	下行		(37±2)dBm(5W)	
			(40±2)dBm(10W)	
	上行		≥-10dBm	
自动电平控制(ALC)范围			≥20dB	
杂散发射			≤-36dBm(9kHz～1GHz)	
			≤-30dBm(1～12.75GHz)	
噪声系数			≤5dB(上行)	
输入、输出电压驻波比			≤1.5	
带内波动(峰—峰值)			≤3dB	
传输延迟			≤5μs	
三阶互调			≤-50dBc	
ACPR			上行	下行
			≤-42dBc@±900kHz	≤-45dBc@±750kHz
			≤-54dBc@±1.98MHz	≤-60dBc@±1.98MHz

续上表

工作频段		上行	825 ~ 835MHz
		下行	870 ~ 880MHz
	端口阻抗		50Ω
	端口类型		射频接口:N(F);光纤接口:FC/APC(座)
	监控接口(本地)		DB9(座),RS232 接口
	远程监控		通过监控单元实现
	环境温度		-20 ~ +55°C
	环境湿度		≤95%
光传输参数	光发射功率		(0±3)dBm(近端机),2~5dBm(远端机)
	接收无光告警电平		≤ -16dBm
	光发射波长		1310nm(近端机),1550nm(远端机)
	光传输距离		100m ~ 18km

DCS1800 光纤直放站技术指标 表 5-12

工作频段			上行	1710 ~ 1755MHz	
			下行	1805 ~ 1850MHz	
	上行	下行	输出功率	备注	
最大增益	(65±3)dB	(55±3)dB	5W	配一拖一近端机测试	
	(65±3)dB	(60±3)dB	10W		
	(50±3)dB	(40±3)dB	5W	配一拖四近端机测试	
	(50±3)dB	(45±3)dB	10W		
增益调节(ATT)范围	上行			30dB,步进1dB	
	下行			30dB,步进1dB	
标称最大输出功率	下行			(37±2)dBm(5W)	
				(40±2)dBm(10W)	
	上行			≥ -10dBm	
自动电平控制(ALC)范围				≥20dB	
杂散发射				≤ -36dBm(9kHz ~ 1GHz)	
				≤ -30dBm(1 ~ 12.75GHz)	
噪声系数				≤5dB(上行)	
输入、输出电压驻波比				≤1.4	
带内波动(峰—峰值)				≤3dB	
传输延迟				≤5μs	
三阶互调				≤ -40dBc	
端口阻抗				50Ω	
端口类型				射频接口:N(F);光纤接口:FC/APC(座)	
监控接口(本地)				DB9(座),RS232 接口	

续上表

工作频段	上行	1710～1755MHz
	下行	1805～1850MHz
远程监控		通过监控单元实现
环境温度		－20～＋55°C
环境湿度		≤95%
光传输参数	光发射功率	(0±3)dBm(近端机),2～5dBm(远端机)
	接收无光告警电平	≤－16dBm
	光发射波长	1310nm(近端机),1550nm(远端机)
	光传输距离	100m～18km

(3)3G 时期光纤直放站技术指标

TD-SCDMA、3G-FDD 光纤宽带直放站技术指标如表5-13、表5-14 所示。

TD-SCDMA 光纤宽带直放站技术指标 表 5-13

标称最大线性输出功率		(37±2)dBm(5W)
标称最大线性输出功率误差	常温情况	≤±2.0dBm
	极限情况	≤±2.5dBm
最大增益		≥45(30)dB
最大增益变化范围	常温情况	≤±3.0dB
	极限情况	≤±3.5dB
增益调节范围		≥30dB
时隙增益调节范围		≥10dB
增益调节步长		≤1dB
频率误差		≤±0.05ppm
矢量幅度误差		≤4%
峰值码域误差		≤－33dB
带内波动		≤3dB(峰—峰值)(2dB)
传输延迟		≤5μs
上下行时延偏差		≤3μs
电压驻波比		≤1.5
噪声系数		≤5dB(上行),下行不要求
邻道泄漏功率比 （ACLR）	邻道频偏1.6MHz	下行限制为 40dB
		上行限制为 40dB
	邻道频偏3.2MHz	下行限制为 45dB
		上行限制为 45dB

标称最大线性输出功率		(37±2)dBm(5W)
开关时间准确度	上下行打开时间的提前量和关闭时间的滞后量>2μs	
	上下行开关的转换点落在 TD-SCDMA 帧中相应的间隔大于3μs	
	功率开关上升沿和下降沿在低于-70dBm 起始点90%功率之内<2μs	
	功率开关时间抖动偏差≤1μs	
收发隔离度		≥60dB
功放开关同步稳定性	短时间的同步开关时间的偏移为±1μs/d	
电源适应性	交流:45~55Hz,178~242V	

3G-FDD(WCDMA/CDMA200)光纤宽带直放站技术指标　　表 5-14

工作频段	下行		2110~2170MHz	
	上行		1920~1980MHz	
标称最大输出功率	下行		(37±2)dBm	
	上行		≥-10dBm	
自动电平控制	最大功率处,输入增加10dB,输出功率保持在22dB之内			
最大增益	上行	下行	输出功率	备注
	(65±3)dB	(55±3)dB	5W	配一拖一近端机测试
	(65±3)dB	(60±3)dB	10W	
	(50±3)dB	(40±3)dB	5W	配一拖四近端机测试
	(50±3)dB	(45±3)dB	10W	
增益调节范围			30dB	
增益调节步长			≤1dB	
增益调节误差			在0~10dB 范围内,总误差≤±1dB; 在10~20dB 范围内,总误差≤±1dB; 在20~30dB 范围内,总误差≤±1.5dB	
带内波动			≤2dB/3.84MHz	
传输延迟			≤5μs	
电压驻波比			≤1.5	
噪声系数			≤5dB(上行)	
带外增益	$2.7 \leqslant f_{offset} < 3.5$MHz		≤60dB	
	$3.5 \leqslant f_{offset} < 7.5$MHz		≤45dB	
	$7.5 \leqslant f_{offset} < 12.5$MHz		≤45dB	
	12.5MHz$\leqslant f_{offset}$		≤35dB	
邻道抑制比(ACRR)			33dBc@ ±5MHz	20dBc@ ±5MHz
			33dBc@ ±10MHz	20dBc@ ±10MHz

续上表

工作频段		下行	2110～2170MHz
		上行	1920～1980MHz
杂散发射	频谱发射模板	最大输出功率	满足3GPP杂散模板规范
	一般频段	9～150kHz	≤ － 36dBm
		150kHz～30MHz	≤ － 36dBm
		30MHz～1GHz	≤ － 36dBm
		1～2.1GHz	≤ － 30dBm
		2100～2180MHz	≤ － 15dBm
		2180MHz～12.75GHz	≤ － 30dBm
		1～1.91GHz	≤ － 30dBm
		1910～1990MHz	≤ － 15dBm
		1990MHz～12.75GHz	≤ － 30dBm
调制误差		矢量误差幅度	≤12.5%RMS
		码域误差峰值	－ 35dB
互调		输入互调	加干扰信号后载波中心频率处输出功率增加
		输出互调	三阶和五阶互调产物满足杂散发射指标
射频接头			N-K
射频阻抗			50Ω
工作电源			AC220V － 25%/（ ＋ 20%），（50 ± 5）Hz
MTBF			50000h
工作温度			－ 25 ～ ＋ 55℃
监控功能			功放、电源掉电、输出功率检测、驻波告警、增益控制
光发射波长			1310nm（近端机），1550nm（远端机）
光发射功率			（0 ± 3）dBm（近端机），2 ～ 5dBm（远端机）
光接收功率			－ 15 ～ 3dBm
波分复用形式			内置波分复用
光传输最大距离			10km
光路最大损耗			12dB
连接器			FC/APC

本章参考文献

[1] 廖承恩. 微波技术基础[M]. 西安:西安电子科技大学出版社,1994.

[2] PCM-4290 型 CDMA1900MHz 干线放大器用户手册[M]. 广州:京信通信系统控股公司,2004.

［3］ 苏华鸿.地铁民用通信系统设计技术［R］.第三届全国城市轨道交通民用通信年会,2004.

［4］ 蔡伟文.如何选择及引入直放站［C］//广东移动通信公司98—99年度技术论文集.广州, 1998—1999.

［5］ 中华人民共和国通信行业标准 YD/T 1241—2002 800MHzCDMA数字蜂窝移动通信 网直放站技术要求及测试方法［S］.北京:中华人民共和国信息产业部,2002.

第6章 引入系统及其核心技术

地铁作为现代化城市的一种重要交通工具,日运量十分大。因此,在地铁中引入公众无线通信系统,无论是为了满足乘客的需求,还是对于地铁自身的发展,都是非常必要的。但是,无线公众通信系统引入地铁的原则、方案、系统和技术,是同经济发展状况和通信技术发展水平密切相关的。

6.1 引入原则及方案选择

6.1.1 引入原则

为把无线公众通信系统从地面引入地铁,应当遵循以下6项原则:

(1)要把握地面系统延伸的性质

无线公众通信网的交换设备、控制中心和大部分传输系统都在地面。地铁引入系统以无线信号分配为主,在地铁的特定部位设立基站、中继器或其他信源,通过漏缆和分布式天线,在地铁中实现移动通信。所以,地铁无线公众通信是地面无线公众通信系统的延伸,这也正是地铁民用无线通信与地铁专用无线通信的区别所在。

(2)要实现对地铁区域的全覆盖

无线通信的公众范围包括地铁乘客和地铁员工,因此无线通信的信号场强要覆盖到地铁的所有区域。

(3)要保证各个系统间互不干扰

地铁引入系统应是一个全开放式系统,应当无排他性地支持地面上各种制式、各种频段、各个运营商的通信系统,做到系统扩容方便,并且互不干扰。

(4)要做到地铁内外的平滑切换

引入系统不仅要处理好地铁里的越区切换,还要保证通信信号在地下和地面之间的平滑切换,并把出入口的泄漏电平控制在允许范围之内。

(5)要为新业务的发展留足空间

地铁专用无线通信系统的制式变化较慢,而民用无线通信系统的制式3~5年就可能发生变化。因此,引入系统应当采用模块化设计并预留后面新系统的接入条件,要充分考虑到未来业务的发展需要,为新业务的加入留足建设空间。

（6）要分清业主和运营商的责任

引入系统由两部分组成：一部分是基站、中继器或其他信源，另一部分是信号分配与传输系统。前一部分，包括与地面控制器的连接，由运营商负责建设与管理。后一部分，由地铁公司负责建设与管理。

6.1.2 方案选择

1）场强覆盖区制选择

根据地铁区域特征，地铁场强覆盖不再类似地面的蜂窝状覆盖，而应是适应地铁的链条式带状覆盖。具体的场强覆盖区制有 3 种可选方案：

（1）大区制方案

大区制方案，也就是单区单基站方案。这种方案把地铁全线的地下部分作为一个独立的工作小区，只设一个单基站，该基站与地面的控制中心相连，将射频信号分配到沿线各站段的分小区，经中继放大送给相应站段的漏缆和天线，实现移动台与基站之间的通信。

大区制方案只有一个单基站，其余是中继器，节省投资，但要面对 3 个问题：

①用户容量问题，地铁中的用户容量受限于一个基站。

②同频干扰问题，主要是相邻分小区间的同频干扰。

③设备冗余问题，一旦基站故障，相应频段的通信即发生中断。

因此，大区制方案不适合地铁。

（2）中区制方案

中区制方案，无论是配置还是投资，都处于大区制和小区制之间。这种方案的构成与小区制基本相同，但不是一个站段一个小区，而是依据地铁实际，把相应的两个或多个站段划分为一个小区，每个小区放置一个基站。各基站分别与地面的控制中心相连，将射频信号馈送给本小区的漏缆和天线，实现基站与所辖移动台之间的通信。为延伸覆盖，在每个小区中可以增设中继器。

中区制方案基本克服了大区制的问题，系统可靠性有所提高，但建设成本增加。

（3）小区制方案

小区制方案，也就是多区多基站方案。这种方案把地铁沿线各站管辖的地段，看作是独立的无线小区，每个车站放置一个基站。各基站分别与地面的控制中心相连，将射频信号馈送给本站段的漏缆和天线，实现基站与所辖移动台之间的通信。

小区制方案克服了大区制的问题，系统可靠性大为提高，但建设成本也明显增加。

由于基站价格不断下降，小区制的建设成本也随着降低，因此小区制便成为首选方案。自 2000 年以来，我国地铁建设普遍采用小区制方案。

2）隧道覆盖手段选择

地铁隧道场强覆盖手段主要有泄漏电缆和隧道天线两种方式。

泄漏电缆具有传输与辐射双重功能，既可被看作一条传输电缆，又可被看作一条线状天线，在隧道中形成的场强比较均匀，可用于多个频段的覆盖，受环境影响小，工作可靠性好，但工程造价高。

相比于泄漏电缆，隧道天线要便宜得多，但辐射距离短，覆盖场强不均匀，受环境影响大，频带宽度不如漏缆，因此有可能造成越区干扰。

从防止干扰并从今后发展的方面考虑,深圳地铁一期、二期和三期工程,以及在建中的其他地铁,都用漏缆覆盖隧道,且上行漏缆与下行漏缆分开设置,工作频率为 100 ~ 2200MHz。

3) 中继器和干放选择

在大区制和中区制方案中,都要用到中继器。而且,与地面无线通信不同,地铁无线通信需要解决两车站之间较长区间的覆盖问题,为此还需用到区间干线放大器,简称干放。

在英文中,中继器、干放和直放站都是一个词,即"Repeater"。在地铁行业用语中,我们把装在车站的叫中继器,把装在区间的叫干放,虽然两者都是双向射频放大器,但仍有少许区别,详见区间设备一章。

无论是中继器还是干放,都有两种选择,即光纤直放站和射频直放站。光纤直放站通过光纤接收基站送来的射频信号,经放大器进行射频放大,然后用于覆盖。射频直放站通过射频传输线(电缆或漏缆)接收基站送来的射频信号,经放大器进行射频放大,然后用于覆盖。

光纤直放站的延伸距离大于射频直放站(2km 以内),但噪声系数和可靠性不如射频直放站,建设费用高于射频直放站。广州地铁一号线为中区制,采用光纤直放站作中继器。深圳地铁为中区制,一期工程干放采用射频直放站,二期工程则用光纤直放站。

6.2 公众无线通信系统简介

6.2.1 无线寻呼系统

无线寻呼系统(radio paging system)是一种没有话音的、单向传输数字和文字的呼叫广播式无线通信系统。其通常由寻呼控制中心、基站和寻呼接收机(俗称 BP 机)组成。

无线寻呼系统,有专用系统和公用系统之分,二者的组成基本相同。但专用无线寻呼系统不与市话网相连,只与本单位交换机相连,发射机功率较小,限制在本单位范围使用,如工矿企业、码头、车站、医院等;而公用无线寻呼系统,与市话网相连,发射机功率大,覆盖范围广,对社会开放,分为单区制和多区制,可以做到全国联网。

寻呼控制中心,采用电缆或微波中继等手段与基站相连,有人工接续和自动接续两种工作方式。自动接续方式的本地无线寻呼网系统的组成如图 6-1 所示。

我国投入使用的低速寻呼系统均在 150MHz 频段,具体工作频率为:150. 725MHz、151. 350MHz、152. 650MHz(区域和全国联网用)和 156. 275MHz(本地网用)。

我国铁道部电气化局研发的地铁寻呼引入系统,是将无线寻呼信号向地铁车站和地铁隧道延伸的专用中继系统。

6.2.2 蜂窝移动通信系统

蜂窝移动通信系统,又叫公众移动通信系统,简称移动通信。一般由移动台(MS)、基站(BS)、控制交换中心(MSC)和中继线组成,如图 6-2 所示。

控制交换中心负责信息交换和整个系统的控制管理,它通过基站与移动台建立呼叫联系,也可以与其他网络(如市话网)建立呼叫联系。

控制交换中心与基站之间用中继线连接,中继线可以采用铜缆、光缆或微波来实现。

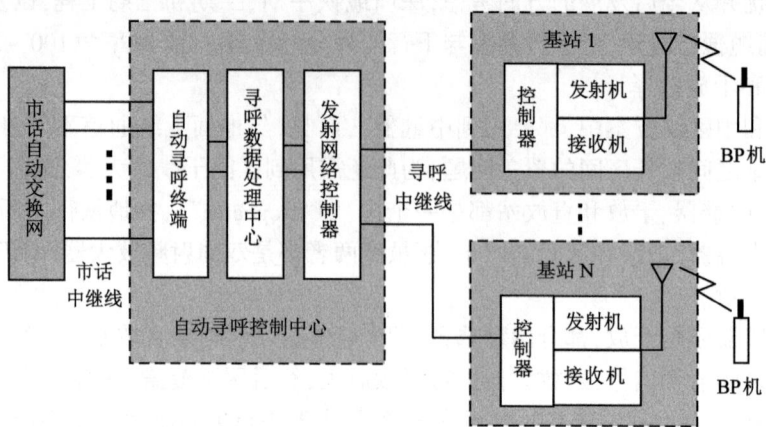

图 6-1　自动接续方式多基站本地无线寻呼网系统原理组成

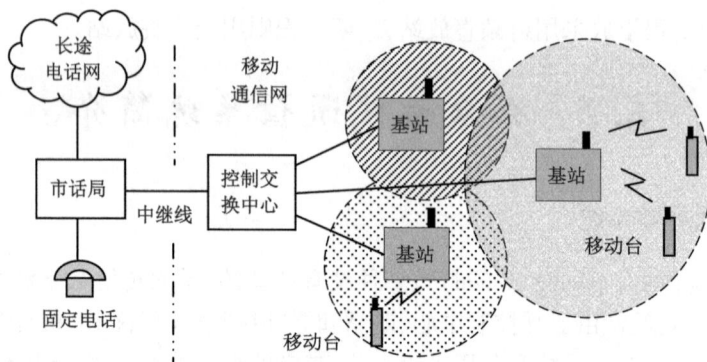

图 6-2　蜂窝移动通信系统的原理组成

基站系统(BS)包括基地收发站(BTS)、移动台的空中接口以及基站控制器(BSC)。

当一个移动用户呼叫另一个移动用户时,需要建立一个控制交换中心内或两个控制交换中心间的连接。移动用户在某个位置区(家区)登记,使手机的位置信息和用户识别码等存入控制交换中心的原籍位置寄存器中。当该手机离开家区进入新区时,它将自动向新区进行位置登记,接受登记的新区会将它的新位置存入原籍位置寄存器中。这样,在该手机呼入或呼出时,原籍的控制交换中心便能确定它所在的新区位置。

蜂窝移动通信因采用蜂窝组网理论而得名。蜂窝组网理论成功地解决了常规移动通信系统频率资源匮乏、频谱利用率低、容量小、服务质量差等问题,为移动通信技术的发展奠定了重要基础。蜂窝移动通信系统的主要特点是:

(1)蜂窝组网

放弃广播式覆盖和点对点传输方式,把一个移动通信服务区划分为彼此相连的若干蜂窝状小区。在一个小区内设置一台功率较低的基站发射机,为该小区内相当数量的移动用户服务。蜂窝覆盖区不一定是六边形,具体形状和大小与基站发射功率、电波传输情况、移动台接收灵敏度等有关。

(2)频率复用

每个蜂窝小区的基站使用一组工作频率,借助电波传播损耗带来的足够隔离度,在相隔一定距离的另一个蜂窝小区的基站可以使用同一组工作频率,这叫频率复用。频率复用使频率资源匮乏状况大为缓解,使用户数目大为增加。

(3)切换通信

切换通常发生在同一个移动通信网之内,可分为越区切换和区内切换,也可分为同步切换和异步切换。当一个移动台从一个蜂窝小区进入另一个蜂窝小区时,必须从原来的基站服务转换到新的基站服务,而不能影响通信的连续性和通信质量,这叫越区切换通信。在同一个蜂窝小区内,为保持通信质量而产生的服务基站改变,这叫区内切换通信。

(4)漫游通信

当一个移动台从家区的移动通信网到达另一地区的移动通信网进行通信时,这叫漫游通信。漫游通信通常是城际通信、省际通信,有时甚至是国际通信。

6.2.3 移动数字电视系统

移动数字电视发展的基础是数字电视。

数字电视的主要特点是:

(1)高清晰画面,高保真伴音

传统模拟电视信号数据流经由数字电视转换后,清晰度与仿真电视相比提高了4倍,基本没有雪花、重影、彩色失真等缺点。数字编码中包含环绕立体声的效果,声音清晰、悦耳。

(2)工作稳定可靠

数字电视所采用的大规模集成电路实现了无调整或少调整,提高了可靠性与稳定性。电路使用的组件少,降低了成本,并可用计算机实现各种自动化操作,提高工效,减少差错。

(3)节目丰富多彩

数字电视信号为高低电平信号,抗干扰能力强,对它不存在禁用频道,可使频率资源得到充分利用。同时,数字电视采用数字压缩技术,也便于充分利用频率资源,原来传送模拟电视1套节目的频道,数字电视可以同时传送4~5套节目,允许不同类型、不同等级、不同制式的电视信号在同一条信道内传输。因此,数字电视的节目必然丰富多彩。

(4)功能更加强大

数字电视信号稳定,可靠性高,易于存储,存储时间与信号特性无关,可以方便地实现画中画、画外画和图像幅型变换等功能。而且,音频、视频和数据可以在同一条信道内双向传输,使观众得以从被动收看转为积极参与,可实现时分多路和计算机参与的自动控制及操作,实现交互性(如现场直播时选择不同角度拍摄的图像)。

(5)有利于三网融合

计算机网(因特网)、电视网、电话网这三网的融合是大势所趋。电视数字化非常有利于三网融合目标的实现。实际上,配备相应的机顶盒及其他设备后,便可以完成拨打可视电话及计算机上网的各种业务操作,如在收看电视时,同时实现收发邮件、网上购物、远程教学等。

移动数字电视是在移动环境下收看的一种数字电视,而数字电视则是指从演播室到发射、传输、接收的所有环节都是使用数字电视信号。

图6-3是移动数字电视系统简化框图。摄像机摄取的模拟图像信号,经 A/D 变换器变换

成二进制数码信号,并作信源编码。话筒拾取的模拟声音信号,经音频放大和 A/D 变换器,也成为二进制数码信号。对这两种数码信号进行多路复用和信道编码,然后调制到高频发射机上,由固定式发送天线发送出去。移动式接收天线接收无线信号。接收机将接收信号放大,首先进行信道解码、解多路复用及信源解码,然后进行 D/A 变换,得到高质量的图像和伴音模拟信号,分别送给电视机和扬声器。

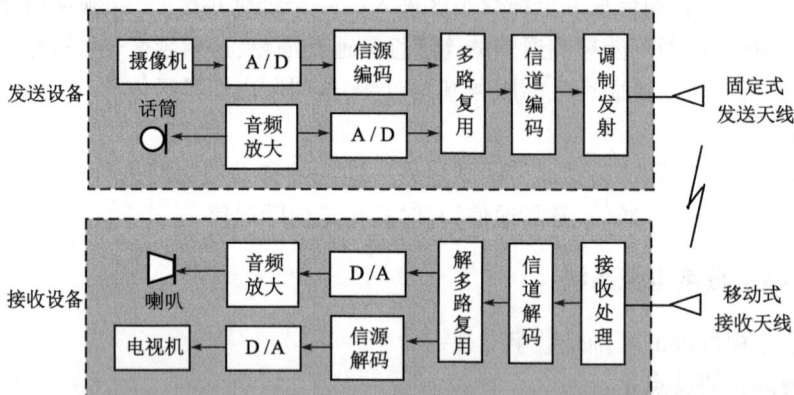

图 6-3 移动数字电视系统简化框图

6.3 不同时期的引入系统

地铁的引入系统都是当时最新的公众通信系统,且以移动通信为主。至今,移动通信已经发展了四代。我们把地铁引入系统分为 4 个时期。例如,第二时期为 2G 时期,起于 2G 系统商用化并引入地铁的时间,止于第三时期开始。由于各城市地铁建设的情况不同,引入系统的具体时间差异很大。就全国来说,可按最先引入的城市来计算引入时期。

6.3.1 1G 时期的引入系统

1G 时期,移动通信系统为模拟制式,移动终端是大哥大,没有引入地铁,但无线寻呼系统引入了地铁。这是因为,20 世纪 80 年代后期和 90 年代,在蜂窝移动通信尚未普及前,无线寻呼系统曾是广大群众十分重要的个人移动通信工具,地铁乘客也不例外。

1996 年 7 月,无线寻呼系统在北京地铁率先被成功应用。

1997 年,无线寻呼系统应用到上海地铁。1999 年,应用到广州地铁。

2000 年以后,随着蜂窝移动通信电话的小型化、数字化和快速推广,无线寻呼系统逐步淡出市场,很快退出地铁。

应当指出,"调频广播"字样尽管在地铁设计和招投标文件中多次出现,但调频广播从未进入我国地铁。

6.3.2 2G 时期的引入系统

1)引入案例

深圳地铁一期工程于 2001 年 3 月全线动工,2004 年 12 月 28 日开通试运营,其民用无线通信系统属于 2G 时期。实际引入中国移动、中国联通和中国电信三大运营商的 5 个最新系统,包括:移动的 GSM900 和 DCS1800;联通的 GSM900 和 CDMA800;电信的 CDMA1900(深圳电信市话通为 CDMA1900,其他城市电信为小灵通 TDMA1900)。此外,还引入过深圳广电的移动数字视讯系统。但无线传呼没有被引入深圳地铁。

深圳地铁一期工程引入系统的情况见表 6-1,和其他城市同期地铁的比较见表 6-2。从中看出:

①深圳地铁引入系统较多(6 个),其他地铁引入 3 ~ 6 个系统。

②深圳地铁全面使用多网接入平台 POI,其他地铁则不用或仅局部使用。

③深圳地铁率先引入移动数字电视。

④深圳地铁引入系统与地铁同步开通。

2G 时代引入公众无线通信系统情况(深圳地铁一期工程)　　　　　　　表 6-1

序号	引 入 系 统	载频数	信源输出功率 (dBm/载频)	频率(MHz)	
				下行	上行
1	移动数字电视	—	—	630 ~ 638	—
2	联通 CDMA800	2	36	870 ~ 880	825 ~ 835
3	移动 GSM900	6	37	935 ~ 954	890 ~ 909
4	联通 GSM900	2	37	954 ~ 960	909 ~ 915
5	移动 DCS1800	6	37	1805 ~ 1820	1710 ~ 1725
6	电信 CDMA1900	2	40	1980 ~ 1985	1900 ~ 1905

地铁引入无线公网工程的比较　　　　　　　表 6-2

	比 较 项 目	深圳地铁一期工程	其他城市地铁工程(同期)
1	引入业务系统数量	6 个	3 ~ 6 个
2	引入方案	采用综合平台 POI,地面无线系统一次引入	分系统建设,逐步实施,不用或仅局部使用 POI
3	建设单位	全部由地铁公司建设	运营商建设或由地铁公司与运营商分工建设
4	引入步伐	实现各移动通信系统同步引入并与地铁同步开通	各移动通信系统分步引入与地铁分步开通
5	移动数字电视	引入(开通一段时间后取消)	不引入或暂不引入

注:其他城市指北京、上海、广州、天津、南京。

2)移动 GSM900 和 DCS1800 系统

GSM900 系统和 DCS1800 系统,统称为 GSM 系统,由移动台、基站子系统、移动网子系统和操作支持子系统 4 部分组成,如图 6-4 所示。

图 6-4 中,PSTN 是公用电话交换网,ISDN 是综合业务数字网,PDN 是公用数据网。移动台有车载型和便携型。每个移动用户都有自己的用户识别卡(SIM 卡),其符合国际标准,含有与网络和用户有关的管理数据,包括加密和鉴权信息。

基站子系统通过空中接口与移动台相连,负责电波收发和无线资源管理。同时,基站子系统与操作维护中心（OMC）相连,实现移动用户之间或移动用户与固定网用户之间的通信连接。

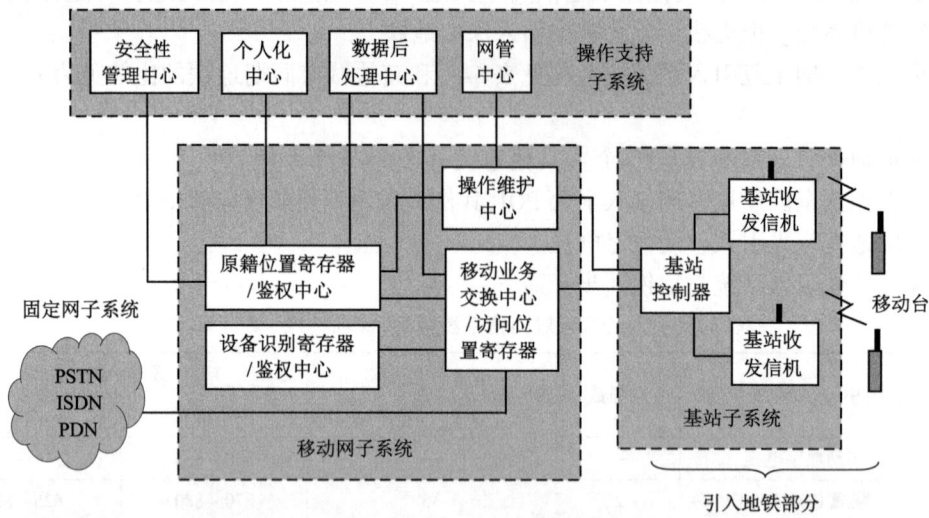

图6-4　GSM系统的结构组成

　　基站子系统中的基站控制器（BSC）是一台高容量的交换机,用来管理无线信道、实施呼叫、建立和拆除通信链路,以及控制本控制区内移动台进行越区切换。基站接收机能监测到各基站的信号强度并送给基站控制器,供其决定何时切换及切换到哪个基站小区。基站控制器还能控制移动台发射功率,目的在于延长移动台寿命,减少对其他用户的邻道干扰。

　　移动网子系统,用来完成交换功能及对移动用户之间或移动用户与固定网用户之间的通信的管理功能,因此又叫交换子系统。它由三个寄存器和三个中心组成。

　　三个寄存器是原籍位置寄存器（HLS）、设备识别寄存器（EIR）和访问位置寄存器（VLR）。原籍位置寄存器是一种存储本地用户位置信息的数据库。设备识别寄存器是一种存储识别移动设备识别码的数据库。访问位置寄存器一种存储来访用户位置信息的数据库。

　　三个中心是移动业务交换中心（MSC）、鉴权中心（AUC）和操作维护中心（OMC）。移动业务交换中心是移动网子系统的核心部分,是控制对本覆盖区内移动台及完成话路连接的功能实体。鉴权中心用来存储鉴权信息和加密密匙,防止未授权用户进入系统,对无线接口上的话音、数据和信令信息进行加密,以保证用户通信的安全性。操作维护中心的任务是对全网进行操作与监控,如系统自检、报警和备用设备的激活,系统故障诊断与处理,话务量统计和计费记录与传递,各种资料的收集、分析与显示等。

　　操作支持子系统（OSS）包含3个中心1个系统,即网管中心（NMC）、个人化中心（PCS）、安全性管理中心（SEMC）和数据后处理系统（DPPS）,其任务是实现对移动用户的管理、对移动设备的管理及对网络的操作与维护。

　　我国 GSM 系统采用 TDMA 制式,第一阶段采用 900MHz 频段,简称 GSM900。第二阶段采用 1800MHz 频段,简称 DCS1800。

　　GSM 系统主要性能指标见表6-3。GSM 系统无线传输指标见表6-4。

GSM 系统主要性能   表 6-3

参 数 名 称		GSM900		DCS1800	
		一阶段	二阶段	一阶段	二阶段
频率(MHz)	上行	890~915	880~915	1710~1785	
	下行	935~960	925~960	1805~1880	
信道号范围		1~24	1~24 和 975~1023	512~885	
收发频率间隔(MHz)		45		95	
收发时间间隔(时隙)		3 个		3 个	
调制数据率(kbps)		270.833		270.833	
帧周期(ms)		4.615		4.615	
时隙周期(μs)		576.9		576.9	
比特周期(μm)		3.692		3.692	
调制方式		0.3GMSK		0.3GMSK	
信道间隔(kHz)		200		200	
时隙数		8		8	
移动台最大功率(W)		20		1	
移动台最小功率(dBm)		13	5	4	0
功控调节次数		0~15	0~19	0~13	0~15
语音比特率(kbps)		13		13	

GSM900 系统的无线传输指标   表 6-4

序号	项 目 名 称	技 术 规 格
1	频段	上行(基站收移动台发):890~915MHz 下行(基站发移动台收):935~960MHz
2	频带宽度	25MHz
3	上下行频率间隔	45MHz
4	载频间隔	200kHz
5	通信方式	全双工
6	接入方式	TDMA
7	通信分配	每载频 8 个时隙,包含 8 个全速信道,16 个半速信道
8	每个时隙的信道速率	22.8kbit/s
9	信道总速率	270kbit/s
10	话音编码	规则脉冲激励,线性预测编码 RPE-LPC 13kbit/s
11	调制方式	GMSK 高斯滤波最小频移键控
12	分集接收	跳频 217 跳/s,交错信道编码,自适应均衡

在 25MHz 频带中,下 15MHz 用于模拟蜂窝移动通信系统,上 10MHz 用于数字蜂窝移动通信系统。在数字蜂窝移动通信的 10MHz 中,给中国移动 GSM4MHz:上行 905~909MHz,下行

950～954MHz;给中国联通 GSM6MHz:上行 909～915MHz,下行 954～960MHz。

整个 900MHz 频段分为 124 个载频(频道),上下行频率可由下式计算:

$$f_L(n) = 890\text{MHz} + 0.2n\text{MHz} \tag{6-1}$$

$$f_H(n) = f_L(n) + 45\text{MHz} \tag{6-2}$$

式中:n——频道号码,取 1～124,1 和 124 通常不用。

GSM 第二阶段向 DCS1800 过渡,即采用 1800MHz 频段:上行(基站收移动台发):1710～1785MHz,下行(基站发移动台收):1805～1880MHz。上下行频率间隔 95MHz,载频间隔 200kHz。

所谓双频手机,是指既可在 900MHz 频段,又可在 1800MHz 频段使用的手机。

在深圳地铁中,移动 GSM900 和 GSM1800 的配置相同。

以 GSM900 为例,每座车站设备有单基站和双基站两种配置,分别如图 6-5 和图 6-6 所示。

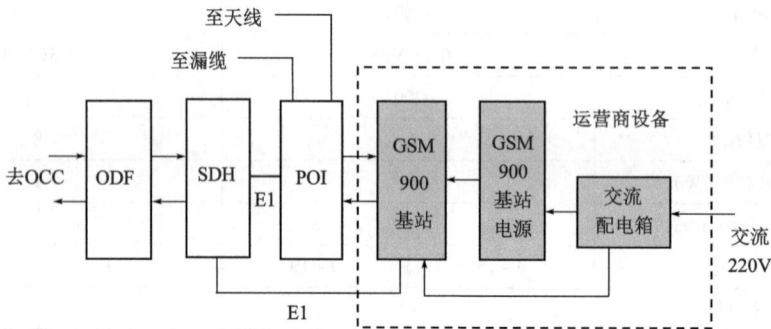

图 6-5　移动 GSM900/1800 设备在地铁车站的配置图之一(单基站)

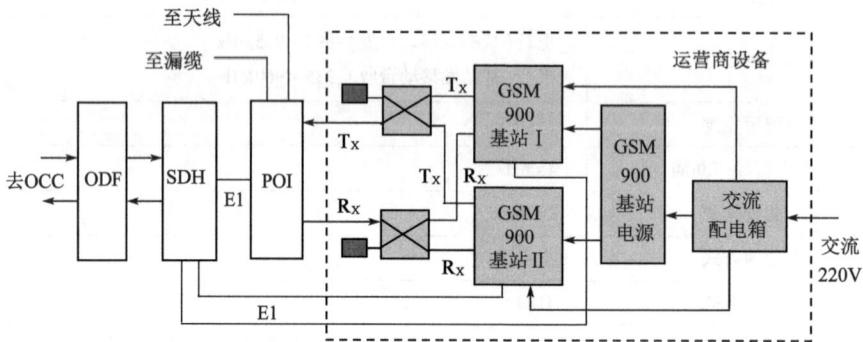

图 6-6　移动 GSM900/1800 设备在地铁车站的配置图之二(双基站)

为满足深圳地铁一期工程覆盖要求,移动 GSM900 和 GSM1800 分别在每个地铁站的通信机械室配置 1 套基站设备,包括 1 个基站机柜、1 个电源机柜和 1 个配电盘。深圳地铁 1 号、4 号线路共 19 个车站,故需 19 套基站设备。按此设备配置,共可覆盖 19 个车站及站间的隧道。其中,除会展中心站为双发射机基站外,其余均为单发射机基站。基站与 POI 相连,其控制接口 E1 经 SDH 和 ODF 与 OCC 相连(光纤连接)。

3)联通 CDMA800 系统

联通 GSM900 的引入与移动 GSM900 的引入基本相似,也是一个车站一个基站,只是基站型号有所不同,此处不再赘述。

为满足地铁覆盖要求,CDMA800 在每个地铁站的通信机械室配置 1 套基站设备,包括 1 个基站机柜、1 个电源机柜、1 个配电盘、1 副 GPS 天线及相应的馈电电缆。GPS 天线用来接收 GPS 信号,以解决基站和基站控制器之间的定时与同步问题。

图 6-7 是 CDMA800 设备在每个地铁车站的配置图。

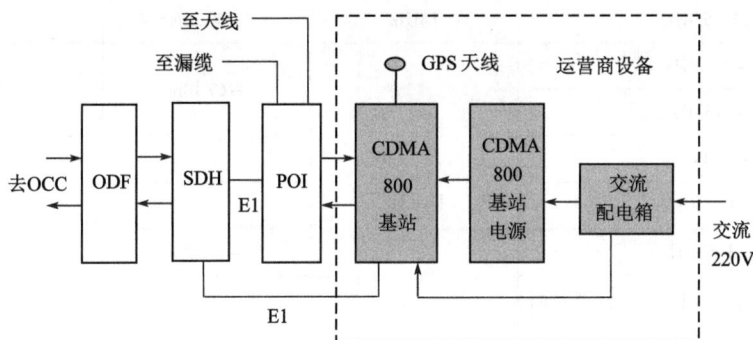

图 6-7 CDMA800 设备在地铁车站的配置图

CDMA800 的基站控制信号,从基站控制中心送到 OCC(地铁调度中心),再经 OCC 的 ODF(光纤配线架)、SDH(传输系统Ⅱ)和光纤送到各车站的 ODF 和 SDH,最终经 E1 口送到基站。SDH 与 POI 之间的 E1 口,用来传输 POI 检测信号。GPS 天线把收到的卫星定时同步信号送给基站。POI 除与各系统基站的收发口相连外,还分别与各站的天线和漏缆相连。

(1)CDMA800 基站发射机性能指标

①实际发射载频和指定发射载频之间的平均频率差异,小于指定频率的 $\pm 5 \times 10^{-8}$ (± 0.05 ppm)。

②采用 QPSK 调制方式,即二进制正交调制方式。

③导频时间校准典型误差应在 $\pm 3\mu s$ 内,最大误差应小于 $10\mu s$。

④导频信道与其他码分信道信号间相位的误差,必须不超过 0.05rad。

⑤总发射功率 48dBm,起伏在 ± 2dB 之内。

⑥导频信道功率与总功率的比,在配置值的 ± 0.5dB 范围内。

⑦传导杂散发射限值。

在 870 ~ 880MHz 的带宽内,在 30kHz 分辨带宽测量,总杂散发射相对于平均输出功率电平应满足:当频率偏离 CDMA 信道中心频率超过 750kHz 时,功率≥45dB;当频率偏离 CDMA 信道中心频率超过 1.98MHz 时,功率≥60dB。

在指定带宽内,在 30kHz 分辨带宽测量,总杂散发射功率相对于平均输出功率电平应不小于 60dB,或总杂散发射功率应不大于 13dBm。

⑧频段带外抑制。对于 870 ~ 880MHz 之外的频率,CDMA 系统基站发射机的杂散发射限值指标须满足核准限值的要求,如表 6-5 所示。

⑨辐射杂散发射必须低于传导杂散发射电平。

CDMA 系统频段带外抑制指标   表 6-5

频 率 范 围	测试带宽	极限值	检波方式
9 ~ 150kHz	1kHz	−36dBm	峰值
150kHz ~ 30MHz	10kHz		
30MHz ~ 1GHz	100kHz		
1 ~ 12.75GHz	1MHz	−30dBm	
806 ~ 821MHz		−67dBm	有效值
885 ~ 915MHz			
930 ~ 960MHz	100kHz		峰值
1.7 ~ 1.92GHz			
3.4 ~ 3.53GHz		−47dBm	
发射工作频带两边各加上 1MHz 过渡带内的噪声电平		−22dBm	有效值

（2）CDMA800 基站接收机性能指标

①接收机灵敏度应不大于 −117dBm。

②接收机动态范围为：−125dBm/1.23MHz ~ −65dBm/1.23MHz。

③整机接收噪声系数应不大于 5dB。

④传导杂散辐射应满足：基站接收机带宽为 825 ~ 835MHz 时，在基站 RF 输入点以 30kHz 的分辨带宽测量时应小于 −80dBm；基站发射机带宽为 870 ~ 880MHz 时，在基站 RF 输入点以 30kHz 的分辨带宽测量时应小于 −60dBm；对于其他频率在基站 RF 输入点以 30kHz 的分辨带宽测量时应小于 −47dBm。

（3）CDMA800 基站时钟性能指标

①频率基准。在锁定 GPS 状态下，频率准确度优于 10^{-11} 的精度；在保持状态下，频率准确度优于 10^{-10}。

②时钟同步源。一旦同步源短暂丢失或者基站时钟失步，满足 72h 之内相位漂移优于 $10\mu s$，从而保证基站能够正常工作。

③时钟系统性能：频率差小于 0.05ppm，相位差小于 $10\mu s$。

4）电信 CDMA1900 系统

图 6-8 是 CDMA1900 设备在每个地铁车站的配置图。

为满足深圳地铁覆盖要求，CDMA1900 在每个地铁站的通信机械室配置 1 套基站设备，包括 1 个基站机柜、1 个电源机柜、1 个配电盘、2 副 GPS 天线及相应的馈电电缆。

CDMA1900 基站指标见表 6-6。

CDMA1900 的基站控制信号，从基站控制中心送到 OCC（地铁调度中心），再经 OCC 的 ODF（光纤配线架）、SDH 传输系统和光纤送到各车站的 ODF 和 SDH，最终经 E1 口送到基站。E1 速率为 2Mbit/s。SDH 与 POI 之间的 E1 口用来传输 POI 检测信号。GPS 天线把收到的卫星定时同步信号送给基站。POI 除与各系统基站的收发口相连外，还分别与各站的天线和漏缆相连。

CDMA 1900 基站指标 表6-6

序号	参　　数	指　　标	备　　注
1	频率范围	1930～1990MHz	
2	输出功率(平均)	20W(43dBm)	
3	增益	52.5dB	常温
4	增益随温度变化	≤±1dB	-5～+55℃
5	增益平坦度	≤±0.5dB	1930～1990MHz 内常温测试: 增益最大值<53dB,增益最小值>52dB
6	增益线性动态范围	≥30dB	增益变化小于1dB
7	输入驻波	≤1.5	
8	ACPR(输出功率20W)	≤-45dBc@ ±885kHz (RBW=30kHz) ≤-55dBc@ ±1.98MHz (RBW=30kHz) ≤-56dBc@ ±2.75MHz (RBW=1MHz)	-5～+55℃
9	谐波	二次谐波≤-45dBc 三次谐波≤-60dBc	-5～+55℃
10	杂散	≤-60dBc	-5～+55℃
11	接收机灵敏度	≤-123dBm	

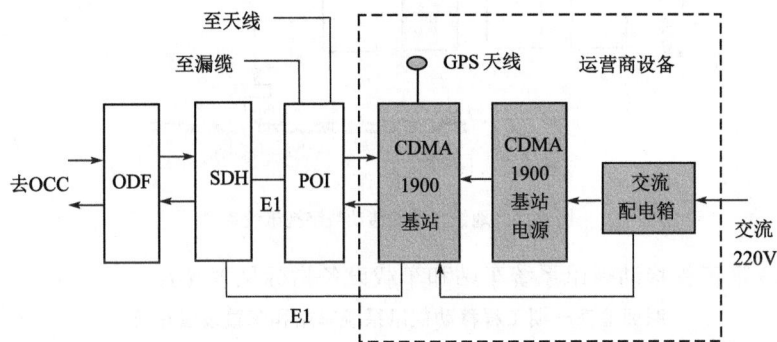

图6-8　CDMA1900 设备在地铁车站的配置图

GPS 天线用来接收 GPS 信号,以解决基站和基站控制器之间的定时与同步问题。1 副 GPS 天线供现在使用,另 1 副 GPS 天线系为 3G 预留。

每个基站的 GPS 天线需要用馈线引出地面,为此需设出口管道,并需在地面上提供 GPS 天线安装位置。为避免 GPS 人为损坏而导致通信中断,建议在地面竖立固定杆等装置,以便于在高处安装 GPS 天线。

5）深圳广电的移动视讯

深圳地铁一期工程开通当天，深圳广电移动视讯系统也在地铁建成，可实现的功能为：在地铁站竹子林 OCC，接收并处理深圳电视台发出的电视节目；在移动的地铁列车上，实时接收并播放地铁控制中心发来的数字电视节目（最多 4 套标清节目）。

车载接收系统主要由接收天线、机顶盒、视音频分配器、ATC 车辆运营信号处理器、控制电脑和液晶显示屏组成。每节地铁车厢配置一套移动数字电视接收设备，如图 6-9 所示。每个自动门两侧各装 1 个液晶显示屏。

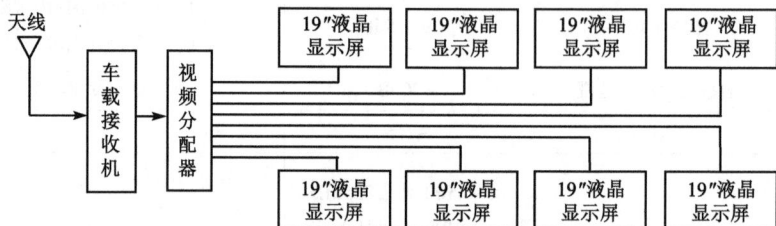

图 6-9　单节地铁车厢的移动数字电视接收设备

地铁车站的移动数字电视设备如图 6-10 所示。电视发射机接收来自电视台的节目信号，放大后经 POI 送给 4 个隧道中的公网下行漏缆。

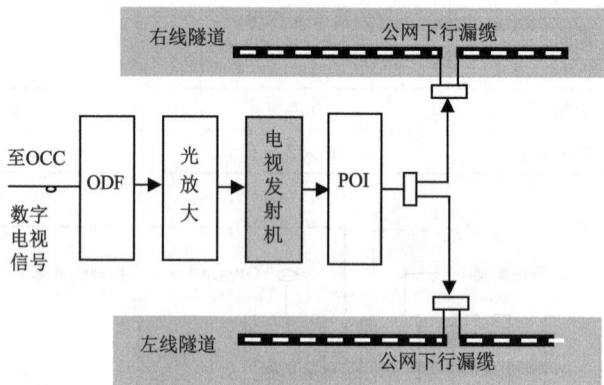

图 6-10　地铁车站的移动数字视讯设备

深圳地铁一期工程移动视讯系统车站和车载设备指标见表 6-7。

深圳地铁一期工程移动视讯系统车站和车载设备指标　　　　　　　　　　表 6-7

车站数字电视发射机		车载数字电视接收机	
工作频段	630~638MHz	工作频段	630~638MHz
频率稳定度	0.1ppm	频率稳定度	0.1ppm
信道带宽	8MHz	信道带宽	8MHz
输出功率	50W（可调）	参考灵敏度	>−82dBm
输出阻抗	50Ω	邻道抗扰性	−45dBm

续上表

车站数字电视发射机		车载数字电视接收机	
工作方式	连续	输入阻抗	50Ω
离散发射	≥ −36dBm	输入电平	−65 ～ −8dBm
互调衰减	≥70dB	电源电压	85～250VAC,6.5～28VDC
		功耗	<18W

图 6-11 是深圳地铁一期工程 1 号线移动数字视讯系统框图。

市电视中心的节目信号,经光纤传到 OCC 机房。该信号被接收放大之后,由光纤传到装有发射机的车站通信机房。电视光信号在那里被接收,由发射机产生不低于 50W 的射频信号,并送给 POI。为了节省,发射机只需隔站安装。实测表明,这样做完全满足覆盖要求,而且没有同频干扰发生。

6.3.3 3G 时期的引入系统

(1)引入案例

深圳地铁 2 号线属深圳地铁二期工程,于 2007 年 6 月全面开工建设,2010 年 12 月 28 日建成通车,其民用无线通信系统属于 3G 时代。

深圳地铁 2 号线引入系统的情况如表 6-8 所示。2 号线实际引入 8 个系统,其中 2G 有 4 个,3G 有 4 个(含 WiFi 和移动互联网)。

3G 时代引入无线公众通信系统情况(深圳地铁 2 号线)   表 6-8

序号	引 入 系 统	系统代别	载波数	信源输出功率(dBm/每载波)	频率(MHz)	
					下行	上行
1	移动 GSM900	2G	≥8	36	935～954	890～909
2	联通 GSM900		≥8	36	954～960	909～915
3	联通 CDMA800		≥3	36	870～880	825～835
4	移动 DCS1800		≥8	36	1805～1815	1710～1720
5	联通 WCDMA	3G	≥2	27	2130～2145	1940～1955
6	移动 TD-SCDMA		≥3	27	2010～2025	
7	WiFi(无线上网)					
8	移动互联网					
9	数字电视			预留		

引入的 3G 系统包括:TD-SCDMA(时分同步码分多址)、WCDMA(宽带码分多址)和 CDMA2000(多载波码分多址)。其中,TD-SCDMA 是我国独立制定的标准,在频谱利用率、对业务支持、频率灵活性及成本等方面具有独特优势。

(2)3G 主流技术的比较

WCDMA、CDMA2000 和 TD-SCDMA 是 3G 网络的三种主流技术,它们的比较见表 6-9。值得特别关注的是:

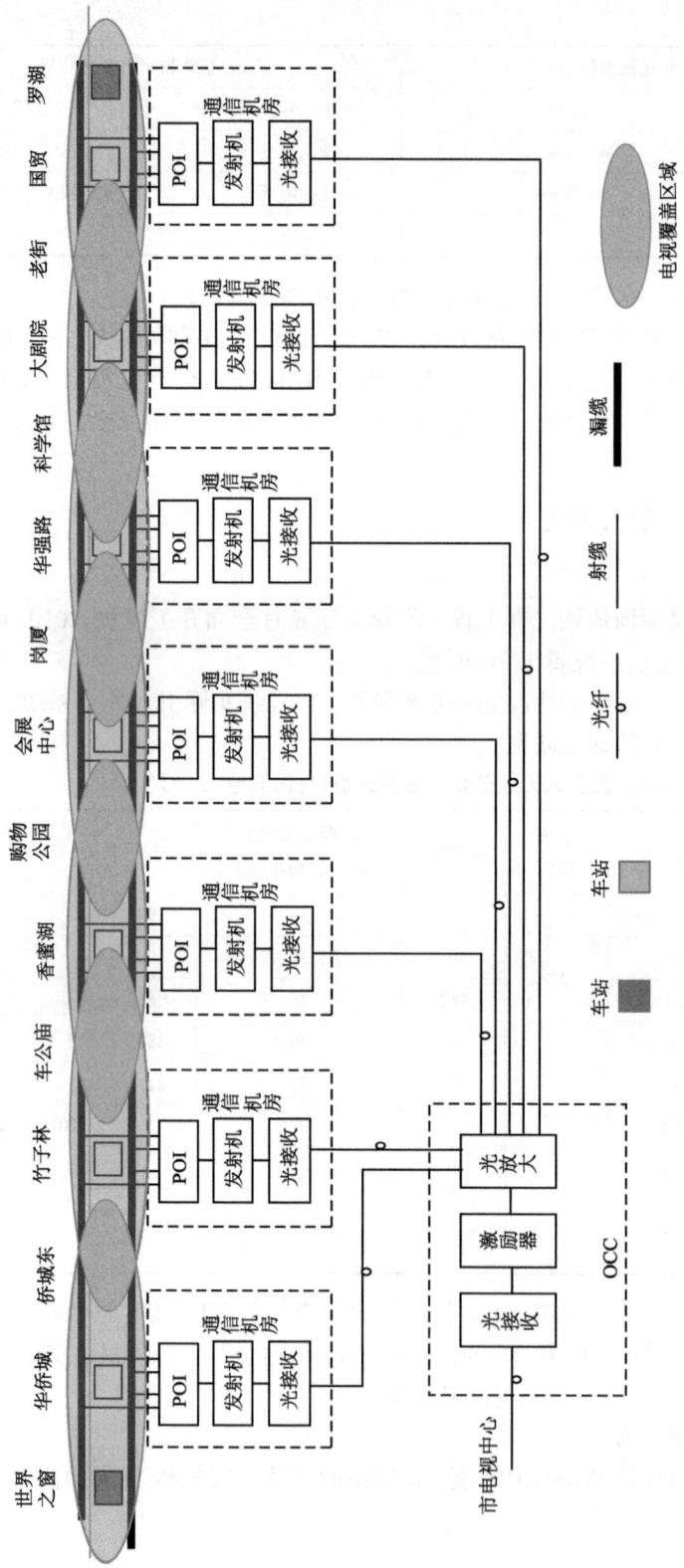

图6-11 深圳地铁一期工程1号线移动数字电视系统框图

①唯有中国同时使用三种主流技术,其中 TD-SCDMA 是中国自主研发的技术。

②WCDMA 和 TD-SCDMA 的继承基础是 GSM,而 CDMA2000 是 N-CDMA。

③WCDMA 和 CDMA2000 是频分双工方式,而 TD-SCDMA 是时分双工方式。

④WCDMA 和 CDMA2000 是单载波宽带直接序列扩频 + CDMA 多址接入,而 TD-SCDMA 是时分同步 + CDMA 多址接入。

⑤三种主流技术的调制方式都是 QPSK(前向)和 BPSK(后向)。

3G 三种主流技术的比较　　　　　　　　　　　　　　　　表6-9

比 较 项 目	WCDMA	CDMA2000	TD-SCDMA
使用国家和地区	欧洲、美国、中国、日本、韩国等	美国、中国、韩国等	中国
继承基础	GSM	N – CDMA	GSM
接入方式	单载波宽带直接序列扩频 + CDMA 多址接入		时分同步 + CDMA 多址接入
双工方式	FDD		TDD
调制方式	QPSK(前向)和 BPSK(后向)		
信道间隔	5MHz	1.25MHz	1.6MHz
码片速率	3.84Mchip/s	1.228Mchip/s	1.28Mchip/s
信号带宽	2×5MHz	2×1.25MHz	1.6MHz
峰值速率	384kbit/s	153kbit/s	384kbit/s
站同步方式	异步(不需 GPS)同步为可选方式	同步(需 GPS)	同步(主从同步,GPS)
帧长	10ms	20ms	10ms
切换特点	软切换,频间切换,与 GPS 间的切换	软切换,频间切换,与 IS-95B 间的切换	软切换,频间切换,与 GPS 间的切换
话音编码	自适应多速率	可变速率	
功率控制	内环、外环、速率 1500Hz	开环、闭环、速率 800Hz	内环/外环
可变数据速率的支持	最高 2.048Mbit/s	IX 最高 307kbit/s,IXEV 可支持 2.4Mbit/s 以上	最高 2.048Mbit/s
核心网	GSMMAP	ANSI-41	GSMMAP
标准化组织	3GPP	3GPP2	3GPP

6.3.4 4G 时期的引入系统

(1)引入案例

深圳地铁 7 号线于 2012 年 10 月 23 日开始动工,预计 2016 年底交付通车。其民用无线通信系统属于 4G 时期,引入系统情况如表 6-10 所示。共引入 9 个系统,其中 2G 有 4 个,3G 有 2 个,4G 有 3 个(不含 WiFi 和移动互联网)。

深圳地铁 7 号线 4G 时代引入无线公众通信系统情况　　　　表 6-10

序号	引 入 系 统	系统代别	载波数	信源输出功率（dBm/每载波）	频率（MHz）	
					下行	上行
1	移动 GSM900	2G	≥8	36	935～954	890～909
2	联通 GSM900		≥8	36	954～960	909～915
3	联通 CDMA800		≥3	36	870～880	825～835
4	移动 DCS1800		≥8	36	1805～1815	1710～1720
5	联通 WCDMA	3G	≥2	27	2130～215	1940～1955
6	移动 TD-SCDMA		≥3	27	2010～2025	
7	移动 TD-LTE	4G	1	100W	1880～1990,2520～2570	
8	电信 FDD-LTE		1	20W×2	1850～1870	1850～1870
9	联通 FDD-LTE		1	20W×2	1880～2100	1880～2100
10	数字电视			预留		

西安地铁 3 号线于 2011 年启动建设,2012 年全面开工,预计 2016 年 6 月建成通车。其民用无线通信系统亦属 4G 时期,引入系统情况如表 6-11 所示。共引入 9 个系统,其中 2G 有 4 个,3G 有 2 个,4G 有 3 个(不含 WiFi 和移动互联网)。

西安地铁 3 号线引入系统车站机房设备　　　　表 6-11

序号	引 入 系 统	系统代别	载波数	输出功率(dBm)		边缘场强（dBm）	频率（MHz）	
				机顶	导频		下行	上行
1	移动 GSM900	2G	6	80W	43	−80	935～954	890～909
2	联通 GSM1800		2	60W	43	−85	1830～1850	1735～1755
3	电信 CDMA800		3～4	60W	33	−85	870～880	825～835
4	移动 DCS1800		6	80W	43	−80	1805～1830	1710～1735
5	联通 WCDMA	3G	2	60W	33	−85	2130～215	1940～1955
6	移动 TD-SCDMA		6	30W	36	−80	2010～2025	
7	移动 TD-LTE	4G	1	100W	15	−80	1880～1990,2520～2570	
8	电信 FDD-LTE		1	20W×2	33	−85	1850～1870	1850～1870
9	联通 FDD-LTE		1	20W×2	12.2	−100	1880～2100	1880～2100

注:导频输出功率单位为 dBm/每载波。

（2）4G 两种制式的比较

深圳 7 号线和西安 3 号线引入的 LTE,均有 FDD 和 TDD 两种制式,其指标对比见表 6-12。值得特别关注的是:

①在双工方式方面,TD-LTE 是时分双工,FDD-LTE 是频分双工。

②在传输速度方面,TD-LTE 的下行和上行速率分别为 100Mbps 和 50Mbps,FDD-LTE 的下行和上行速率分别为 150Mbps 和 40Mbps,两者相差不大。

③在信号带宽方面,TD-LTE 为 2×5MHz,FDD-LTE 为 2×1.25MHz,前者大于后者。

FDD-LTE 与 TD-LTE 的指标对比　　　　　表 6-12

对 比 项 目		TD-LTE	FDD-LTE
继承基础		GSM	N-CDMA
双工方式		TDD	FDD
传输速率	下行	100Mbps	150Mbps
	上行	50Mbps	40Mbps
同步方式		异步/同步	同步
码片速率		3.84Mchip/s	1.228Mchip/s
信号带宽		2×5MHz	2×1.25MHz
峰值速率		384kbit/s	153kbit/s
核心网		GSMMAP	ANSI-41
标准化组织		3GPP	3GPP2

6.4　引入系统的核心技术

6.4.1　2G 系统的核心技术

2G 系统的核心技术,实际就是窄带数字蜂窝移动通信系统的核心技术,主要包括工作制式、多址方式、网络指标和扩频通信 4 项技术。

1)工作制式

根据信道使用频率和信息传输方式的不同,移动通信系统有单工、双工和半双工 3 种工作制式。

单工制是指收发使用相同频率的按键式通信方式,如图 6-12 所示。

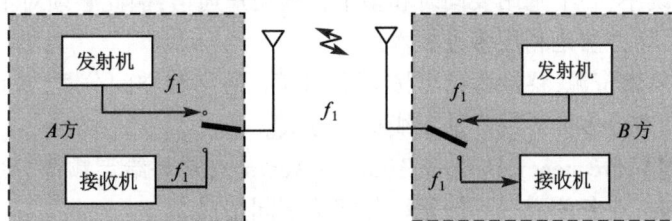

图 6-12　单工制工作

发送时不能接收,即发射机工作时接收机不工作。同样,接收时不能发送,即接收机工作时而发射机不工作。单工对讲系统就是采用这种制式工作的。

双工制是一种无须按键便能通信的方式,目前公众移动通信都使用这种方式。

实现双工制有两种办法:频分双工(FDD)和时分双工(TDD)。

频分双工,收发使用不同频率(相隔 10MHz 或 45MHz),发送时能接收,接收时能发送,发射机与接收机同时工作。此时,基站收发天线分开(两根),移动台则采用双工器且收发共用一根天线,如图 6-13 所示。模拟蜂窝移动通信系统就是采用这种制式工作的。

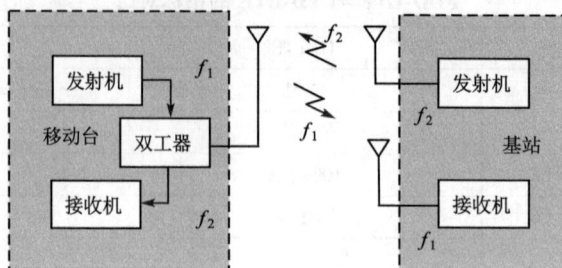

图 6-13　频分双工制工作

时分双工,收发使用相同频率,但分时工作。例如,基站和移动台分别在各自控制器的控制下,以一个1ms的时隙发信而以另一个1ms的时隙收信,占据一个频道,提高了频谱利用率。数字蜂窝移动通信系统GSM就是采用这种制式工作的。

半双工制是收发使用不同频率的按键式通信方式。此时,基站是双工通话,移动台是按键发话,如图6-14所示。

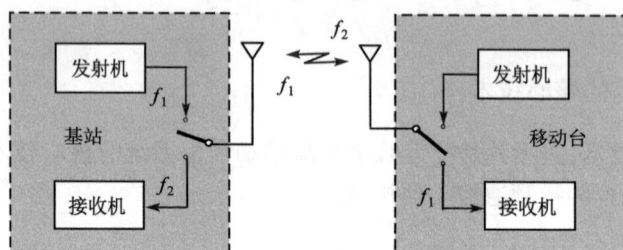

图 6-14　半双工制工作

2）多址方式

在移动通信系统中,一个基站要同时和多个移动用户通信,因此必须对不同用户和基站发射的信号加以区分,而办法是利用多址技术。

为了有效利用频谱资源,移动通信可按频率、时间、码字和空间分类,从而有频分多址、时分多址、码分多址和空分多址4种多址无线接入方式。

频分多址（FDMA,Frequency Division Multiple Access）,是将给定频谱分成若干部分,每个用户占据其一。此时,业务信道在不同频率分配给不同用户。

时分多址（TDMA,Time Division Multiple Access）,是把连续时间分割成周期性的帧,每一帧再分割成若干个时隙（GSM 为 8 时隙）,帧和时隙均不重复,每个用户占据其一。此时,业务信道在不同时间分配给不同用户。

以 GSM 系统为例,双工方式有两种:频分双工（FDD）和时分双工（TDD）。在频分双工方式中,上行链路和下行链路的帧分别在不同的频率上。在时分双工方式中,上行链路和下行链路的帧都在相同的频率上。此时,为保证在不同传播时延条件下,各移动台到达基站的信号不会重叠,上行时隙必须有保护间隔——不传输任何信号。图 6-15 为时分双工方式下的时分多址（TDMA）示意图。

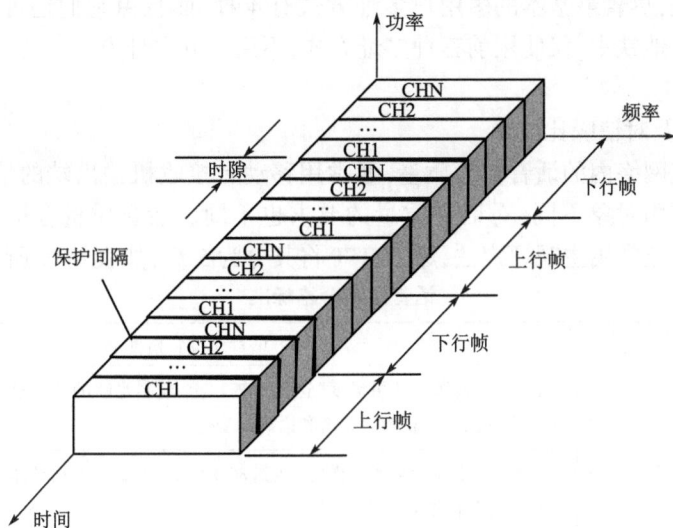

图6-15　时分双工方式下的时分多址(TDMA)示意图

码分多址(CDMA,Code Division Multiple Access),是每个用户在通信时占有所有的频率和所有的时间,但正交码(码字)不同,用以区分不同用户的信息。此时,所有用户在同一频段同一时间上,根据不同的编码获得业务信道。移动台以地址码接入基站,该地址码为直接序列扩频时的扩频序列。

码分多址,以扩频信号为基础。扩频信号,是一种经过伪随机序列调制的宽带信号,其带宽比原始信号带宽高几个量级。

常用的扩频信号有两种:跳频信号和直接序列扩频信号(简称直扩信号)。因此,码分多址也有两种:跳频码分多址(FH-CDMA)和直扩码分多址(DS-CDMA)。

图6-16是这两种码分多址的示意图。图中f_0、f_1、$\cdots f_n$是工作频率(频道),B是每个频道的带宽。

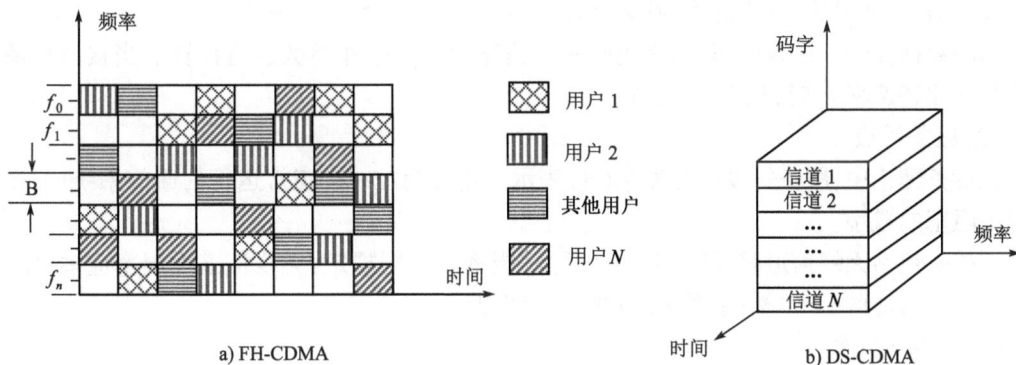

a) FH-CDMA　　　　b) DS-CDMA

图6-16　FH-CDMA 和 DS-CDMA 示意图

空分多址(SDMA,Space Division Multiple Access),是每个用户在通信时占有所有的频率、所有的时间和所有或部分码字,但只占有特定的空间(方向),用以区分不同用户的信息。

值得强调的是,尽管最基本的多用户多址方式有4种,而且由它们还可方便地组合成15种多址方式。但在地铁中,仅使用前三种多址方式,不用空分多址方式。

3)网络指标

(1)话音质量及对信噪比要求

移动通信系统网络内的话音传输质量,通常用移动台接收机输出端的信噪比(S/N)来表示。业务种类和使用对象不同,对话音质量的要求也不同。话音质量合格标准如表6-13所示。话音质量的评定常用主观评定法,原CCITT将其分为5级,如表6-14所示。

话音质量合格标准 表6-13

网 络 性 质	话音质量合格标准
公众电话或专用网(一般人使用)	要求"不连续字的可懂度"达到80%以上,包括足够的话音自然度,以便识别具体发话人的音色、音调、瞬时感情和语调的变化
专用调度和指令网(铁路、公安、军事等人员使用)	只要求"不连续字的可懂度"达到80%以上,不要求识别具体发话人的音色和语调,重复后能听懂语句也算合格

话音质量5级评分标准 表6-14

级别(分值)	评定类别	人的印象标准
5	优	几乎无噪声和失真,细节清晰可辨
4	良	有可感觉到的轻微噪声和失真
3	中	有令人烦恼的噪声和失真
2	差	有令人非常烦恼的噪声和严重失真
1	劣	语言几乎不可懂

对不同移动通信业务要求的信噪比S/N(或载噪比C/N),各国的规定不尽相同。

我国《移动电话网络技术体制(试行)》规定:移动电话与市话、长途用户通话时,移动电话网音频频带内的信噪比S/N的加权值,应大于或等于29dB(标准音测试),这相当于4级话音质量评分标准。由于信噪比是在解调器输出端的低频通道测试的,而载噪比是在高频通道测试的,因此若用载噪比C/N表示,则要低10~15dB,即$C/N \geqslant 14 \sim 19$dB。

移动数据传输信道误码率,通常用归一化信噪比E_b/N_o作参数进行计算。当接收机滤波器带宽>比特速率f_b时,$E_b/N_o = C/N$。

(2)服务等级

在话务理论中,服务等级用呼损率(B)表示。定义为在一个正常运行的通信系统中,忙时呼叫被阻塞的概率。

呼损率包括无线信道呼损率和中继电路呼损率。我国规定:无线信道呼损率应≤5%,在话务密度高的地区应≤2%;中继电路呼损率应更低。

(3)呼叫中断概率

定义:在1小时内呼叫Q次,若丢失N次,则呼叫中断概率为N/Q。

呼叫中断概率的高低,与系统设计、干扰程度和越区切换性能等有关。

(4)通信概率

定义:移动通信用户在给定服务内进行成功通话(达到规定通话质量)的概率,称作通信概率。

通信概率包括位置概率和时间概率。我国规定:对市区、近郊和高密度用户地区,移动电话网覆盖范围内的通信概率不低于90%(90%覆盖区和90%时间移动台能够接入网络);对农村、山区和低密度用户地区,移动电话网覆盖区域边缘通信概率可根据当地实际情况设定,但不能低于50%。

专用移动通信对通信概率的要求更高。例如,我国铁道部规定:在一个调度区段内,符合信噪比要求($S/N = 20\text{dB}$)的话音质量相当于3级,通信概率应高于95%。

4)扩频通信

(1)基本概念

扩频通信技术是一种信息传输方式,其信号所占有的频带宽度远大于所传信息所必需的最小带宽;频带的展宽是通过编码及调制的方法实现的,与所传信息数据无关;在接收端则用相同的扩频码进行相关解调来解扩及恢复所传信息数据。采用 CDMA 技术的移动通信是典型的扩频通信。因此,扩频通信定义应包括四方面内容。

①信号的频谱被展宽了。

②扩频码序列的带宽远大于扩频前信息序列的带宽。

③信号频谱的展宽是通过扩频码序列调制的方式实现的。

④采用的扩频码序列与所传信息数据是无关的,扩频码序列仅仅起扩展信号频谱的作用。在接收端用相关解调来解扩。

图 6-17 是扩频通信系统图。在发送端,发送信号要经过 3 种调制(信息调制、扩频调制和射频调制),把窄带信号变成宽带信号后才发送出去。在接收端,收到的信号也要经过 3 道处理:用混频器把射频变成中频,用本地扩频码进行扩频解调,最后再作信息解调。

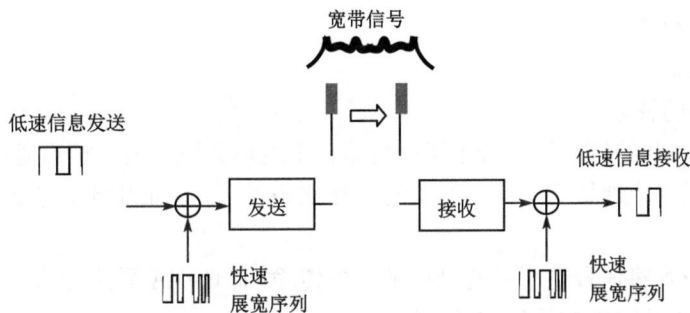

图 6-17 扩频通信系统

扩频前后和解扩频前后的信号频谱如图 6-18 所示。

发送端有用信号在扩频之前是窄带信号,扩频之后变成宽带信号,使发射功率大大降低。接收端有用信号在解扩之前是宽带信号,解扩之后恢复成窄带信号。脉冲干扰与此相反,解扩之前是窄带信号,解扩之后变成宽带信号(干扰幅度大大下降)。接收机内部白噪声,在解扩前后没有变化。

在扩频通信中采用宽频带的信号来传送信息,可用信息论和抗干扰理论的基本观点来解释。

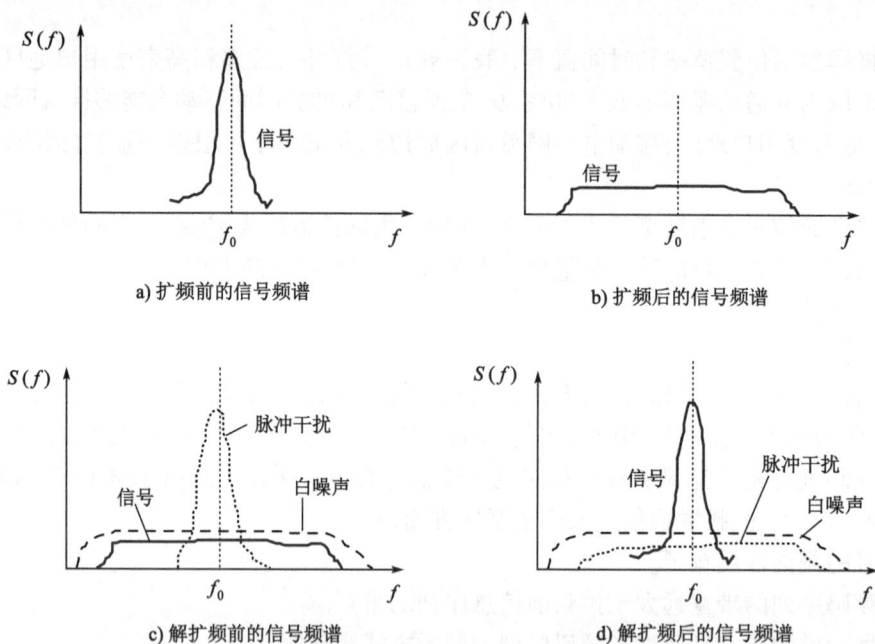

a) 扩频前的信号频谱

b) 扩频后的信号频谱

c) 解扩频前的信号频谱

d) 解扩频后的信号频谱

图6-18　扩频前后和解扩频前后的信号频谱

信息论中的香农（Shannon）公式描述如下：

$$C = W \log_2 \left(1 + \frac{S}{N}\right) \tag{6-3}$$

式中：C——信道容量（bit/s）；

　　N——噪声功率；

　　W——信道带宽（Hz）；

　　S——信号功率。

（2）扩频通信的特点

①抗干扰能力强，特别是抗窄带干扰和抗多径干扰能力强。由于扩频通信的扩频增益，使系统的抗干扰容限大大地提高。甚至在负的信噪比条件下，也可以将信号从噪声的淹没中提取出来。

传统的通信技术将信号在所需的最小带宽中传输，而CDMA采用远大于传输信号所需的带宽来传输信号，由此带来的处理增益可以提高系统容量。

处理增益是扩频通信系统的一个重要指标，定义为扩频信号带宽 W 与所传信息带宽 B 的比值，即：

$$G_P = \frac{W}{B} \tag{6-4}$$

处理增益表示扩频通信系统信噪比改善的程度。

此外，利用扩频编码之间的相关特性，在接收端可以用相关技术从多径信号中提取分离出最强的有用信号，也可把从多个路径来的同一码序列的波形相加使之得到加强，从而达到有效的抗多径干扰。

蜂窝无线移动通信系统的干扰有：本地噪声、符号间干扰、多址干扰和邻小区干扰。除本地噪声外,对其他三种干扰 CDMA 通信系统都通过使用好的扩频序列来减小乃至消除。

②易于同频使用,提高了无线频谱利用率。由于扩频通信采用了相关接收技术,信号发送功率极低,且可工作在信道噪声和热噪声背景中,易于在同一地区重复使用同一频率,也可以与现今各种窄带通信共享同一频率资源。因此,易于同频使用,提高了无线频谱利用率。

③覆盖半径大。CDMA 覆盖半径是标准 GSM 的 2 倍。若覆盖 $1000km^2$ 的面积,GSM 要 200 个基站,CDMA 只要 20 个。因此,在相同覆盖要求下,CDMA 基站数大为减少,故投资也大为减少。

④低功率谱密度,具有良好的隐蔽性。频谱近似白噪声,可检性低,具有良好的保密性。

6.4.2 3G 系统的核心技术

3G 系统的核心技术,实际是指 WCDMA(宽带码分多址)、CDMA2000(多载波码分多址)和 TD-SCDMA(时分同步码分多址)3 个系统的核心技术,主要包括起始同步、多径分集接收、高效信道编译码、智能天线、多用户检测、功率控制、无线应用协议、快速无线 IP、软件无线电和多波束 10 项技术。下面着重介绍其中 4 项技术。

(1)起始同步技术

CDMA 系统的起始同步,包括 PN 码同步、符号同步、帧同步和扰码同步等。

CDMA2000 系统的起始同步为:通过对导频信道的捕获,建立 PN 码同步和符号同步;通过对同步信道的接收,建立帧同步和扰码同步。

WCDMA 系统的起始同步为:通过对基本同步信道的捕获,建立 PN 码同步和符号同步;通过对辅助同步信道的不同扩频码的非相干接收,确定扰码组号等;通过对可能的扰码进行穷举搜索,建立扰码同步。

(2)多径分集接收技术

CDMA 系统的信号带宽较宽,在时间上可以分辨出比较细微的多径信号,并对其进行加权整理,从而使合成后的信号增强,以降低多径衰落。这叫多径分集接收技术(Rake)。

为实现 Rake 技术,WCDMA 系统采用用户专用导频信号;CDMA2000 系统下行采用公用的导频信号,上行采用用户专用的导频信号。此外,Rake 技术还用于宏分集和软切换。

图 6-19 为多径接收机原理框图。

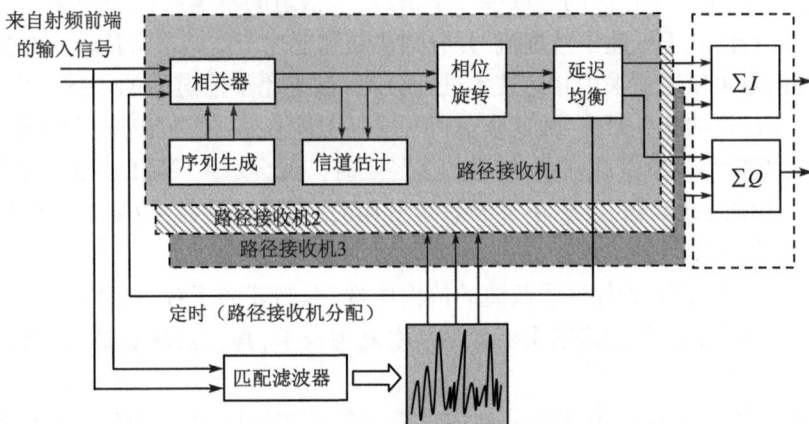

图 6-19 多径接收机原理框图

（3）智能天线技术

图 6-20 是智能天线实现示意图。

一方面，对来自移动台的多径电波方向进行到达角估计，并进行空间滤波，以抑制其他移动台的干扰。同时，对基站发射信号进行波束赋形，使发射信号沿移动台电波到达方向发给移动台，以降低发射功率，减少对其他移动台的干扰。

智能天线技术在 TD-SCDMA 系统中被成功应用。

（4）功率控制技术

功率控制技术，有开环、闭环和外环 3 种。

所谓开环功率控制，就是根据用户测得的路径损耗和期望的接收强度来设置发射功率，但由于快衰落和干扰影响，很难达到预期效果。

所谓闭环功率控制，就是通过对实际接收信干比和目标值的比较，计算并形成闭环控制功率的指令。

所谓外环功率控制，则是通过对接收误帧率的计算，确定闭环控制所需的信干比门限。

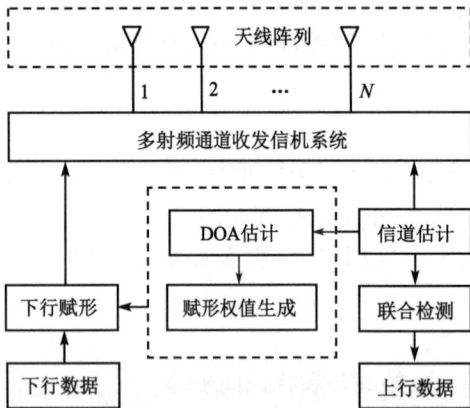

图 6-20　智能天线实现示意图

在 WCDMA 和 CDMA2000 系统中，上行信道采用开环、闭环和外环功率控制技术，下行信道采用闭环和外环功率控制技术。但二者闭环控制的速度不同，WCDMA 为 1600 次/s，CDMA2000 为 800 次/s。

6.4.3　4G 系统的核心技术

4G 系统的核心技术，实际就是 LTE 系统的核心技术，主要包括正交频分复用、多天线和链路自适应和分布式宏基站 4 项技术。

（1）正交频分复用技术

正交频分复用（OFDM，Orthogonal Frequency Division Multiplexing）是将一定频谱带宽的原始信道，分成几十至上千个正交的频域窄带子信道，子信道间不需要保护频带。同时，将高速数据流转换成并行的若干低速子数据流，并分别调制到上述子信道进行传输。在接收端，各正交子信道上的信号可以通过采用相应技术进行分离，以避免子信道间的干扰。由于子信道上的信号带宽小于信道的相关带宽，故其衰落可看成平坦性衰落，不受频率选择的影响。

实际上，在宽带移动通信系统中，信道的多径延时扩展会产生严重的码间/符号间干扰，如图 6-21 所示。为解决此问题，传统单载波系统所用时/频域均衡技术（如在 CDMA 中），因信道带宽很宽而难以达到目的。相反，正交频分复用技术的效果明显。

在传统单载波系统中，为保证子载波的传输质量，抑制邻频干扰，相邻载波之间需要一定的保护带宽。这种多载波并行传输系统就是频率复用技术，其主要缺点是：系统比较复杂，频谱效率较低。

与 FDM 技术不同，OFDM 技术充分利用了无线信号在时域和频域的二维正交关系，能实现高效的多载波并行传输。

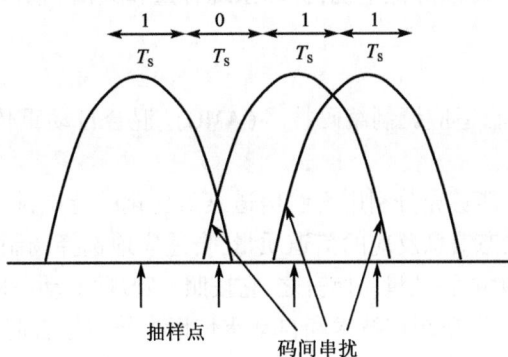

图 6-21 码间/符号间干扰图

图 6-22 形象地说明了传统频率复用和正交频分复用两种技术的频谱效率比较。

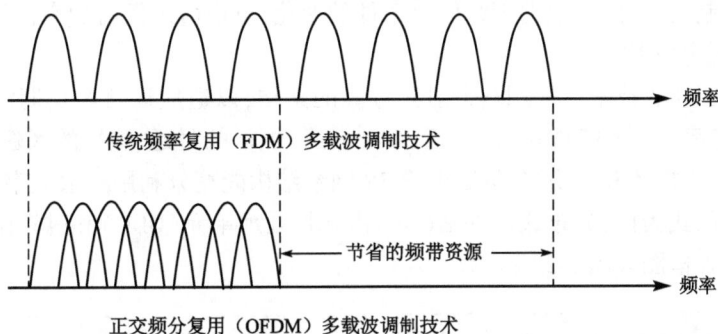

图 6-22 传统频率复用和正交频分复用频谱效率比较

(2)多天线技术

多天线技术,是在时域和频域二维基础上,增加空域维度,在发送端和接收端使用多副天线,实现信号的多维并行传输,如图 6-23 所示。

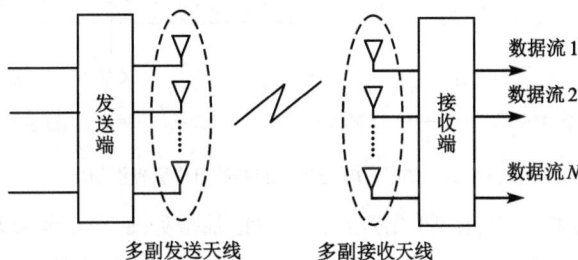

图 6-23 多天线示意图

多天线技术,可以分为空间复用、空间分集和波束赋形 3 种技术。

多天线空间复用技术,通过数据流的空间多路并行传输,可以成倍地提高系统容量和频谱利用率。其应用方式可提高空间复用增益。

多天线空间分集技术,可以提高信道的可靠性,降低系统误码率。其应用方式可提高空间分集增益。

多天线波束赋形技术,可以降低干扰,提高系统容量和频谱利用率。其应用方式可提高天线阵列增益。

（3）链路自适应技术

链路自适应技术包括自适应调制编码技术（AMC）、混合自动重传请求技术（HARQ）和自动功率控制技术。

自适应调制编码技术,能够充分利用无线信道衰落变化的特点,提高系统吞吐量和可靠性。其基本原理是:根据信道状态信息反应的信道质量,自适应地选择调制方式和编码速度,以便在不同的信道状态下获得最大的吞吐量。换言之,它按照一定规则,动态地调整调制编码方案。

混合自动重传请求技术,把纠错技术和自动重传请求技术结合起来,以求进一步提高传输效率。其基本原理是:先用纠错码对接收的分组数据进行纠错,然后再用检错码对纠错后的分组数据进行校验。如果校验有错,则放弃接收的分组数据,请求重传。确认无错后,才送高层处理。

自动功率控制技术,能够根据无线信道条件的变化,自适应地发射功率,以保证通信质量。

（4）分布式宏基站技术

LTE 是市场驱动的技术。采用基带射频分离的架构,以适应运营商长期演进的低成本策略,提供更高的速率（下行 150Mbit/s,上行 50Mbit/s）、更低的时延、更短的区建立过程、更高的小区容量、更好的用户体验。扁平的架构、全 IP 网络结构能充分利用频谱效率。

以 LTEFDD 制式为例,分布式宏基站（BS）由基带处理单元（BBU）和射频拉远单元（RRU）构成。其组成原理框图如图 6-24 所示。

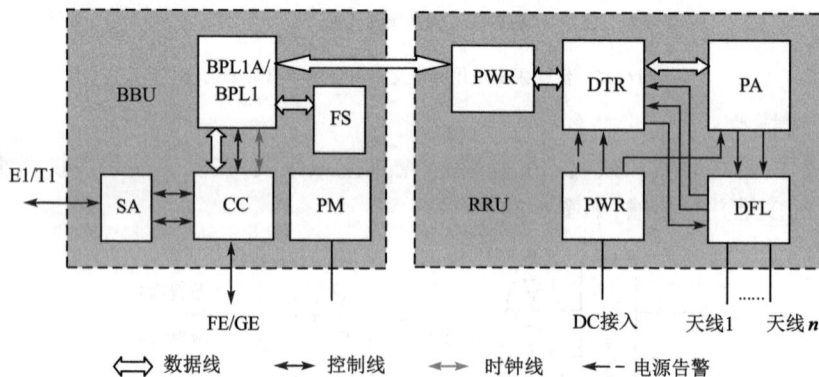

图 6-24　LTE FDD 分布式宏基站组成原理框图

在基带处理单元（BBU）中,BPL1/BPL1A 是 LTE 基带处理板或多模基带处理板,用来实现物理层处理,提供上行/下行 I/Q 信号,实现 MAC、RLC 和 PDCP 协议。FS 是光纤交换板,用来提供 BBU 和 RRU 之间的光接口,处理 IQ 交换。CC 是控制与时钟板,用来完成 GE 以太网交换、GPS 时钟和传输。配置 2 块 CC 板,则可支持 1＋1 主备工作模式。SA 是现场告警接口板,用来提供风扇告警监控和转速控制,提供外部接口,提供监控系列接口,监控单板温度,提供干节点和外部接口的防雷保护。PM 是电源模块。

BBU 共有 8 个 E1/T1 接口,1 个 RS485/RS232 接口,6＋2 个干节点接口（6 路输入,2 路双向）。图 6-24 中,FE 为快速以太网,GE 为千兆以太网。

BBU 的容量大小取决于配置 BPL1 板的数量,配 1 块板可达到的目标为:吞吐量,下行 600Mbps,上行 300Mbps;用户数(RRC 连接数)3600。

射频拉远单元(RRU),由 DFL、PA、DTR 和 PWR 等模块组成。DFL 是双工滤波器模块,用来合并/分离收发信号、收发信号滤波和报警监控。DTR 是双通道收发信机模块,用来合并/分离收发信号、收发信号滤波、处理 2 路接收信号和 2 路发送信号、上下行无线链路信号变换、下行 IQ 信号复用和上行信号解复、信号放大与过滤、A/D 转换和 D/A 转换、从基带单元获取参考时钟信号并向其他单元提供时钟信号、电压驻波比测量和上报、硬件故障自检和告警、过热检测和告警、提供通信接口。PA 是功放模块,用来放大射频输出信号、过流过热过压和过驻波保护、低噪声放大。PWR 是电源模块,用来支持 – 48V 直流电或者 110/220V 交流电输入、为输入电压提供过压/欠压保护、为输出电压提供过压/欠压过流告警、提供雷电保护。

RRU 共有 2 个 CPRI 接口、2 个干节点、1 个用于连接外部监控设备通讯的 RS485 串口、1 个用于连接电调天线的 AISG 口和 1 个用于连接 LMT 的快速以太网口。

RRU 通过标准的 CPRI 接口,向基带处理单元发送或接收信号,支持处理 2 个独立 LTE 载波,支持 UL 和 GL 多模配置,支持 1.4MHz/3MHz/5MHz/10MHz/15MHz/20MHz 多种带宽配置,最大瞬时带宽为 70MHz,支持 700MHz/800MHz/900MHz/1800MHz/2100MHz 频段,支持两发两收,支持每个载波下的发射功率上报、PA 负载保护等功能。

RRU 典型产品的主要指标见表 6-15 和表 6-16。

华为 DRRU3161 – fae 技术指标　　　　　　　　　　　表 6-15

制式		TDS	TDL	TC
级联能力		7	6	4
接收灵敏度(单模)		– 115dBm	– 105dBm	—
频率范围	F 频段	1880 ~ 1915MHz/1885 ~ 1915MHz		
	A 频段	2010 ~ 2025MHz		
	E 频段	2320 ~ 2370MHz		
输出功率		FA:30W;E:50W		
接口数量		2 个		
组网方式		星型、链型		
接口速率		2.5/4.9/6.14Gbit/s,4/9.8Gbit/s		
拉远能力		40km		
电源		48VDC(30 ~ 60V),220VAC(140 ~ 300V)		
功耗(最大/平均)		283W/210W		
尺寸(长 × 宽 × 高)		390 × 210 × 135mm(11L)		
重量		≤10kg		
散热方式		自然散热		
工作温度		长期 – 40 ~ +55℃,短期 – 40 ~ +70℃		
相对湿度		2% ~ 100%		
气压		70 ~ 106kPa		
海拔高度		不超过 4000m		
防护级别		IP65		

中兴 **RRU** 主要技术指标 表 6-16

指 标 名 称	指 标 数 据				
	产品 A	产品 B	产品 C	产品 D	产品 E
工作频段(MHz)	700	800	900	1800	2100
工作带宽(MHz)	45	30	35	50	60
瞬时带宽(MHz)	45	30	35	55	60
输出功率(W)	2×40	2×40	2×60	2×60	2×60
峰值功耗(W)	275	273	364	360	355
接收机灵敏度(dBm)	−106.4(LTE 单天线)或 −109.2(LTE 双天线)				
尺寸(mm)	高 425×宽 220×深 133				
重量(kg)	14(2×60W)				

本章参考文献

[1] 北京邮电大学无线新技术研究所主编.TD-SCDMA 无线网络优化及无线资源管理[M].北京:人民邮电出版社,2007.

[2] 刘靖.广州地铁 1 号线的移动电话引入系统[J].地铁与轻轨,2003(1).

[3] 陶孟华.在地铁中建设 3G 移动通信系统的研究铁道工程学报[J].2009(10).

[4] 周杭.一种新的接入系统——地铁无线多网接入系统[C].2005 年世界轨道交通论坛,2005.

[5] 中兴通信 NC 教育管理中心.TD-SCDMA 移动通信技术原理与应用[M].北京:人民邮电出版社,2010.

[6] 王世顺.移动通信原理与应用(修订本)[M].北京:人民邮电出版社,1995.

[7] 鲁业频.数字电视基础[M].北京:电子工业出版社,2002.

[8] 韩斌杰.GSM 原理及其网络优化[M].北京:机械工业出版社,2001.

[9] 王立宁,等.WCDMA 无线接入网原理与实践[M].北京:人民邮电出版社,2009.

[10] 赵利.现代通信网络及其关键技术[M].北京:国防工业出版社,2011.

[11] 李正茂,王晓云.TD-LTE 技术与标准[M].北京:人民邮电出版社,2013.

第7章 传输系统

7.1 总 体 要 求

对传输系统,《地铁设计规范》(GB 50157—2013)规定:

为满足地铁通信各子系统和信号、电力监控、防灾、环境与设备监控系统和自动售检票等系统各种信息传输的要求,应建立以光纤通信为主体的传输系统网络。

传输系统宜采用光同步数字系列传输设备或其他宽带光数字传输系统,同时应满足各系统的接口需求。传输系统容量应根据地铁各业务部门对通道的需求确定,并留有余量。

为保证各种行车安全信息和控制信息不间断地可靠传送,传输系统宜根据需要尽量利用不同路径的两条光缆构成自愈保护环。

光缆容量应满足光同步数字传输系统或其他宽带光数字传输系统、无线基站中继和闭路电视视频信号传输等需要,并应考虑远期发展需要。

传输系统应配置传输网络管理系统和公务联络系统,传输网络管理中心设备应设置于控制中心。

通信电缆、光缆在区间隧道内采用沿墙架设方式,进入车站宜采用隐蔽敷设方式;高架区段电缆、光缆宜敷设在高架区间通信管道内;地面电缆、光缆宜采用直埋式或管道式。

通信电缆、光缆应与强电电缆分开敷设。

上述规定涵盖功能、性质、接口、安全、容量、管理和建设7个方面,可以归纳为对传输系统的以下总体要求:

①系统功能应是满足各系统信息的传输要求,传输信息包括话音、数据、图像等。

②系统应是以光纤通信为主体的宽带传输网络。

③系统应满足各种系统的接口需求。

④系统应利用两条光缆构成自愈保护环。

⑤系统容量要满足需求并留有余量。

⑥系统应配置网络管理系统和公务联络系统。

⑦系统通信电缆、光缆的敷设应符合相关规定。

7.2　光纤通信基础概念

传输系统可以使用模拟通信技术,也可以使用数字通信技术。为提高通信的保密性和抗干扰能力,地铁各传输系统普遍使用数字通信技术。

数字通信的一般模型如图7-1所示。

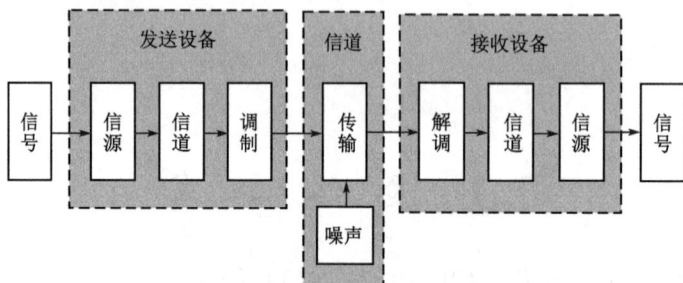

图7-1　数字通信一般模型

由于地铁所有传输系统的远程传输介质都使用光纤,因此数字通信在地铁便成了数字光纤通信。

所谓光纤通信,就是利用光纤来传输携带信息的光波以达到通信的目的,起主导作用的是产生光波的激光器和传输光波的光导纤维。

数字光纤通信系统由光发射机、光纤与光接收机组成,如图7-2所示。

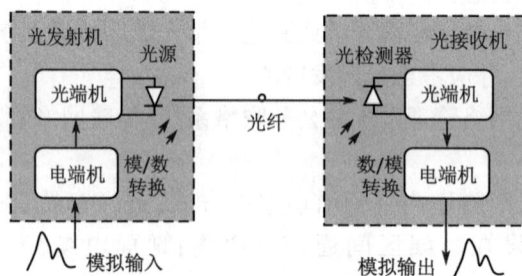

图7-2　数字光纤通信原理图

在发射机端,电端机把模拟信息(如话音)进行模/数转换。光纤中传输的是二进制光脉冲"0"、"1"码。在接收机端,光端机把数字信号从光波中检测出来,由电端机进行数/模转换,恢复成原来的模拟信息。这样,便完成了一次通信的全过程。

数字信号是对连续变化的模拟信号进行采样、量化和编码产生的,称为脉冲编码调制(PCM)。这种编码处理后的数字信号,就是上面提到的数字基带信号。

以话音为例,话音的频率范围是$300 \sim 3400$Hz,遵循奈奎斯特定律,按8000Hz的速率进行采样。为了保证通话质量,在干线话路中使用8位码($2^8 = 256$个码组)。这样,量化值有256种,每一个话路的话音信号速率为$2^8 \times 2^8 = 64$kbps。

光纤纤芯很细,单模光纤直径不到$10\mu m$。多模光纤直径虽是单模光纤的5倍($50\mu m$),

但依然没有人的头发粗。

数字光纤通信的突出优点是：传输频带宽(通信容量大)、损耗低、不受电磁干扰。

数字光纤通信系统有两种：一种是多模光纤通信系统，传输容量较小(一般在 140Mbit/s 以下)。另一种是单模光纤通信系统，传输容量大(一般在 140Mbit/s 以上)。地铁使用单模光纤通信系统。

单模光纤的结构，可用光纤截面图来形象说明，如图 7-3 所示。

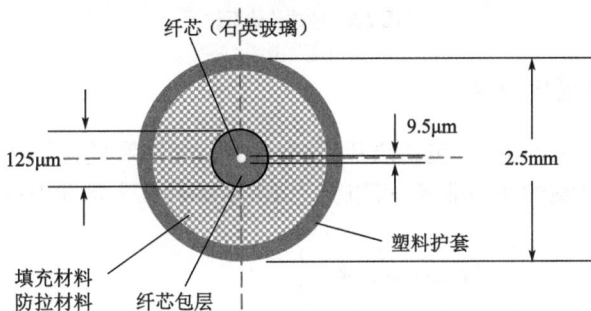

图 7-3 光纤截面图

光纤通信的常用波长是 1310nm 和 1550nm。这是因为，可见光波长是 390~760nm，但在光纤中，光的传播介质不是空气而是石英玻璃。在 1000~1650nm 波长范围内，石英玻璃对光的衰减最小。而且，在该范围内还有两个低衰减"窗口"，即 1000~1350nm 和 1450~1800nm，它们分别是 1310nm 和 1550nm 所在的"窗口"。

光纤的两个关键部分是纤芯和包层。纤芯在光纤的中部，被包层包住，纤芯的作用是导光。由于纤芯的折射率大于包层，所以纤芯中的光线以特定角度到达纤芯与包层的界面处时，因全内反射而被限制在纤芯之中，从而实现光传导，如图 7-4 所示。

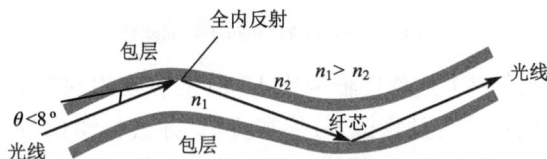

图 7-4 光纤中的光传导

光在光纤中以锯齿形路径传播并实现全内反射，必须满足两个条件：

①光纤是由包层所包的纤芯结构，且纤芯折射率 n_1 大于包层折射率 n_2；

②光线入射角要小于临界入射角，即 $\theta < 8°$。

7.3 系统技术现状

7.3.1 五个传输系统并存

地铁传输系统隶属地铁通信系统，目前实际存在五个传输系统，即专用通信传输系统、民用通信传输系统、警用通信传输系统、信号传输系统和乘客资讯传输系统,如图 7-5 所示。

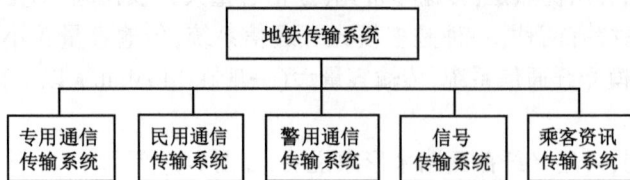

图 7-5　地铁传输系统

7.3.2　承载两类通信业务

地铁传输系统所传输的信息,包括语音、数据、图像、文字和监控等各种信息。

地铁传输系统所承载的通信业务,可以分为 E1 业务和以太网业务两类,如图 7-6 所示。

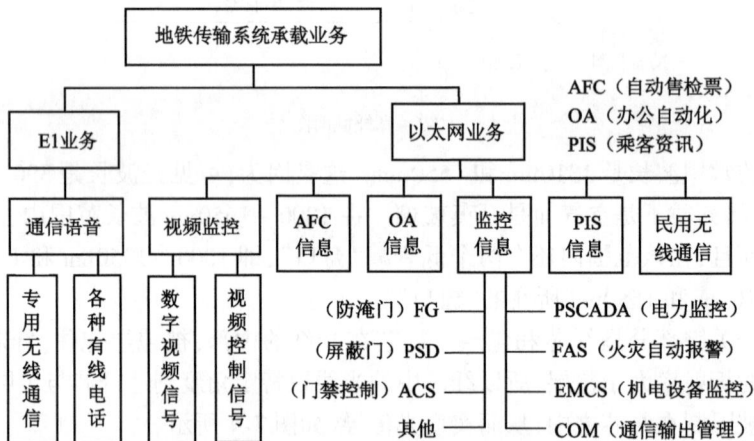

图 7-6　地铁传输系统承载业务

E1 业务主要是语音业务,E1 业务传输采用 TDM(时分复用)技术。

以太网业务非常广泛,包括自动售检票、乘客资讯、办公自动化、视频监控、民用无线通信的各种信息。以太网业务传输采用 IP(网络互联协议)技术。传送业务 IP 化是传输系统的发展趋势。

7.3.3　系统接口需求

通信各子系统和其他机电子系统的信息传输,主要有以下 7 种接口需求:

(1)E1 接口

按传输速率分,E1 接口有 2Mbit/s E1 接口和 64kbit/s E1 两种。按传输线分,E1 接口有同轴线对接口和对称线对接口两种。

(2)100BASE-T 以太网接口

"100"代表局域网的速度为 100Mbp,"BASE"代表基带传输,"T"代表 5 类双绞线。所谓基带传输,是指编码处理后的数字信号(数字基带信号)直接在信道中传输。

(3)E&M 接口

E&M 接口又叫话音通信接口,有二线和四线两种,用来传输模拟信号,频带为 300 ~ 3400Hz,标称特性阻抗为 600Ω 平衡。

(4)RS-232 接口

RS-232 接口为串行接口。RS-232 又分为 RS-232 C 和 RS-232B,二者区别在于逻辑电平的范围不同:RS-232 C 逻辑 1 电平为 -5 ~ 15V,而 RS-232B 为 -5 ~ 25V;RS-232 C 逻辑 0 电平为 +5 ~ +15V,而 RS-232B 为 +5 ~ +25V。常用 RS232 C,可简称为 RS-232。

(5)RS-422 接口

RS-422 标准全称是"平衡电压数字接口电路的电气特性",它定义了接口电路的特性。RS-422 支持点对多点的双向通信。RS-422 接口向下兼容 RS-232 接口。

(6)列车广播音频接口

此接口采用 5 芯圆形航空插座,输出阻抗为 600Ω 平衡。

(7)直流电源接口

7.3.4 系统基本构成

传输系统由传输介质、传输系统设备和传输节点设备 3 部分构成。

(1)传输介质

传输介质包括电缆、光缆等。

在通信网中最常用的电缆是双绞线电缆和同轴电缆。

双绞线按其电气特性,分为 100Ω 非屏蔽双绞线(UTP)和 150Ω 屏蔽双绞线(STP);按其绞线对数,可分为 2 对、4 对、25 对;按频率和信噪比,可分为 3 类、4 类、5 类、超 5 类和 6 类。5 类双绞线是最常用的以太网电缆,其传输频率为 100MHz,主要用于语音传输和最高传输速率为 100Mbps 的数据传输。超 5 类双绞线的最大传输距离为 105m,平均传输速率为 100Mbps(最大峰值 155Mbps)。

同轴电缆特性阻抗有 50Ω、75Ω 两类。室外同轴电缆一般采用抗紫外线的塑料作护套,室内同轴电缆一般采用阻燃的塑料作护套。

当传输节点间的距离较长时,采用光缆作为传输媒介。根据传输模式,光纤可分为多模光纤与单模光纤两类。多模光纤传输损耗大、带宽窄、价格便宜,主要用于短距离通信和窄带通信。单模光纤传输损耗小、带宽宽、价格稍高,主要用于远距离通信和宽带通信。

(2)传输系统设备

传输系统设备包括传输设备和传输复用设备。传输设备主要指微波收发信机和光端机,用于将携带信息的基带信号转换为适合在传输媒介上进行传输的信号。传输复用系统主要有准同步数字序列(PDH)、同步数字序列(SDH)和多业务传输平台(MSTP),用于在传输多路信息时完成复用及解复用功能。

(3)传输节点设备

传输节点设备包括人工配线架[包括主配线架(MDF)、数字配线架(DDF)、光纤配线架(ODF)]和数字交叉连接设备(DXC)。DXC 可以看作是计算机软件控制下的数字配线架,它和人工配线架的区别在于 DXC 具有复用、解复用功能。

7.3.5 保护方式

（1）信息保护方式

如图 7-7 所示，传输系统对信息的保护有以下两种方式：

一种是 1+1 保护方式。在发送侧，主备通道传送同一业务。接收侧根据信号质量优劣，选择其中一个通道进行接收。

另一种是 1:1 保护方式。在发送侧，主用通道传送主要业务，备用通道传送额外业务。当主用通道故障时，主用通道中的主要业务倒向备用通道传送，额外业务在故障情况下不受保护。

地铁传输系统主要采用 1+1 保护方式。

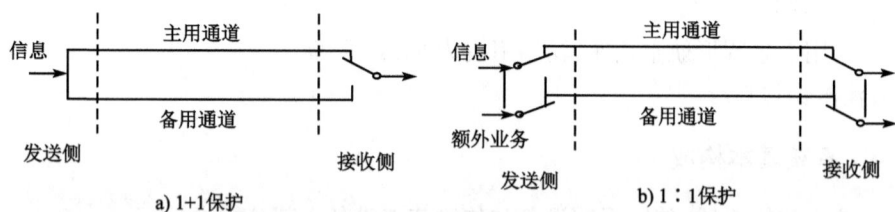

图 7-7　信息保护原理图

（2）环路自愈方式

光纤自愈环的保护方式有以下 5 种：二纤单向通道保护、二纤双向通道保护、二纤单向复用段保护、二纤双向复用段保护和四纤双向复用段保护。

它们的特性比较见表 7-1。

环路保护方式特性比较　　　　　　　　　　　　　　　表 7-1

项　目	二纤单向通道环	二纤双向通道环	二纤单向复用段环	二纤双向复用段环	四纤双向复用段环
节点数	K	K	K	K	K
线路速率	STM-N	STM-N	STM-N	STM-N	STM-N
环传输容量	STM-N	STM-N	STM-N	$K/2 \times STM-N$	$K \times STM-N$
APS 协议	不用	不用	用	用	用
保护倒换时间	30ms	30ms	30ms	50~200ms	50~200ms
节点成本	低	低	低	中	较高
抗节点失效能力	无	无	无	有	有
系统的复杂性	最简单	简单	简单	较复杂	复杂
应用业务类型	业务集中型	业务集中型	业务分散型	业务分散型	业务分散型

二纤单向通道保护环，实现简单，不需使用 APS 倒换协议，倒换速度快，适用于业务集中型的应用场合。

二纤双向通道保护环,保护机理与二纤单向通道保护环相同,但结构较为复杂。

二纤单向复用段保护环,由于业务容量与二纤单向通道保护环相差不大,倒换速率比二纤单向通道环慢,故优势不明显,在组网时应用不多。

二纤双向复用段保护环、四纤双向复用段保护环尽管保护倒换速度要慢于通道环,但由于双向复用段保护环最大的优点是网上业务容量大,信道利用率大大高于通道环。同时,由于具有"时隙可以重复使用"的优点,比较适用于业务量分散型的应用场合;但由于受保护倒换机制的限制,二纤、四纤复用段保护环的环上节点不能多于16个。

四纤双向复用段保护环,一方面具有"时隙可以重复使用"的优点,还具有区段保护功能,适用于业务量大而分散、组网复杂的场合。四纤环与二纤环相比,带宽更高,但同时网络结构、业务保护和倒换复杂,投资也较大。

地铁传输系统所承载的业务很大一部分是数据业务,采用总线型信道,属于分散型业务,一般采用二纤双向复用段保护环。

7.3.6 网络拓扑结构

地铁传输网络的拓扑结构,包括物理拓扑与逻辑拓扑。

网络的物理拓扑,是指传输网络节点以及连接各节点的传输介质的实际分布和连接方式。网络的逻辑拓扑,是指信息流在网络中的流通途径。

地铁传输网络物理拓扑结构,一般采用双环结构,如图7-8所示。图a)为车站节点逐站相连方式,图b)为车站节点隔站相连方式。

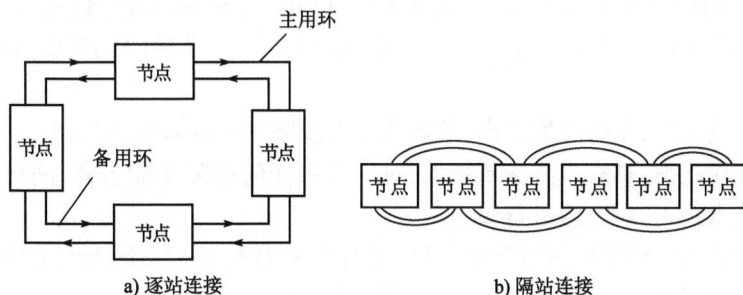

a) 逐站连接   b) 隔站连接

图7-8 双环结构环形网络

地铁传输网络逻辑拓扑结构,主要采用点对点和总线两种方式,如图7-9所示。

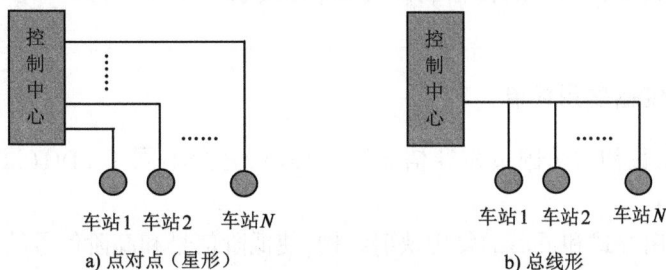

a) 点对点(星形)   b) 总线形

图7-9 地铁传输网络逻辑拓扑结构

7.4 传输复用体制

截至 2015 年,我国地铁传输系统实际采用的传输复用体制有 OTN、SDH、RPR 和 MSTP。例如,深圳地铁一期工程的专用通信和警用通信传输系统采用 OTN 传输复用体制,民用通信传输系统采用 SDH 传输复用体制。深圳地铁二期工程警用通信传输系统采用 SDH 传输复用体制,专用通信和民用通信传输系统采用 MSTP 传输复用体制。

对民用通信传输系统来说,深圳地铁先后使用 SDH 和 MSTP 两种传输复用体制。

7.4.1 OTN 传输复用体制

OTN 光纤传输网络是德国西门子公司开发的传输网络设备,采用时分复用技术,属于同步传输体系,但其帧结构与传统的 SDH 不同,帧的长度为 31.25μs,帧速为 32000 帧/s。

OTN 网络的每一帧被划分为 384 个比特组(相当于 384 个时隙),每个比特组中的比特数分别为 3、12、48 及 192,从而决定了各级 OTN 网络的传输带宽为 36 Mbit/s、150 Mbit/s、600 Mbit/s 及 2500 Mbit/s。这种特殊的帧结构使得 OTN 具有以下特点:

①OTN 采用一次复用机制,不仅可以满足低速和高速信息的接入,而且占用的开销比特数少,不到 2%。

②能够支持点到点、点到多点及总线等类型的连接。

③能够通过软件实现带宽分配,满足不同的业务需要。

④可综合不同的网络传输协议集成多种用户接口,包括音频、数据接口(如 RS232/RS422/RS485、2W/4W、E/M、2B + D、E1、100Mbit/s 以太网)、视频(M-JPEG、MPEG-2)及宽带广播等接口。

⑤网络自愈能力强,系统可靠性高;节点或光纤线路发生故障时,网络可以自动恢复。

⑥网络管理功能强,具有自我诊断能力,对网络中任何故障都能告警;网络管理机可在网络中任何一个节点接入,对全网进行管理。

⑦对视频信道的传输可以进行信道切换,相对于 SDH 传输网络能大大节省系统带宽。

⑧OTN 在地铁及其他专用系统得到了广泛应用,具有丰富的运用经验。

OTN 是专用网络设备,运用在地铁等系统中,能充分体现出 OTN 网络用户接口丰富的特点。但在较大、较复杂的网络中应用时,OTN 也存在一些不足,如与其他体系的传输网络组网时互联能力稍差。其次,OTN 的传输制式特殊,为独家产品,设备国产化程度低,完全依靠进口。

7.4.2 SDH 传输复用体制

SDH 传输体制,最初由美国贝尔通信研究所提出,完全不同于 PDH(准同步数字传输体制),其主要特点是:

①采用同步复用方式和灵活的复用映射结构,使低阶信号和高阶信号的复用/解复用一次到位,大大简化了设备的处理过程。

②SDH 网与现有 PDH 网完全兼容,并可容纳各种新的数字业务信号。

③具有全世界统一的网络接点接口,对各网络单元的光接口有严格的规范化要求,从而使得任何网络单元在光路上互通,实现横向兼容性。

④在帧结构中安排了丰富的开销比特,使网络的运行、管理、维护和指配能力大大加强,促进了智能设备和先进网管系统的发展。

⑤使 PDH 的 1.544 Mbit/s 和 2.048Mbit/s 两大体系在 STM-1 等级上获得,实现了数字传输体制的世界标准。

⑥采用先进的分插复用器(ADM)、数字交换连接(DXC)等设备,使组网能力和自愈能力大为增强,降低了网络的管理维护费用。

⑦提出了一系列较完整的标准,使各生产单位和应用均有章可循,同时便于国际互通。

在上述特点中,最核心的是:同步复用、网管能力以及统一的光接口和标准。

7.4.3 RPR 传输复用体制

RPR 是一种在环网结构上采用分组技术来传送数据、话音、图像等业务的一种多业务传送平台,融合了以太网技术的经济性、灵活性、可扩展性等特点,同时吸收了 SDH 环网的 50ms 快速保护的优点,并解决了业务分类等 QOS 问题。

RPR 技术有两种实现方式,即基于 SDH-MSTP 的内嵌 RPR 和基于以太网物理层的 RPR 设备,通常称其为嵌入式 RPR 和纯 RPR。

RPR 技术的主要特点如下。

①采用双环结构,对环路带宽采用空间重用机制。

②基于 MAC 地址高速交换。

③具有网络拓扑结构的自动发现和更新功能,便于进行网络维护和管理。

④RPR 环网可采用环回(Wrapping)和源路由(Steering)两种保护方式。

⑤支持灵活的带宽颗粒、带宽动态共享和分配以及统计复用。

⑥具有同步机制和严格的时延和抖动保障能力。

⑦可提供多等级、可靠的优先级 CoS(Certificate of Service)分类服务。

⑧支持带宽管理和拥塞控制机制。

⑨具有 10/100Mbit/s、GE 等宽带数据接口和支持传统 TDM 业务的 E1 接口。

⑩由于 RPR 是为单个物理环或逻辑环而设计的 MAC 层技术,其应用仅局限在单环,跨环时必须终结,因此无法实现跨环业务的端到端带宽共享、公平机制、QoS 和保护功能,因此在组建复杂网络时有一定的局限性。

在 RPR 网中,TDM 业务所占比例不能太大,过多地使用保证带宽传输方式就失去了统计复用的优势,另一方面 RPR 电路仿真技术有一定的局限性,网络规模较大时,无法保证 TDM 业务的电信级 QoS。

RPR 适用于建设以提供数据分组业务为主的网络(如地铁警用传输网),可对 IP 数据业务进行高效处理,但对 TDM 业务的支持能力相对较弱。

7.4.4 MSTP 传输复用体制(基于 SDH 的多业务传输平台)

MSTP 技术源于 SDH,经过多年发展,已经囊括 PDH、SDH、以太网、ATM、RPR 等技术于一体,它可通过多业务汇聚方式实现业务的综合传送,通过自身对多类型业务的适配性实现业务的接入和处理,非常适应多业务和多种技术相融合的应用场合。

MSTP 传输平台是光传输网络发展的重要里程碑,它在固化原有基于 TDM 传送的 PDH/SDH 功能的同时,增加了 EoS(Ethernet over SDH)、AoS(ATM over SDH)两大核心处理功能,实现同一平台网络节点和技术的融合。

在 MSTP 传送技术中,POS 技术可为 IP 互连提供更可靠、更高效的通道连接;ATM 技术可实现基于 ATM 的 DSLAM(数字用户线接入复用器)共享汇聚;PDH、SDH 接入功能可高效处理大量的 TDM 业务;高速以太网互连技术可实现各种数据设备之间的可靠互连。

随着数据业务的开展,MSTP 技术在发挥传送功能方面,继承了 SDH 稳定、可靠的特性,并融合了数据网灵活、多样的业务处理能力,可大量应用于专线、以太网、DDN 专线等业务的接入,可在多业务方面发挥越来越重要的作用。

MSTP 对以太业务以 EoS(Ethernet over SDH)方式,采用多种适配容器(VC-12/3/4)对以太业务进行封装,可有效地避免封装的效率问题。另外,采用 L2S、LCAS、CAR、LPT、多径传输等多种技术,可保证可靠的传输。

技术上的发展使 MSTP 可接入各种级别的 SDH 业务以及 ATM/IP 业务,实现了多业务的同平台传输;能够方便地实现传输网络的业务调度和带宽管理,可应用于各种层次的网络。

从目前公用网和专用网的业务使用情况来看,在近期 TDM 业务仍占相当份额、数据业务不断发展的情况下,在步入能保证服务质量(QoS)的可控制、可管理的纯 IP 宽带传输网之前,密切关注以 SDH 为基础的多业务平台组网技术的使用和发展,应该是稳妥的可持续发展策略的一种正确选择。

表 7-2 是 MSTP 主要接口类型。

MSTP 主要接口类型 表 7-2

接 口 类 型	接 口 速 率 及 特 性
电接口	1544kbit/s、2048kbit/s、34368kbit/s、44736kbit/s、155520kbit/s
光接口	155520kbit/s、622080kbit/s、2488320kbit/s
时钟接口	2048kbit/s、2048kHz
ATM 接口	155520kbit/s
以太网接口	10M/100M/1000M
辅助接口	管理接口、公务接口、数据接口

MSTP 技术的不足之处是,MSTP 虽然能提供各种以太网接口以及 L2 交换功能,但其本质上仍是基于 TDM 的技术,动态分配信道带宽的能力较差,不太适合具有"突发业务"特点的数据业务。因此,MSTP 的市场定位应该是以 TDM 业务为主、以数据业务为辅。

7.5 SDH 传输系统应用实例

深圳地铁一期工程包括 1 号线东段和 4 号线南端两部分,其民用通信传输系统采用 SDH 传输体制,是典型的 SDH 传输系统。

7.5.1 系统功能

(1)系统保护功能

一方面,使用 SDH 自愈环保护。在地铁 1 号线和 4 号线的环网内部的信号传送,都应受到 100% 冗余的保护。任何的单节点设备故障或者某段光纤中断,都不应造成业务中断。主备系统(或者通道)可以在 50ms 内实现自动倒换。

另一方面,设备关键部件热备份。系统内各站点的设备配置相互备份的电源分配盒、交叉板和时钟板,设备内部的双总线结构,充分保证设备的安全、可靠运行。

(2)扩容和组网功能

该系统在必要的时候可以进行升级或者扩容,包括传输速率的提高、接入容量的增加、交叉能力的增大、业务种类的增多等方面。

(3)维护管理功能

集中管理设备和系统,在控制中心设置的网管系统,集中管理两个环网中的 18 套设备。采用简明、直观的维护管理界面和系统安全机制,传输系统通过本地管理接口和 OCC 维护管理终端可方便地对网元、传输通道进行配置和管理,监视每个传输节点主要模块和用户接口模块的工作状态,可提供声光报警功能和维护管理数据输出。提供公务联络语音通路或使用者通路,可提供必要的数据和语音通路连接。

集中维护管理软件主要管理数据包括:网络拓扑结构管理,网元设备配置、通信业务管理,用户信息数据库日志管理,告警信息收集、故障定位、报告管理,系统性能管理,网络安全及管理权限管理,电源设备状态管理。

系统采用增强型 2.5G SDH 设备,传输速率为 2488.320 Mbit/s、622.080Mbit/s 和 155.52 Mbit/s,在深圳地铁一期工程用于连接:各移动通信系统位于各车站的基站,数字电视系统位于各车站的放大器,各车站 POI 的监控终端。

7.5.2 系统指标

(1)业务接口

STM-16、STM-4、STM-1(O)、STM-1(E)、E4、E1、GE、10M/100M Ethernet。

(2)光接口

接口类型:满足 G.957、G.691。

STM-16:I-16、S16.1、L16.2。

STM-4:S4.1、L4.1、L4.2。

STM-1:S1.1、S1.2、L1.2。

激光器安全性:Rec.G.958。

光连接器:SC/PC。

(3)电接口

STM-1(E):G.703,75Ω 非平衡。

E4:G.703,75Ω 非平衡。

E1:G.703,75Ω 非平衡。

GE：IEEE802.3Z。

10M/100M Ethernet：IEEE802.3U。

(4)辅助接口

3 路公务接口、F1 接口(64kbit/s 的同向接口)、5 路 RS-232/422 接口、1 路 10M/100M 以太网接口。

(5)管理接口

f、Qx、Q3 接口。

(6) 交叉能力

256 × 256 等效 VC-4，时分 2016 × 2016VC12。

(7)时钟

时钟工作模式：锁定模式；保持模式(频率精度 ≤ ±4.6ppm)；自由振荡(频率精度 ≤ ±0.37ppm，保持时间为 24h)。

(8)同步接口

4 路同步输入：2 路 2MHz、2 路 2Mbit/s；

4 路同步输出：2 路 2MHz、2 路 2Mbit/s。

(9)环境要求

保证工作温度：0 ~ +45℃。

保证工作湿度：5% ~95%(+35℃)。

(10)机械尺寸

符合 19in 机架标准。

(11)电源

电压标称值：220V；波动范围：130 ~300V。

整机功耗：满配置功耗约 500W。

(12)接地

接地电阻≤4Ω。

(13)系统性能指标

SDH 传输系统的性能指标见表 7-3。

SDH 传输系统的性能指标　　　　　　　　　　　　　　表 7-3

序号	名　称	需求书要求	SDH　指标
1	系统可用性	99.99%	≥99.99%
2	MTBF	>20000h	>170000h
3	光源器件寿命	>100000h	>30 万 h
4	光检测器寿命	>500000h	>50 万 h

7.5.3　光缆指标

(1)模场直径

模场直径(1310nm)，标称值：9.3μm；偏差：不超过 ±0.5μm。

模场直径(1550nm),标称值:10.5μm;偏差:不超过±0.8μm。

(2)包层直径

标称值:125μm;偏差:不超过±2μm。

(3)1310nm波长的模场同心度偏差

小于0.8μm。

(4)包层不圆度

包层不圆度:小于1%。

(5)截止波长

λ_c(在2m光纤上测试):1100~1330nm;λ_{cc}(在20m光缆+2m光纤上测试):≤1270nm。

(6)光纤衰减系数

在1310nm波长上的最大衰减系数为0.35dB/km。

在1285~1330nm波长范围内,任一波长上光纤的衰减系数,与1310nm波长上的衰减系数相比,其差值不超过0.05dB/km。

在1550nm波长上的最大衰减系数为0.22dB/km。

在1480~1580nm波长范围内,任一波长上光纤的衰减系数与1550nm波长上的衰减系数相比,其差值不超过0.05dB/km。

光纤衰减曲线具有良好的线性并且无明显台阶。用光时域反射计(OTDR)检测任意一根光纤时,在1310nm和1550nm处500m光纤的衰减值不大于($\alpha_{mean}+0.10dB$)/2,α_{mean}是光纤的平均衰减系数。

(7)光纤在1550nm波长上的弯曲衰减特性

以37.5mm的弯曲半径松绕100圈后,衰减增加值小于0.5dB。

(8)色散

零色散波长范围为1300~1324nm。

最大零色散点斜率不大于0.093 ps/(nm^2·km)。

1288~1339nm范围内色散系数不大于3.5 ps/(nm·km)。

1271~1360nm范围内色散系数不大于5.3 ps/(nm·km)。

1550nm波长的色散系数不大于18 ps/(nm·km)。

1480~1580nm范围内色散系数不大于20 ps/(nm·km)。

(9)偏振模色散

在1550nm波长上偏振模色散小于0.50ps/$\sqrt{km}$。

(10)拉力筛选试验

成缆前的一次涂覆光纤全部经过拉力筛选试验,试验拉力不小于8.6N(约为0.69Gpa、100kpsi,光纤应变约为1.0%),加力时间不小于1s。

7.5.4 传输系统带宽

同步数字序列SDH各次群所对应的传输速率(业内又称带宽)如表7-4所示。

PCM(脉码调制)速率与话路数的关系如表7-5所示。

SDH 各次群的传输速率(带宽)　　　　　　　　　　表 7-4

SDH 各次群名称	STM-1	STM-4	STM-16	STM-64	STM-256
传输速率(带宽)	155Mbit/s	622Mbit/s	2.5Gbit/s	10Gbit/s	40Gbit/s

PCM(脉码调制)**速率与话路数**　　　　　　　　　　表 7-5

PCM 次群名称	一次群(E1)	二次群(E2)	三次群(E3)	四次群(E4)
速率(Mbit/s)	2	8	34	144
话路数(路)	30	120	480	1920

7.5.5　设备构成

深圳地铁一期工程 SDH 传输系统共配置 18 个站点设备,每个站点使用 1 套 ZXSM-2500V10.0 设备(接入部分、网管系统、线路部分)。除了会展中心使用 4 个 2.5G 光口外,其他站点都使用 2 个 2.5G 光口。

2.5G 光板各站都配置 Ⅰ-16 光口,工作在 1310nm 波长上。每个节点的交叉板 CS 和时钟板 SC 配置为 1+1 备份方式。机架统一为 2.2m 高。

在控制中心设置 ZXONM E300 网元级网管一套(具有子网管理系统功能),采用服务器和客户端合一方式(服务器端网管软件和客户端网管软件安装在同一台)。为维护方便,另配置一套便携式电脑和 LCT 网管软件。

7.5.6　网络结构图

深圳地铁一期工程 SDH 传输系统由两个环网组成:第一个环网为地铁 1 号线环网,共 14 个站点;第二个环网为地铁 4 号线环网,共 5 个站点。两个环网在会展中心相交,会展中心配置 1 套设备,所以传输子系统 Ⅱ 共有 18 个站点。系统主节点和网管设备设在地铁控制中心。

SDH 传输子系统网络结构图如图 7-10 所示。

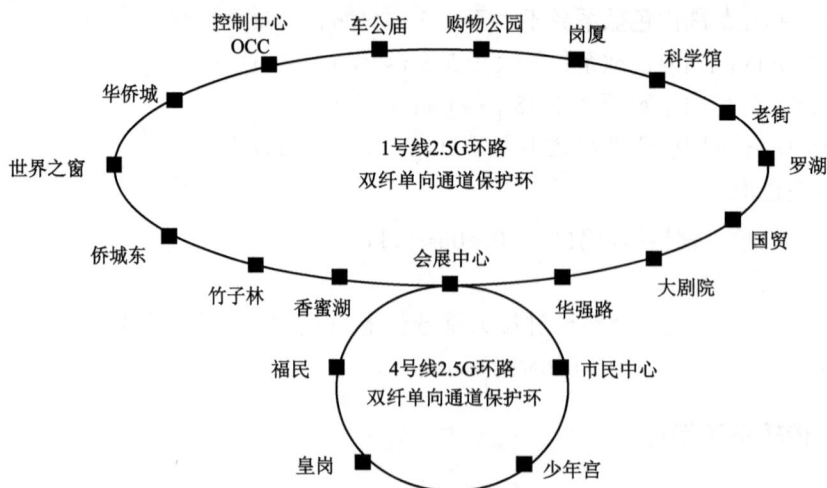

图 7-10　SDH 传输系统的网络结构图

SDH 传输子系统业务路径图如图 7-11 所示。

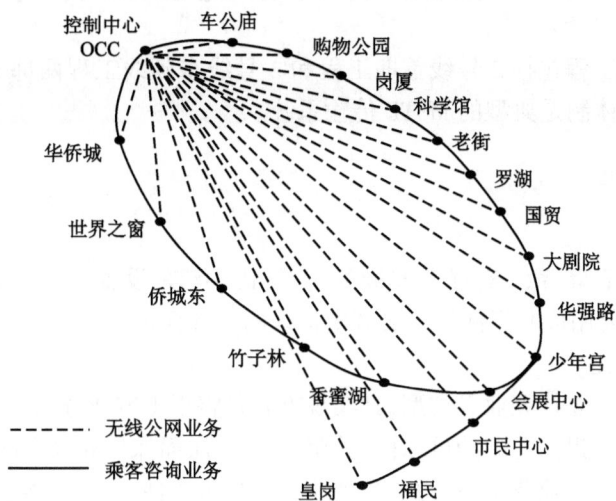

图 7-11　SDH 传输系统业务路径图

从接入业务来看,环网上的信号需有:标准 E1 电接口,10M/100M 以太网电接口,多路音频和低速数据(小于 2Mbps)接口,STM-1 电接口/光接口,STM-1 ATM 光接口,STM-4 光接口。

7.5.7　功能实现

(1)保护倒换

在本系统中,两个环网都采用二纤单向通道保护。设备可以支持各种 ITU-T 规定的标准保护方式。如果以后网络中业务数量和业务流向发生了变化,还可以改变为其他的保护方式。

(2)网络管理

在本系统中,控制中心配置一套网元级网管,网管采用 ZXONM E300,实现对传输系统 Ⅱ 上所有 ZXSM 系列传输设备的实时管理。

网管系统采用 GUI/Manager-DB/Agent 三层架构,提供网元层、网元管理层和部分网络管理层和系统管理、性能管理、配置管理、故障管理、维护管理和安全管理等功能, 并能实现软件的远程在线升级功能。

(3)系统同步

利用 ZXSM-2500V10.0 的外部时钟信号引入功能,将深圳地铁时钟子系统信号引入 SDH 传输网中(从控制中心引入时钟信号,接口为 2Mbit/s)。在传输网内部,利用主从同步方式构建同步系统。除了控制中心以外的各站点,通过 2.5G 光口提取时钟信号。

(4)公务通信

本系统配置公务通信联络电话系统。公务通信具有选址呼叫、群址呼叫和广播呼叫 3 种功能。

7.6 MSTP 传输系统应用实例

深圳地铁 2 号线工程包括 2 号线首期工程和 2 号线东延线工程两部分,其民用通信传输系统采用 MSTP 传输体制是典型的 MSTP 传输系统。

7.6.1 系统功能

1)E1 业务功能

对于 E1 业务而言,本系统实现方式最为简单,由 MSTP 设备直接提供 75Ω 的接口上架(DDF 架),采用二纤复用段共享保护环实现电信级的业务保护。

2)以太网业务功能

以太网业务大多是总线型业务类型,其实现方式是将以太网业务通过 GFP 封装到 SDH 虚容器中进行传输。为了提高业务的可靠性,采用了 SDH 层面保护和以太网层面保护相结合的重叠保护。对部分点到点业务来说,为了实现业务的高可靠性,也以总线型业务的实现方式来提供。这样,便统一成了总线型以太网这一种方式,点到点以太网业务实际上是总线型以太网业务的一种特殊情形。

3)网管功能

从网络结构的角度看,MSTP 网管系统通过交换机与控制中心网关网元提供的 Q 接口相连,接入全网并对整个 MSTP 网络实现管理。

4)保护功能

(1)设备保护

为系统单机设备的安全性充分考虑,对交叉矩阵板和电源接入板,均采用了 1 + 1 的保护方式。

(2)网络保护

为充分考虑网络的安全性,MSTP 网络采用二纤复用段保护环。具体保护方式如下:二纤复用段共享保护环(2F-MSSPRing)是以复用段的故障为倒换依据的,倒换与否是由环上传输的复用段信号的质量决定的。倒换由 K1、K2(b1 ~ b5)字节所携带的 APS 协议来启动,当复用段出现问题(如光缆断裂、光口盘故障、信号劣化等)时,整个环上受到影响的业务信号都切换到反向环的备用信道上。二纤复用段共享保护环倒换的条件,包括复用段 LOF、LOS、MS-AIS、MS-EXC 等告警信号。

(3)以太网业务保护

在 MSTP 传输网络中,除了物理层的复用段保护方式以外,还有其他层面的保护方式,如 ATM 技术中运用 PNNI 信令进行虚通道的保护、以太网层面的快速生成树保护等。

7.6.2 关键设备

在地铁民用通信传输系统中, MSTP 和 SDH 具有相同的组网方式,即采用由 ADM 作为传输节点的光纤自愈环网结构。在控制中心、车辆段、停车场与各车站节点中,通过连接光纤网路的分插复用设备(ADM)和用户接口设备(PCM),实现各种通信业务的上下传输。

(1)分插复用设备

分插复用设备（ADM）是传输系统的核心设备。

图7-12是STM-16分插复用设备构成示意图。

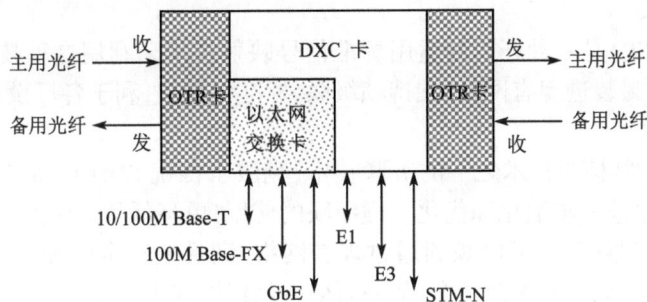

图7-12　STM-16分插复用设备构成示意图

OTR卡是进行光电转换的光电收发卡，每块OTR卡分别与主用光纤、备用光纤相连。

DXC卡是数字交叉连接卡，OTR卡与DXC卡之间是电接口。其最小交叉粒度为2Mbit/s，用来完成复用、解复用和交叉功能，数字交叉连接速率见表7-6。

数字交叉连接（DXC）速率表　　　　　　　　　　　　　　　　表7-6

速率代号	0	1	3	4	5	6
速率	64 kbit/s	2 Mbit/s	34 Mbit/s	155 Mbit/s	622 Mbit/s	2.5Gbit/s

以太网交换卡通过DXC卡与以太网总线相连。以太网总线容量根据业务需要，可以提供10 M、100 M、1G以太网端口。该卡起到了分组数据的汇集和交换功能。

（2）用户接口设备

用户接口设备（PCM）的数字交叉连接卡（DXC），通过E1接口与分插复用设备（ADM）相连。一个用户接口卡的端口连接模拟电话（POTS）、数字电话（2B＋D）、2W/4W E&M和广播等，另一个用户接口卡的端口连接RS-232、RS-422和RS-485等，PCM用户接口设备结构示意图如图7-13所示。

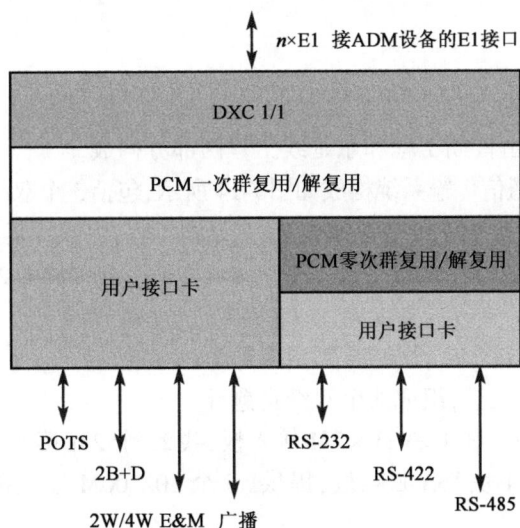

图7-13　用户接口设备构成示意图

7.6.3 关键技术

(1)通用帧协议

通用帧协议(GFP)是一种开放的通用标准信号映射技术。利用这种技术,可以透明地将上层信号进行适配、封装进现有网络,支持帧级联,标准程度高,利于各厂设备互联互通。

(2)虚级联技术

虚级联作为 MSTP 核心技术之一的级联技术,克服了传统 SDH 设备的业务颗粒限制,使传送数据业务的带宽进一步细化和优化。虚级联的使用,更降低了对中间传送系统的要求,使承载数据业务的虚容器(VC)可以顺利通过现有网络,满足全程全网和后向兼容的要求。同时,虚级联还能更充分地利用剩余带宽,从而有效降低组网成本。

(3)链路容量调整方案

链路容量调整方案(LCAS)就是采用虚级联技术来增加或减少所需容量。若网络中某个成员(级联中的某个 VC)失效,系统可以自动减少容量。当网络修复好后,则自动增加容量。该方案还定义了链路的各种状态情况和二者之间控制信息的交换,以灵活调整虚级联信号的大小。

(4)二层交换技术

随着城域网业务的不断出现,作为网络的承载层面,MSTP 需要对数据业务进行处理,以便高效传送数据,简化网络结构,节约网络建设和维护的成本。MSTP 引入二层交换(L2 Swith)技术,可以使数据业务共享网络传送带宽,实现城域网内以太网业务的灵活接入,做到先汇聚、优化、再传送。

(5)MPLS 技术

MPLS(Multi-Protocol Label Switching)作为一种网络标准,开放性很强,支持厂商很多,被认为是大型数据网络可扩展性的最佳解决方案,已得到全球广泛认可。

上述关键技术的突破,使得 MSTP 具备许多优势:简化了分组转发机制,独特的 QoS 保障机制,支持流量工程,强大的扩展能力,更灵活的业务调度,更细致的业务颗粒区分,提供多种 VPN 业务。

7.6.4 系统构成

(1)全线系统总体构成

深圳地铁 2 号线工程由首期工程和东延线工程两部分构成。

深圳地铁 2 号线民用通信传输系统构成如图 7-14 所示,包括 3 个双纤复用段环:传输系统首期工程,由双纤复用段环 1 所连的 10 个站点组成;东延线工程,由双纤复用段环 2 所连的 8 个站点和双纤复用段环 3 所连的 10 个站点组成。每个站点均采用 1662SMC 2.5G 设备组网。

(2)车站系统构成

每个车站安装 1 套 1662SMC 设备,其典型配置为:

①4 块 2.5G 的 S16.1 光板,组成两个双纤自愈环。

②1 块 21×2M 业务板卡和 1 块 21×2M 接入板,共 21 个 2M 接入(含 30% 以上预留)。

③2 块 ISA-ES16 板和 1 块 ISA-ES4 板,提供 36 个 10/100M 以太网电口(含 30% 以上预留)和 1 个 1000M 光口。

(3)车辆段系统构成

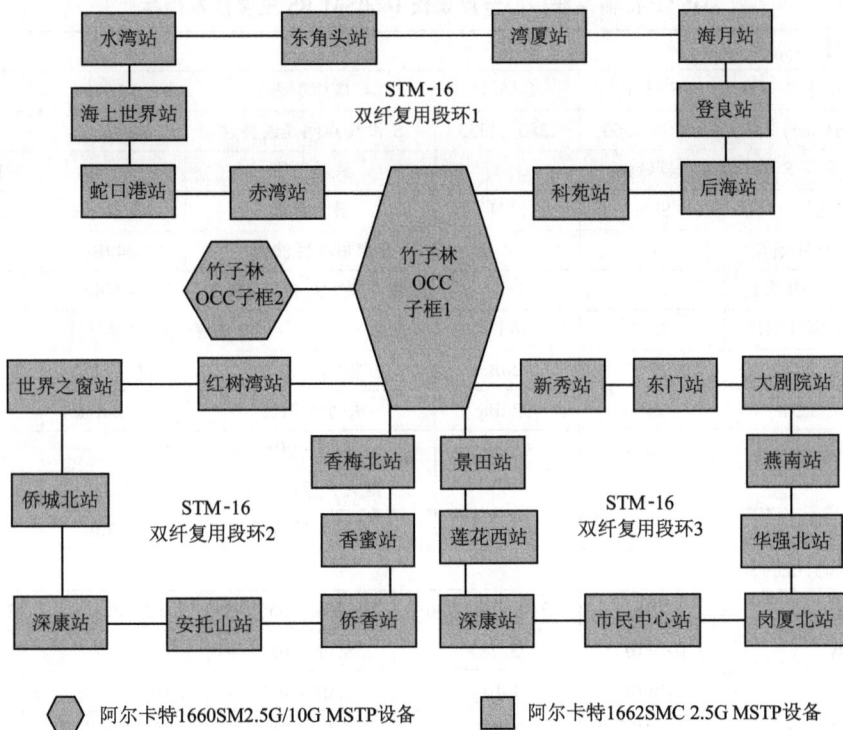

图 7-14　深圳地铁 2 号线民用通信传输系统总体构成

车辆段安装 1 套 1662SMC 设备,其典型配置为:

①4 块 2.5G 的 S16.1 光板,组成两个双纤自愈环。

②1 块 63×2M 业务板卡和 1 块 63×2M 接入板,共 63 个 2M 接入(含 30% 以上预留)。

③2 块 ISA-ES16 板和 1 块 ISA-ES4 板,提供 36 个 10/100M 以太网电口(含 30% 以上预留)和 1 个 1000M 光口。

(4)控制中心系统构成

控制中心有两个子框,即 OCC-1 和 OCC-2,分别安装 1 套 1660SM 设备。

OCC-1 的典型配置为:4 块 2.5G 的 L16.1 光板,组成两个双纤自愈环(复用段保护环);1 块 2.5G 的 S16.1 光板,用来与 OCC-2 的 2.5G 的 S16.1 光板相连;3 块 63×2M 业务板卡和 8 块 21×2M 接入板,共 168 个 2M 接入;3 块 ISA-ES16 板,提供 42 个 10/100M 以太网电口。

OCC-2 的典型配置为:4 块 2.5G 的 L16.1 光板,组成四个双纤自愈环;1 块 2.5G 的 S16.1 光板,用来与 OCC-1 的 2.5G 的 S16.1 光板相连;3 块 63×2M 业务板卡和 8 块 21×2M 接入板,共 126 个 2M 接入;3 块 ISA-ES16 板,提供 42 个 10/100M 以太网电口。

7.6.5　技术指标

(1)中心节点设备技术指标

MSTP 传输系统中心节点设备 1660SM R5 的主要技术指标如表 7-7 所示。

(2)接入设备技术指标

MSTP 传输系统接入设备的主要技术指标如表 7-8 所示。

MSTP 传输系统中心节点设备 1660SM R5 主要技术指标 表 7-7

(一)光接口技术指标					
应用编码	S-16.1	L-16.1	应用编码	S-16.1	L-16.1
工作波长(mm)	1270~1360	1280~1335	S 和 R 点间光通特性		
S 参考点发送器特性			衰减范围	0~12dB	10~24dB
光源类型	SLM	SLM	最大色散	100Ps/nm	255Ps/nm
谱宽 最大 RSM 谱宽	/	/	S 点最小回波损耗	24dB	24dB
谱宽 最大-20dB 谱宽	1nm	1nm	S 和 R 最大离散反射系数	-27dB	-27dB
谱宽 最小边模抑制比	30dB	30dB	R 参考点接收器特性		
平均发射功率 最大	0	+2dBm	检测器类型	lnGaAsPIN	lnGaAsAPO
平均发射功率 最小	-5dBm	-2dBm	最小灵敏度	-18dBm	-27dBm
平均发射功率 最小消光比	8.2dB	8.2dB	最小过载	0	-8dBm
			最大光通道代价	1dB	1dB
			R 点最大反射系数	-27dB	-27dB

(二)系统误码性能(SDH)					
速率(kbit/s)	2048	34 368/44 736	139 264/1 555 520	622 080	2 488 320
ESR	2.02×10^{-5}	3.78^{-5}	8.06×10^{-5}	7^{-5}	3^{-4}
SESR	1.01×10^{-6}	1.01^{-6}	1.01×10^{-6}	1.01×10^{-6}	1.01^{-6}
BBER	1.01×10^{-7}	1.07^{-7}	1.01×10^{-7}	5.04×10^{-7}	5.04^{-8}

(三)网络接口的抖动性能(SDH)					
速率	网络接口限值		测量滤波器参数		
(kbit/s)	B1Ulpp	B2Ulpp	f1	f3	f4
	f1－f4	f3－f4			
STM-1(光)	1.5(0.75)	0.075(0.075)	500Hz	65KHz	1.3MHz
STM-16(光)	1.5(0.75)	0.075(0.075)	5KHz	1MHz	20MHz

(四)设备输入口的抖动性能(SDH)	
频率 f(Hz)	抖动幅度(峰—峰值)
$10 < f \leqslant 12.1$	622UI
$12.1 < f \leqslant 500$	$7500f^{-1}$ UI
$500 < f \leqslant 5k$	$7500f^{-1}$ UI
$5k < f \leqslant 100k$	1.5UI
$100k < f \leqslant 1M$	$1.5 \times 10.5f^{-1}$ UI
$1M < f \leqslant 20M$	0.15UI

(五)其他指标	
尺寸	19in 标准机箱,高 6U,外形尺寸 482mm×250 mm×266 mm(宽×高×深)
重量	满配 17kg
功耗	621W
MTBF	约 26 年
系统可用性	可用性≥99%,平均修复时间≤2h

表 7-8

MSTP 传输系统接入设备主要技术指标

类别	项目	子项	指标
（一）POTS 远端用户线	编码		A律
	比特率		64 kbit/s
	DC环路最大阻抗		2000Ω
	有效传输带宽		300~3400Hz/600Ω
	频率特性	300~400Hz	-0.3~-0.1dB
		400~2400Hz	-0.2~0.1dB
		2400~3400Hz	0~0.7dB
	对地不平衡度	300~600Hz	40dB
		600~3400Hz	46 dB
	空闲信道噪声		<-67dB
	铃流电压		(25±3)Hz, (75±15)V
（四）音频接口	四线收		14dBr/600Ω(-14~+17.5dBm,可调)
	四线发		4dBr/600Ω(-27.5~+4dBm,可调)
	电平调节步长		0.5dBm
	过载电平		3.14dBm
	脉冲失真		≤2.5dB
	编码规则		开路"1",接地"0"
	阻抗		600Ω
	M线检测灵敏度		5mA
	E线输出电流		≥50mA
（五）高保真音频接口	输入接口		平衡,0dBm/600Ω
	输出接口		平衡,0dBm/600Ω
	过负荷电平		+11dBm
	标称带宽		40Hz~15kHz
	信噪比		≥70dB
	非线性失真		≤-70dB
（六）数据接口	异步低速数据接口		50bit/s~19.2kbit/s
	64k同向接口		64kbit/s±100ppm(符合ITU-T G703建议)
	同步低速数据接口		速率:8kbit/s,16kbit/s,32kbit/s,64kbit/s
	V.35数据接口		速率:N×64 kbit/s(N=1~32);电气特性符合V.35标准规定
（七）信令接口	信令方式		第16时隙随路信令,符合ITU-T G703建议
（二）POTS 局端用户线	编码		A律
	比特率		64kbit/s
	DC环路最大阻抗		2000Ω
	有效传输带宽		300~3400Hz/600Ω
	频率特性	300~400Hz	-0.3~-0.1dB
		400~2400Hz	-0.2~0.1dB
		2400~3400Hz	0~0.7dB
	对地不平衡度	300~600Hz	40dB
		600~3400Hz	46 dB
	空闲信道噪声		<-67 dB

续上表

类别	参数	指标
(三)群路接口	接口码型	HDB3
	标称比特率及容量	2048kbit/s±50ppm
	标称波形幅度	2.37V±0.237V/75Ω(不平衡)
(四)音频接口	总失真	符合ITU-T G703建议
	频率特性	符合ITU-T G703建议
	电平特性	符合ITU-T G703建议
	有效传输带宽	300~3400Hz/600Ω
	音频传输方式	二线/四线
	二线收	0dBr/600Ω(-14~+17.5dBm,可调)
	二线发	-3.5dBr/600Ω(-31.5~0dBm,可调)
(八)设备供电	电源	-48V(-36~-72V)
	功耗	<150W
	铃流模块最大输出功率	30W
	同时振铃用户数	60个,每个用户振铃器等效铃流功率0.5W
	尺寸	19in标准机箱,高6U,外形尺寸482mm×250mm×266mm(宽×高×深)
	重量	满配17kg
(九)其他指标	功耗	控制中心1260W,车站150W
	MTBF	约410 000h
	系统可用性	可用性≥99%,平均修复时间≤2h

7.6.6 配线架

（1）光纤配线架（ODF）

①标称工作波长 1310 nm。

②尾纤的 2m 截止波长应不大于 1240nm。

③光缆引入机架时，其弯曲半径应不小于光缆直径的 15 倍。

④无论在何处，纤芯、尾纤的弯曲半径应不小于 37.5mm。

⑤连接器采用 FC 型，包括两端带活动连接器的尾纤和适配器，连接损耗不大于 0.5dB，反射衰减≥40 dB。

⑥机架防护接地装置与光缆中地线的截面积应大于 6mm²。

⑦机架防护接地装置与机架绝缘，绝缘电阻不小于 1000MΩ/500V，耐压不小于 3000 V（直流）。

（2）数字配线架（DDF）

①采用 19in 架式结构，架体封闭。

②连接单元采用 75Ω 不平衡同轴连接器。连接器接触电阻：外导体不大于 2.5mΩ，内导体不大于 10mΩ。连接器内外导体间的绝缘电阻不小于 1000MΩ/500V，在 50Hz1000 V 电压下作用 1min 无击穿、无飞弧。

③同轴连接器与电缆连接后，抗拉力大于 50N。同轴连接器插拔 1000 次后，仍能满足要求。

④回线间串音防卫度不小于 70dB。

⑤介入损耗不大于 0.5dB。

⑥回波损耗不小于 18dB。

⑦能嵌入 MDF、RJ45-24 口标准模块。

⑧机架有良好的工作地和防护接地。

7.6.7 局域网要求

工程中，使用 10 Mbit/s 及 100Mbit/s 局域网的系统有：列车监控（ATS）、自动售检票（AFC）、乘客资讯（PIS）、办公自动化（OA）、综合监控等。

①以太网通道可根据需要分为活动通道或固定通道。

②背板带宽不小于 622M。

③汇聚比不小于 16，即 WAN 端口不小于 16 个。

④中心站的以太网板卡支持 EPS 保护。

⑤组播支持 IGMP SNOOPING。

⑥设备转发二层以太网包时，在同一模块内或经过背板时，单对端口的吞吐量达到线速。

7.6.8 扩展性和兼容性

（1）传输平台的扩展性和兼容性

①业务槽位：控制中心用 38 个，预留 9 个；各车站、车辆段用 18 个，预留 5 个。

②接口：控制中心预留 69 个 E1 口（2M 口）、13 个以太网口；车站预留 13 个 E1 口、12 个

以太网口;车辆段预留 19 个 E1 口、8 个以太网口。

③网络容量:配置 2 个 2.5G 环,即 5G,能平滑升级为 10 G,支持完全不影响业务的在线升级。

(2)接入设备的扩展性和兼容性

接入设备的扩展性和兼容性如表 7-9 所示。

接入设备的扩展性和兼容性 表 7-9

项 目	控 制 中 心			各 车 站			车 辆 段		
	系统容量	实际配置	扩容能力	系统容量	实际配置	扩容能力	系统容量	实际配置	扩容能力
用户业务基盘	64	60	4	8	2	6	8	2	6
数据接口卡	960	180	622	120	6	109	120	6	101
远端电话卡		158			5			13	
E1 端口数	64	31	33	8	1	7	8	2	6
系统带宽能力(64kbit)	920	676	1244	240	22	218	240	38	202

7.7 技 术 展 望

从 3G 进入到 4G 时代以来,各移动通信运营商的传输网和传统数据网面临着网络和业务 IP 化的挑战。PTN 技术的出现迎合了运营商承载网的新需求,国内三大运营商已经纷纷展开使用。总的评价是:PTN 基于纯分组内核,融合了传输网的可靠性与数据网的灵活性,在拥有全面电信级特性和强大管理能力的同时,又继承了良好的可扩展性,并具备高效的统计复用能力,能适应高价值分组业务的承载要求。

7.7.1 PTN 技术定义

PTN(Packet Transport Network)分组传送网技术,主要是基于二层分组的传送平台。从狭义的角度理解 PTN,应具备两个基本的特征:纯分组内核以及面向连接的传送,目前主要有两种技术倾向:基于 MPLS 技术的 MPLS-TP 和基于以太网技术的 PBB-TE。从广义的角度阐述 PTN,则一切满足电信级应用的分组技术都应涵盖到 PTN 中,如增强以太、L2 MPLS(VPLS)等,两者间主要区别在于是否面向连接。

7.7.2 PTN 技术产生背景

移动 3G 和 4G 网络建设也是为了满足业务应用日益增长的带宽需求,无论是 TD-SCD-MA,还是 WCDMA,TD-LTE,FDD-LTE 系统都是为移动多媒体通信而设计的。各种业务都向 IP 化方向发展,同时新型业务也都是建立在 IP 基础上的。

在移动通信领域,两个主要的第三代移动通信标准化组织 3GPP 和 3GPP2 都将第三代移动通信发展思路设定为全 IP 化架构。ITU 认为,可以将 IMT-2000 重新定义为 IMT-Internet Mobile/Multi media Telecommunications 即"互联网移动/多媒体通信"。

在 3G 和 4G 世界里,移动电话是个人的移动信息工具,是满足用户个性化需求的信息助手,用户可根据自己的需要自主选择信息、应用和服务内容。网络大大拓展了用户通信方式,为用户提供了更丰富的业务选择。由于 3G 和 4G 网络能够提供的业务种类非常丰富,而且以多媒体业务为主,这必将打破移动运营商收入主要来源于语音业务的局面,视频电话、宽带数据和信息助手等业务必将成为移动运营商新的收入增长点。

基于 IP 的多业务应用是未来发展的主流,对于固定、移动、商业不同业务的应用其带宽、安全隔离、传送 QoS 要求也各有所不同。3G 和 4G 网络的建设使得承载和传送层面面临业务类型由 TDM 为主向以 IP/ETH 分组为主转变,业务接口由 E1 向 FE 变化,业务粒度由 2M 向 10M/100M 发展等挑战。有电信专家预计在未来 5 ~ 10 年内固定用户带宽需求下行接入带宽可达 20 ~ 30Mbit/s,上行接入带宽可达 4 ~ 8Mbit/s,而移动通信系统每基站的带宽需求也将达到 30 ~ 100Mbit/s。

随着数据业务的迅猛发展,宽带多业务传送、端到端的带宽提供等新模式不断出现,传统的同步数字体系(SDH)技术、IP 技术和以太网技术都不能适应下一代网络对传送和承载的全方位需求,迫切需要建立一种更高效率、更加灵活的面向分组的传送网络形态,充当未来大容量信息传送与交换的基础平台角色,实现 IP 与光传送网的完美结合。

7.7.3　PTN 技术特征

面对基站回传的 IP 化承载和传送需求,有许多的候选技术可以使用,主要有 IP/MPLS 三层承载技术、新型以太网(增强以太网技术或电信级以太网)技术,还有就是新型的面向 IP 的分组化传送 PTN 技术。综合电路、分组和光域技术的分组传送网 PTN 是指这样一种光传送网络架构和具体技术:在 IP 业务和底层光传输媒质之间架构的一个层面,它针对分组业务流量的突发性和统计复用传送的要求而设计,以分组业务为核心并支持多业务提供,具有更低的总体使用成本(TCO),同时秉承光传输的电信网络传统优势,包括高可用性和可靠性,高效的带宽管理机制和流量工程,便捷的 OAM 和网管,可扩展、较高的安全性等。PTN 支持丰富的运营级网络特性,可大幅度降低网络的 CAPEX 和 OPEX,因此,对于基站回传的 IP 化传送需求,PTN 技术将是不二选择。

从长远来看,应采用 PTN 来建设基站回传网络,因为 PTN 在 OAM、保护、时钟、管理等方面都针对移动 Backhaul 应用进行了较多的优化。分别建设基站业务网络和固网宽带业务网络,可以在城域网规模很小的时候避免顾及移动业务的稳定性而束缚固网业务高速发展的手脚。为了利用线路资源,可以采用固网和基站业务网共址但不共网的建设方式。

7.7.4　发展前景

PTN 在国内运营商网络中已大规模部署,并逐渐取代 MSTP 成为运营商新建传输网络的主流技术。但 PTN 网络技术的成熟性、标准的成熟性、可靠性、价格等方面的因素还有待进一步观察和验证,可作为新技术战略逐步引入地铁建设中。

目前,两大主流 PTN 技术(T-MPLS/MPLS-TP 和 PBB-TE)都处于进一步标准化和产业化的阶段,虽然国内外一些设备商在 2008 年前后纷纷发布 PTN 产品,但仍需跟踪国际标准化进展来进一步完善产品功能和性能。

随着我国运营商 RANIP 化和 IPTV 等市场需求的进一步明确,PTN 产业链也将逐渐成熟,PTN 技术将在我国城域网中被全面使用。

本章参考文献

［1］黄亮,韩月,蒲先俊.地铁专用通信传输系统技术分析专业无线通信［J］.2011(12).

［2］李伟章,等.城市轨道交通通信［M］.北京:中国铁道出版社,2008.

［3］上海地铁轨道交通培训中心.城市轨道交通通信技术［M］.北京:中国铁道出版社,2012.

第8章 越区切换

8.1 越区切换的基本概念

移动性管理是移动通信的基础,包括小区选择、重选过程和切换过程。

移动通信的切换,是指在移动通信系统中,通话中的移动用户从一个信道或基站,切换到另一个信道或基站的过程;或者是,通话中的移动用户从一个信号小区覆盖范围移动到另一个信号小区覆盖范围时,网络信号自动的转换处理过程。

移动通信切换的目的是,维持高质量的信号质量、平衡小区之间的业务量以及规避出现故障的承载信道。

移动通信的切换情况有 3 种。

(1)移动越区切换

移动台从一个覆盖小区进入到另一个覆盖小区所发生的切换,叫移动越区切换,简称越区切换。

以蜂窝移动通信为例,一个基站覆盖一个蜂窝小区,如图 8-1 所示。由于相邻小区的工作频率不同,因此移动台从一个蜂窝小区进入到另一个蜂窝小区时,为保持通信的连续性,必须有一个维持通信连续的过程,此过程叫作越区切换(handover 或 handoff)。

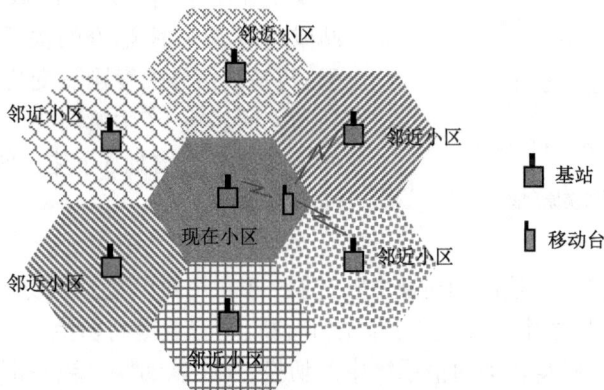

图 8-1　蜂窝移动通信的蜂窝小区

亦可认为,越区切换是移动台与基站之间的通信链路,从当前基站转移到另一个基站的过程。此过程又称为自动链路转移(ALT，Automatic Link Transfer)。

需要指出的是，越区切换特性并非蜂窝网络所特有，当今大部分无线移动通信网络都有这一功能，地铁民用无线通信也不例外。

(2)业务平衡切换

移动台在两个覆盖小区重叠区域内通话时，若当前小区的信道处于满负荷状态，而邻近小区的信道比较空闲，为平衡业务，将移动台从当前小区切换到邻近小区，这种切换又叫业务平衡切换。

(3)通话质量切换

移动台在同一个小区内通话时，由于外界干扰而造成通话质量下降时，必须改变原有的话音信道而转接到一条新的空闲话音信道上去，以继续保持通话的过程，这种切换又叫通话质量切换。

必须强调的是，上述后两种切换(业务平衡切换和通话质量切换)主要发生在蜂窝移动通信系统中，对地铁无线通信而言则是次要的。

基于越区切换是移动通信十分重要的特性，下面着重对它进行研究。

8.2 越区切换的技术分类

8.2.1 越区切换类型

越区切换，在技术上可以分为硬切换、软切换和接力切换3种类型。

(1)硬切换

硬切换是指先切断旧的连接，再建立新的连接，即为先断后切。图8-2是硬切换原理图。

在FDMA(频分多址)和TDMA(时分多址)蜂窝移动通信系统中，所有的切换都是硬切换。切换发生时，手机总是先释放原基站的信道，然后才能获得新基站分配的信道，是一个"释放—建立"的过程，具有A、B两个状态。切换过程发生在两个基站过渡区域或扇区之间，两个基站或扇区是一种竞争的关系。如果在一定区域里，两基站信号强度剧烈变化，手机就会在两个基站间来回切换，产生所谓"乒乓效应"。这样，一方面给交换系统增加了负担，另一方面也增加了掉话的可能性。

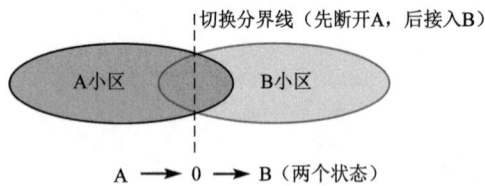

图8-2 硬切换原理图

(2)软切换

软切换是指在维持旧连接的同时建立新连接，并利用新旧链路的分集合并来改善通信质量，当新连接可靠建立后才中断旧连接，即先切后断，能有效提高切换的可靠性。

CDMA(码分多址)蜂窝移动通信系统中的切换，就是软切换。当一部手机处于切换状态，同时会有两个甚至更多的基站对它进行监测，系统中的基站控制器将逐帧比较来自各个基站的有关这部手机的信号质量报告，并选用最好的一帧。

如图8-3所示，软切换是一个"建立—比较—释放"的过程，具有A、A∩B、B三个状态。

有必要指出,软切换既可以是同一基站控制器下的不同基站之间的切换又可以是同一基站下的两个小区之间的切换,后者通常被称为更软切换。

(3)接力切换

利用智能天线和上行同步技术,在对用户设备的距离和方位进行判断的基础上,将其距离和方位作为辅助信息,借以判断目前用户设备是否移动到了可以进行切换的相邻基站的临近区域(切换区)。如果进入了切换区,则无线网络控制器通知该基站做好切换的准备,保证不中断通信、不丢失信息,从而快速、高效、可靠地实现越区切换。这个过程好比田径运动的"接力赛",因此称之为接力切换。

SCDMA(同步码分多址)蜂窝移动通信系统中的切换,就是接力切换。

接力切换,既可用于不同载频的 SCDMA 基站之间,也可用于 SCDMA 系统基站与其他系统(如 GSM)基站之间。

8.2.2 三种切换方式的比较

三种切换方式各有优缺点,它们的比较见表8-1。显然,接力切换的优势明显,它同时拥有硬切换的高信道利用率和软切换的高成功率。硬切换适用于频分多址和时分多址体制,如 GSM 系统。软切换适用于码分多址体制,如 CDMA 系统。接力切换适用于同步码分多址体制,如 TD-SCDMA 系统。

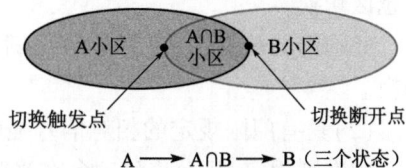

图 8-3 软切换原理图

三种切换方式的比较 　　　　　　　　　　　　　　　　　　　表 8-1

比较项目	硬切换	软切换	接力切换
适用体制	频分多址、时分多址	码分多址	同步码分多址
切换成功率	低	高	高
呼叫掉话率	高	低	低
资源占用	少	多	少
切换时延	短	长	短
对容量的影响	低	高	低
主要特征	切换中会丢包	浪费资源	无缝切换,不丢包
应用案例	GSM 系统	CDMA 系统	TD-SCDMA 系统

8.3 越区切换的一般准则

决定何时进入越区切换过程的依据通常是移动台接收信号的平均强度,也可以是移动台处的信噪比(或信干比)、误码率等。对公众移动通信系统而言,假定移动台从基站1向基站2运动,其接收信号强度的变化如图 8-4 所示。

判定何时进入越区切换的一般准则有 4 条。

(1)相对信号强度准则(准则1)

此准则规定:在任何情况下,都选择信号最强的基站进行切换,如图 8-4 中 A 点处将要发生越区切换。

此准则的缺点是:在原基站仍满足要求时,由于信号的起伏,会引发太多不必要的越区切换。

(2)具有门限规定的相对信号强度准则(准则2)

此准则规定:只允许移动台在当前基站信号足够弱(如低于门限2),且新基站信号强于本基站信号情况下,才可以进行越区切换,如图8-4中B点处将要发生越区切换。

在此准则的执行过程中,门限选择至关重要。门限太高,则与准则1相同。门限太低,会引起较大的越区延时,从而导致因链路质量变差而使通信中断。

(3)有滞后余量的相对信号强度准则(准则3)

此准则规定:只允许移动台在新基站信号比当前基站信号强很多情况下,才可以进行越区切换,如图8-4中C点处将要发生越区切换。

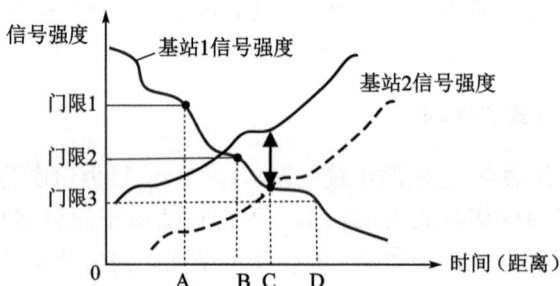

图8-4 越区切换示意图

此准则可以防止因信号波动所引起的在两个基站之间的来回切换("乒乓效应")。

(4)具有门限规定和滞后余量的相对信号强度准则(准则4)

此准则规定:只允许移动台在当前基站信号低于规定门限,且新基站信号高于当前基站规定滞后余量情况下,才可以进行越区切换。

8.4 越区切换的控制方式

越区切换控制有两层含义:一是越区切换的参数控制,二是越区切换的过程控制。

所谓参数控制,就是在移动台切换过程中,每个移动台对周围基站发出的信号进行测量,主要测量功率、距离和话音质量,这3项指标决定切换的门限。移动台把测量结果传给基站,基站将测量计算结果与切换门限值进行比较,决定是否切换。

越区切换的过程控制有3种方式。

(1)移动台控制方式(方式1)

移动台连续监测当前基站和越区几个候选基站的信号强度和质量,当满足规定的切换准则后,移动台选择最佳基站,并发送越区切换请求。TETRA系统采用这种方式,又称移动台主导的切换方式。

(2)网络控制(基站控制)方式(方式2)

基站监测来自移动台的信号强度和质量,当信号低于规定的门限后,网络安排向另一个基站的越区切换。网络要求移动台周围的所有基站都监测该移动台的信号,并把监测结果报告给网络。网络从这些基站中选择一个基站作为越区切换的新基站,通过旧基站告诉移动台,并通知新基站。GSM 采用这种方式,又称基站主导的切换方式。

(3)联合控制(移动台辅助控制)方式(方式3)

网络要求移动台监测周围所有基站的信号强度和质量,并把监测结果报告给旧基站,网络根据监测结果决定何时进行越区切换以及切换到哪个基站。

此外,越区切换时还需进行信道分配,其目的是解决移动台转移到新基站后有信道可使用,以减少越区切换的失败概率。习惯做法是,每个基站为越区切换预留部分信道,代价是因新呼叫可使用信道数减少而增加了呼损率。

8.5 地铁无线通信越区切换的基本特征

(1)基站覆盖小区呈链状结构

地铁民用无线通信系统(无线公网)和地铁专用无线通信系统(无线专网)的服务区都在地铁沿线。为了对服务区实现无缝覆盖,提高系统容量,需要设立多个基站,每个基站的服务区称作一个覆盖小区,从而使一条地铁线路的无缝覆盖成为链状覆盖,如图8-5 所示。

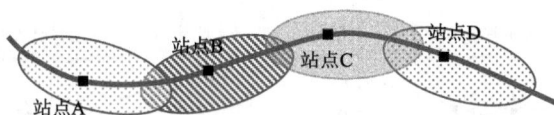

图 8-5 地铁的链状无线覆盖

(2)基站配置以小区制为主

地铁无线覆盖,有中区制和小区制两种。小区制,又称"全基站"方案,指的是地铁全线每个车站均设一台基站。中区制,又称"基站 + 直放站"方案,指的是地铁全线有的车站设基站,有的车站设直放站。目前,无线专网以小区制为主,并有全部过渡到小区制的明显趋势。无线公网采用小区制。

(3)无线专网越区切换以保证车载台为主

无线专网的移动终端主要是车载台和手持机。

越区切换应以保证车载台为主,这是因为:

①地铁专网用来保证列车安全、正点运行,因此车载台是本网的主要保证对象。

②由于车载天线相对区间漏缆的极化损耗较大(约20dB),故漏缆到车载台的路径损耗要大于漏缆到车厢内手持机的路径损耗。因此,若满足了车载台的覆盖要求,则能满足手持机的覆盖要求,反之则不行。

③车载天线相对区间漏缆的位置比较固定,故覆盖场强测试结果也较稳定。

(4)一个车站基站要同时覆盖四个区间

如图 8-6 所示:在一个车站,基站的输出功率除要覆盖站厅站台外,还要同时覆盖四个区间:区间 I(右线送出)、区间 II(右线迎接)、区间 III(左线送出)和区间 IV(左线迎接)。

图 8-7 说明了这四个覆盖区间的切换情况。

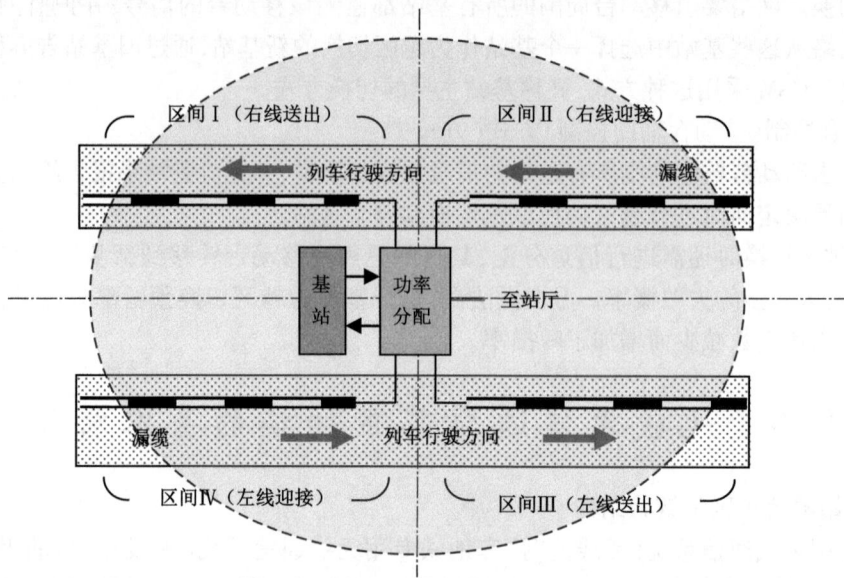

图 8-6 一个基站同时覆盖四个区间

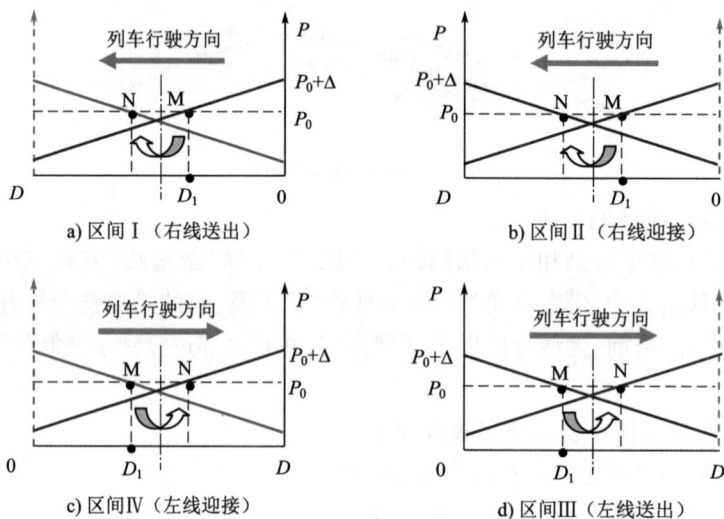

图 8-7 一个基站四个覆盖区间的切换

在区间 I,基站覆盖输出完成右线送出功能;

在区间 II,基站覆盖输出完成右线迎接功能;

在区间 III,基站覆盖输出完成左线送出功能;

在区间 IV,基站覆盖输出完成左线迎接功能。

(5)越区切换要在区间完成

站台区域是车载台通话的主要区域。为保持车载台通信的连续性和稳定性,必须保证车载台在区间完成越区切换,而不能在站台区域完成切换,地铁越区切换区域如图 8-8 所示。

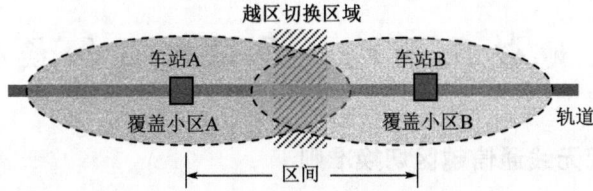

图 8-8　地铁越区切换区域

图 8-9 说明了四种切换情况：车站切换、近站切换、区间切换、跨站切换。图 8-10 说明了三种非希望的越区切换：靠近车站切换、站台区域切换、跨过车站切换。

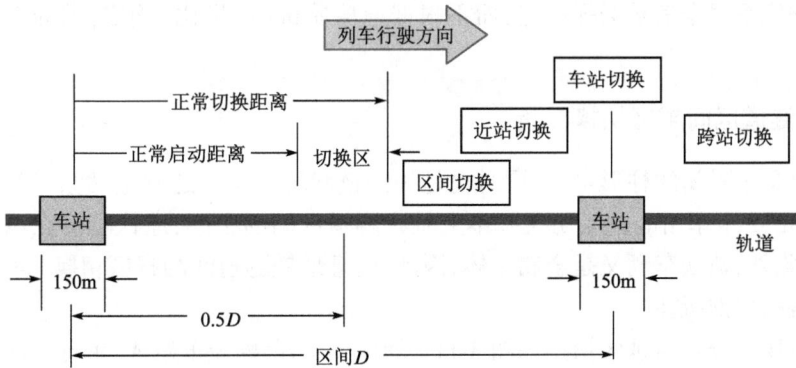

图 8-9　四种切换情况示意图

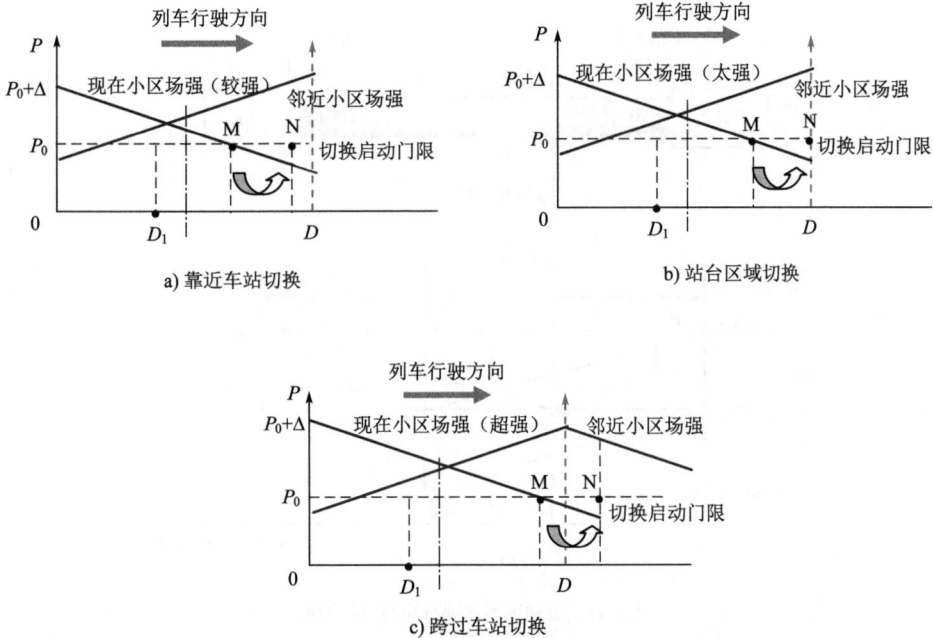

a) 靠近车站切换

b) 站台区域切换

c) 跨过车站切换

图 8-10　三种非希望的越区切换

8.6 地铁民用无线通信越区切换分析

8.6.1 地铁民用无线通信越区切换准则

根据地铁民用无线通信系统的特点,在拟定越区切换方案时,应遵循以下准则:

①既考虑 TDMA(GSM 系列)的硬切换,又考虑 CDMA 的软切换。

②只考虑地下线路(隧道)区间的切换,不考虑地面和高架线路区间的切换,因为后者是地面公众移动通信覆盖网络的任务,而不是地铁民用无线通信覆盖网络的任务。

③切换阀值系根据信号场强确定,而不根据通信质量(信噪比)确定,因为地下信号比地面信号纯净。

8.6.2 隧道区间越区切换分析

地铁隧道是个封闭的柱形空间,同时也是一条链状覆盖网。通常基站频率复用采用隔站复用方式,因此,2 个车站的越区切换基本上是在隧道区间的中部,地铁车辆在该部位的车速也达到最高,此外,地铁车辆又是金属车体,因此,处理地铁隧道间的越区切换是实现地铁移动通信信号覆盖的关键所在。

公网区间场强分布与越区切换如图 8-11 所示。移动台离开车站 A,在向车站 B 运动的过程中,收到的来自 A 站的信号逐渐减弱,而来自 B 站的信号逐渐增强。为了保证稳定连续的移动通信,必须引导移动台从 A 站向 B 站的平滑过渡,即从车站 A 基站的覆盖区平滑转换到车站 B 基站的覆盖区,从而实现越区切换。

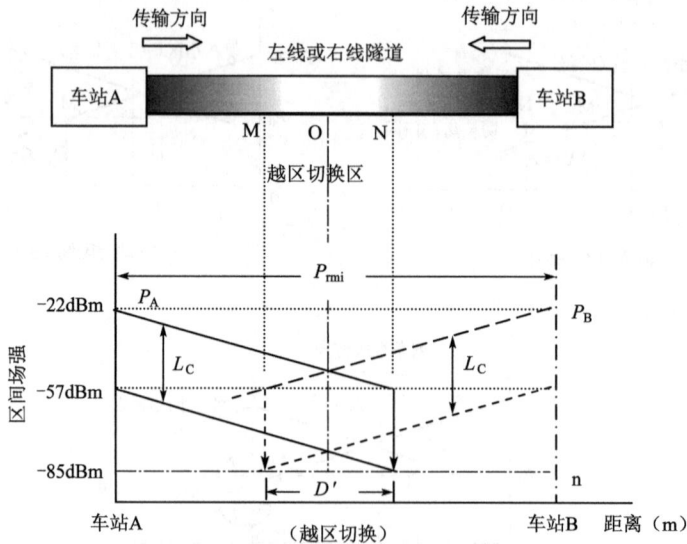

图 8-11 公网区间场强分布与越区切换

在 O 处,两站信号强度相等,切换在 MN 段进行。切换时,切换处两站信号的强度都高于最低场强要求(如 -85dBm)。

越区切换区的宽度与车速和切换时间有关。移动通信和移动数字电视的移动试验表明，车速达到80km/h仍能正常接收信号。

越区切换区宽度的计算公式为：

$$D' = V'T' \tag{8-1}$$

式中：D'——越区切换区宽度(km 或 m)；

V'——移动用户(列车)的运动速度(km/h 或 m/s)；

T'——越区切换时间(s)。

给定列车车速(km/h)后，不同越区切换时间(s)所对应的越区切换区宽度(m)如图8-12所示。不难看出，当车速在 40 ~ 80km/h 时，若越区切换时间为 4 ~ 10s，则越区切换区宽度为 90 ~ 222m。

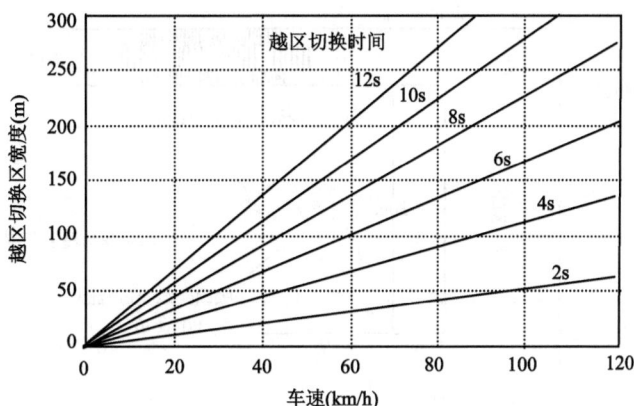

图 8-12　越区切换宽度与列车速度的关系

深圳地铁无线公网对越区切换区宽度作了一些考虑：列车起动和到站阶段车速较慢，区间中部即切换期间车速较快。列车热滑速度为 25km/h、45km/h、60km/h、80km/h；不同移动手机有不同的越区切换时间，GSM 手机为 6s，CDMA 手机更短，无线公网设计取 10s；取列车最大运营车速 $V' = 80$km/h，越区切换最长时间 $T' = 10$s(或 12s)，故越区切换区宽度定为 222m(或 266m)。

通常，在系统设计中，保证设计区域最弱信号强度不低于 -80dBm，就能确保切换时不会因为信号太弱而造成掉话。

一般情况下，类似市区地面基站较为密集的地区，地铁切换容限的设置值为 6 ~ 8dB。

以 GSM900MHz 信号为例，漏缆传输损耗为 22.5dB/km，即 133m 漏缆要衰减 3dB。所以，在最坏情况下，现在小区的信号将衰减 3dB；若将相邻小区的信号强度增强 3dB，则信号强度相差可达 6dB。因此，只要保证隧道中的切换区长度达到 266m，即可满足移动台良好无间断的切换要求。

隧道内，GSM 网络越区切换的典型参数为：

①启动越区切换测量的阀值电平，比移动台最低接收电平高 10 ~ 20dB。

②现在小区与邻近小区信号质量差值选择准则 C2 - C1 = 5 ~ 10dB(场强差值)。

③现在小区与邻近小区信号质量差值计算总切换时间(正常切换所需时间)为 6 ~ 10s。

设计中应留一定余量,取切换时间为 12s。

在与 GSM 网络类似条件下,CDMA 因采用软切换技术而更容易实现良好的切换。

8.6.3 乘客进出地铁出入口时的越区切换

实际观察表明:乘客从地面进入站厅,在直行通过自动扶梯或人梯过程中,移动手机信号始终很强,直到拐弯后数米信号才消失。这说明,地面基站信号可以覆盖连接地面的自动扶梯和步行梯。因此,在靠近该自动扶梯和步行梯的通道拐弯后处设置吸顶天线,便能保证完成越区切换所需的信号覆盖。

图 8-13 表明了地铁进出口附近的信号覆盖情况。

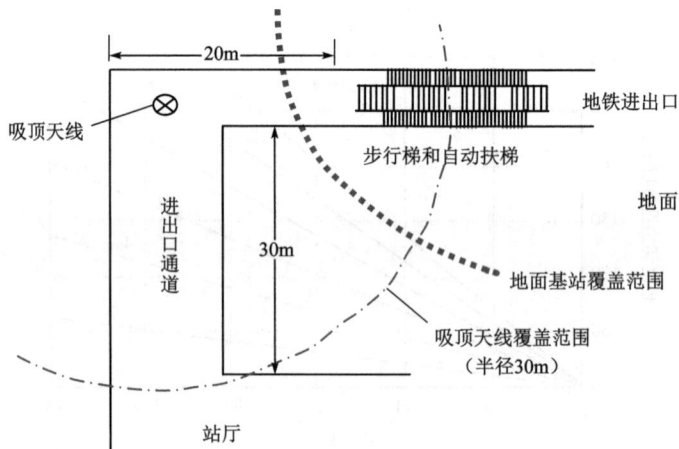

图 8-13　地铁进出口附近的信号覆盖情况

地铁出入口的越区切换不同于地铁隧道区间中的越区切换,这是因为:

①地铁隧道区间中的越区切换是移动手机在地铁无线公网内两站之间的切换,而地铁出入口的越区切换是移动手机在地铁无线公网与地面覆盖网之间的切换。换言之,前者属网内切换,后者属网间切换。

②地铁隧道区间中的越区切换是在运行中的列车上进行的,因车速较快(最高 80km/h 或 22m/s),故切换距离较长。而地铁出入口的越区切换是在旅客通过步行梯或自动扶梯(平均 0.56m/s)过程中进行的,因速度较慢故切换距离较短。

③地铁相邻两站基站的频率不同,一般不会产生同频干扰。而在地铁出入口附近,地面网和地下网的频率有可能相同,因此要设法避免同频干扰的发生。

图 8-14 说明,在同一车站,移动通信地下基站和地面基站频率的配置必须错开,否则会产生同频干扰。

乘客在站厅和隧道口之间的出入通道时,由于步行梯或自动扶梯的运动使场强产生瑞利衰落,同时还有人群移动或晃动产生的信号衰落,致使手机接收的信号强度锐减或发生剧烈起伏,造成信号重叠区域(切换区)不足,从而容易造成用户通话中断。

在乘客出入过程中,其位置坐标以及地下网和地面网场强的变化如图 8-15 所示。假设切换在 G 点附近进行,由于人体移动较慢,故出入口的越区切换易于完成。

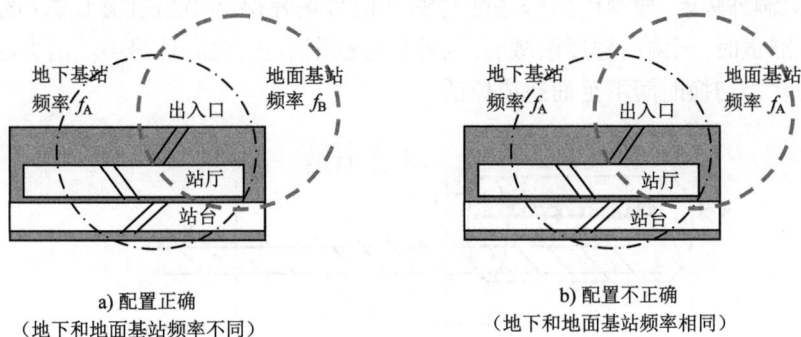

图 8-14　地下基站和地面基站的频率配置

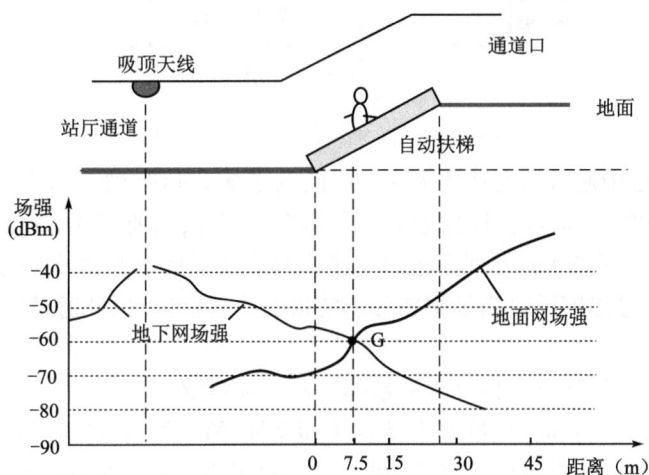

图 8-15　地铁出入口的越区切换

地铁出入口自动扶梯运行的速度通常为 1.5m/s,自动扶梯运行时间与地铁出入口长度有关。假如,自动扶梯运行时间为 10s,则乘客移动距离为 15m。

乘客进站时切换情况与出站时相同。

在乘客进站和出站时,为使移动台能够平稳切换,应保证自动扶梯区域地面网和地下网的覆盖电平都在 -75dBm 以上。

8.6.4　列车进出隧道洞口时的越区切换

地铁隧道洞口狭长封闭的特殊结构,造成洞外信号很难进入隧道内。如果不采取必要措施,当列车高速驶入隧道洞口时,在极短的时间内洞外小区的信号急剧下降,使得移动台没有足够的时间完成整个切换过程,从而导致通话信号越区切换失败,掉话率升高。这种情况同样也会发生在列车高速驶出隧道洞口的过程之中。

根据地铁隧道洞口的位置结构及其周边电磁环境的特点,有多种方案来解决隧道洞口信号的切换问题。

(1)方案 *A*——泄漏同轴电缆末端加定向天线

为保证系统的成功切换时间,在各个隧道与地面交汇处利用洞外定向天线将隧道内信号沿隧道方向,向洞外辐射,使洞内信号场强与洞外信号场强保持平稳过渡状态(图 8-16)。当列车驶出地铁隧道时,洞内信号逐渐减弱,洞外信号逐渐增强,没有信号突然消失的情况,因此可以避免移动台因切换时间不足而造成掉话。

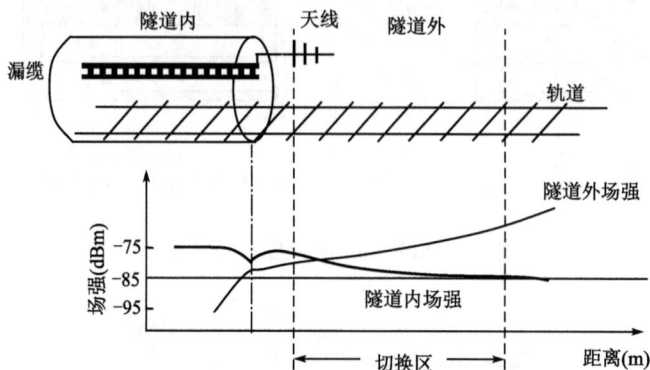

图 8-16 漏缆末端加定向天线覆盖示意图

假设列车在隧道中通常运行速度为 80km/h,为了满足运行列车切换区域的最低要求,要确保切换区长度超过 266m,以保证信号的平滑切换。因此,只要漏缆末端场强足够,加上定向天线 10dBi 的增益,可使 266m 外列车车厢内接收的信号强度满足边缘场强覆盖要求,则根据切换容限,在洞外信号强度同时满足覆盖要求的情况下,就可以保证通过场强比较的方式进行切换。

同理,可分析列车经隧道洞口驶入地铁隧道的切换情况。

方案 A 特点:实现方式简单,投资小,但对隧道洞口的洞外信号覆盖质量要求较高,并且其定向天线的安装位置受隧道洞口的结构限制,若控制不当易对大网造成信号干扰。本方案适用于隧道区间较短,隧道洞口外信号质量较好,且周边基站密集程度较低的情况。

(2)方案 B——将洞外信号引入隧道内

当洞外信号较好时,可以利用射频直放站将洞外的信号放大后引入隧道内,使地下隧道近洞口区域洞内信号场强与洞外信号场强保持平稳过渡状态(图 8-17)。当列车驶近隧道洞口时,洞内信号逐渐减弱,洞外的信号逐渐增强,没有信号突然消失的情况,因此可以避免移动台因为切换时间不足而造成掉话。

按列车在隧道中段最高运行速度为 80km/h,为了满足运行列车切换区域的最低要求,要确保切换区长度超过 266m,以保证信号的平滑切换。

以 GSM900MHz 信号为例,为满足覆盖要求,选用 0.5W 的射频直放站(根据大网情况,可采用宽频、选频或光纤直放站)将洞外信号放大后引入隧道内。

在 266m 的 1-5/8 泄漏同轴电缆中,GSM900MHz 信号共衰减 6dB,考虑接头、馈线的损耗约为 3dB,合路器插损 5dB,距 1-5/8 泄漏同轴电

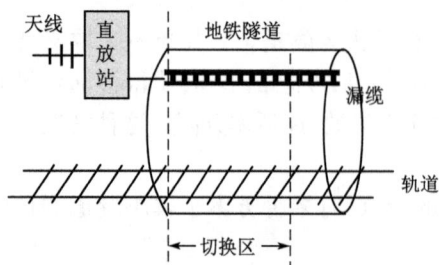

图 8-17 将隧道外信号引入隧道内覆盖示意图

缆 4m 处的耦合损耗为 75dB,考虑信号电平系统余量约为 15dB。以 0.5W 直放站为例,在直放站满功率输出的情况下,距离隧道洞口 300m 处列车车厢内的信号强度约为 −77dBm。

在满足系统指标的情况下,可确保隧道内最差情况下的覆盖信号边缘场强大于 −80dBm,因此可保证 266m 的有效切换区间,使移动台得以平稳顺畅地进行小区切换。

同理可分析列车驶入地铁隧道的切换情况。

方案 B 特点:投资较小,因将洞外信号引入隧道,把切换区间控制在相对封闭的隧道内,不易干扰大网信号,并且可保证切换成功率。本方案适用于隧道洞口附近网络信号质量较差或周边基站较密集的情况,但实施需考虑到隧道洞口的安装位置和电源等条件的限制。

(3)方案 C——泄漏同轴电缆延伸出隧道洞口

利用泄漏同轴电缆馈送射频信号的特性,将漏缆延伸出隧道洞口沿地面轨道继续铺设一定的距离,使地下隧道延伸至地面时洞内信号场强与洞外信号场强保持平稳过渡状态(图 8-18)。当列车驶出地铁隧道时,洞内信号逐渐减弱,洞外信号逐渐增强,没有信号突然消失的情况,因此可以避免移动台因为切换时间不足而造成掉话。

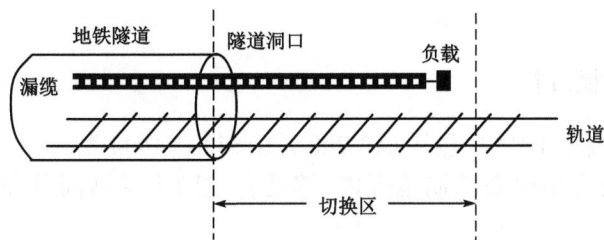

图 8-18　漏缆延伸出隧道洞口覆盖示意图

方案 C 特点:投资相对较大,并且由于泄漏同轴电缆铺设受地面轨道结构限制较大,在露天环境中泄漏同轴电缆所辐射的信号如控制不当,易对洞外大网信号造成干扰。

上述三种洞口切换方案综合对比如表 8-2 所示。

各种洞口切换方案综合对比　　　　　　　　　　　　表 8-2

方　案	特　点	优　势	限　制	适 用 范 围
方案 A	漏缆末端加定向天线	投资小; 实施便捷	隧道洞口应具备定向天线安装条件; 隧道洞口原有室外无线信号应能满足覆盖要求; 隧道洞口漏缆末端信号电平不能过低	隧道区间较短;隧道洞口周边原有室外信号质量较好;地处室外基站密集区外
方案 B	将隧道外信号引入隧道内	投资相对较小; 切换控制效果好; 对洞外大网没有影响	隧道洞口应具备设备安装位置和电源等条件	隧道洞口附近网络信号质量一般或周边室外基站较密集的地区
方案 C	漏缆延伸出隧道洞口	方案较简单	投资相对较大; 地面轨道应具备泄漏同轴电缆铺设条件; 隧道洞口原有室外无线信号应能满足覆盖要求	隧道洞口周边原有洞外信号质量较好,地处市中心以外的地区

由以上分析可知,方案 A 和方案 C 都是把隧道中的信号引出隧道外,室外定向天线和泄漏同轴电缆所辐射的射频信号或多或少都会对室外无线网络造成一定的影响,并且方案 C 的施工难度较大;而方案 B 能将切换区域很好地控制在隧道内,对周边洞外无线网络的影响最小,但是实施起来相对较为复杂。综合考虑,一般建议选择方案 B。

8.6.5 换乘站的越区切换

如果换乘站能够一次建成,应尽量考虑设置一个基站,用一个小区信号来完成对换乘站的覆盖,从而避免越区切换问题。

换乘站越区切换问题的解决办法,可以参照地面公众移动网的多基站设置办法。

如果换乘站必须设置两个或三个基站,则会带来越区切换问题。此时,为保证平滑切换,应把重叠区尽量安排在相对宽敞的区域,且重叠区不宜过大,以防发生"乒乓切换"。

8.7 各种体制系统的切换分析

8.7.1 GSM 切换分析

GSM 采用时分多址(TDMA),包括 GSM900 系统和 DCS1800 系统。

在 GSM 单个移动交换中心控制范围内,移动台在两个基站间的硬切换过程如图 8-19 所示。

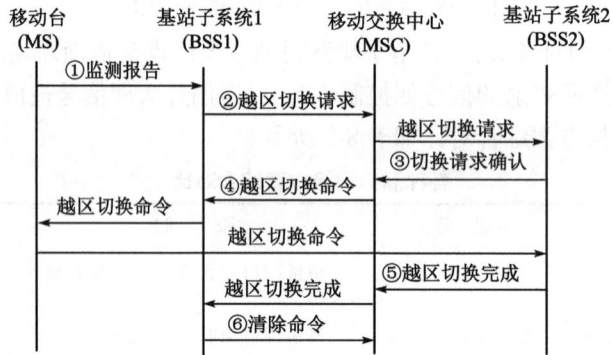

图 8-19 GSM 移动台硬切换过程

整个切换过程由移动台、基站、基站控制器和移动交换中心共同完成。移动台负责测量下行链路性能和周围小区中接收的信号强度。基站负责监视每个被服务移动台的上行接收电平和质量,并在其空闲信道上监测干扰电平。基站控制器把它和移动台测量的结果送往移动交换中心。移动交换中心完成最初判决。对来自其他基站子系统和其他移动交换中心的信息,测量结果的判决也由该移动交换中心来完成。

8.7.2 CDMA 切换分析

在 CDMA 单个移动交换中心控制范围内,一个 CDMA 移动台在两个基站之间的切换是软切换。软切换过程如图 8-20 所示。软切换阀值工作过程如图 8-21 所示。

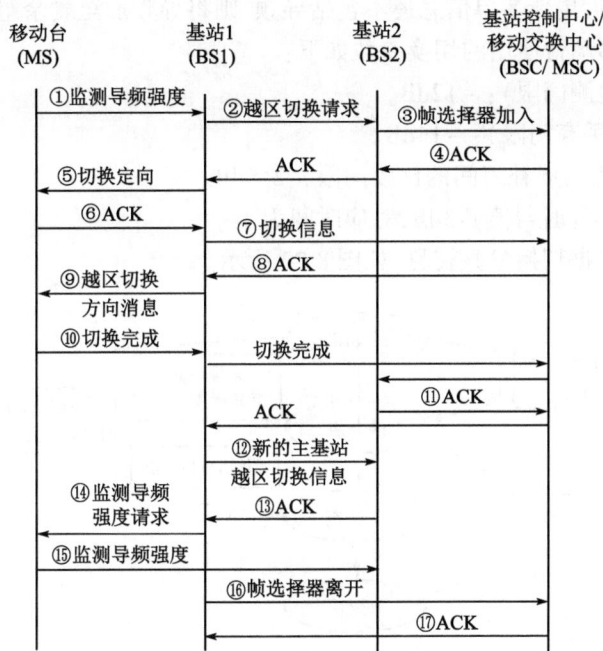

图 8-20　CDMA 移动台软切换过程

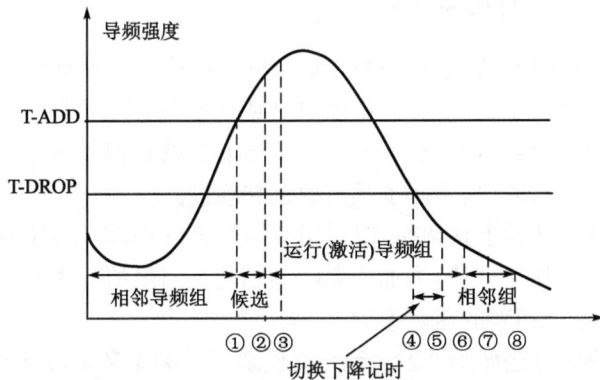

图 8-21　CDMA 软切换阀值工作过程图

在图 8-21 中：

①导频强度高于 T-ADD,该导频进入候选导频组。

②移动台将导频强度测量报告返回发端基站,基站发送切换引导给移动台。

③导频升至运行(激活)导频组,移动台请求业务信道并发送越区切换完成信息。

④导频降至低于 T-DROP 时,则启动软切换下降计时器。

⑤计时器超时后,导频降仍低于 T-DROP,则移动台发送另一组导频强度测量报告给关联的基站。

⑥移动台收到相应的越区切换引导信息而导频不在其中,则移动台将导频加至相邻组。

⑦发送切换完成信息。

⑧若基站发送邻近更新名单信息还不包括导频,则将导频加至剩余组。

工程上,CDMA 移动台使用的切换参数如下:

①T-ADD(导频检测门限):−12dB。

②T-DROP(导频丢弃门限):−14dB。

③T-Comp(活动组与候补组间的比较门限):2.5dB。

④T-TDROP(丢弃计时器值):3dB,对应时间为4s。

工程上,导频组依据切换参数转移,如图 8-22 所示。

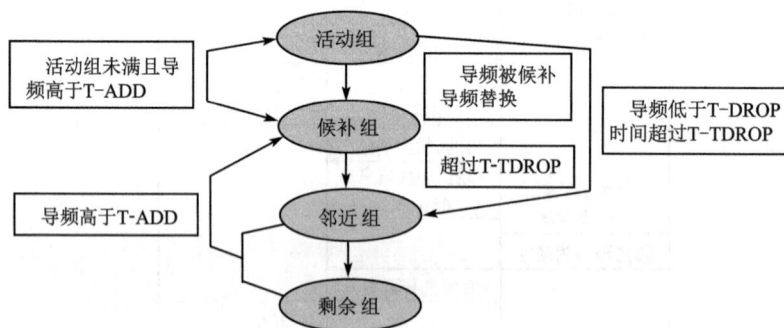

图 8-22 导频组转移示例

8.7.3 CDMA2000 系统切换分析

CDMA2000 系统的切换控制,通常分为测量、决策、执行 3 个主要阶段。在测量阶段,由网络端和移动台端评估链路质量,一旦当前链路电平或质量的测量值降到预先设定的门限以下就启动切换。在决策阶段,根据切换启动准则评估当前基站和相邻基站的测量结果,满足切换条件时就启动切换。在执行阶段,实际上是有效地转换链路。

CDMA2000 系统的切换属于软切换,但软切换的算法较 CDMA 系统有很大改进,引入了有关导频的新的控制参数可用于计算:增加或删除导频动态门限的斜率参数、增加导频动态门限的截距参数、删除导频动态门限的截距参数。

CDMA2000 软切换新算法如图 8-23 所示,它反映了导频 1 和导频 2 在导频集中的位置随其强度变化的过程。

导频 1 对应基站 1,导频 2 对应基站 2。

初始状态时,激活集中只有导频 1,导频 2 在相邻集中,此时移动台只与基站 1 有无线连接。随着时间的变化,导频 1 强度逐渐减小,导频 2 强度逐渐增大,各点位的状态如下:

①在 A 点,移动台检测到导频 2 强度高于 T-ADD 但未达到动态门限,移动台将导频 2 列入候选集。

②在 B 点,移动台向基站 1 发送导频强度测量信息。

③在 C 点,移动台将导频 2 移入激活集。

④在 D 点,移动台启动 T-TDROP。

⑤在 E 点,时间超过 T-TDROP 后,移动台向基站 2 发送导频强度测量信息。

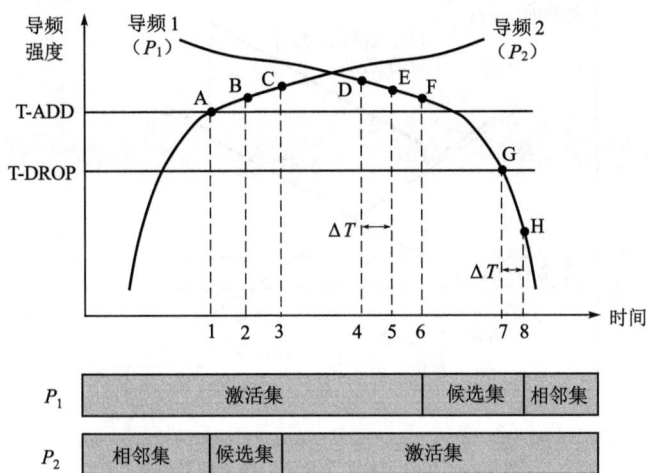

图 8-23　CDMA2000 软切换算法

⑥在 F 点,移动台收到来自基站 2 的切换指示信息后,中断与导频 1 对应业务的业务链路连接,将导频 1 移出激活集、加入候选集,向基站 2 发送切换完成信息。

⑦在 G 点,导频强度低于 T-DROP,移动台再次启动 T-TDROP。

⑧在 H 点,移动台将导频 1 移出候选集、移入相邻集。此时,导频 2 位于激活集,导频 1 位于相邻集。

8.7.4　WCDMA 系统切换分析

WCDMA 系统中的切换有以下 5 类:

①更软切换,它产生在同一基站、同一载波的不同小区之间(地址码起始相位不同)。

②软切换,它产生在同一个无线网络控制器的两个基站之间。

③硬切换,它产生在不同频率的 CDMA 信道之间。

④异频切换,它产生在同一小区的不同频点之间。

⑤不同系统之间的切换,例如产生在 WCDMA 系统和 GSM 系统之间。

在地铁工程中,WCDMA 系统的切换主要是在单个移动交换中心控制范围内,移动台在两个基站间的软切换。切换过程为:测量、决策和执行。

在测量阶段,移动台完成对下行链路主要参数的测量,包括信号质量、本小区和邻近小区的信号强度。基站完成对上行信号质量和强度的测量。

切换决策时,至少需要 3 个方面的参数:衰落特性、上行链路干扰值和下行链路干扰值。

切换决策最直接的方法是采用稳定的导频强度,并将上行链路干扰值通知移动台,而下行链路干扰值由移动台测量。

在 WCDMA 系统中,有两个分别为线性下降(导频 1)和线性上升(导频 2)的基站导频强度,它们的切换参数和切换过程如图 8-24 所示。从中不难看出,从运行(激活)集合中加入和删除导频信号都将产生延时。当基站 2 导频强度高于加入门限时,移动台进入软切换状态。当基站 1 导频强度低于删除门限时,经一段延时后被删除。

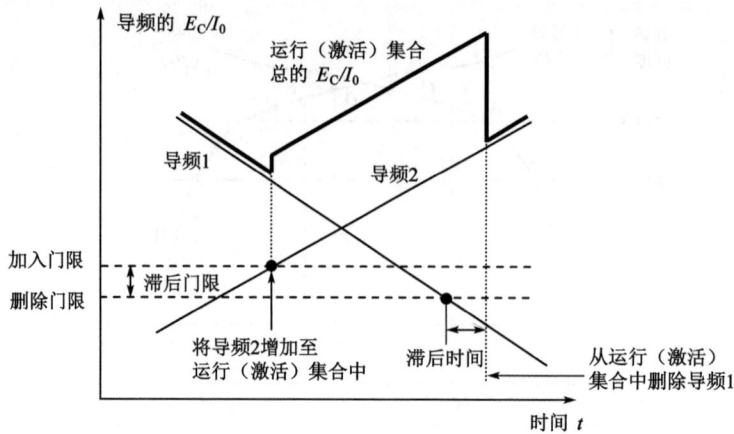

图 8-24 WCDMA 两个导频的简化切换过程

对地铁来说,切换执行时,要处理好两个问题:同步和延时。切换期间的同步要求和解决方案取决于网络的同步和扩频码的设计。切换期间的延时应控制为 200 ~ 300ms。

8.7.5 TD-SCDMA 系统切换分析

TD-SCDMA 系统的切换是典型的接力切换,包括测量、判决和执行 3 个阶段。

接力切换的基本过程如下:

①用户设备收到切换命令前,其上下行链路均与原小区连接。

②用户设备收到切换命令后,利用开环预计同步和功率控制,先将上行链路转移到目标小区,而下行链路仍与原小区连接。

③经过 N 个 TTI,用户设备将下行链路转移到目标小区,从而完成接力切换。

8.7.6 4G 切换问题

1)2G/3G/4G 互操作总体部署原则

4G 建设初期,为弥补 4G 覆盖不足的问题,采用 4G 与 3G、2G 互操作来解决,以便最大化地利用现有 3G、2G 网络的覆盖优势,对 4G 网络进行有益的补充。

2G/3G/4G 互操作总体部署原则如下:

①4G 网络开通到 3G 的重选和数据业务连接态重定向功能。

②4G 网络覆盖区域内,如果没有 3G 网络覆盖,则开通 4G 到 2G 的重选和数据业务连接态重定向功能。

③4G 网络覆盖区域内,如果存在 3G 网络覆盖,2G 基站配置向 3G 的重选,3G 基站配置向 4G 的重选和重定向,终端通过桥接方式返回 4G;如果没有 3G 网络覆盖,2G 基站配置向 4G 的重选功能并配置邻区,终端直接返回 4G。

2)2G/3G/4G 互操作场景

首先,明确 3G、4G 有无信号的含义:

4G 无信号,是指 4G 信号电平低于 4G 最小接入电平(-124 ~ -120dBm)。

3G 有信号,是指 3G 信号电平不低于 3G 信号门限。

3G 无信号,是指 3G 信号电平低于 3G 信号门限。

然后,规范如下两种互操作场景:

①为保证用户的数据业务体验,4G 优先考虑与 3G 网络的互操作。

互操作场景一:4G 站点建设范围内 4G 无信号 3G 有信号的区域,至少在 4G 小区周边配置有 3G 邻区,执行 4G 到 3G 空闲态及连接态数据业务互操作。如果有了 4G 信号,则自动从 3G 或 2G 向 4G 空闲态及数据业务连接态互操作。

互操作场景示意图如图 8-25 所示。

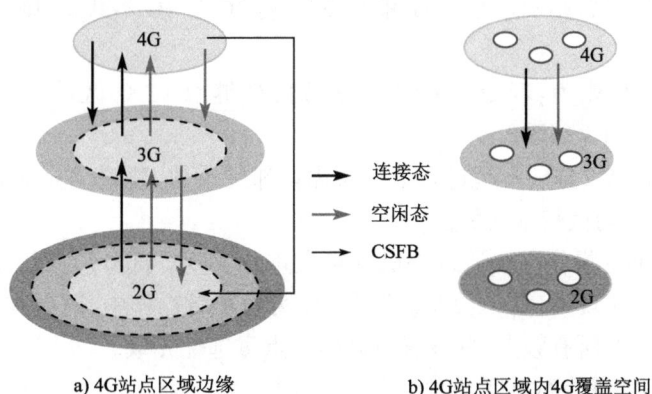

a) 4G站点区域边缘　　　　　　　　　b) 4G站点区域内4G覆盖空间

图 8-25　4G 站点建设范围内 4G 无信号 3G 有信号区域的互操作场景示意图

互操作场景二:4G 站点建设范围内 4G 无信号 3G 无信号的区域,至少在周边第一圈 4G 小区配置 2G 邻区,执行 4G 到 2G 空闲态及连接态数据业务互操作。如果有了 4G 信号,则自动从 3G 或 2G 向 4G 空闲态及数据业务连接态互操作。

互操作场景示意图如图 8-26 所示。

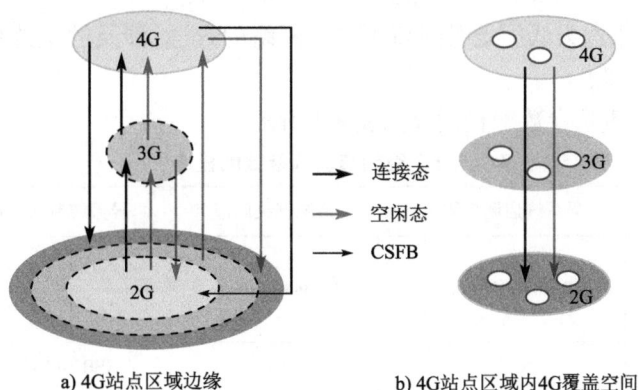

a) 4G站点区域边缘　　　　　　　　　b) 4G站点区域内4G覆盖空间

图 8-26　4G 站点建设范围内 4G 无信号 3G 无信号区域的互操作场景示意图

②4G 站点建设范围内的 3G 小区需要配置 4G 邻区,部署 3G 到 4G 空闲态及连接态数据业务互操作。

③如果 3G 无信号,需要部署 4G 到 2G 互操作区域小区,执行 2G 到 4G 空闲态及连接态

数据业务互操作。

3)2G/3G/4G 互操作邻区配置原则

对 4G 室外小区而言,若 4G 与 3G/2G 共站,则 4G 继承 3G/2G 邻区关系。若新增 4G 站址的 4G 站点,则优先添加第一圈 3G/2G 邻区。

对 4G 室分小区而言,若配置与其共室分的 2G 邻区,则优先添加室外第一圈 3G/2G 邻区。

若 4G 室分小区采用 E 频段,室内 E 频段空闲态重选优先级高于室外 D/F 频段优先级。(按集团公司规范执行)

3G 配置 4G 邻区原则为:4G 已配置 3G 邻区区域,3G 与 4G 邻区互配。4G 未配置 3G 邻区区域,若 3G 与 4G 共站,则 3G 继承 4G 邻区关系;若 3G 与 4G 不共站,则优先添加第一圈 4G 邻区。

2G 配置 4G 邻区原则为:若 2G 与 4G 共站,则 2G 继承 4G 邻区关系。若 2G 与 4G 不共站,则优先添加第一圈 4G 邻区。

异系统邻区个数建议分别不超过 8 个。为优化邻区个数,建议优先配置与其共站的异系统小区,以及与该小区切换较多的邻区。

目前 2G 到 4G 的互操作主要通过手机的自主重选实现。部分厂家设备只需要在网络中添加 4G 测量频率,以实现 4G 邻区测量。因此,在实际网络操作中,需要在 2G 小区中添加第一圈、第二圈 4G 邻区的所有频点,并设置较高的频点重选优先级。

4)2G/3G/4G 互操作参数配置建议

系统间互操作参数应在保证业务感知的前提下,尽量使用户驻留在 4G 网络。因此,不同系统频率优先级应配置为 4G > 3G > 2G。(重选主要通过设置频率优选级及测量启动门限、高低优先级重选门限实现。切换需要策略配置事件门限来达到有效引导业务的目的。)

(1)空闲态互操作参数配置建议

4G 到 3G/2G 的重选为高优先级到低优先级网络的重选,涉及的重选参数包括异系统启测门限、本系统判决门限、异系统判决门限和重选迟滞时间。

3G/2G 到 4G 的重选为低优先级到高优先级网络的重选,涉及的重选参数包括异系统判决门限和重选迟滞时间。

4G 与 3G 空闲态重选参数配置建议如表 8-3 所示。

4G 与 3G 空闲态重选参数配置建议 　　　表 8-3

重选方向	异系统启测门限	本系统判决门限	异系统判决门限	重选迟滞时间
4G 室外到 3G 室外/室分	RSRP-100dBm	RSRP-120dBm	比现网 3G 到 2G 重选的 3G 门限高 2~3dB	1~2s
3G 室外/室分到 4G 室外	N/A	N/A	RSRP-116dBm	同 3G 系统内
4G 室分到 3G 室外	RSRP-100dBm	RSRP-116dBm	RSCP-85dBm	1~2s
3G 室外到 4G 室分	N/A	N/A	RSRP-112dBm	同 3G 系统内
3G 室分到 4G 室分	N/A	N/A	RSRP-116dBm	同 3G 系统内

4G 与 2G 空闲态重选参数配置建议如表 8-4 所示。

4G 与 2G 空闲态重选参数配置建议 表 8-4

重 选 方 向	异系统启测门限	本系统判决门限	异系统判决门限	重选迟滞时间
4G 室外到 2G 室外/室分	RSRP-100dBm	RSRP-120dBm	RSSI-95dBm	1~2s
2G 室外/室分到 4G 室外	N/A	N/A	RSRP-116dBm	5s
4G 室分到 2G 室外	RSRP-100dBm	RSRP-116dBm	RSSI-65dBm	1~2s
2G 室外到 4G 室分	N/A	N/A	RSRP-112dBm	5s
4G 室分到 2G 室分	RSRP-100dBm	RSRP-116dBm	RSSI 配置为最大值	1~2s
2G 室分到 4G 室分	N/A	N/A	RSRP-116dBm	5s

（2）连接态互操作参数配置建议

①4G 到 3G/2G 连接态互操作。互操作方案可以是基于测量的重定向,也可以是盲重定向。基于测量的重定向涉及的测量事件包括 A2 和 B2;盲重定向涉及的测量事件仅包括 A2。当网络收到触发异系统测量的 A2 测量报告时,下发 B2 测量控制消息;当网络收到 B2 测量报告时,基于测量结果下发重定向消息;当网络未收到 B2 测量报告,但收到盲重定向的 A2 测量报告时,随机选择邻区下发盲重定向消息。

②3G 到 4G 连接态互操作。互操作方案仅为基于测量的重定向,测量事件为 3C 或 3A。当网络收到 3A 或 3C 测量报告时,基于测量结果下发重定向消息。

③2G 到 4G 连接态互操作。互操作方案为小区重选（NC0）。终端基于 2G 广播消息中的邻区及重选参数测量 4G 邻区,若满足 2G 到 4G 重选条件,则重选到 4G。

连接态互操作相关参数配置建议如表 8-5 所示。

连接态互操作参数配置建议 表 8-5

4GA2 测量事件 1 （触发异系统测量）	本系统判决门限（含门限迟滞值）	−110dBm
	门限迟滞值	2dB 或 3dB
	触发时间	320ms 或 640ms
4GA2 测量事件 2 （触发盲重定向）	本系统判决门限（含门限迟滞值）	−120dBm
	门限迟滞值	2dB 或 3dB
	触发时间	320ms 或 640ms
4GB2 测量事件	本系统判决门限（含门限迟滞值）	−120dBm
	异系统判决门限（含门限迟滞值）	比现网3G到2G数据业务互操作 的 3G 信号门限高 2~3dB
	门限迟滞值	2dB 或 3dB
	触发时间	320ms 或 640ms
3G3C 测量事件	异系统判决门限（含门限迟滞值）	−116dBm
	门限迟滞值	2dB 或 3dB
	触发时间	640ms 或 1280ms

（3）越区切换优化延伸方案

鉴于各设备生产厂家研发新功能专门应用于带状覆盖,地铁越区切换优化延伸方案有:2G 为多站点共小区方案,3G 为超级小区方案,4G 为小区合并成超级小区方案。

因此,在地铁民用无线通信系统的覆盖方案中,应考虑引入最新技术,以提升覆盖质量,减少后期维护成本及难度。

以上针对2G、3G、4G的覆盖方案,虽然名称不相同,但其核心思想均是利用多个RRU射频设备分布在不同的站点,从而实现RRU协同覆盖特征区域的目的。其特点为,覆盖范围可塑性强,后期优化调整、容量调整灵活,因而已经成为新一代网络技术的标志。目前,应用最为广泛的主要有高铁专网覆盖,各类室内分布覆盖。其效果远优于传统覆盖方案。

小区合并技术,可有效地减少越区切换,减少干扰,提升用户感知,并使设备效率和利用率提高。

本章参考文献

[1] 周杭.地铁民用无线通信系统切换分析和解决对策[J].现代城市轨道交通,2008,4.

[2] 虞龙强,蒲先俊.地铁无线专网越区切换分析[J].专业无线通信,2011.4.

[3] 田翠云,赵荣黎,蒋忠涌.移动通信系统[M].北京:人民邮电出版社,1990.

[4] 邵世祥.GSM移动通信网络优化[M].北京:人民邮电出版社,2003.

[5] 吴伟陵,牛凯.移动通信原理[M].北京:电子工业出版社,2008.

[6] 冯建和,王卫东,房杰,等.CDMA2000网络技术与应用[M].北京:人民邮电出版社,2010.

第9章 场强覆盖

9.1 引 言

使用有效的辐射手段,把无线电波运载的有用信号传播到预定的服务区,叫作无线场强覆盖,简称场强覆盖。场强覆盖良好的标志是:位于服务区内的用户,特别是服务区边沿的用户,都有满意的接收效果。无论是地铁无线公网还是地铁无线专网,对预定服务区的覆盖率,都是服务质量的重要指标之一。

公众移动通信网的基本设施,大多位于地面建筑物之内。因此,在地面上,要覆盖的预定服务区分为三种情况:

①使用常规基站及其附带天线,该区场强即可较强,接收信号正常,能达到满意的覆盖效果;

②使用常规基站及其附带天线,该区场强还是微弱,虽有信号但达不到满意的接收效果,此区称作弱场区;

③使用常规基站及其附带天线,该区场强依然很弱甚至为零,没有接收信号,此区称作零场区或盲区。

对弱场区、零场区或盲区,必须使用地面室内覆盖系统。

对地下建筑物来说,因地层穿透损耗太大,移动通信网和广播电视网必须使用地下室内覆盖系统,在地铁中这就是地铁无线公网。地铁无线公网要覆盖的是隧道、站台、站厅、通道和出入口等,除靠近地面的进出口外,都属于第三种区域,即零场区或盲区。

地铁场强覆盖,包括覆盖对象、覆盖区域、覆盖强度和覆盖时间四个方面。

地铁场强覆盖对象,就是引入地铁的各公众移动通信网的服务对象。

地铁场强覆盖区域,就是需要通信的人员在地铁中可能出现的所有地方。对地铁员工而言,覆盖区域包括隧道、行进中的列车车厢、各车站站台、各车站站厅、各站办公区、指挥控制中心(OCC)、联络线、车辆段和车辆段进出线等。对地铁乘客而言,覆盖区域全部在地下,包括运营隧道(含车厢)、各站站台、各站站厅、各站出入口、地铁公众通道和地铁商场等。地铁还要求对95%以上区域,都达到覆盖强度要求。

地铁场强覆盖强度,是指为达到满意的接收效果所必需的最低射频功率(边沿场强)。对不同系统来说,这个要求各有不同。除调频广播和数字电视只需考虑下行情况外,其余都必须同时考虑上行和下行情况。

地铁场强覆盖时间,就是为覆盖对象服务的所有可能时间。

总而言之,地铁场强覆盖,就是在规定的服务时间内,对95%以上区域,要保证移动用户都有满意的接收效果。其核心,则是以损耗与衰落为核心的覆盖强度要求。而为满足此要求,又必须合理设置以噪声和干扰为基础的最低接收容限值(边缘场强)。

9.2 噪 声 综 述

噪声的研究之所以重要,是因为通信系统的性能通常受限于信噪比,而不是信号功率和噪声功率的绝对值。换句话说,通信系统所允许的接收信号电平的大小,取决于噪声电平的高低。

9.2.1 噪声分类

噪声可分为内部噪声和外部噪声,内部噪声又可分为设备内部噪声(记作 N_1)和系统内部噪声(记作 N_2),而外部噪声则包括自然噪声(记作 N_3)和人为噪声(记作 N_4),如图9-1所示。

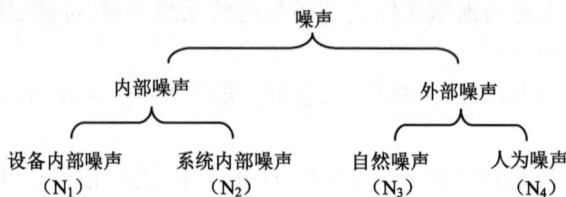

图9-1 噪声分类

(1)设备内部噪声(N_1)

设备内部噪声是设备本身产生的各种噪声,例如电阻一类器件中电子热运动所引起的热噪声,真空管中电子起伏性发射或半导体中载流子起伏变化所引起的散弹噪声。热噪声和散弹噪声是一种无法避免的随机噪声,在地铁无线通信设备中普遍存在,只不过大小不同并要求限制在允许的范围之内。

(2)系统内部噪声(N_2)

一个通信系统往往由许多通信主设备及其连接设备构成,其中任何部位产生的噪声,对该系统而言,都是系统内部噪声。例如,一个地铁车站的移动通信基站产生的噪声,虽然可以看作该基站的设备内部噪声,但如果影响到该基站服务站段的正常通信,则又属于系统内部噪声。

(3)外部自然噪声(N_3)

除内部噪声外,其余噪声可以统称为外部噪声。外部自然噪声包括大气噪声、太阳噪声、银河噪声、雷电噪声、云雨噪声等。这类外部自然噪声,多数与地铁无线通信的关系不大,可以不予考虑,但雷电的危害不能忽视。雷电噪声用防雷措施解决,不在抗干扰之列。

(4)外部人为噪声(N_4)

人为噪声是各种电器设备中电流或电压急剧变化所造成的电磁辐射,诸如电动机、车辆点火、电气开关、高频电气装置等产生的火花放电形成的电磁辐射。这种噪声电磁波除直接辐射外,还可以通过电力线传播,并由电力线与接收机天线间的电容性耦合而进入接收机。例如,地铁牵引机车启动与制动时,有可能对列车电视带来短暂时间的干扰。

9.2.2 噪声分布

噪声分布是一个大题目,和地铁无线通信有关的主要是热噪声分布和人为噪声分布。

(1)热噪声服从高斯分布

研究发现,电路中的热噪声是主要的内部噪声,也是人们常见的通信系统干扰源。电路热噪声,简称热噪声,是由导体中载流子的随机热激发振动所引起的,本质上是"电荷的布朗运动"。

热噪声被称作"白"噪声,因为热噪声是由许多频率分量组成的,这与由许多颜色组成的白光相似。在这里,"白"和"平坦"同义,意思是指噪声功率谱密度是一个常数,和频率无关。对每一个相同的带宽,不论对应频率是多少,它所包含的噪声功率相同。

热噪声有时被称作"加性高斯白噪声","加性"的意思是在一个通信信道中,噪声功率和所要求的信号功率一起呈线性增加。

热噪声也被称作"高斯"噪声,因为瞬时噪声电压分布服从高斯概率密度分布。

(2)人为噪声呈脉冲形状

研究还发现,实际的电磁环境中的人为噪声是主要的外部噪声,它基本上是"脉冲"形状,不同于高斯噪声,因此又称作非高斯噪声。人为噪声的同义词,还有电磁干扰、广义噪声、突发噪声和脉冲噪声等。

人为噪声严重影响通信系统的正常工作,它来源于:各种电子设备的寄生辐射、无线通信设备的带外调制、汽车点火系统、电力线等。在大都市地区,人为噪声出现在 30Hz ~ 7GHz 范围内。其中,在 100MHz 以上占支配地位的,是汽车点火系统噪声和几种人为源形成的混合噪声。

为便于理解及避免混淆,可以把人为噪声看作不同类型噪声源产生的波形不同的脉冲噪声。根据脉冲噪声不同的频率常数或锐度,可以把噪声源分为两类:

①窄带人为噪声:此类人为噪声的带宽小于接收机前端带宽($\Delta f_n < \Delta f_r$)。

②宽带人为噪声:此类人为噪声的带宽大于接收机前端带宽($\Delta f_n > \Delta f_r$)。

根据噪声源的分类,可以把干扰噪声(包括高斯噪声和脉冲状人为噪声)分为三类:

A 类干扰噪声:进入接收机的噪声的频谱带宽,和接收机的带宽可以比较或小于它。此时,噪声脉冲在接收机内产生的瞬态效应可以忽略。

B 类干扰噪声:进入接收机的噪声的频谱带宽,大于接收机的带宽。此时,噪声脉冲在接收机内产生瞬态过程。

C 类干扰噪声:A 类干扰噪声和 B 类干扰噪声的线性相加。

9.2.3 地铁噪声

1)射频发射机噪声

这里所说的射频发射机,主要指装在地铁车站的各种基站、中继器、广播电视、移动台的射频发射机以及装在隧道里的射频干线放大器。在通信过程中,人们直接感受到的是来话质量,因此对接收机内部噪声比较注意,但射频发射机产生的噪声很容易被忽视。射频发射机噪声主要是边带噪声和寄生辐射,这种噪声不仅频带宽,而且强度大。

(1)射频发射机的边带噪声

通常,即使未加调制信号,射频发射机也存在以载频为中心、频率分布范围相当宽的噪声,这就是射频发射机的边带噪声,简称射频发射机噪声。

典型的移动台射频发射机噪声频谱如图9-2所示。由图可见,射频发射机噪声频带为2~3MHz,比频道间隔(如25kHz)大得多。这种噪声不仅会在相邻频道引起干扰,而且会在几MHz的频带内产生影响。

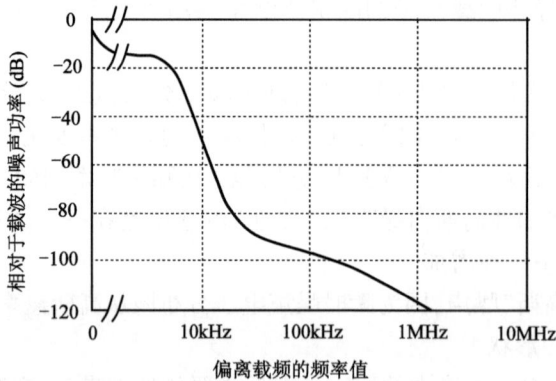

图9-2 典型的移动台发射机噪声频谱

(2)射频发射机的寄生辐射

射频发射机噪声,主要取决于振荡器噪声、倍频器次数及调制器串入的杂音等。振荡器噪声主要受电源波动和热噪声的影响,为此振荡器电源必须良好滤波并稳压。振荡器输出的载波频率往往要多次倍频才能获得,但同时带来信噪比的恶化,n 次倍频后信噪比的恶化将大于 $20\lg n(\mathrm{dB})$。降低发射机噪声的办法是:减少倍频次数 n;净化倍频前的振荡器输出;对倍频器输入进行良好滤波。

为获得较高的频率稳定度,目前大多采用晶体振荡器或温度补偿晶体振荡器(TCXO),然后通过多级倍频器倍频到所需载频,如图9-3所示。

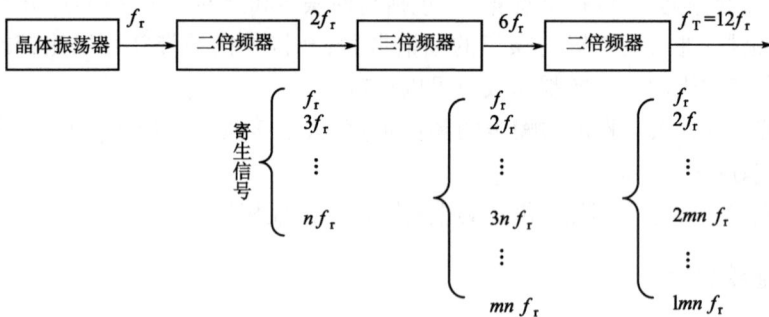

图9-3 倍频器产生的寄生信号

图9-3是12次倍频,除需要的 $f_T = 12f_r$ 外,还有一系列寄生信号成分。如果各级倍频器滤波不良,在射频发射机输出端便会产生寄生辐射信号,从而干扰与寄生频率相近的接收机。

减少射频发射机寄生辐射的办法是:倍频次数尽量少;各级倍频器滤波良好;各级倍频器滤之间屏蔽隔离,以防电磁耦合或泄漏;射频发射机输出回路滤波良好,以抑制寄生信号成分。

2)受电弓和牵引车噪声

在大铁路上,电气化铁道对铁道移动通信的影响,主要来自受电弓和牵引车所产生的噪声。这种影响,在地铁里同样存在,不可忽视。

地铁使用电力牵引机车,1500V 高压直流供电。当受电弓与接触网有微小分离时,会出现电火花。这种电火花,实际是很强的窄脉冲,所带来的噪声同发射机噪声一样,不仅频带宽,而且强度大。

图 9-4 是这种现象的一次车上实测记录。从中可以看到,在 $0 \sim t_1$ 段,受电弓上的电流虽然很大,噪声并非最大。但是,当电流急剧下降到 5A 以下时($t_1 \sim t_2$),噪声即从 45dB 左右上升至 65dB 左右。在 $t_2 \sim t_3$ 段,受电弓上的电流增大,噪声反而减少。在 t_3 时刻,受电弓上的电流再次急降,噪声也再次攀升。这就是说,噪声大小与受电弓电流是否突变有关,而受电弓电流突变又同电火花是同步的。这就证明了受电弓与接触网之间的电火花会带来了大的噪声。

从图 9-4 还可看到,在车速基本不变的情况下,因牵引或滑行的不同状态,受电弓电流不同所带来的噪声起伏有十几个分贝。

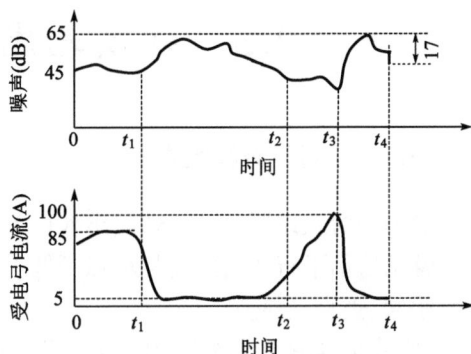

图 9-4 受电弓电火花产生的噪声

1998 年,德国曾就城轨系统所产生的噪声与干扰作过测试。他们发现:

①沿线的主要干扰源是电力电缆、接触网和杂散电流。

②除变电所内有较强的电场强度外,其余各处均以磁场干扰为主。

③沿途最易受干扰的对象是电视机、计算机显示器及电子显微镜、离子探测仪、质谱仪等科学仪器。

深圳地铁调试过程中多次发现,在列车进站出站及停站期间,移动数字电视的车载显示器上常有"马赛克"等干扰。这种现象,很可能就是地铁牵引机车启动与制动时,以及车站屏蔽门打开与关闭时,列车和屏蔽门上的电动机、继电器动作所带来的持续时间很短的脉冲式干扰。

9.2.4 环境噪声和多径传播的综合影响

话音质量是用户关注的重要指标,但对话音质量的主观评定,一定要考虑环境噪声和多径传播的综合影响。

国际电信联盟(ITU)的资料指出:多径效应对接收质量的影响与火花干扰相似。在静态(只有接收机内部噪声)和衰落条件下,不同信噪比对话音质量(人的听觉效果)的影响也不尽相同,如图 9-5 所示。从中看出,话音质量共分五级,衰落条件下的话音质量,要比静态条件下的话音质量约差两个等级。

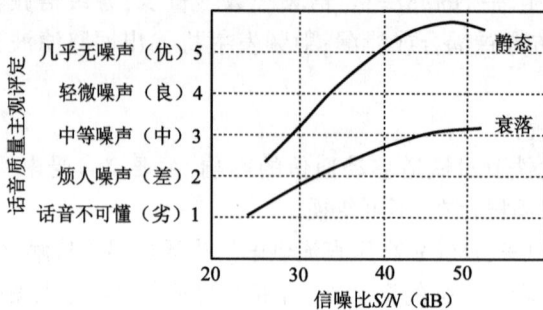

图9-5 话音质量主观评定与信噪比的关系

9.3 地铁无线公网场强覆盖指标

9.3.1 下行链路覆盖指标

在所有站台、站厅、站厅商铺、出入口范围内,以及沿线全程隧道中的车厢内,95%以上区域,各移动通信下行链路的信号场强不低于-85dBm。不包括车站商业区、办公区及其内部通道、洗手间、垂直电梯。

在沿线全程隧道中的车厢内,95%以上区域,移动数字电视的信号场强不低于-82dBm。

在所有站台站厅和进出口范围和沿线全程隧道中的车厢内,95%以上区域,调频广播的信号场强不低于-75dBm。

9.3.2 上行链路覆盖指标

在所有站台、站厅、出入口通道、出入口、地下商铺范围内,以及沿线全程隧道中的车厢内,95%以上区域,各移动通信上行链路的信号场强不低于-94dBm(在基站或中继器上行端口测量)。不包括车站商业区、办公区及其内部通道、洗手间、垂直电梯等。

信号上下行要基本平衡,相差不大于5~10dB。

在运行列车中和进出口附近,要求平滑切换。

9.3.3 移动通信出入口覆盖指标

以地铁出入口闸门为界,在闸门里5~15m范围内,信号场强不低于-85dBm。在闸门外5m范围内,信号场强不高于-85dBm。

9.4 地铁无线公网覆盖设备的典型配置

在地铁环境中,每个地铁车站均单独设有独立的通信机房,各运营商基站全部设置在机房内,采用多系统合路平台(POI)将各家运营商基站信号合路后,分上、下行(TX和RX)两路信号,分配到站厅、站台和隧道区间。站厅一般采用室内全向天线分布系统进行覆盖,隧道区间则采用漏泄电缆覆盖。

地铁车站拥有上行行车方向和下行行车方向的两条隧道,每个方向各布设两条漏泄电缆对应上、下行信号,因此,对于一个地铁车站拥有连接相邻车站的 8 条漏泄电缆,对于一般区间,车站与车站之间的隧道区间由同一漏泄电缆相连,中间一般不截断;对于长大区间,区间中漏泄电缆需截断以加装干线放大器或光纤直放站等有源设备以延伸覆盖。

由于 3G 信号相对于 2G 信号而言,频率更高,因此在馈缆和泄漏电缆中传输的损耗、空间传输损耗以及对障碍物的穿透损耗都要大得多,在引入地铁区域时,就需要新的技术、新的设备和新的方案。3G 移动通信有三种体系,其中 TD – SCDMA 是我国自主开发、拥有知识产权的系统,而其他两种系统在国外和我国的香港都有很多工程实例,在此仅讨论 TD – SCDMA 系统的引入方案。

从技术角度分析,造成 3G 系统地铁环境下信号覆盖弱的原因主要包括:3G 信号源发射功率较 2G 小,如当前 TD 主流基站主要服务于室外环境,因此仅支持 2W 即 33dBm,和 2G 系统相比,有将近 10dB 的功率落差;3G 信号工作频率较高,在漏泄电缆和射频电缆上的传输损耗较 2G 大,3G 信号频段大于 2GHz,其缆线传输损耗高于 2G 信号,例如,900MHz 信号在 1 – 5/8" 漏泄电缆和射频电缆上传输损耗一般小于 2.5dB/100m,而 2200MHz 信号则高达 5dB/100m;地铁环境下 TD 的智能天线技术无法使用,只能使用吸顶全向天线(站厅)和漏泄电缆(站台和区间隧道)进行覆盖,无法使用多元阵列天线,因此像 TD 系统在室内的抗干扰能力将大幅下降,致使功率失衡,影响覆盖距离。

为说明地铁无线公网覆盖设备的典型配置情况,我们绘制了图 9-6。这是一个普通地铁车站及上下行隧道无线覆盖设备配置示意图。

图 9-7 是两条地铁线的换乘站及上下线隧道无线覆盖设备配置示意图。

在车站通信机械室,引入地铁的各公网的基站。基站分别与上行 POI 和下行 POI 相连。

下行 POI 的输入端,与各基站输出端相连;下行 POI 的输出端,分别与下行漏缆和下行吸顶天线的输入端相连。

上行 POI 的输入端,与该上行漏缆和上行吸顶天线的输出端相连;上行 POI 的输出端,与各基站输入端相连。

在这里,有三点需要强调说明:

①作为覆盖用的漏缆和吸顶天线,地铁无线专网是上行和下行合一,而地铁无线公网则是上行和下行分开。上行和下行分开,是为了增大隔离度,以避免干扰。

②在两站之间的隧道中,如果站间距短,就不需要延伸覆盖的区间设备,这是因为专网信号传输环节少,传输损耗低,功率余量大。但是,在隧道较长时,地铁无线公网必须加装区间设备,以放大传输信号,弥补因传输环节多而带来的传输损耗问题。

③在两站之间的隧道中,如果没有区间设备,则公网漏缆不予截断,即在同一隧道中,前一车站的下行漏缆与后一车站的下行漏缆在物理上相互贯通,前一车站的上行漏缆与后一车站的上行漏缆也在物理上相互贯通。这样做的好处是:减少了安装麻烦,增大了覆盖重叠区。

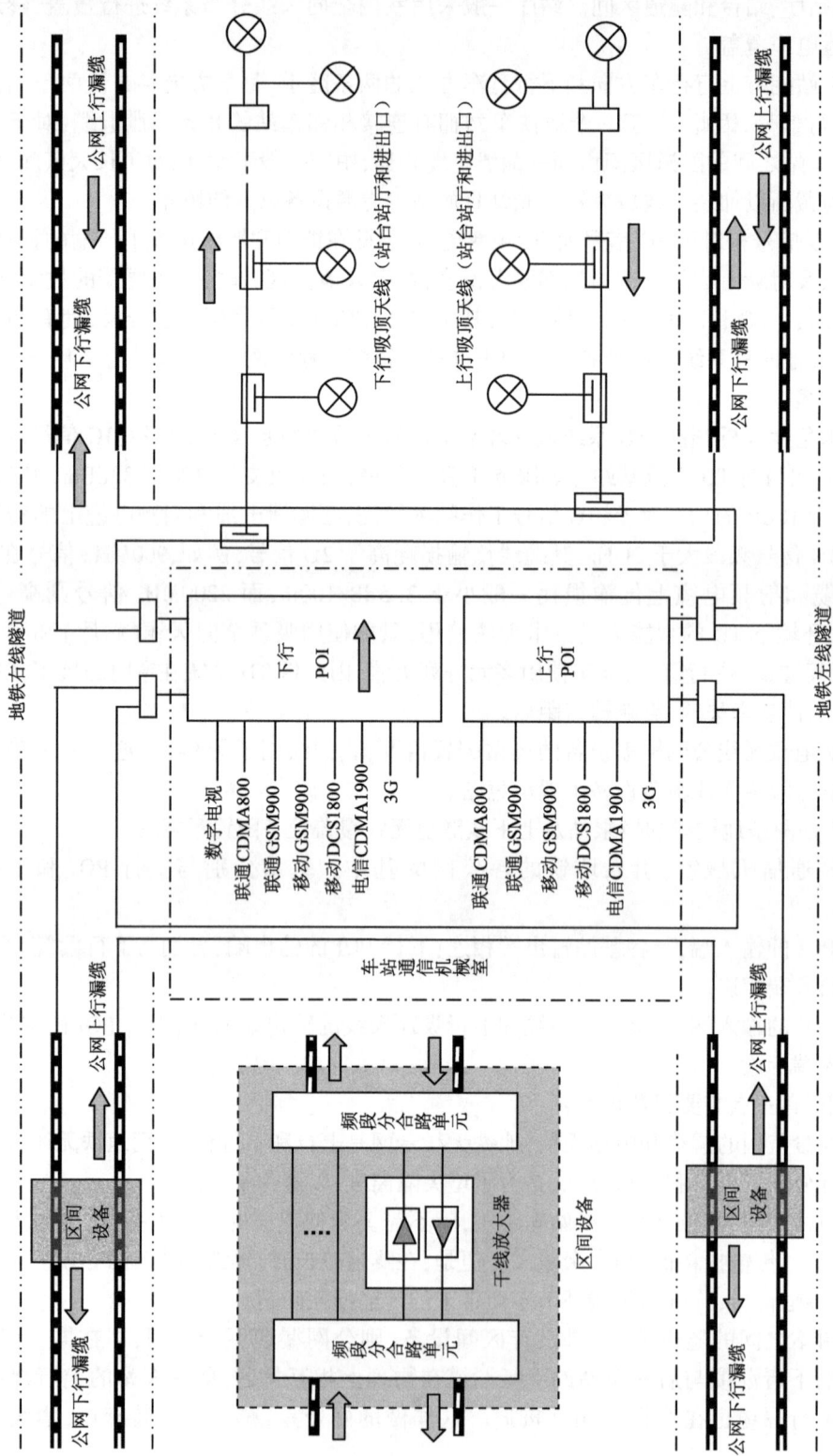

图9-6　一个地铁车站及上下行隧道无线覆盖设备配置示意图

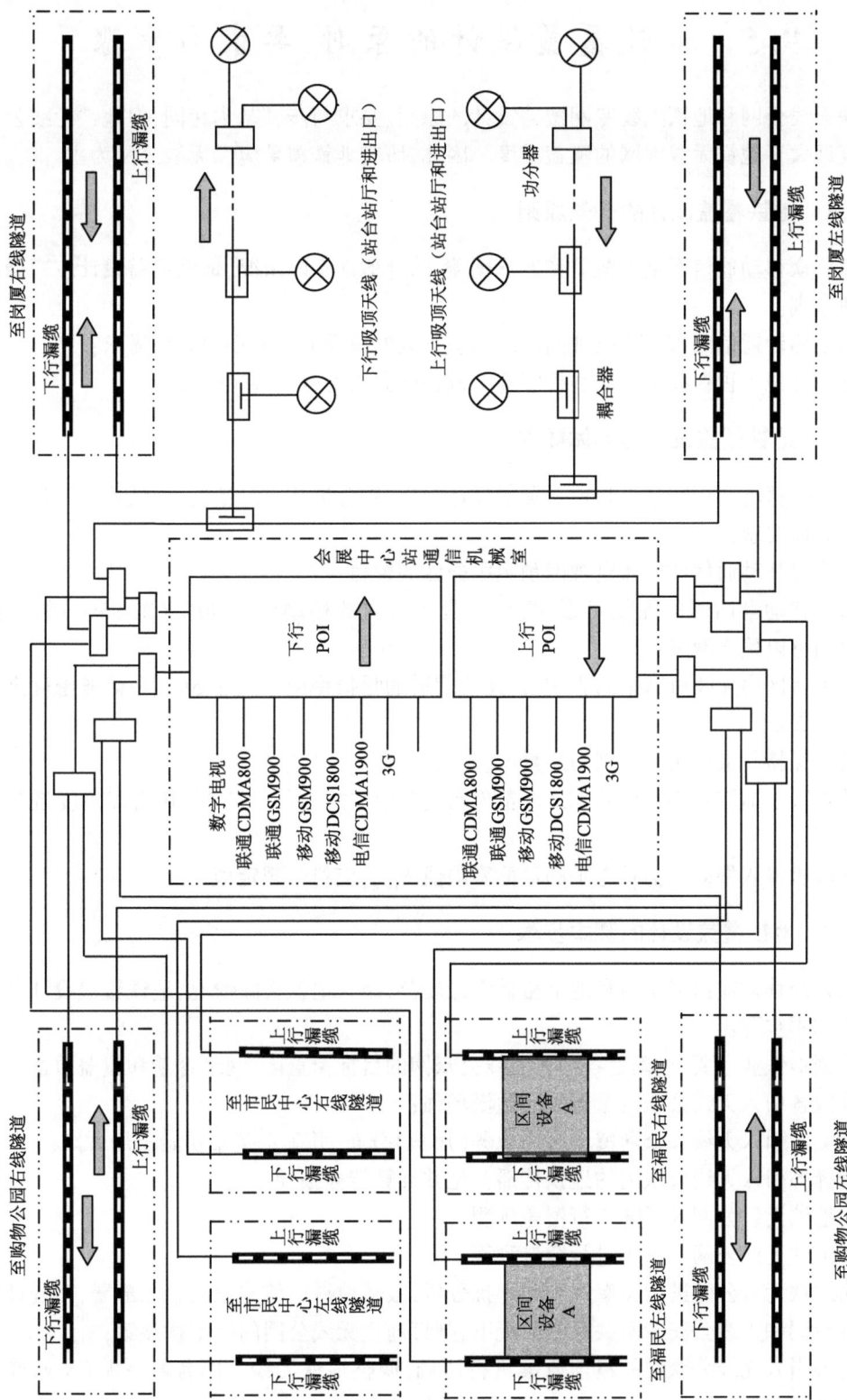

图9-7 一个换乘站及上下线隧道无线覆盖设备配置示意图

9.5 地铁覆盖设计的原则、要求与步骤

地铁无线公网和地铁无线专网覆盖设计的原则、要求与步骤基本相同,但地铁无线公网的覆盖难度远大于地铁无线专网的覆盖难度。因此,研究地铁覆盖应以无线公网为主。

9.5.1 地铁覆盖设计的一般原则

参照公众移动通信网室内覆盖和地下覆盖,结合地铁实际情况,地铁覆盖设计应遵循以下两个一般原则:

①满足移动通信网和广播电视网对地铁服务区的覆盖质量和用户容量需求;

②综合考虑工程在技术方案和投资经济效益两方面的合理性。

9.5.2 地铁覆盖设计的具体要求

根据公众移动通信网室内和地下覆盖设计经验,结合地铁实际情况,地铁覆盖设计应满足以下六个具体要求:

①完成对移动通信和广播电视网预定服务区的覆盖;

②数字移动电话网的无线可通率,满足覆盖区内的移动台在90%(或95%)的位置和99%的时间可以接入网络;

③不考虑区内无线可通率的影响时,无线信道的呼损率应不大于5%,在话务密度高的地区应不大于2%;

④努力保持频谱利用率和网络质量的统一;

⑤依据"增强覆盖、减少干扰"原则选择天线类型,并对天线的方向和俯仰角度进行合理设置;

⑥接收机输入端射频信号电平的最低容限值 P_{rmin},应符合规定值。

9.5.3 地铁覆盖设计的基本步骤

根据公众移动通信网室内和地下覆盖设计规范,结合地铁实际情况,地铁覆盖设计宜遵循以下九个基本步骤:

①根据地铁业主要求,确定各引入无线公众网的目标覆盖区、网络容量和覆盖质量;

②确定各引入无线公众网覆盖区的边沿场强;

③预测各引入无线公众网覆盖区内业务(用户)分布,并确定基站初始布局方案;

④选择各引入无线公众网的地铁传播模型并计算传播损耗;

⑤对地铁无线公网各系统进行覆盖预测;

⑥对地铁无线公网各系统进行容量测算;

⑦对地铁无线公网进行频率规划和干扰分析,服从地铁通信建设的总体部署,在处理好与无线调度专网和无线公安专网关系的前提下,制订地铁无线公网的抗干扰预案;

⑧对各引入无线公众网的覆盖方案进行协调,调整地铁无线公网各站信源(基站或放大站)的初始布局方案;

⑨报地铁业主批准或认同,最终确定地铁无线公网的覆盖方案。

在上述工作中,要经常与地铁业主沟通,积极争取各无线公众网运营商的支持与配合。

9.6 地铁覆盖区的最低容限值(边缘场强)

9.6.1 地铁覆盖边缘场强的约束条件

地铁覆盖区边缘场强是地铁覆盖的重要指标,它影响覆盖区的大小。因此,同公众移动通信网室内和地下覆盖类似,地铁覆盖边缘场强的约束条件主要有以下几个。

(1)移动台最低接收电平

如图9-8所示,接收机最低接收电平是一个门限电平,外来信号超过了它则被接收。值得注意是,由于接收机噪声是随机信号,有可能在某一时刻超过这个门限,从而以某一虚警概率造成"虚警",因此接收机最小接收电平不能定得太低。

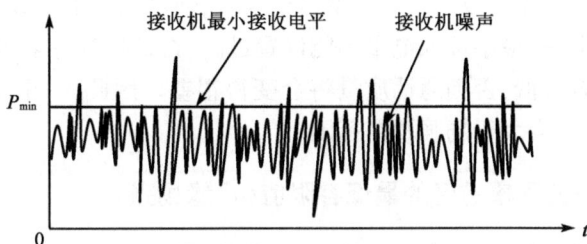

图9-8 接收机最小接收电平

通常,是在较高的接收概率(例如95%)和很低虚警概率(例如10^{-10})或误码率前提下,来确定接收机最低接收电平。

在移动通信系统中,覆盖是双向的,既有基站(或中继器)对移动台的下行覆盖,也有移动台对基站的上行覆盖。移动通信基站的发射功率和接收灵敏度通常高于移动台,数字电视和调频广播只有下行信号没有上行信号。因此,在确定覆盖区边缘场强时,应首先考虑下行覆盖,然后增加适当余量。

例如,CDMA1900基站接收机灵敏度$\leqslant -123\,dBm$,最大发射功率$43\,dBm(20W)$;而移动台接收机灵敏度$\leqslant -105\,dBm$,最大发射功率$10\sim20\,dBm(10\sim100MW)$。又如,CDMA800基站接收机灵敏度为$-117\,dBm/1.23MHz$,而移动台为$-105\,dBm/1.23MHz$。

收机最小接收电平,有时又称作接收机灵敏度,其大小随系统而异。

覆盖区的大小,首先受限于接收机灵敏度或接收机噪声。因此,地铁无线公网覆盖区的最远边缘位置,将取决于移动通信用户接收机灵敏度,以及数字电视和调频广播用户接收机灵敏度。

(2)电波衰落

上述覆盖区边缘场强取决于移动台最小接收电平,但未考虑电波衰落。实际上,电波存在瑞利快衰落和正态慢衰落。研究表明,对于快速运动的移动台,传输质量取决于路径损耗和阴影衰落。对于慢速运动的移动台,当多径效应使接收信号出现深度衰落时,传输质量也会变得不可接收。

考虑到电波衰落的影响,需要增加瑞利快衰落保护10dB和正态慢衰落保护8dB。

(3)载波干扰比(C/I)

载波干扰比,简称载干比,英文缩写C/I,是指接收到的有用信号电平和无用信号电平的比值,单位dB。

由于周围散射体的形状、类型和数量不同,天线的类型、方向性和架设位置各异,附近干扰源的强度与数量常有变化,这就使得载干比的大小与移动台的瞬间位置密切相关。

(4)越区切换算法

当移动台从一个小区移动到另一个小区时,要经历越区切换。越区切换的算法不同,对切换电平的要求也不相同,这就会给覆盖范围的大小带来轻微影响。这个影响,计算时可以忽略,或以适当扩大切换区来弥补。

(5)最小接入电平

移动通信系统蜂窝小区最小接入电平(ACCMIN),又称接入门限电平,是指移动台要求接入该系统时必须达到的最小接收电平。改变这个电平,便可调整小区服务范围,从而可以达到调节话务量的目的。但是,最小接入电平不能设置过高,否则将有许多移动台被拒之门外。最小接入电平也不能设置过低,否则通话质量将会变得很差。因此,一个小区的服务范围,往往小于场强覆盖范围,而不会大于场强覆盖范围。

9.6.2 地铁无线公网覆盖区的最低容限值(边缘场强)

在用户接收机灵敏度基础上,考虑电波衰落、载波干扰比、越区切换算法和移动台最小接入电平的影响,便可以确定地铁无线公网覆盖区的最低容限值(边缘场强)。

我国通信行业标准《数字蜂窝移动通信网900/1800MHz TDMA工程设计规范》(YD/T 5104—2015),就地面和地上建筑物内,900/1800MHz TDMA接收机输入端射频信号电平的最低容限值P_{rmin},作了明确规定。它指出,该最低容限值宜采用表9-1和表9-2的规定值。

900MHz TDMA系统接收机输入端射频信号电平的最低容限值P_{rmin}　　表9-1

射频信号测试点电平最低容限值(dBm)	通用条件	测试条件	
		收端	发端
−70	大城市市区、高层建筑物室内,手持机接收	建筑物外、道路中间、车外,标准接收机	天线在一定高度的建筑物或铁塔上,天线和发射机具有一定的精度和稳定度并经过校正
−80	车内、市区一般建筑物室内,手持机接收		
−92①	市区有车顶天线之车载台		
−92①②	室外屋顶或塔上之基站		

注:①对于市区以外的区域可放宽到−94dBm。

　　②手持机并位于室内或车内时,手持机的发射功率应减去相应的建筑物、车体的穿入损耗值。

1800MHz TDMA 系统接收机输入端射频信号电平的最低容限值 P_{rmin}　　表9-2

射频信号测试点电平最低容限值(dBm)	通 用 条 件	测 试 条 件	
		收端	发端
-68	大城市市区、高层建筑物室内,手持机接收	建筑物外、道路中间、车外,标准接收机	天线在有一定高度的建筑物或铁塔上,天线和发射机具有一定的精度和稳定度并经过校正
-78	车内、市区一般建筑物室内,手持机接收		
-90①	市区有车顶天线之车载台		
-90①②	室外屋顶或塔上之基站		

注:①对于市区以外的区域可放宽到 -92dBm。
②发射端为手持机并位于室内或车内时,其发射功率应减去相应的建筑物、车体的穿入损耗值。

上述标准虽然未对 800MHz/1900MHz CDMA 数字蜂窝移动通信网作出规定,但 800MHz CDMA 可参照 900MHz TDMA 执行,1900MHz CDMA 可参照 1800MHz TDMA 执行。

上述标准虽然针对的是地面情况和地上建筑物内情况,但对地铁、隧道和地下建筑物内情况也很有参考价值。

因此,综合考虑各种因素,地铁无线公网覆盖区的最低容限值(边缘场强),拟确定在 -82 ~ -86dBm 之间,其95%以上区域的典型值如表9-3所示。

地铁覆盖区的最低容限值(边缘场强)　　表9-3

系　　统	频带(MHz)	覆盖区边缘场强值(dBm)
移动通信 CDMA800	825 ~ 835(上行)/870 ~ 880(下行)	-85(95%以上区域)
移动通信 GSM900	890 ~ 915(上行)/935 ~ 960(下行)	
移动通信 DCS1800	1710 ~ 1785(上行)/1805 ~ 1880(下行)	
市话通 CDMA1900	1900 ~ 1905(上行)/1980 ~ 1985(下行)	
数字电视	630 ~ 638	-82(95%以上区域)
调频广播	88 ~ 108	-75(95%以上区域)

图 9-9 形象地说明了各种因素对地铁无线公网覆盖区边缘场强的影响。

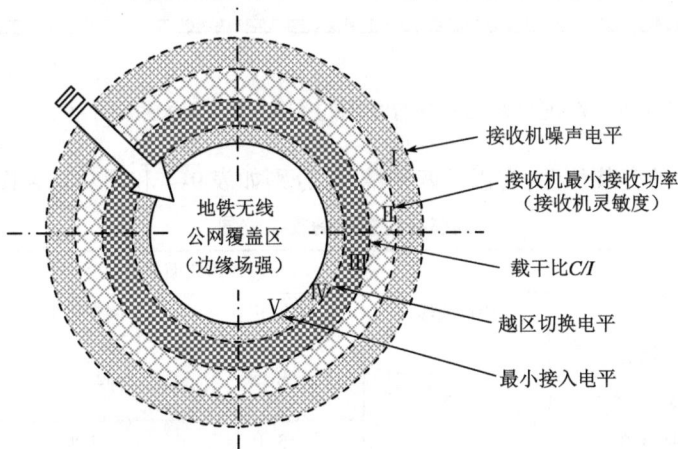

图9-9　地铁无线公网覆盖区(边缘场强)形成示意图

不难看出,地铁无线公网覆盖区边缘场强,要比接收机灵敏度(最低接收电平或最小接收功率)高20~30dB。

9.7 地铁无线公网的隧道覆盖

9.7.1 漏缆在隧道中的安装位置

地铁无线公网对隧道中运行车厢的场强覆盖,简称隧道覆盖。隧道覆盖使用频带宽、损耗小的1-5/8″漏缆,因此对漏缆架设高度和漏缆长度的选择极为重要。

射频信号经漏缆到乘客手机,要遭受五种损耗:漏缆纵向传输损耗,漏缆耦合损耗,车厢穿透损耗,极化损耗,以及多路径带来的瑞利损耗。这些损耗,在系统设计时都必须充分考虑到。换句话说,不能把隧道覆盖简单地看成对净空隧道(无车厢隧道)的覆盖。

为了避开灯箱广告牌的阻挡,在车站地段隧道中,专网漏缆离轨面高3.8m,警用漏缆、公网下行漏缆和公网上行漏缆也相应升高。在其他区间隧道中,专网漏缆一般离轨面3.5m,警用漏缆、公网下行漏缆和公网上行漏缆也相应降低。

为了减少车厢的屏蔽,漏缆应稍高于车窗或与车窗上半部高度相当。深圳地铁无线公网公网下行漏缆离轨面2.85m,上行漏缆离轨面2.55m,无线专网漏缆离轨面3.5m,如图9-10所示。

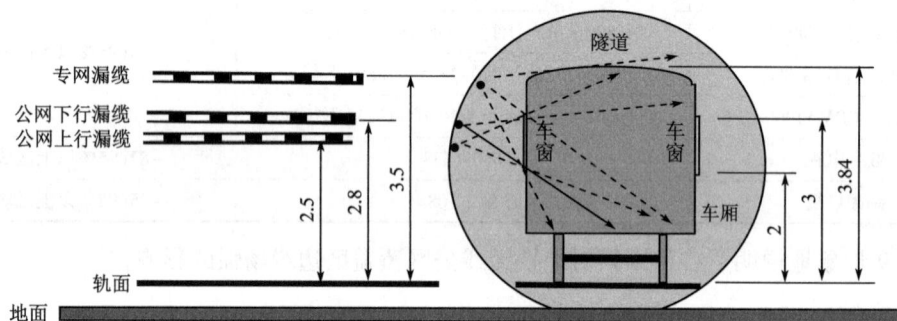

图9-10 深圳地铁无线公网下行漏缆和上行漏缆的架设高度(尺寸单位:m)

漏缆在隧道中的安装位置,有以下四种情况,分别如表9-4和图9-11~图9-14所示。

漏缆在隧道中的安装位置   表9-4

序号	隧道类型	漏缆离轨面高度(m)			
		集群漏缆	警用漏缆	公网下行漏缆	公网上行漏缆
1	隔墙单向隧道	3.5	3.15	2.85	2.55
2	椭圆形双向隧道				
3	圆形单向隧道		3.1	2.8	2.5
4	车站单向隧道	3.8	3.55	3.3	3.0

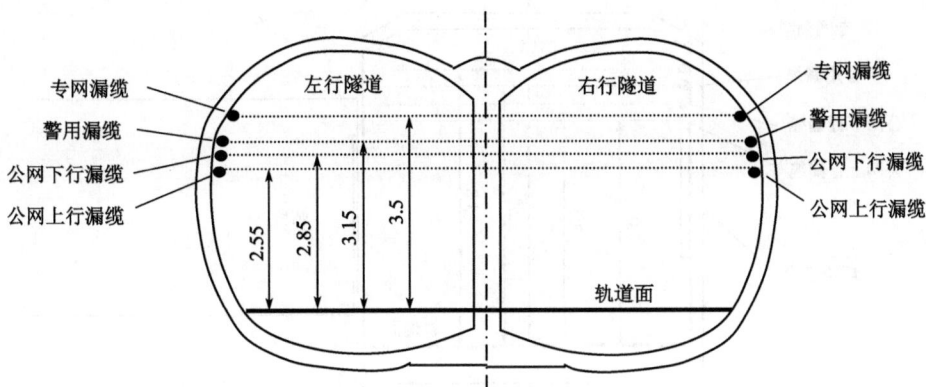

图 9-11 漏缆在隔墙单向隧道中的安装位置(尺寸单位:m)

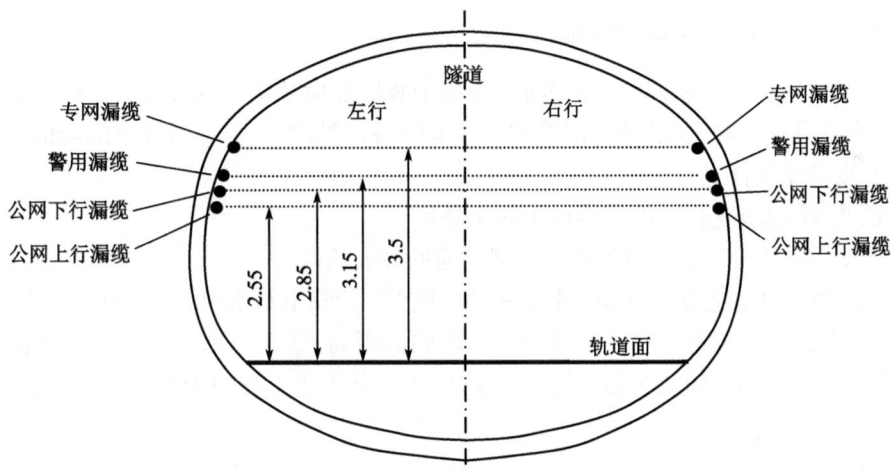

图 9-12 漏缆在椭圆形双向隧道中的安装位置(尺寸单位:m)

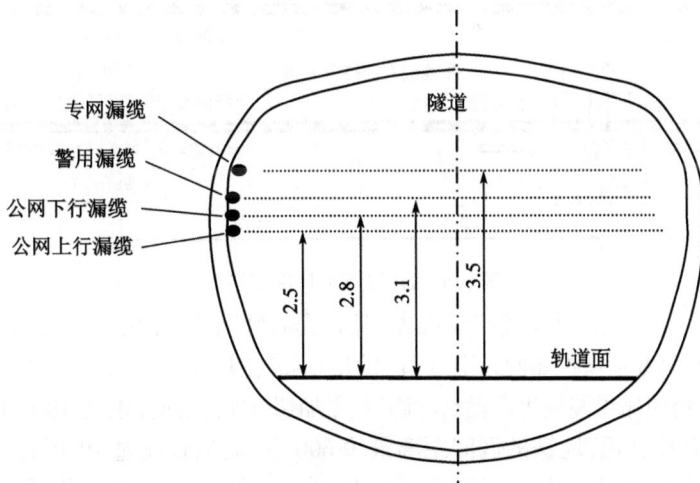

图 9-13 漏缆在圆形单向隧道中的安装位置(尺寸单位:m)

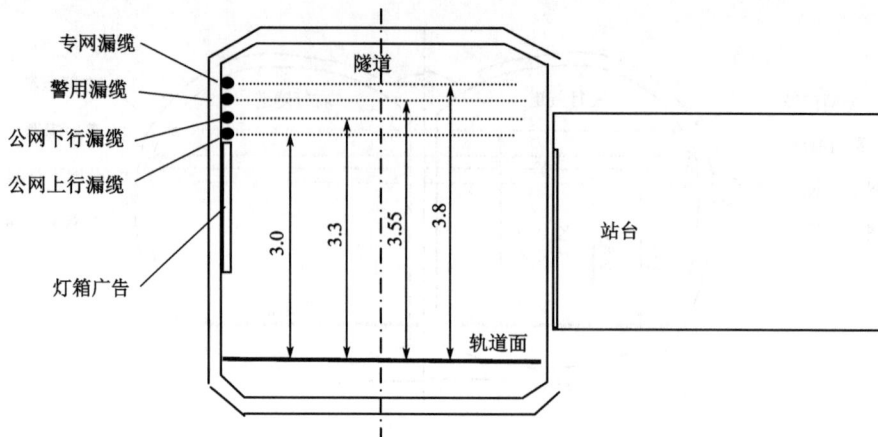

图 9-14　漏缆在车站单向隧道中的安装位置(尺寸单位:m)

9.7.2　公网漏缆长度确定原则

敷设在隧道壁上的地铁漏缆,要同时传输多个频段的射频信号,而漏缆的传输损耗随频段而异,并且当隧道较长时,还需断开漏缆加装区间设备。因此,为保证对隧道的全面覆盖,如何确定漏缆长度倍受关注。

经验证明,确定漏缆长度拟遵循以下四个原则。

(1)相邻两站引入口之间的距离是公网漏缆的最大长度

地铁车站通信机械室装有 POI,漏缆一侧的 POI 下行和上行端口,分别用射频电缆经引上口,与下行和上行漏缆相连。相邻两站引入口之间的距离,就是地铁无线公网的区间距离,简称"区间距离",记作 D_0,如图 9-15 所示。(注:引入口是土建工程中为站厅层和站台隧道层预留的走线槽孔。)

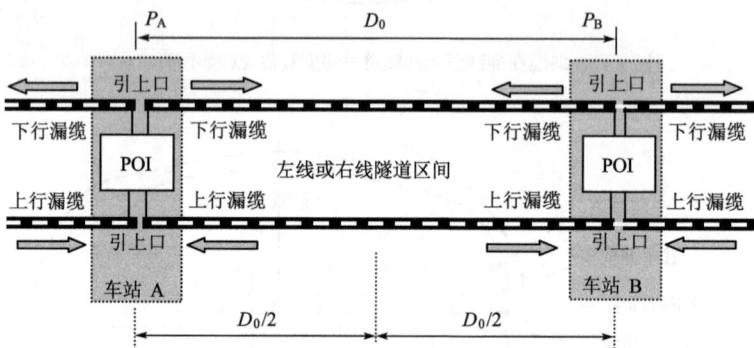

图 9-15　公网无区间设备的区间

此"区间距离",与土建设计所述相邻两站的距离是有区别的,后者通常是指相邻两个车站站台中点之间的距离,而前者是指相邻两站引入口之间的距离,因此两者在数量上会有所差异。"区间距离"概念的引入,将使昂贵漏缆生产盘长的确定,更加切合实际,避免浪费,因此很有意义。

"区间距离"有长有短,地铁的区间距离最短 600 多 m,最长超过 7000m。如果没有区间设备,一条无截断完整漏缆的最大长度就是"区间距离"。如果有区间设备,则一个区间几段漏缆累加的最大长度也是"区间距离"。

（2）按相邻频段中传输损耗最大者确定公网漏缆长度

漏缆工作频带很宽，而干放工作频带有限。为减少区间设备和漏缆接头的数量，以降低成本，使传输损耗最低，应按相邻频段中传输损耗最大者确定漏缆长度。

例如，分析表明：

①100MHz 和 600MHz 传输损耗较小，对 2000m 以下的区间距离无须加装干放；

②900MHz 和 800MHz 频段相邻，900MHz 的传输损耗大于 800MHz，故传输 800MHz 信号的漏缆长度可以用 900MHz 的计算结果代替；

③1900MHz 和 1800MHz 频段相邻，1900MHz 的传输损耗大于 1800MHz，故传输 1800MHz 信号的漏缆长度可以用 1900MHz 的计算结果代替。

深圳地铁一期工程无线公网漏缆长度还考虑了 3G 的预留问题，主要考虑 3G 的 WCDMA 频段，即 1920～1980MHz 和 2110～2170MHz，故漏缆长度能同时满足 3G 的要求。

（3）按下行传输需要确定公网漏缆长度

地铁无线公网采用的是下行和上行分开传输的方案。由于用户机对接收信号强度的要求高于基站对接收信号强度的要求，也就是说下行覆盖的要求高于上行覆盖的要求，因此系统设计应按下行传输需要确定漏缆长度。

（4）不因两站信号对传而人为地截断公网漏缆

以图 9-15 为例，车站 A 下行 POI 的下行信号和车站 B 下行 POI 的下行信号对传，但连接两站的漏缆并未在中部截断，这样做是出于以下考虑：

①各站下行信号可以顺畅地向前传输，能量得到充分利用；

②信号强度不会发生跳变，这有利于越区切换的顺利实现；

③漏缆未在中部人为截断，因此可以降低成本（节省器材和人工）；

④对传信号有足够的频率间隔并有滤波措施，不必担心相互干扰。

9.7.3 地铁区间及其公网覆盖分类

对应调频广播（100MHz 频段）和数字电视（600/700MHz 频段），漏缆最大传输距离超过 1500m。对应 CDMA800 和 GSM900 两个频段，漏缆最大传输距离在 800～1100m 之间。对应 DCS1800、CDMA1900 和 3G 三个频段，漏缆最大传输距离在 600m 以下。

地铁的区间距离，在土建设计时已经确定。为保证实现对隧道的全面覆盖，应根据漏缆最大传输距离和区间设备使用情况，将地铁区间分为三类：

①一类区间，即短区间：此类区间无须装区间设备。

②二类区间，即中区间：此类区间需装区间设备 A 一套。

每套区间设备 A 包括：频段分路器 A，频段合路器 A，1800MHz 干放，1900MHz 干放和 3G 干放各一台。其中，频段分路器 A 可以把 1800MHz、1900MHz 和 3G 信号，从漏缆中分离出来，送给相应干放进行放大。放大了的信号和其他无须放大的信号，由频段合路器 A 进行合路。

③三类区间，即长区间：此类区间需装区间设备 A 两套、区间设备 B 一套，共三套区间设备。

每套区间设备 B 包括：频段分路器 B，频段合路器 B，800MHz 干放，900MHz（联通）干放和 900MHz（移动）干放各一台。其中，频段分路器可以把 800MHz、900MHz（联通）和 900MHz（移动）信号，从漏缆中分离出来，送给相应干放进行放大。放大了的信号和其他无须放大的信号,由频段合路器进行合路。

图 9-16 是三种类型区间的示意图。

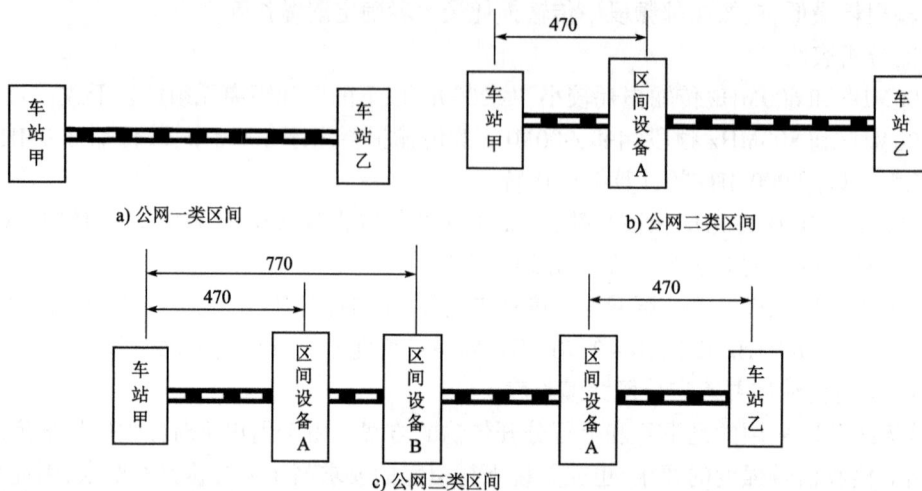

a) 公网一类区间

b) 公网二类区间

c) 公网三类区间

图 9-16　公网一类区间、二类区间和三类区间示意图(尺寸单位:m)

由于区间设备的配置有三种情况,即无区间设备、有一套区间设备和有三套区间设备。因此,对隧道中行进在车厢的无线覆盖也有三种情况,即:

①一类区间的无线覆盖;

②二类区间的无线覆盖;

③三类区间的无线覆盖。

9.7.4　公网一类区间的无线覆盖

一类区间虽无区间设备,但因距离较短,故各频段信号均能满足覆盖要求。

公网一类区间射频信号传输模型如图 9-17 所示。

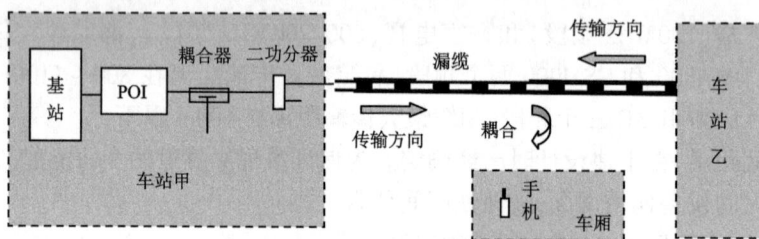

图 9-17　公网一类区间的射频信号传输模型

下行时,移动通信基站射频信号,经 POI、定向耦合器和二功分器,传给长度为射频电缆和漏缆,该漏缆一边向前传输一边向外辐射,最后穿透车厢,进入移动手机。

上行时,移动手机的发射信号穿出车厢,进入漏缆,经射频电缆、二功分器和定向耦合器,到达 POI,最后进入基站。

数字电视和调频广播只有下行信号,其传输模型与移动通信的下行相同。

9.7.5　公网二类区间的无线覆盖

图 9-18 是二类区间的射频信号传输模型。

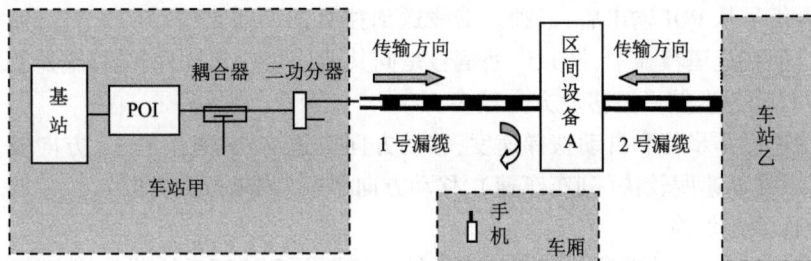

图9-18 公网二类区间的射频信号传输模型图

车站甲和车站乙 POI 输出的下行信号,分别经耦合器、二功分器和射频电缆,到达 1 号漏缆和 2 号漏缆输入端。区间设备对 1000MHz 以上信号起放大作用,对 1000MHz 以下信号起衰减作用。各频段信号在 1 号漏缆和 2 号漏缆中传输的同时,向外辐射并穿入车厢为移动终端(移动手机、收音机和数字电视机)所接收。移动手机发出的上行信号路径传给 POI。

9.7.6 公网三类区间的无线覆盖

图9-19 是三类区间的射频信号传输模型图。

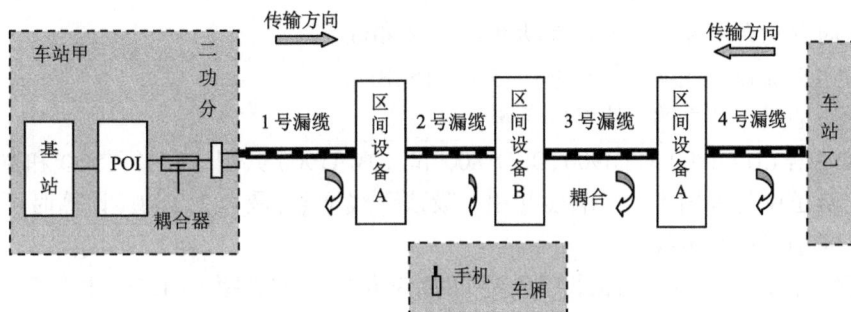

图9-19 公网三类区间的射频信号传输模型图

车站甲和车站乙 POI 输出的下行信号,分别经耦合器、二功分器和射频电缆,到达 1 号漏缆和 4 号漏缆输入端。区间设备 A 对 1000MHz 以上信号起放大作用,对 1000MHz 以下信号起衰减作用。区间设备 B 对 1000MHz 以下信号起放大作用,对 1000MHz 以上信号起衰减作用。各频段信号在 1 号漏缆、2 号漏缆、3 号漏缆和 4 号漏缆中传输的同时,向外辐射并穿入车厢为移动终端(移动手机、收音机和数字电视机)所接收。移动手机发出的上行信号,由相反路径传给 POI。

9.8 公网覆盖地铁站台站厅出入口

9.8.1 覆盖特点

地铁站台站厅出入口覆盖,同隧道覆盖相比,其主要特点是:

(1)覆盖对象不包括数字电视

覆盖对象是地铁乘客的移动通信手持机和调频广播收音机。数字电视在地铁站台站厅中采用有线传输,因此数字电视不在覆盖之列。但在隧道覆盖中,包括了数字电视,并因此成为移动数字电视。

(2)调频广播独立实现覆盖

调频广播信号从 POI 输出后,经独立馈线送到独立的广播天线(1~3 个),独立覆盖站台站厅出入口。但在隧道覆盖中,调频广播信号是同其他信号一起,由漏缆传输及辐射。

(3)用户移动速度较慢但移动方向较多

用户移动速度是步行和自动扶梯速度,移动方向有进有出、有上有下、方向较多。但在隧道覆盖中,用户移动速度较快(列车车速)、移动方向单一(列车行进方向)。

(4)与地面系统切换

在地铁出入口附近,移动通信用户处在地铁系统覆盖和地面系统覆盖的交接区域,因此会发生与地面系统的切换。但在隧道覆盖中,没有这种情况。

9.8.2 覆盖方式

公网对地铁站台站厅出入口的覆盖有三种方式:站厅和出入口用吸顶天线覆盖;侧式站台用吸顶天线覆盖;岛式站台用漏缆覆盖。

9.8.3 覆盖要求

公网对地铁站台站厅出入口的覆盖要求是:

①下行时移动台所在之处的覆盖功率:≥ -85dBm。

②下行送至吸顶天线端口的功率:-5 ~ +15dBm。

③调频广播采用独立的天线馈线系统。

④移动通信 CDMA800、GSM900、DCD1800 和 CDMA1900 共用一套吸顶天线和宽带馈线系统。漏缆与隧道中的采用 1-5/8″漏缆共用。吸顶天线增益:最大 2.1dBi(计算时可取 0dB)。馈线采用 7/8″射频同轴电缆。

⑤下行发射吸顶天线和上行接收吸顶天线的相对位置:水平相距 1~1.5m,垂直相差≤0.5m。

⑥一个发射吸顶天线和一个接收吸顶天线为一组,每组吸顶天线与地铁无线专网的站台吸顶天线(收发共用)的间距:≥10m。

9.8.4 地铁站台站厅出入口内的电波传播损耗

地铁站台站厅和出入口通道,是特殊的地下建筑物。不同地铁因子和收发间距条件下的地铁电波传播损耗如图 9-20 所示。

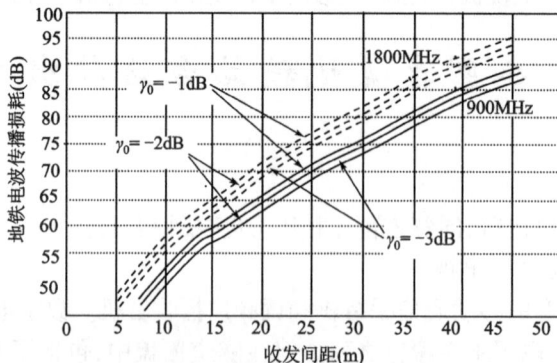

图 9-20 地铁电波传播损耗与收发间距的关系

图 9-21 是深圳地铁 1 号线无线公网区间设备配置图。

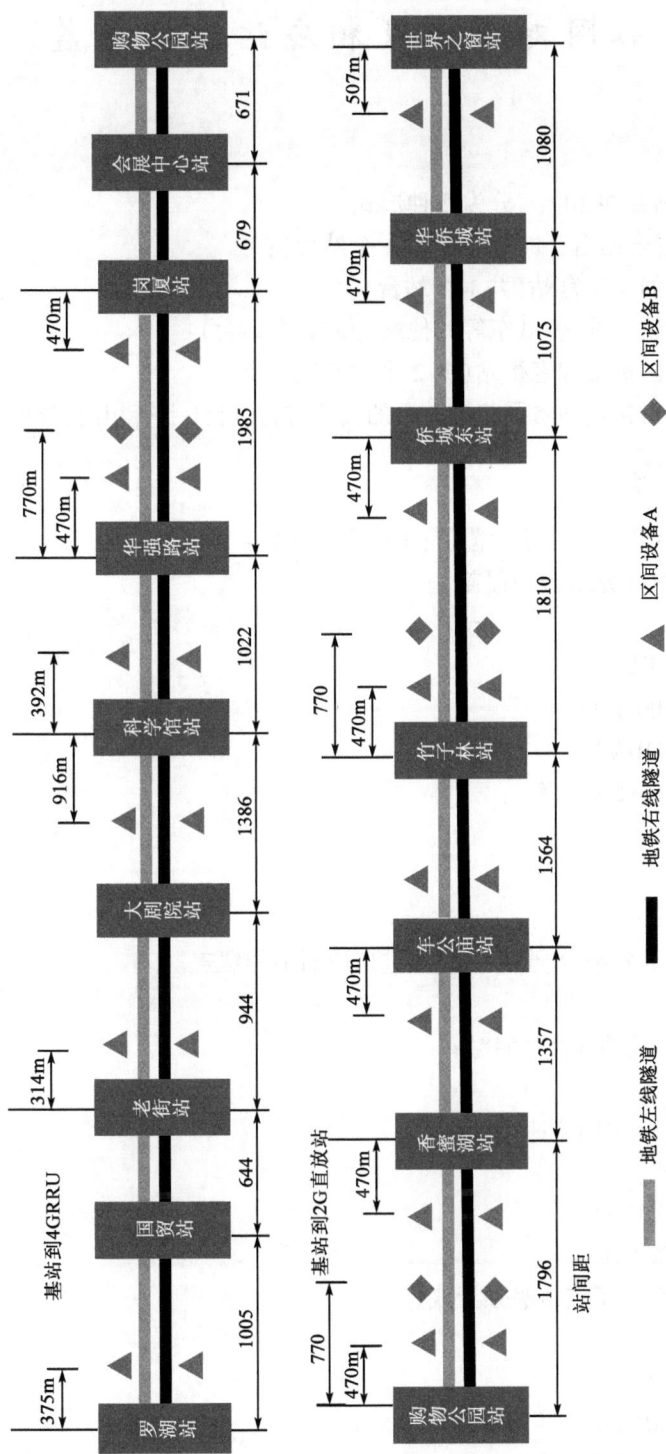

图9-21　深圳地铁1号线无线公网区间设备配置图（尺寸单位：mm）

9.9 公网对站台及相应站厅的覆盖

9.9.1 站台形式

深圳地铁一期工程站台共 20 个,分为四种形式:

①单层侧式和岛式混合站台,如罗湖站(共 1 个站台);

②单层双侧式站台,如少年宫站(共 1 个站台);

③单层岛式站台,如竹子林、侨城东等其他站(共 16 个站台);

④双层侧式站台,如国贸站和老街站(共 2 个站台);

现以下行情况为例,对各式站台及相应站厅的覆盖进行分析(上行相同,分析从略)。

9.9.2 公网覆盖器材

深圳地铁对各式站台及相应站厅的覆盖,采用下列器材:

①1-5/8″漏缆,用于对部分站台的覆盖。

纵向传输损耗:

2.5dB/100m(900MHz);

4.6dB/100m(1800MHz);

5.0dB/100m(1900MHz)。

耦合损耗(距离 2m,95% 概率):

60dB(900MHz);

62dB(1800MHz);

60dB(1900MHz)。

②吸顶天线,用于对部分站台、全部站厅和进出口通道的覆盖。

增益:2.1dB;

方向图:方位 360°,垂直 180°(54°);

驻波系数:≤1.5。

③1-5/8″射频同轴电缆,用于连接漏缆。

衰减:

2.29dB/100m(900MHz);

3.47dB/100m(1800MHz)。

④7/8″射频同轴电缆,用于连接吸顶天线。

衰减:

3.88dB/100m(900MHz);

5.75dB/100m(1800MHz)。

⑤耦合器,用于射频能量的耦合。

6dB 耦合器:耦合度为 6dB,直行插入损耗为 1.8dB(全频段);

10dB 耦合器:耦合度为 10dB,直行插入损耗为 1dB(全频段)。

⑥功分器,用于射频能量的分支或合路。

二功分器耦合损耗:3.5dB/路(全频段);

三功分器耦合损耗:5.2dB/路(全频段);

四功分器耦合损耗:9.2dB/路(全频段)。

⑦1/2″射频跳线,用于馈线中的连接。

1/2″射频跳线衰减:0.1dB/条(全频段)。

9.9.3 公网典型覆盖分析

我们选择某车站进行覆盖的典型分析。选择该车站的理由有以下三个:

第一,它是单层岛式站台,这类站台的总数较多,具有代表性;

第二,它用吸顶天线覆盖,这是地铁站台站厅进出口的主要覆盖方式,具有典型性;

第三,它覆盖区域大,传输距离远,使用器材多(如发射天线和接收天线 10 对共 20 个),如果它能满足最严的覆盖要求,则采用相同技术和器材也能满足其他车站的覆盖要求。

分析条件是:

①采用业主认可的覆盖方案:

POI 下行输出 30dBm;

送至吸顶天线端口的功率:-5 ~ +12.5dBm;

移动台接收门限 -85dBm(覆盖功率 ≥ -85dBm)。

②采用前述地铁电波传播模型:

地铁因子取最小值(-1dB);

路径损耗因子取经验数据(0.6dB/m);

近地参考距离取 $d_0 = 1$m;

收发间距取 8 个数(5/10/15/20/25/30/35/40m)。

③采用前述覆盖器材的技术参数。

④分析 900MHz(代表 800MHz)和 1900MHz(代表 1800MHz)两个频段。

⑤吸顶天线最大增益 2.1dB$_i$,计算时取 0dB。

⑥布线长度按设计值。

覆盖分析过程从略。分析结果载于表 9-5(对站台站厅出入口覆盖的典型分析计算结果),绘于图 9-22(900MHz 站台站厅吸顶天线覆盖场强)和图 9-23(1900MHz 站台站厅吸顶天线覆盖场强)。

对站台站厅出入口公网覆盖的典型分析计算结果   表 9-5

吸顶天线编号	天线端口功率(dBm)		距天线 25m 处场强(dBm)		距天线 30m 处场强(dBm)	
	900MHz	1900MHz	900MHz	1900MHz	900MHz	1900MHz
1	5.8	4.0	-77.7	-75.5	-70.3	-78.0
2	7.7	6.7		-72.8	-68.4	-75.3
3	5.2	3.5		-76.0	-70.9	-78.5

吸顶天线编号	天线端口功率(dBm)		距天线25m处场强(dBm)		距天线30m处场强(dBm)	
	900MHz	1900MHz	900MHz	1900MHz	900MHz	1900MHz
4	6.7	5.6	-65.8	-73.9	-69.4	-76.4
5	7.9	6.3	-68.3	-73.2	-68.2	-75.7
6	10.7	8.9	-63.1	-70.6	-65.7	-73.1
7	7.5	5.1	-66.0	-74.4	-68.6	-76.9
8	4.6	1.8	-68.9	-77.7	-71.5	-80.2
9	3.2	-0.3	-70.3	-79.8	-72.9	-82.3
10	1.3	-3.0	-722	-82.5	-74.8	-85.0

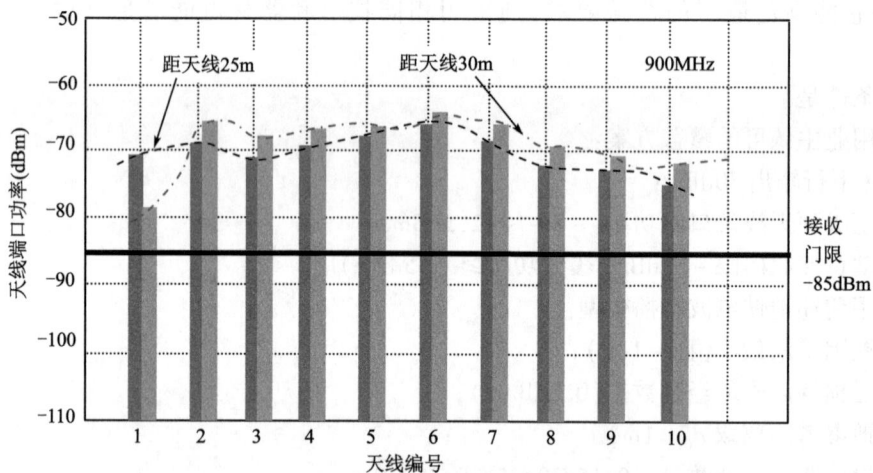

图 9-22　站台站厅公网吸顶天线覆盖场强(900MHz)

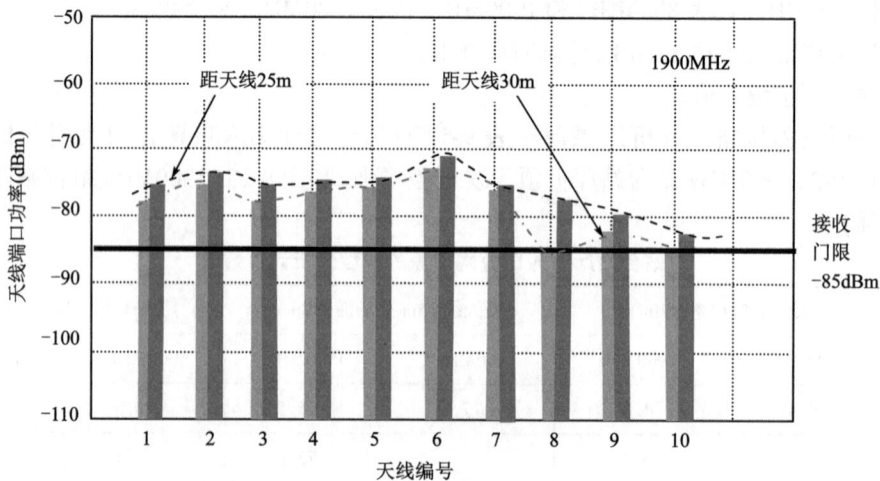

图 9-23　站台站厅公网吸顶天线覆盖场强(1900MHz)

结果表明,对 900MHz 和 1900MHz,在收发间距 30m 以内都能满足覆盖要求。

某车站站厅及出入口平面示意图,如图 9-24 所示。

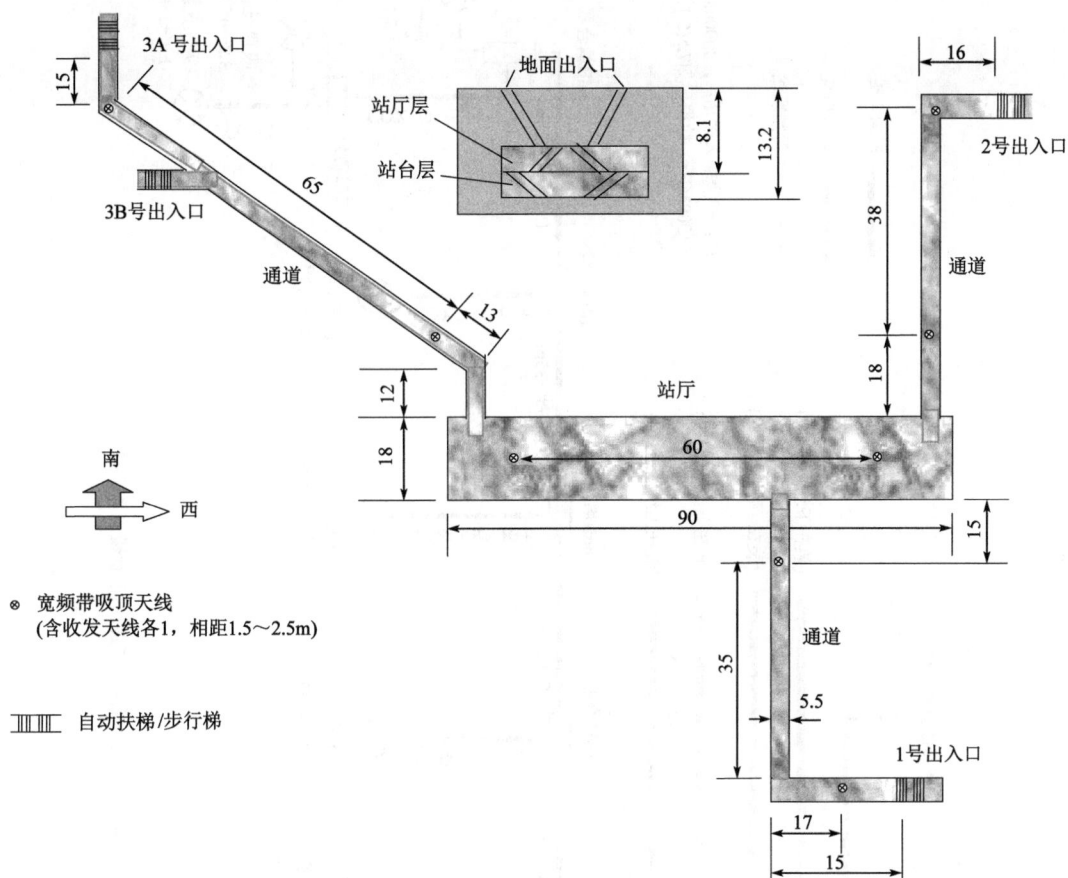

图 9-24 某车站站厅及出入口平面示意图(尺寸单位:m)

某车站站厅站台出入口下行公网覆盖系统图,如图 9-25 所示。

9.9.4 公网覆盖平面图

为使深圳地铁各式站台及相应站厅的覆盖情况形象化,我们绘制了公网对四类站台及其站厅的天线分布和场强覆盖平面图,分别是:

①侧式和岛式混合站台及其站厅的天线分布和场强覆盖平面图,见图 9-26;

②双层侧式站台及其站厅的天线漏缆分布和场强覆盖平面图,见图 9-27;

③单层岛式站台及其站厅的天线漏缆分布和场强覆盖平面图,见图 9-28;

④单层双侧式站台及其站厅的天线漏缆分布和场强覆盖平面图,见图 9-29。

其中,覆盖半径 25m 时覆盖场强大于 −82dBm,覆盖半径 30m 时覆盖场强大于 −85dBm。

另外,单层站台和双层站台的剖面图,见图 9-30 和图 9-31。从中看出,单层站台的站台平面离地面 12.9 ~ 21.3m,双层站台的下层站台平面离地面 12.9 ~ 21.3m。

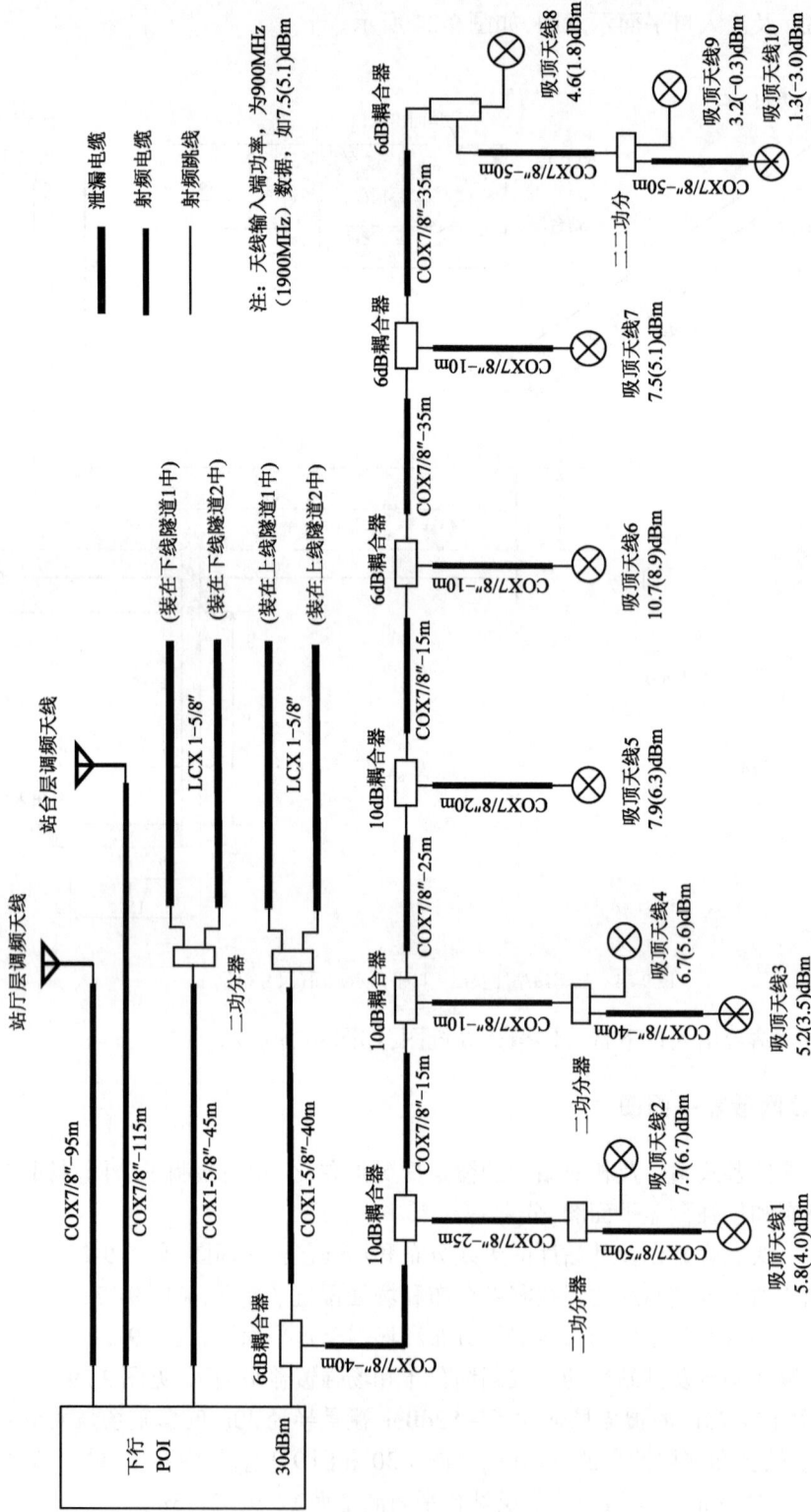

图9-25 某车站站厅站台出入口公网下行覆盖系统图

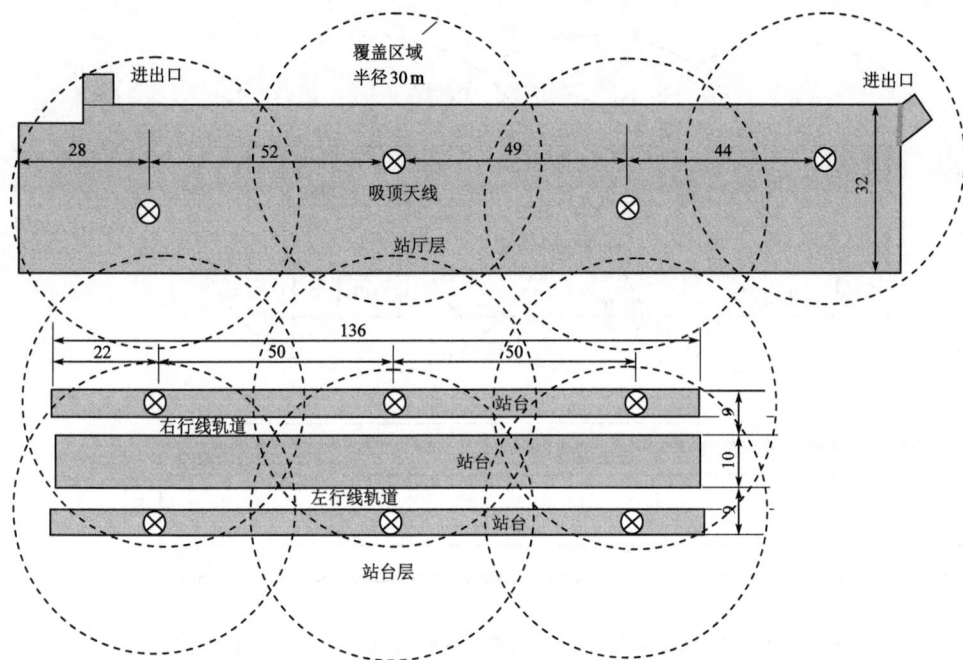

图 9-26　侧式和岛式混合站台及其站厅的天线分布和场强覆盖平面图(尺寸单位:m)

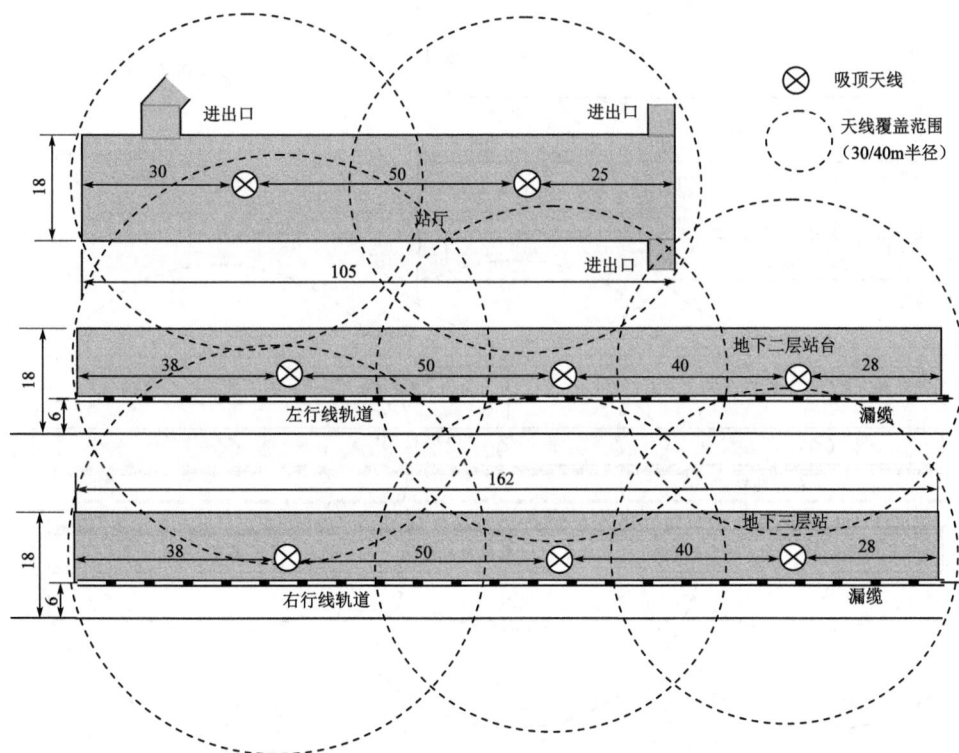

图 9-27　双层侧式站台及其站厅的天线漏缆分布和场强覆盖平面图(尺寸单位:m)

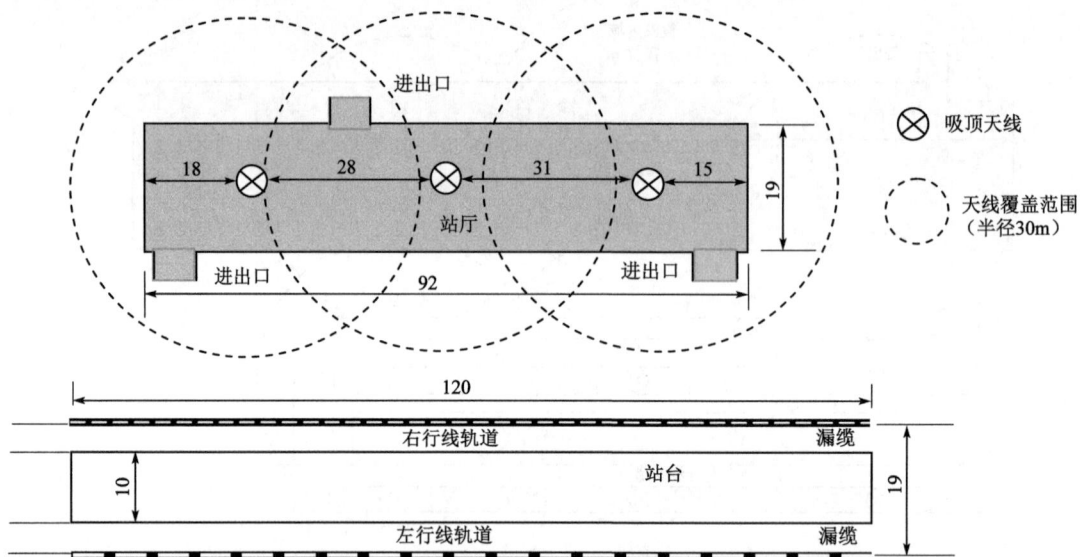

图 9-28　单层岛式站台及其站厅的天线漏缆分布和场强覆盖平面图(尺寸单位:m)

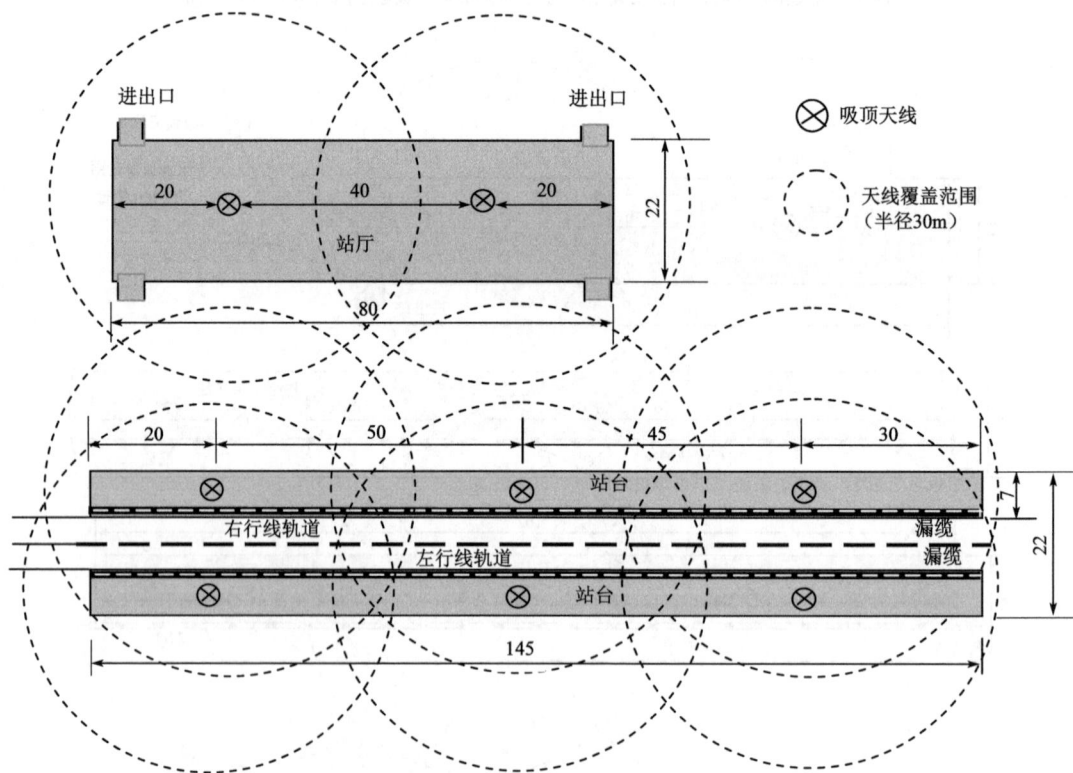

图 9-29　单层双侧式站台及其站厅的天线漏缆分布和场强覆盖平面图(尺寸单位:m)

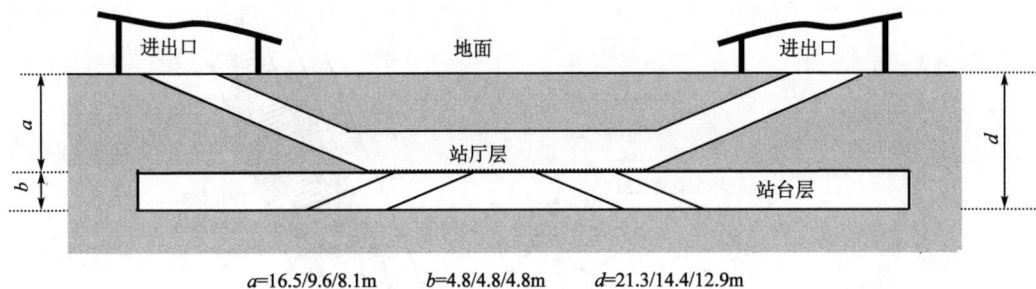

a=16.5/9.6/8.1m b=4.8/4.8/4.8m d=21.3/14.4/12.9m

图 9-30 单层车站剖面示意图

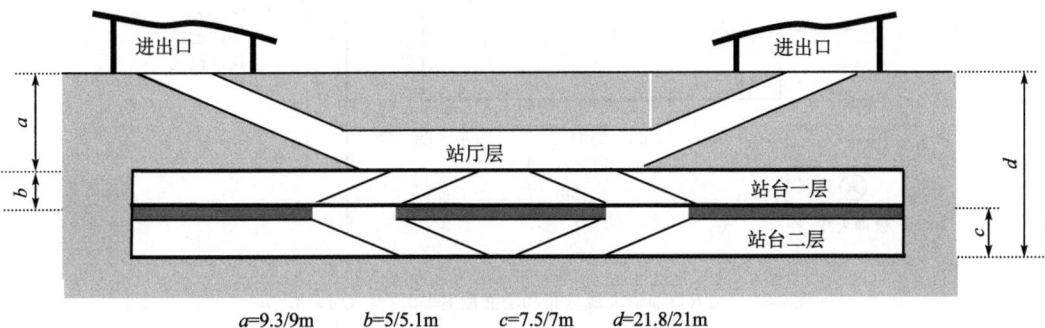

a=9.3/9m b=5/5.1m c=7.5/7m d=21.8/21m

图 9-31 双层车站剖面示意图

9.10 对地铁出入口的覆盖

对地铁出入口通道的覆盖手段与站厅相同,即使用同一型号规格的吸顶天线。

图 9-32 是对两种较长的地铁出入口通道的覆盖示意图。该图表明,用半径 30m 的覆盖圈即可完成覆盖(场强 > −85dBm)。

为估算地铁出入口通道中的场强,采用室内传播的下述数学模型:

$$L_0(d) = L_0(d_0) + 20\lg\left(\frac{d}{d_0}\right) + \beta \cdot d \tag{9-1}$$

式中:$L_0(d)$——天线至用户距离的损耗(dB);

$L_0(d_0)$——参考距离的损耗(dB);

d_0——参考距离(m)($d_0 = 3 \sim 10\lambda$);

d——天线至用户距离(m);

β——路径损耗因子($-0.21 \sim 1.6$dB/m)。

取 $d_0 = 1$m,$L_0(d_0) = 31.5$dB$(900$MHz$)$,$L_0(d_0) = 37.5$dB$(1800$MHz$)$,$\beta = 0.6$dB/m,代入式(9-1),得不同传播距离下出入口通道中的传播损耗的估算值,载于表 9-6。表中数据显示,传播损耗随天线至用户距离的增加而明显增加,而且 1800MHz 的传播损耗比 900MHz 高 6dB 左右。

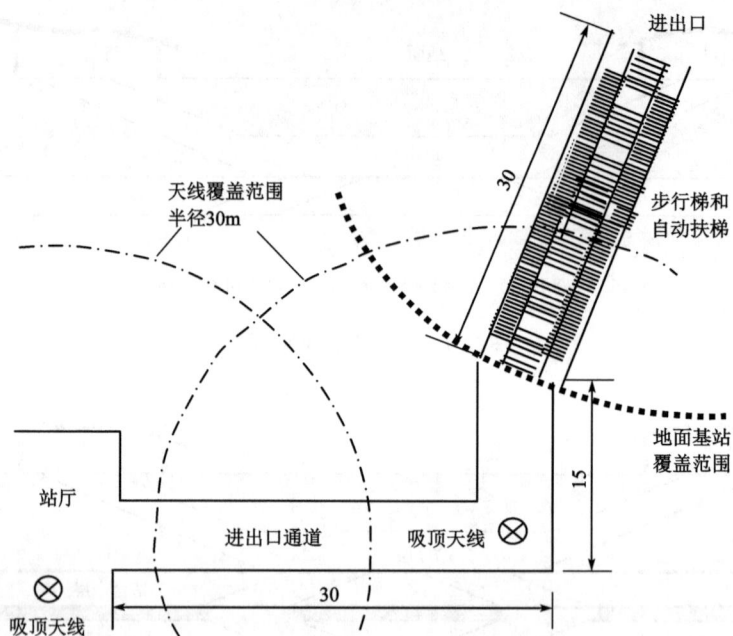

图 9-32　出入口通道天线分布和场强覆盖平面图(尺寸单位:m)

不同传播距离下出入口通道中的传播损耗　　　　表 9-6

d(m)		5	10	15	20	25	30	35
L_0 (dB)	900MHz	48.5	57.5	64.0	69.5	74.5	79.0	84.0
	1800MHz	54.5	63.5	70.0	75.5	80.5	85.0	90.0

　　假定吸顶天线端口的功率为0dBm,吸顶天线增益为0dB,利用表9-6数据,不难作出两种频率及不同传播距离下出入口通道中用户手机处的场强曲线,如图9-33所示。从中可以看出:

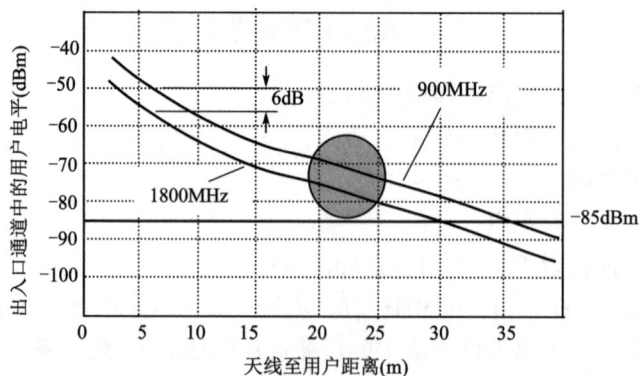

图 9-33　出入口通道中公网用户接收电平与距离的关系曲线

①用户手机处的场强,随天线至用户距离的增加而急剧下降。

②用户手机处的场强,1800MHz 比 900MHz 低 6dB,故从严考虑应以 1800MHz 作为设计的基点。

③天线至用户距离在 30m 以内时,场强皆高于最低接收电平 −85dBm。

④天线至用户距离等于 20∼30m 时,场强在 60∼80dBm 之间,变化不到 10dB,故在此范围内进行切换最为合适。

以 900MHz 为例,假设:

①旅客向外移动(走出地铁),在离天线 20m 处(场强约为 −70dBm)进入切换区。

②并设人的移动速度为 1m/s(高于 0.56m/s 的自动扶梯速度)。

③出入口越区切换所需时间仍取 10s(隧道中越区切换时间的最大值)。

那么,在 10s 内,人的移动为 10m,场强最多下降 10dB,约为 −80dBm,大于容许的最低电平 −85dBm。因此,完成越区切换没有问题。

旅客向内移动(走入地铁)的情形与向外移动(走出地铁)类似,分析相同。

9.11 用漏缆覆盖地铁站台

9.11.1 漏缆覆盖站台的定性描述

如图 9-34 和图 9-35 所示,漏缆敷设在隧道壁上,公网上行漏缆最低,离轨道平面 2.55m。公网下行漏缆居中,离轨道平面 2.85m 或 2.8m。专网漏缆(上下行合一)最高,离轨道平面 3.25∼3.55m。三条漏缆的具体高度,视实际环境情况而定。

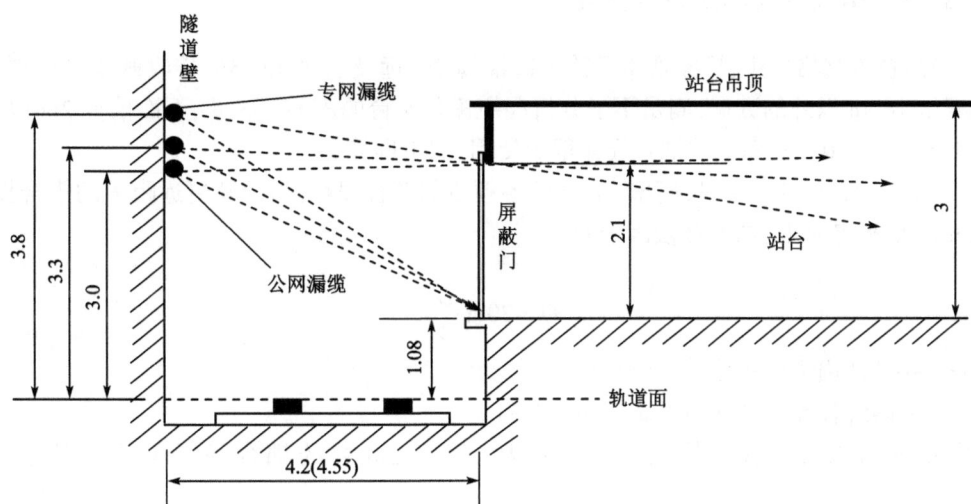

图 9-34 漏缆经屏蔽门对站台的覆盖(尺寸单位:m)

图 9-34 表明,车站无列车时,漏缆辐射的电磁波被玻璃屏蔽门上方金属板所阻挡,但可穿过玻璃屏蔽门进入站台,以覆盖整个站台。

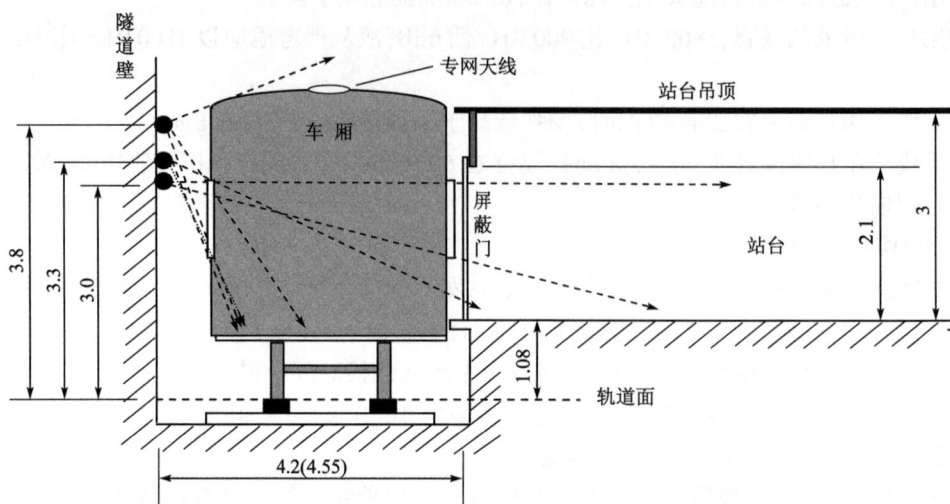

图 9-35　漏缆对站台的覆盖受到车厢的阻挡(尺寸单位:m)

图 9-35 表明,列车停靠车站时,漏缆辐射的电磁波不仅被玻璃屏蔽门上方的金属板所阻挡,而且受到车厢金属外皮的阻挡,但可以穿过玻璃车窗和玻璃屏蔽门进入站台,以覆盖站台。同时,漏缆辐射的电磁波还能通过车厢和屏蔽门上下之间的间隙,以绕射方式进入站台。但和没有列车情况相比,此时的覆盖面积和信强度,将明显下降。

地铁无线公网对站台的覆盖,应当首先满足无车厢的情况,同时应当尽量满足有车厢的情况。

9.11.2　2m 以外漏缆的耦合损耗

在产品技术规格书中,厂家通常只给出离漏缆 2m 远及 50% 和 95% 接收概率下的耦合损耗,没有给出 2m 以外的数据,满足不了分析漏缆覆盖站台的需要。为此,下面推算 2m 以外漏缆的耦合损耗。50% 概率下的耦合损耗很少使用,恕不推算。

已知 1-5/8″漏缆 95% 接收概率 2m 远处各频段的耦合损耗,为计算更远距离的耦合损耗,应在 2m 远数据基础上,加上补偿因子 Q:

$$Q = 20\lg\frac{D}{2} \tag{9-2}$$

式中:Q——补偿因子(dB);
　　　D——漏缆接收点到漏缆的垂直距离(m)。

因此,离漏缆 2m 以外某点的耦合损耗,等于 2m 处的耦合损耗与该点补偿因子之和。

考虑到站台左右两边漏缆相距最大 20m,故以 2m 为步长。计算结果列于表 9-7,并将地铁公网频率的对应曲线绘于图 9-36。从中看出,耦合损耗随距离增加而增加,4m 处增加 6dB,8m 处增加 12dB,12m 处增加近 16dB,18m 处增加 19dB。

应当指出,以上计算结果只能作为工程设计的参考,还应进行必要的实际测试。

95%概率下不同距离处的耦合损耗(dB)　　　　表9-7

序号	频率（MHz）	漏缆与接收点之间的距离 D									
		2m	4m	6m	8m	10m	12m	14m	16m	18m	20m
1	75	68	74	77.5	80	82	83.6	84.9	86.1	87.1	88
2	88	69	75	78.5	81	83	84.6	85.9	87.1	88.1	89
3	108	76	82	85.5	88	90	91.6	92.9	94.1	95.1	96
4	150	78	84	87.5	90	92	93.6	94.9	96.1	97.1	98
5	280	82	88	91.5	94	96	97.6	98.9	100.1	101.1	102
6	450	89	95	98.5	101	103	104.6	105.9	107.1	108.1	109
7	636	65	71	74.5	77	79	80.6	81.9	83.1	84.1	85
8	800	68	74	77.5	80	82	83.6	84.9	86.1	87.1	88
9	900	63	69	72.5	75	77	78.6	79.9	81.1	82.1	83
10	1800	67	73	76.5	79	81	82.6	83.9	85.1	86.1	87
11	1900	65	71	74.5	77	79	80.6	81.9	83.1	84.1	85
12	2200	65	71	74.5	77	79	80.6	81.9	83.1	84.1	85
13	2400	64	70	73.5	76	78	79.6	80.9	82.1	83.1	84

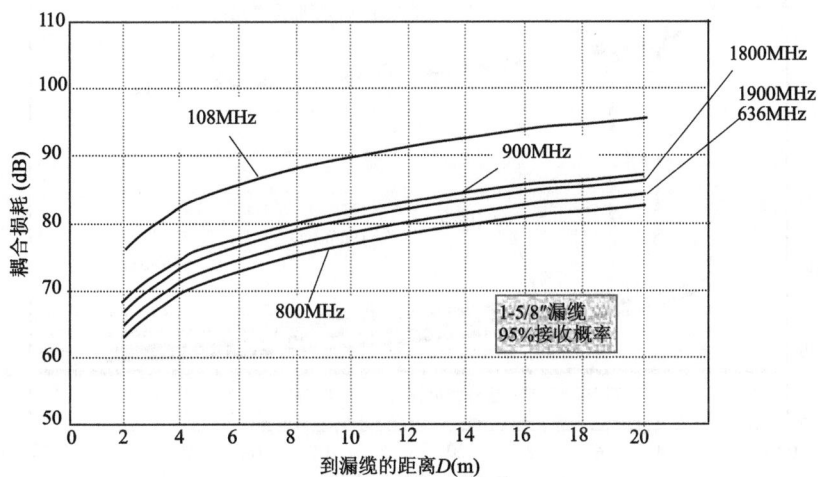

图9-36　95%概率下不同距离处的耦合损耗

9.11.3　公网漏缆覆盖站台的定量分析

漏缆覆盖站台的定量分析,必须计算漏缆覆盖站台的场强。下面以900MHz为例进行分析,同时给出1800MHz和636MHz的分析结果。

分析使用条件:

①基站输出功率37dBm,POI衰减7dB;

②耦合器、功分器和 100m 的 1-5/8″射缆损耗共 10dB；

③1-5/8″漏缆输入功率为 22dBm；

④站台长度 100m，在站台区间漏缆传输损耗最大 2.5dB（2.5dB/100m）；

⑤列车停靠车站，瑞利起伏和车厢穿透损耗 13dB；

⑥站台宽度 16m，在 95% 接收概率下，站台上离漏缆不同距离（直线距离）处的耦合损耗采用表 9-7 数据。

经计算，得漏缆覆盖站台的场强分布如图 9-37 所示。从图中看出，在 16m 站台宽度内，场强都在 −85dBm 以上，而且 900MHz 优于 1800MHz 和 636MHz。

因此，可以认为，深圳地铁无线公网漏缆是能够覆盖站台的。

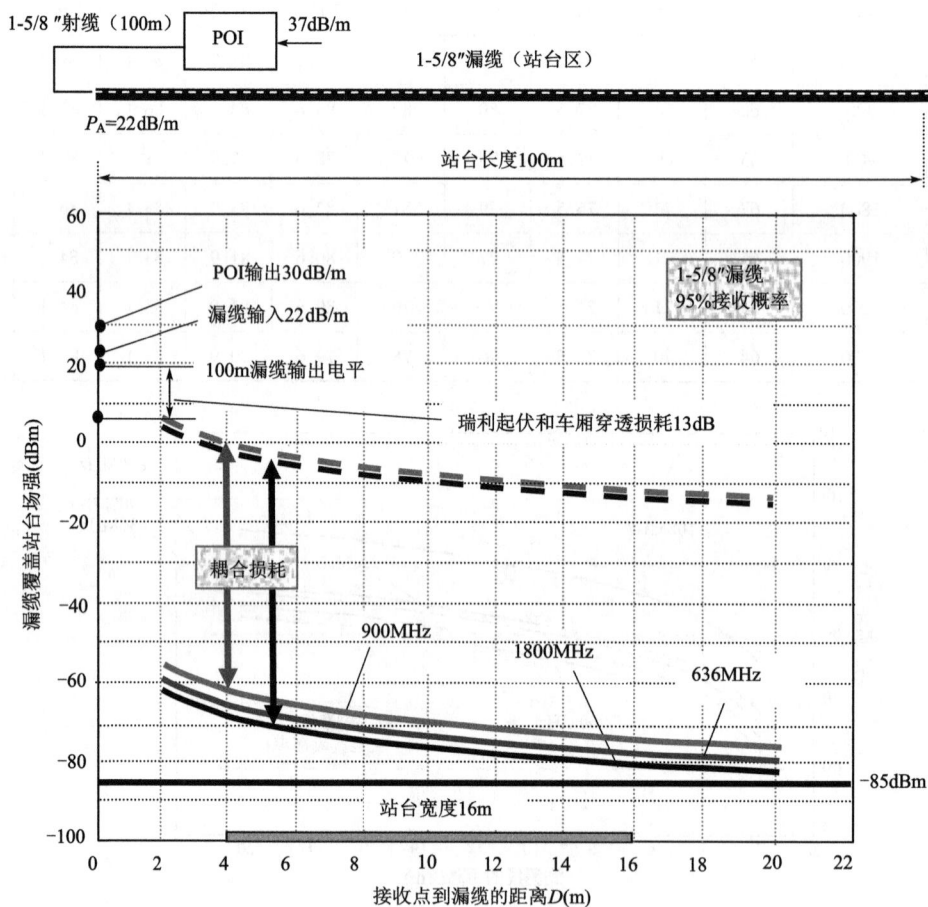

图 9-37 公网漏缆覆盖站台的场强分布

9.12 3G 时代的场强覆盖

3G 时代的场强覆盖，以 2G 时代场强覆盖方案为基础，但必须解决好合路方式问题。所谓合路，是指各系统信号的合路。

9.12.1 合路方式

由于地铁空间有限,第三代移动通信(3G)的几种系统和第二代移动通信(2G)的几种系统,只能合用一套天馈系统。所以,TD-SCDMA 系统也只能与其他系统合路。

在民用通信机房内和其他系统的合路有以下四种方式。

(1)前端合路分缆方式

TD 信号经过环形器和单向器的收发分路后,直接进入多路合路平台 POI,利用 POI 的输出端与射频缆相连,合路部分在 POI 内完成,如图 9-38 所示。

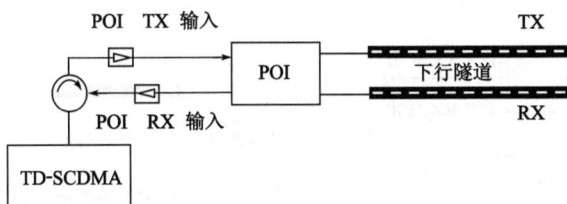

图 9-38 前端合路分缆方式

此方案的优点是简化了系统结构,集成度高;对已建机房内布线结构影响小;不需要更改机房内射频电缆的走线布局。缺点是原 POI 设备本身改造难度大,成本高;采用该合路方式,POI 会产生近 6dB 的插损;为匹配 POI 上下行分路输入端口需要安装单向器和环行器,对系统隔离度要求高。

(2)后端合路分缆方式

TD 信号经过环形器和单向器的收发分路后,在 POI 后端通过 TD 接入器与 POI 的输出信号合路,如图 9-39 所示。

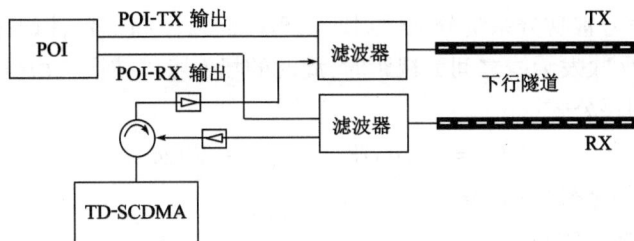

图 9-39 后端合路分缆方式

其优点是上下行信号分路,多系统合路干扰小;无须对现有的 POI 设备进行改造;引入系统的插损较小。缺点是单向器和环行器隔离度要求高;需增加外接的无源器件,对原机房内射频电缆走线有一定影响。

(3)后端合路合缆方式

TD 信号不经过上下行信号分离,直接在 POI 后端通过 TD 接入器与下行 POI 的输出信号合路,如图 9-40 所示。

其优点是无须对现有的 POI 设备进行改造;无须添加单向器和环行器。缺点是对接入的隔离度和互调抑制指标要求高,基站输出引入到四个隧道方向仍要增加较大的插损。

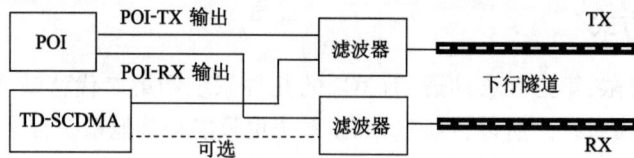

图 9-40　后端合路合缆方式

（4）后端合路多通道方式

利用 TD 智能天线的多通道特性,将多路输出经 POI 后端分别通过 TD 接入器与各个隧道的漏泄电缆相连,如图 9-41 所示。

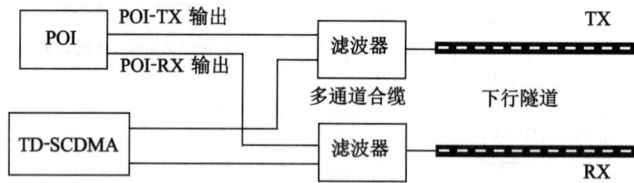

图 9-41　后端合路多通道方式

其优点是无须对现有的 POI 设备进行改造;无须添加单向器和环行器,引入系统的插损较小(1dB 之内）。缺点是对接入器的隔离度和互调抑制指标要求高,对基站设备的端口数有要求。

综合上述,通过对各种合路方式的优劣势进行比较和分析,加上现场测试,采用后端合路多通道方式。

9.12.2　站厅分布天线覆盖

经 POI 合路的信号被功分系统分别送到地铁车站的站厅和站台,以及隧道区域。地铁车站站厅比较空旷,站厅收发天线之间为视距时,此时的场强可以按照自由空间公式计算。

自由空间路径损耗公式:

$$L_{bf} = 32.4478 + 20\lg f + 20\lg d \tag{9-3}$$

式中:L_{bf}——自由空间路径损耗(dB);

f——电波频率(MHz);

d——收发天线间的距离(km)。

根据车站站厅和站台的实际情况,天线布放按 2G 兼容 3G 考虑,两天线间隔取 20 ~ 30m,即单天线覆盖半径按 10 ~ 15m 设置。在站厅场强预算时,我们依然要考虑到人流密度影响、快衰落余量及系统余量等因素,这些因素的取值自于经验值,我们通过试验进一步来较证。

大厅吸顶天线端口需要功率为:

$$P_0 \geqslant P_1 + L_1 + L_2 + L_3 - G \tag{9-4}$$

式中:P_0——站厅天线端口电平;

P_1——边缘场强电平;

L_1——15m 空间损耗;

L_2——系统余量及快衰落余量(取 6dB);

L_3——人流密度损耗(取 7dB);

G——天线增益(取 0dB)。

要达到边缘场强 −85dBm 时,各系统对单天线输入功率如表 9-8 所示。

各系统天线输入功率　　　　　　　　表 9-8

系　统	频率(MHz)	P_i(dBm)	L_1(dB)	L_2(dB)	L_3(dB)	G(dB)	P_0(dBm)
WCDMA	2170	−85	62.65	6	7	0	−9.35
TD-SCDMA	2024	−85	62.05	6	7	0	−9.95
DCS1800	1880	−85	61.40	6	7	0	−10.60
GSM900	960	−85	55.57	6	7	0	−16.43
CDMA800	880	−85	54.81	6	7	0	−17.19

9.12.3　隧道区间漏缆覆盖

地铁隧道一般都采用 1-5/8" 漏泄电缆进行场强覆盖,漏泄电缆沿隧道壁挂放。地铁所用的主流厂商 1-5/8" 漏泄电缆传输损耗、耦合损耗指标如表 9-9 所示。

漏泄电缆损耗　　　　　　　　表 9-9

厂家	安　弗　施					安德鲁	亨　　通	
型号	RLKU15 8−50	RLKU15 8−50A	RLKU15 8−50AE	RLKU15 8−50J	RLKU15 8−50AD	RCT7CP US−2A	HLHTY (Z)50−42	HLHTY(Z) (R)50−42
缆型	13/8"	13/8"	13/8"	13/8"	13/8"	13/8"	13/8"	13/8"
2200MHz 传输损耗(dB/100m)	5.7	4.87	5.84	5.7	10.6	5	5.1	6.1
2m 耦合损耗(95%)(dB)	68	68	65	65	56	68	86	71

一般隧道区间场强覆盖计算时,主要考虑的因素有:

①基站下行发射功率;

②漏泄同轴电缆的传输损耗、耦合损耗,与移动台接收天线距离大于 2m 时的附加损耗;

③基站能量分配及路径损耗;

④越区切换场强重叠区余量;

⑤列车高速移动过程中的多普勒频移,多径效应引起的快、慢衰落余量;

⑥隧道效应所带来的附加损耗;

⑦车厢车体屏蔽所带来的附加损耗;

⑧人体(含列车满载乘客时)屏蔽所带来的附加损耗等。

为了保证边缘场强要求,隧道内漏缆末端电平 P_0 为:

$$P_0 \geqslant P_1 + L_1 + L_2 + L_3 + N_1 + N_2 \tag{9-5}$$

式中:P_0——隧道内漏缆末端电平;

P_1——边缘场强;

L_1——漏缆耦合损耗;

L_2——车厢屏蔽损耗;

L_3——人体损耗;

N_1——大于2m漏泄电缆附加损耗;

N_2——系统余量及快衰落余量。

由此,我们可以计算出各通信系统在满足边缘场强要求时,在漏泄电缆末端所需要的最小功率。

再由基站输出功率及漏泄电缆的传输损耗,就能计算出基站能量的覆盖距离,如表9-10所示。从中可以看出,3G系统信号在传输450m后,就需要设置有源设备,以便延伸覆盖。

基站能量覆盖距离 表9-10

系统	WCDMA	TD-SCDMA	DCS1800	GSM900	CDMA800
频率(MHz)	2170	2024	1880	960	880
基站输出功率(dBm/ch)	36	29	36	36	36
POI分配系统插入损耗(dB)	10	1	10	10	10
$1-5/8''$漏缆传输损耗(dB/100m)	5.5	5.35	4.53	2.41	2.3
漏缆末端最小功率(dBm)	1	1	5	3	7
传输距离(m)	455	505	464	954	826

9.12.4 地铁环境下测试结果

为了验证上述分析的正确性,在广州地铁公司的配合下,在广州地铁3号线和4号线分别进行了3G信号的覆盖试验。

在两个车站,分别设置了一套3G(TD-SCDMA、WCDMA各1套)基站。

在全长约2km的隧道区间,设置了两套3G(TD-SCDMA、WCDMA各2套)干线放大器。

对整个隧道区间和车站的站厅、站台的3G信号场强进行了测试。

测试结果表明,3G系统引入地铁通信系统后,运行指标良好,不会对2G系统及地铁专网产生影响。具体指标统计如表9-11所示。

单天线覆盖范围测试数据 表9-11

天线注入功率(dBm)		-10	-5	0	5
距离天线0m处信号场强(dBm)	WCDMA	-78	-70	-62	—
	TD-SCDMA	-80	-72	-61	-61
距离天线10m处信号场强(dBm)	WCDMA	-86	-78	-72	—
	TD-SCDMA	-91	-79	-75	-71
距离天线20m处信号场强(dBm)	WCDMA	-92	-83	-83	—
	TD-SCDMA	-96	-92	-91	-78
距离天线30m处信号场强(dBm)	WCDMA	-98	-92	-90	—
	TD-SCDMA	-100	-101	-93	-83

由此可知,地铁站厅设计时,单天线覆盖半径控制在 15m 之内,天线口功率不能小于 $-5dBm$,以 $0\sim5dBm$ 功率为最佳。

9.12.5 结论

根据上述分析结论和测试结果,说明 3G 系统完全可以在 2G 系统的基础上建设,供用一套天馈系统。这样,不仅可以减少单独建设 3G 引入地铁的系统所带来的高投资、施工难度大等问题。同时,还可以大大提高工程实施的进度,降低对地铁运营的影响。

9.13 4G 时代的场强覆盖

4G 时代的场强覆盖,以 3G 时代场强覆盖方案为基础。

4G 无线引入系统,与既有 2G + 3G 无线引入系统密不可分,必须在既有系统基础上进行扩容改造,才能满足各运营商 4G 信号引入的要求。

9.13.1 POI 改造方案

观察国内外 4G 制式和国内 2G、3G 频率划分情况,可用于 LTE-FDD 的频段,主要在1.8GHz $(1755\sim1785MHZ/1850\sim1880MHz)$ 频段和 2.1GHz $(1955\sim1980MHz/2145\sim2170MHz)$ 频段,而 2.6GHz $(2500\sim2690MHz)$ 频段的全部 190MHz 频率资源,已用于 TD-LTE。

根据和中国联通公司的沟通,拟增加 DCS1800 频段,以完善既有 2G 网络。改造后的 POI 设备,需完全兼容 2G、3G 和 4G 设备,其接入的设备频率包括 $800\sim2700MHz$,其工作频段如表 9-12所示。

4G 时代 POI 工作频段 　　　　　　　　　　　　　　表 9-12

序　号	接 入 系 统	工作频段(MHz)
1	中国移动 GSM900	上行:885~909 下行:930~954
2	中国电信 CDMA800	上行:825~835 下行:870~880
3	中国联通 GSM900	上行:909~915 下行:954~960
4	中国联通 DCS1800	上行:1735~1755 下行:1830~1850
5	WCDMA	上行:1920~1980 下行:2110~2170
6	CDMA2000	上行:1920~1980 下行:2110~2170
7	TD-SCDMA	上行:1880~1920 下行:2010~2025
8	LTE-FDD	1755~1785/1850~1880
9	LTE-FDD	1955~1980/2145~2170
10	TD-LTE	2320~2370/2500~2690

同时,为配合联通公司 DCS1800 信号的引入,并相应增加 DCS1800 直放站设备。4G 具体频段以国家正式发放的为准,POI 端口也还需与各运营商协商确定。

9.13.2　射频覆盖系统改造方案

由于既有射频覆盖系统,包含天线、功分器、耦合器、1/2″、7/8″和 13/8″同轴射频电缆,为 2G + 3G 覆盖方式,其技术指标满足 800 ~ 2400MHz。引入 4G 信号后,则需将其替换为技术指标满足 800 ~ 2700MHz 的产品。

9.13.3　区间漏泄电缆改造方案

由于已招标区间漏泄电缆支持 800 ~ 2500MHz 频段,根据 4G 引入频段情况来看,LTE-FDD 在 1.8G 和 2.1G 两个频段范围内,而 TD-LTE 可采用 2.3G 和 2.6G 两个频段。若采用 2.3G 频段,区间漏泄电缆就完全可以满足整个 4G 信号覆盖的要求。若采用 2.6G 频段,区间漏泄电缆则需要进行改造。

目前支持 4G 的漏泄电缆较少,且改造费用昂贵,建议 TD-LTE 采用 2.3G 进行区间信号的覆盖,这样就不需要改造漏泄电缆。

9.13.4　区间光电缆改造方案

增加 4G 系统,区间有源设备(RRU)由运营商提供,其传输通道和用电需求必然增加,在目前区间的有源设备所需的光电缆已经招标的情况下,建议再单独建设 4G 的区间供电和传输系统(车站电源、区间供电线、区间配电箱、车站 ODF、区间光缆区间和光缆)。

本章参考文献

[1] 中华人民共和国行业标准. YD/T 5120—2005　无线通信系统室内覆盖工程设计规范[S]. 北京:人民邮电出版社,2005.

[2] 中华人民共和国行业标准. YD 5104—2015　数字蜂窝移动通信网 900/1800MHz TDMA 工程设计规范[S]. 北京:人民邮电出版社,2015.

[3] 中华人民共和国行业标准. YD/T 1029—1999　800MHz CDMA 数字蜂窝移动通信系统设备总技术规范:基站部分[S]. 北京:人民邮电出版社,1999.

[4] 深圳地铁 2 号无线通信天线分布系统技术规格书,2008.

[5] 韩月,蒲先俊. 地铁专用无线通信系统覆盖解决方案浅析[J]. 专业无线通信,2013(4).

[6] 卢尔瑞. 移动通信工程[M]. 北京:人民邮电出版社,1990.

[7] 郭梯云,邬国扬,李建东. 移动通信(修订版)[M]. 西安:西安电子科技大学出版社,2002.

[8] 戴美泰. GSM 移动通信网络优化[M]. 北京:人民邮电出版社,2003.

第10章 干扰及其抑制

10.1 引 言

干扰及其抑制,和场强覆盖一样,是地铁无线通信长期面临的又一重大问题。

干扰及其抑制,是矛盾的两个方面。干扰伴随无线通信设备的出现而出现,其抑制技术随无线通信技术的发展而发展。

何谓干扰?无线通信接收机收到的有用信号一般都较微弱,如果有较强的无用信号进入接收机,将直接影响话音清晰度、数据正确度和图像保真度,甚至造成信道阻塞、通信中断。这种现象就是干扰。造成干扰的无用信号,叫干扰信号。

地铁空间有限,但却是城市最大的民生工程。因此,无线通信技术发展的最新成果,总是源源不断地进入地铁。不经意间,公众移动通信已进入 4G 时代,无线技术在我国地铁的应用范围又进一步扩大,如图 10-1 所示。

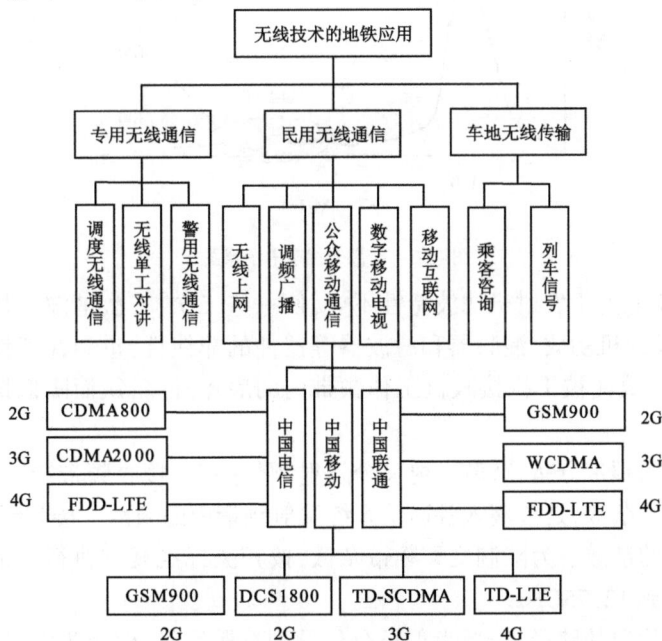

图 10-1　4G 时期无线技术在我国地铁的应用情况

图 10-1 清楚表明,无线通信技术主要应用在专用无线通信、民用无线通信和车地无线传输三个方面。其中,民用无线通信包括公众移动通信、移动互联网和数字电视,公众移动通信涵盖三大运营商、三代通信产品和十个通信制式。无线通信技术在我国地铁应用的领域越来越宽,引入系统越来越多,所用技术越来越新。

在这种形势下,干扰风险必然增大,干扰抑制要求必然更高。为了确保各无线通信系统正常工作,只有与时俱进、迎难而上,认真研究解决各种新问题。

总而言之,应当充分认识到干扰及其抑制任务的重要性、特殊性、复杂性和长期性。

10.2　干　扰　种　类

干扰种类,可按干扰来源和干扰效果划分。按干扰来源分,有杂散干扰与互调干扰。按干扰效果分,有同频干扰、邻频干扰和阻塞干扰。

10.2.1　杂散干扰

对一个无线通信系统来说,其有用信号是它在带宽内的正常接收信号,而在带宽外发射的信号都是无用信号。

从频谱上看,无线通信系统发射的信号有两部分:它在必要带宽内的正常发射信号,以及必要带宽之外的一个或多个频率的发射。后者,称作杂散发射。杂散发射对其他用户造成的干扰,叫杂散发射干扰,简称杂散干扰。图 10-2 是杂散干扰频谱示意图。

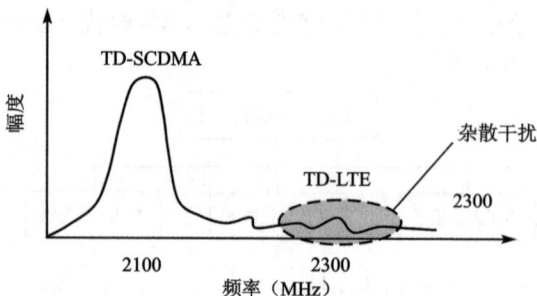

图 10-2　杂散干扰频谱示意图

杂散发射,主要是由于发射机滤波特性不好,使一些二次、三次谐波分量从发射机输出端输出。另外,由于发射机功放、混频器和滤波器等器件的非线性,也会在工作频带以外很宽频带内产生辐射分量,致使被干扰接收机工作频带内的底噪升高,从而降低接收机灵敏度甚至阻塞。

根据干扰信号的频带分布,杂散发射又分发射频带杂散、接收频带杂散、交叉频带杂散和带外杂散。发射频带杂散,是指落入各通信系统发射频带内的杂散。接收频带杂散,是指发射机向接收频带发射的杂散。为限制交叉频带杂散,按相关标准规定执行。带外杂散所涵盖很宽频谱,从 100kHz 到 12.75GHz。

根据到达被干扰源的路径,杂散发射还分传导型杂散发射(路径为空间耦合)和辐射型杂散发射(路径为导体传输)。

10.2.2 同频道干扰

图 10-3 是信号频谱示意图。与干扰有关的,主要是三个频率区域:信道内频率区、信道外频率区和频带外频率区。

无用信号载频与有用信号载频相同,或落入有用信号信道内,并对有用信号接收机造成干扰的,称为同频道干扰。

图 10-4 是同频道干扰原理图,它表明中心频率为 f' 的信号落入中心频率为 f_0 的频道之内,会引发同频道干扰。

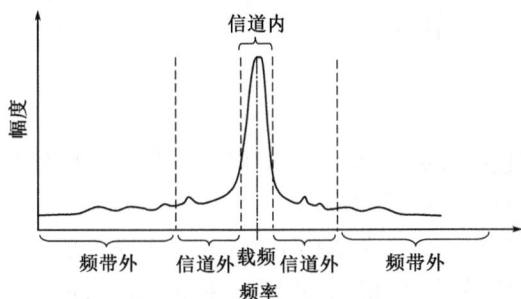

图 10-3 信号频谱示意图

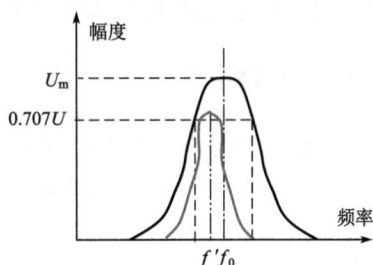

图 10-4 同频道干扰原理图

在地铁中,同频道干扰是频率复用技术带来的。引入地铁的中国移动网、中国联通网和中国电信网,均采用频率复用技术。它们相邻基站的工作频率虽然不同,但若隔站复用,因站距较近,则有可能带来同频道干扰。

10.2.3 邻频道干扰

系统发射的信号,落入邻道接收机信道内所造成的干扰,称为邻频道干扰。图 10-5 是邻频干扰原理图。

移动无线电通信系统的频道间隔有一定宽度,例如 25kHz。考虑到发射机、接收机频率不稳定和不准确所造成频率偏差,以及接收机滤波特性欠佳等原因,k 频道发射信号的 n 次边频将落入邻近 $(k+1)$ 频道内,如图 10-5a)所示。图中调制信号最高频率为 F_m,频道间隔为 B_w,接收机中频带宽为 B_i。图中示出了低次边频 n_L 落入邻近信道的情况。

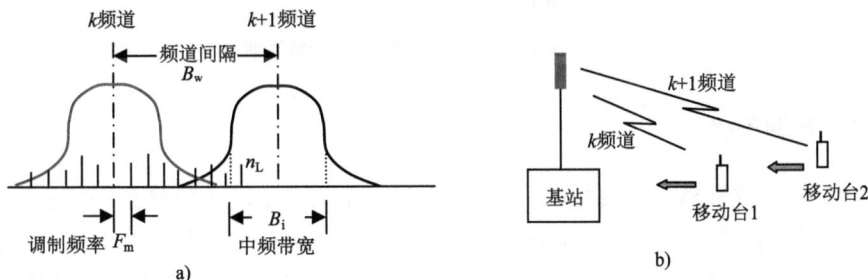

图 10-5 邻频干扰原理图

另外,设想有 2 个移动台同时向基站发射信号,基站从邻近它的移动台(k 频道)接收到很强的信号,而从远离它的移动台($k+1$ 频道)接收到的信号很微弱,然而,远离台的信号为需要信号,近距离台落入到 $k+1$ 频道内的信号为非需要信号。此时,较强的接收信号(无用信号)将掩盖较弱的接收信号(有用信号),在解调器输出端弱信号以噪声形式输出,而强信号(无用信号)作为有用信号输出。也就是说,强的非需要信号(k 频道),对弱的需要信号($k+1$ 频道)形成了邻近波道干扰,如图 10-5b)所示。在移动台输出功率相同的条件下,基站受干扰的程度取决于两个移动台至基站的距离之差。

邻频道干扰大小,取决于与发射机邻道泄漏功率比 ACLR 和接收机邻道选择性 ACS。

和同频干扰相比,邻频干扰更好控制。为了减小邻频道干扰,需提高接收机的中频选择性。同时,要限制发射信号带宽,防止因过大信号进入调制器而产生过大的频偏。在移动台方面,应在满足通信距离要求下,尽量采用小功率输出,以缩小服务区。

10.2.4　阻塞干扰

阻塞干扰,是指接收微弱的有用信号时,受到接收频率两旁、高频回路带内强干扰信号的干扰。轻则降低接收灵敏,重则造成接收机饱和,通信中断,信道阻塞。

图 10-6 是接收机输入输出特性。通常,输入信号为小信号,输出和输入呈线性关系。当有用信号和强干扰信号一起进入被扰接收机时,底噪会上升,输出和输入不再是线性关系。当底噪电平因强干扰信号上升到非线性区时,放大后的有用信号会产生非线性失真。当底噪电平因强干扰信号上升到饱和区时,则接收机被阻塞,不再有放大效应。

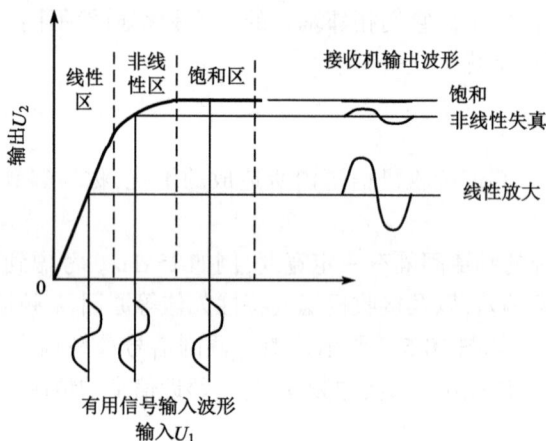

图 10-6　接收机输入输出特性(阻塞干扰原理)

10.2.5　互调干扰

互调,发生在非线性器件或传播媒质中,是由于一个与多个输入信号频谱分量之间的相互作用,从而产生新的分量的过程。这些新分量的频率,等于输入分量的整数倍线性组合。

互调产物,是指互调所产生新的信号分量。这些新的信号分量落入有用信号频道之内,便会引起干扰,因此互调产物又叫互调干扰。

互调产物的主要特征是:

①以三阶互调为主要成分。$(2f_1 - f_2)$ 叫三阶 Ⅰ 型互调产物,$(f_1 + f_2 - f_3)$ 叫三阶 Ⅱ 型互调

产物。

②在三阶互调产物中,Ⅱ型互调产物比Ⅰ型大6dB。

③$(2f_1 - f_2)$在整个载波群频带上分布较均匀,$(f_1 + f_2 - f_3)$在中央部分分布最密集,两者都能形成严重干扰。

如果两个信号频率分别为f_1和f_2,这两信号所产生的互调频谱中,各频率分量的公式为:

$$f_{IM2} = f_1 \pm f_2 \text{ 或 } f_2 \pm f_1 \tag{10-1}$$
$$f_{IM3} = 2f_1 \pm f_2 \text{ 或 } 2f_2 \pm f_1 \tag{10-2}$$
$$f_{IM4} = 2f_1 \pm 2f_2 \text{ 或 } 2f_2 \pm 2f_1 \tag{10-3}$$
$$f_{IM5} = 3f_1 \pm 2f_2 \text{ 或 } 3f_2 \pm 2f_1 \tag{10-4}$$

根据互调干扰产生的位置不同,有三种情况:

(1)发射机产生互调干扰

两个或更多个发射机靠得很近时,每个发射机与其他发射机之间通常通过天线系统耦合。从每个发射机来的辐射信号进入其他发射机的末级放大器和传输系统,于是就会形成互调产物。这些产物落到末级放大器的通带内,被辐射到已指配发射频率之外的那些信道上。

(2)接收机产生互调干扰

两个或更多个强的带外信号,可以进入接收机射频放大器的非线性工作区,甚至在第一级混频器中互调。这些互调产物能干扰进入接收机的有用信号,或在没有有用信号时,在工作信道上输出端呈现干扰。

(3)射频无源器件产生互调干扰

射频无源器件可以看成是由分布参数组成的,而那些分布参数也会呈非线性变化,因此也会产生互调干扰。

10.2.6 时间色散

由于多路径效应,无论上行还是下行,接收端都会收到直达波和反射波。直达波和反射波之间的传播路程不同,会造成时间色散(图10-7)。

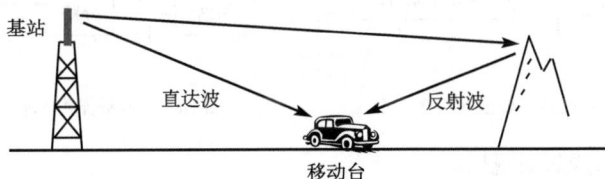

图10-7 直达波和反射波路程差造成的时间色散

时间色散,会使接收信号中一个码元的波形,迟延扩展到后续码元周期中。这样,携带同一信息但先后到达的直达波和反射波,在接收端就会产生码间干扰。

移动通信系统在设计时已经考虑了时间色散问题。例如,GSM采用均衡技术来克服时间色散。GSM均衡器可以处理迟延到达4bit的反射信号,相当于15μs的色散。但均衡器只能处理一定数量的反射,超过15μs的长延时便无法处理。

把 15μs 定义为时间窗口:迟延 15μs 以内到达的反射信号视为有用信号,否则视为无用信号。15μs 的迟延,相当于直达波和反射波有 4.5km 的传播路程差。

地铁空间有限,电波直达和反射到达的传播路程差不会超过 4.5km。因此,在地铁中,可以不考虑时间色散所带来的干扰,主要考虑同频道干扰、邻频道干扰和互调干扰。

10.3 干扰形成机理

10.3.1 干扰形成三要素

要形成干扰,必须具备三个要素:干扰源、敏感源和耦合路径。

所谓干扰源,就是产生干扰信号的基站或终端。

所谓敏感源,就是被干扰的基站或终端。

所谓耦合路径,就是干扰源和敏感源之间,干扰信号所经过的地方。

在地面公众移动通信网中,常有"多系统共址"一说。而在地铁移动通信网中,则是"多系统共覆盖区域"问题,简称"多系统共区域"。也就是说,在地铁中的同一个位置,同时存在多个系统产生的但频率相异的覆盖场强。

此外,在"多系统共区域"下,有两种方案:

一种是"独立天馈"方案,即各系统发射信号与接收信号,经各自"收发合一天馈"进行传输,如图 10-8 所示。

另一种是"共用天馈"方案,即各系统发射信号与接收信号分别合路后,再分别经"共用发射天馈"和"共用接收天馈"进行传输,如图 10-9 所示。

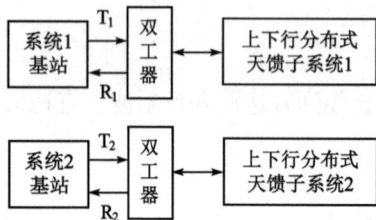

图 10-8 多系统共区域独立天馈方案　　图 10-9 多系统共区域共用天馈方案

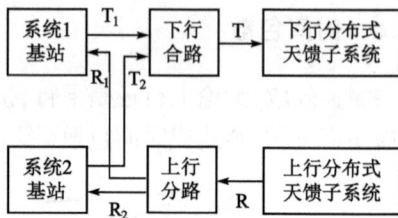

10.3.2 干扰形成逻辑图

干扰形成三要素,只是产生干扰的必要条件。

真正形成干扰,还必须满足下述三个条件:

①干扰源存在,而且干扰信号已进入通信系统(敏感设备);

②干扰信号频率落在通信系统(敏感设备)的频带之内;

③干扰信号强度大于通信系统(敏感设备)正常工作所允许的数值。

换言之,必须符合干扰形成逻辑,如图 10-10 所示。

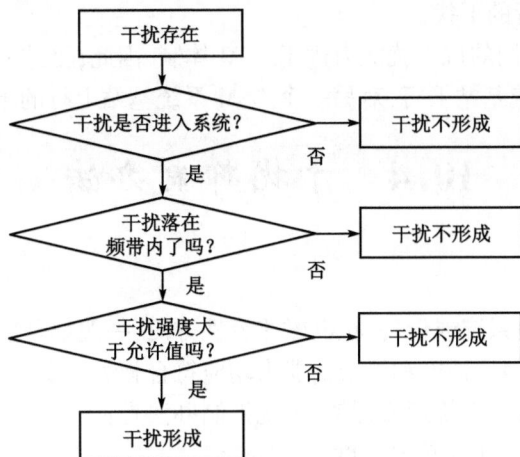

图 10-10　干扰形成逻辑图

10.3.3　关注重点

A 系统的接收机除接收本系统发射机发射信号——有用信号外,还可能收到 B 系统发射机的发射信号——无用信号。因此,A 系统接收机可能成为干扰对象,而 B 系统发射机则可能成为干扰源。

图 10-11 是基站发射信号和接收信号频谱示意图。

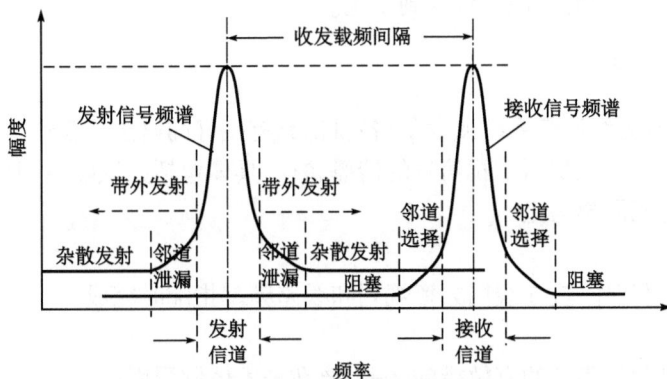

图 10-11　基站发射信号和接收信号频谱示意图

AB 两系统间干扰有四种情况:
①A 系统基站与 B 系统基站之间干扰;
②A 系统基站与 B 系统终端之间干扰;
③A 系统终端与 B 系统终端之间干扰;
④B 系统基站与 A 系统终端之间干扰。

其中,基站与终端之间的干扰很小,因为双方离得远、中间障碍物多。终端之间的干扰也很小,因为终端发射功率小,两台终端靠近的概率低,一旦出现可在网络侧可用资源调配和功率控制来抑制。基站之间的干扰大,因为基站发射功率大、接收灵敏度高。

因此,在研究干扰时,关注重点应当是两系统基站之间的干扰,具体来说,就是关注一个基站下行对另一个基站上行的干扰。

而且,由于 CDMA 体制的抗干扰能力优于 GSM 体制,因此,更进一步说,在研究干扰时,关注重点应当是 CDMA 系统基站下行,对另一个 GSM 系统基站上行的干扰。

10.4 干扰抑制办法

10.4.1 基本办法

地铁引入的无线通信系统或设备,在电磁兼容性方面,一般都是按国家标准或行业标准进行生产和验收的,其干扰信号强度和抗干扰能力均应符合相关规定。

根据干扰形成三要素和干扰形成逻辑,干扰抑制办法是:

(1)消除干扰源或减小干扰信号强度

为此,要做好无线电频率的规划工作,使各系统之间拥有足够的保护频带,以实现频域隔离,防止因频率配置不当而带来干扰。

(2)切断干扰信号的传播途径

为此,干扰源与敏感源之间要有足够的隔离度,以切断辐射型杂散发射和传导型杂散发射的传播路径。办法是频域隔离、空间隔离和滤波隔离。

(3)增强敏感源抗干扰能力

为此,要适当提高敏感源对有用信号的接收门限电平,同时要让敏感源具有良好的屏蔽、滤波、接地与搭接能力,以防止敏感源受到干扰。

10.4.2 隔离办法

地铁引入的所有无线通信系统或设备,各自都具有良好的电磁兼容性。因此,在地铁工程中,抑制干扰的办法主要是切断干扰信号的传播途径,具体包括频域隔离、时域隔离、空间隔离和滤波隔离,并以空间隔离为主。

(1)频域隔离

频域隔离的主要工作,应在线网频率规划和线路频率指配时完成。

(2)时域隔离

时分多址,就是时域隔离的有效措施之一,要在技术体制层面解决。

(3)空间隔离

对漏缆来说,就是漏缆间距问题。对天线来说,包括天线距离控制和天线朝向控制。

利用天线朝向控制,可以实现分水平隔离、垂直隔离和倾斜隔离度,如图 10-12 所示。

①水平隔离度计算公式:

$$DH = 22 + 20\lg\left(\frac{d}{\lambda}\right) - (G_t + G_r) \tag{10-5}$$

式中:DH——水平隔离度(dB);

d——天线水平间距(m);

λ——中心频率对应的波长(m);

G_t——收发天线连线上的发射天线增益(dBi);

G_r——收发天线连线上的接收天线增益(dBi)。

②垂直隔离度计算公式:

$$DV = 28 + 40\lg\left(\frac{d}{\lambda}\right)\tag{10-6}$$

式中:DV——垂直隔离度(dB);

d——天线垂直间距(m)。

③倾斜隔离度计算公式:

$$DS = (DV - DH)\frac{\theta}{90} + DH\tag{10-7}$$

式中:DS——倾斜隔离度(dB);

θ ——天线之间的夹角(°)。

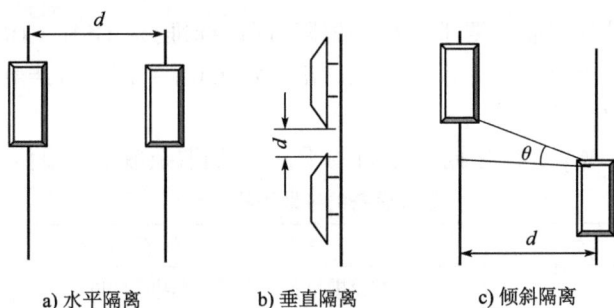

a) 水平隔离　　　　b) 垂直隔离　　　　c) 倾斜隔离

图10-12　天线空间隔离方式

不难看出,倾斜架设的隔离度小于垂直架设的隔离度,大于水平架设的隔离度。理论计算值与实际测量值有一定差距,应用时要留10dB余量。

(4)滤波隔离

为实现滤波隔离,在干扰传播通道,一般是加装高性能的带通滤波器,如图10-13和图10-14所示。同时,在干扰传输通道,为切断传导型杂散发射,要做好异系统间的接地与搭接工作,实施必要的滤波隔离。

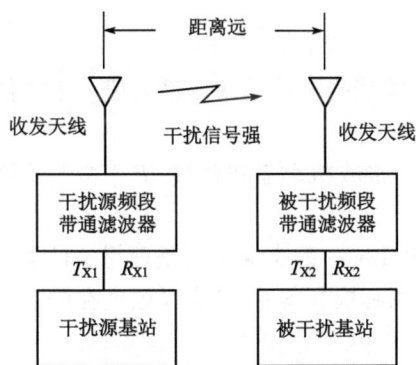

图10-13　独立天馈系统间干扰抑制法
　　　　(空间隔离和滤波隔离)

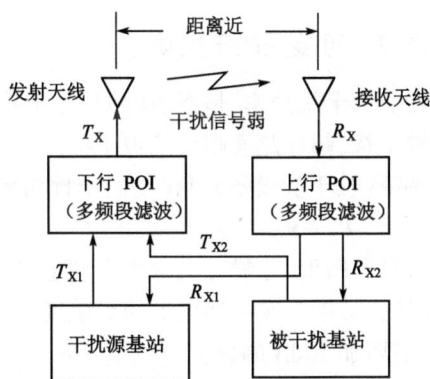

图10-14　共用天馈系统间干扰抑制法
　　　　(上下行 POI 滤波隔离)

10.5 电磁兼容性与干扰分析法

电磁兼容性(EMC),是指设备或系统在所处的电磁环境中能正常工作,且不对该环境中任何其他事物构成不能承受的电磁骚扰的能力。

根据干扰形成三要素,为达到预计的电磁兼容性,必须明确三个指标:

①干扰限值,或称干扰最大发射功率,适用于干扰源;

②可接受的干扰电平,适用于敏感源(被干扰设备);

③干扰隔离度,适用于多系统共址及共覆盖区时,干扰源和敏感源之间的耦合路径。

10.5.1 干扰限值

根据国家无委、信息产业部要求和相关国际、国内标准,对 GSM、CDMA、WCDMA 系统设备杂散干扰限值,如表 10-1 所示。从中可以看出,对 CDMA 系统设备杂散指标的要求,高于对系统 GSM 系统设备的要求。

鉴于重点关注 CDMA 下行对 GSM 上行的干扰,我们取杂散干扰限值为 $-36\text{dBm}(P_s)$。

系统设备的杂散干扰指标   表 10-1

代 别	系统名称	杂 散 指 标		
		频率范围	总功率(dBm)	每频道功率
2G	GSM900/DCS1800	9kHz～1GHz	−36dBm	−76dBm/100kHz
		1～12.75GHz	−30dBm	−86dBm/100kHz
	CDMA800	30MHz～1GHz	−36dBm	
		885～915MHz	−67dBm	
	DCS1800	9kHz～1GHz	−36dBm	
		1～12.75GHz	−30dBm	
3G	WCDMA	9kHz～1GHz	−36dBm	
		876～915MHz	−61dBm	

10.5.2 可接受的干扰功率

可接受的干扰功率,是指敏感源(被干扰设备)所能接受干扰功率的最大值。干扰低于此值不会被干扰,超过此值则可能被干扰。

敏感源(被干扰设备)可接受的干扰功率(I),等于接收机动态灵敏度(P_d)加上干扰保护比(γ),即 $I = P_d + \gamma$。

接收机灵敏度,分静态灵敏度和动态灵敏度,单位 dBm。静态灵敏度是理想条件下的灵敏度,而动态灵敏度是实际环境下的灵敏度。考虑电波瑞利快衰落后,动态灵敏度在静态灵敏度基础上,需增加 10dB 的保护。

工程上,公网基站的动态灵敏度为 −105dBm 或 −106dBm,我们取 −105dBm。

干扰保护比,又叫载波干扰比(载干比),是指接收到的有用信号电平和无用信号电平的比值,记作 C/I 或 γ,单位 dB。工程上,干扰保护比的取值在 12～15dB 之间,我们从严取 15dB。

这样,工程上便把可接受的干扰功率取为 $I = -105 - 15 = -120(\text{dBm})$。

10.5.3 干扰隔离度

干扰隔离度,是指干扰系统与被干扰系统间的最小耦合损耗。

干扰隔离度的计算公式为:

$$MCL = P_s - I \tag{10-8}$$

式中:MCL——干扰隔离度(dB);

$\quad P_s$——干扰系统的干扰最大发射功率(dBm);

$\quad I$——被干扰系统接收机可接受的干扰功率(dBm)。

显然,干扰隔离度等于干扰最大发射功率与可接受干扰功率的分贝数之差。

例如,如果 $P_s = -36\text{dBm}$,$I = -120\text{dBm}$,则 $MCL = 84\text{dB}$,如图 10-15 所示。

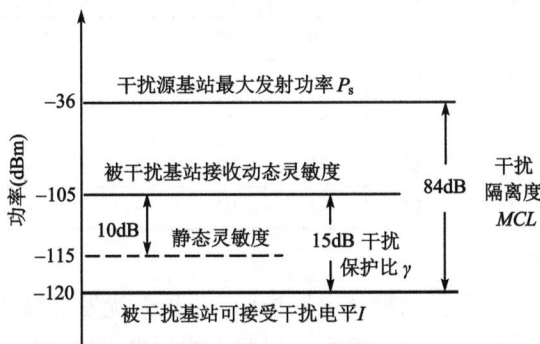

图 10-15 干扰隔离度示意图

干扰隔离度这一指标之所以重要,是因为它清楚地告诉我们:只有干扰系统与被干扰系统间的实际耦合损耗不低于干扰隔离度,才能防止干扰发生。

由于每个系统的干扰最大发射功率不尽相同,每个系统的可接受干扰功率也不尽相同,因此任意两系统间的干扰隔离度都不会是同一数值。同样,任意两系统间的实际耦合路径损耗也不会相同。

干扰隔离度主要有三种:杂散干扰隔离度、阻塞干扰隔离度和互调干扰隔离度。

(1)杂散干扰隔离度

干扰源在被干扰系统接收机工作频段的抑制不够充分,产生的噪声叠加到被干扰频段,使被干扰接收机的信噪比恶化,称为杂散干扰。

通常认为,干扰基站落到被干扰系统的干扰,低于被干扰系统内部热噪声 6.9dB 以下(此时被干扰系统接收机的噪声系数恶化不到 0.8dB)时,干扰可以忽略不计。这样,杂散干扰隔离度的计算公式为:

$$MCL_1 \geqslant P_s - 10\lg\frac{W_1}{W_2} - P_n - NF + 6.9 \tag{10-9}$$

式中:MCL_1——杂散干扰隔离度(dB);

$\quad P_s$——干扰基站的杂散辐射电平(dBm);

$\quad W_1$——干扰电平的测量带宽(kHz);

$\quad W_2$——被干扰系统的信道宽度(kHz);

P_n——被干扰系统接收带宽内的热噪声(dBm);

NF——被干扰系统接收机的噪声系数(dB)。

表10-2是根据相关资料提供的数据,对九个系统间杂散干扰隔离度(dB)计算的结果。

杂散干扰隔离度(dB)计算结果   表10-2

干扰系统 \ 被干扰系统		移动 GSM 900	移动 DCS 1800	TD-SCDMA		联通 GSM 900	CDMA 2000	联通 WCDMA	专用 TETRA	专用 WLAN
				F 频段	A 频段					
		上行(接收)								
移动 GSM900	下行(发射)	—	78	27	27	82	76	82	81	82
移动 DCS1800		72	—	27	27	82	76	82	81	82
TD-SCDMA/F		23	23	—		23	29	36	27	28
TD-SCDMA/A		23	23		—	23	29	36	27	28
联通 GSM900		82	78	30	30	—	76	82	76	82
CDMA2000		56	76	30	30	56	—	66	60	86
联通 WCDMA		66	76	33	33	66	66	—	91	86
专用 TETRA		87	87	92	92	87	66	91	—	
专用 WLAN		87	93	92	92	87	66			—

(2)阻塞干扰隔离度

假定 P_b 是被干扰系统接收机的阻塞电平指标,P_s 是干扰发射机的发射功率,只要接收的干扰电平低于阻塞电平指标,则不会被阻塞。阻塞干扰隔离度的计算公式为:

$$MCL_2 \geqslant P_s - P_b \tag{10-10}$$

式中:MCL_2——阻塞干扰隔离度(dB);

P_s——干扰发射机的发射功率(dBm);

P_b——被干扰系统接收机的阻塞电平指标(dBm)。

表10-3是九个系统间阻塞干扰隔离度(dB)计算结果。

阻塞干扰隔离度(dB)计算结果   表10-3

干扰系统 \ 被干扰系统		移动 GSM 900	移动 DCS 1800	TD-SCDMA		联通 GSM 900	CDMA 2000	联通 WCDMA	专用 TETRA	专用 WLAN
				F 频段	A 频段					
		上行(接收)								
移动 GSM900	下行(发射)	—	43	27	27	59	73	27	68	83
移动 DCS1800		35	—	27	27	35	73	27	68	83
TD-SCDMA/F		35	43	—		35	62	58	68	63
TD-SCDMA/A		35	43		—	35	62	58	68	63
联通 GSM900		59	43	27	27	—	73	27	68	83
CDMA2000		37	45	29	29	37	—	60	70	85
联通 WCDMA		35	43	58	58	35	73	—	68	83
专用 TETRA		38	46	30	30	38	76	61	—	
专用 WLAN		19	27	11	11	19	57			—

（3）互调干扰隔离度

互调干扰,是指由于系统的非线性导致多载频合成产生的互调产物,落到相邻系统的上行频段使接收机信噪比下降的情况。

互调干扰隔离度计算公式:

$$MCL_3 = MAX(P_1,P_2,P_3) + P_m - P_n - NF + 6.9 \tag{10-11}$$

式中:MCL_3——互调干扰隔离度(dB);

P_1、P_2、P_3——三个干扰系统的信号电平(dBm);

P_m——POI 合路器互调指标,一般为 $-130 \sim -150$dBm;

P_n——被干扰系统接收带宽内的热噪声(dBm);

NF——被干扰系统接收机的噪声系数(dB)。

10.5.4　干扰分析法

假定基站 A 是干扰源,除发射和接收本系统有用信号外,还向基站 B 发射干扰信号 P_s(无用信号),当到达基站 B 的干扰信号超过基站 B 可接受的数值时,基站 B 则被干扰。

干扰信号的传输路径是:下行 POI、下行天馈(天线或漏缆)、空间耦合、上行天馈(天线或漏缆)、上行 POI。

对干扰信号的抑制,主要靠干扰传输路径上的总损耗,包括传输线损耗、空间耦合损耗和 POI 的滤波损耗。因此,在基站 A 和基站 B 性能既定情况下,只能让干扰传输路径总损耗大于干扰隔离度。

在工程上,干扰抑制效果分析方法有两种:

第一种方法,是干扰隔离度分析法,如图 10-16 所示。在明确干扰最大发射功率和可接受干扰功率之后,先计算要求的隔离度,再计算实际的隔离度,最后比较两个计算结果,判定是否有干扰。

第二种方法,是干扰强度分析法,如图 10-17 所示。与前法相比,此法不同之处在于,不计算要求的隔离度而是计算干扰实际值 I_0。如果干扰实际值低于可接受干扰功率,则不会有干扰,否则会有干扰。

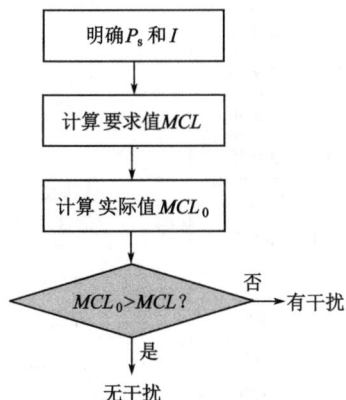

图 10-16　判定干扰的干扰隔离度分析法　　　图 10-17　判定干扰的干扰强度分析法

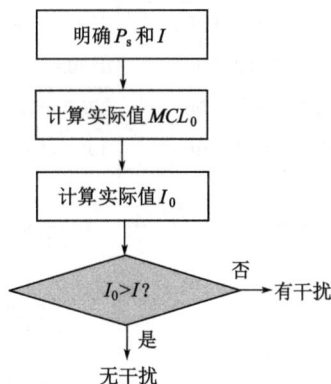

不论采用何种方法,在分析杂散干扰时都应建立干扰传输模型,在分析互调干扰时都应绘出互调干扰频区。

10.6 4G 时期我国地铁无线通信频段

公众移动通信进入 4G 时代后,我国地铁使用的无线通信频段发生了较大变化。截至 2015 年 8 月,实际使用情况如表 10-4 所示。

4G 时期我国地铁实际使用的无线通信频段(截至 2015 年 8 月)　　　　表 10-4

工作频段		工作频率(MHz)		带宽(MHz)	使用领域
		上行	下行		
350MHz		351～356	361～366	2×5	警用无线通信
450MHz		450～470		20	单工对讲通信
700MHz		609～809		200	数字电视(DTV)
800MHz		806～821	851～866	2×15	专用无线通信
2G	电信 CDMA800	825～835	870～880	2×10	公众移动通信
	移动 GSM900	889～909	934～954	2×20	
	联通 GSM900	909～915	954～960	2×6	
	移动 DCS1800	1710～1735	1805～1830	2×25	
3G	联通 WCDMA	1940～1955	2130～2145	2×15	
	移动 TD-SCDMA	1900～1915		15	
		2010～2025		15	
4G	移动 TD-LTE	1880～1900		20	
	移动 TD-LTE	2320～2370		50	
	移动 TD-LTE	2580～2635		55	
	联通 TD-LTE	2300～2320		20	
	联通 TD-LTE	2555～2575		20	
	电信 TD-LTE	2370～2390		20	
	电信 TD-LTE	2635～2655		20	
	电信 LTE1800(FDD)	1765～1780	1860～1875	2×15	
	电信 LTE2100(FDD)	1920～1935	2110～2125	2×15	
	联通 LTE1800(FDD)	1735～1765	1830～1860	2×30	
	联通 LTE2100(FDD)	1955～1980	2145～2170	2×25	
2.4GHz(免费使用)		2400～2483.5		83.5	移动互联网(WiFi) 信号系统(CBTC) 乘客资讯(PIS) 手机付费读写器
5.8GHz(免费使用)		5150～5250		100	乘客资讯(PIS)
		5250～5350		100	移动互联网(WiFi)
		5725～5850		125	
1.8GHz		1785～1805		20	CBTC、PIS、CCTV 等
合计		四大频段:350～1830MHz 1880～2170MHz 2.4GHz 和 5.8GHz		1162 (不含 2.4G 频段)	十个使用领域

表10-4,去掉了未曾使用过的100MHz调频广播频段,包含了少数城市正在使用的频段 (如单工对讲、移动电视),保留了仍在免费使用的2.4G频段和5.8G频段,加上了2015年2月颁布的1.8G频段,显示了3G频段的重新配置和4G频段的详细划分。

共有十个使用领域:警用无线通信、专用无线通信、公众移动通信、单工对讲通信、数字电视(DTV)、移动互联网(WiFi)、信号系统(CBTC)、乘客资讯(PIS)、闭路电视(CCTV)和手机付费读写器。

共计十个工作频段:350MHz、450MHz、700MHz、800MHz、2G、3G、4G、2.4GHz、5.8GHz和1.8GHz等频段。最低频率350MHz,最高频率5850MHz。

值得注意的是,2015年2月28日,工信部〔2015〕65号文《工业和信息化部关于重新发布1785~1805MHz频段无线接入系统频率使用事宜的通知》发布,该通知首次明确了交通(城市轨道交通等)可使用1.8GHz,功能定为无线接入,适用于地铁乘客咨询、基于通信的列车自动控制和闭路电视等宽带数据的车地无线传输。

1.8G频段为有偿使用频段,还适用于电力、石油等行业的专用通信网和公众通信网。

1.8GHz频段的投入使用后,2.4GHz频段和5.8GHz频段是否调整尚待观察。

1.8G频段的无线技术指标如下:

①频率范围:1785~1805MHz。

②双工方式:时分双工(TDD)。

③信道带宽:250kHz、500kHz、1MHz、1.4MHz、3MHz、5MHz、10MHz、20MHz。

④天线端口发射功率:基站,小于或等于33dBm/MHz;终端,小于或等于23dBm/MHz。

⑤基站频率容限:0.1×10^{-6}。

⑥1.8G基站设台时,与工作于1710~1785MHz频段的IMT系统基站间的耦合损耗应不小于50dB。

在4G时期我国地铁实际使用的无线通信频段中,与2G、3G和4G公众移动通信分布在以下三个频区:

第一频区,800~1000MHz,有三个2G系统——电信CDMA800、移动GSM900和联通GSM900。此频区还有地铁专用无线通信TETRA800,如图10-18所示。

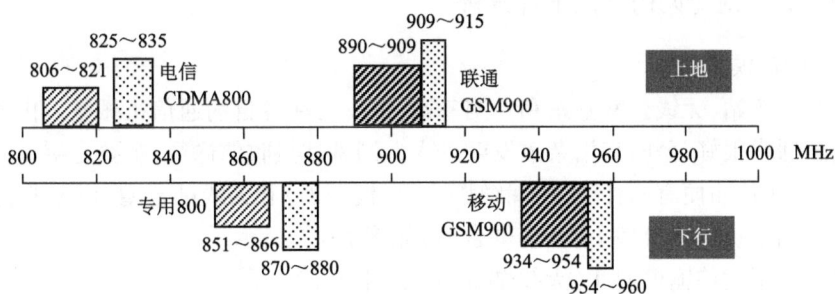

图10-18 4G时期我国地铁无线通信使用频率之一(800M和900M频段)

第二频区,1700~2100MHz,有2G的移动DCS1800,有3G的联通WCDMA和移动TD-SC-DMA,有TDD和FDD两种体制,如图10-19所示。

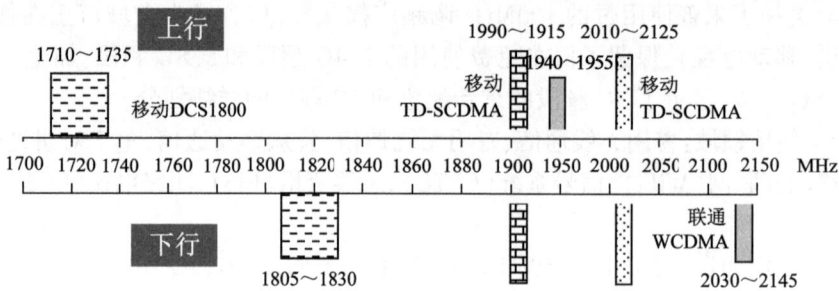

图 10-19　4G 时期我国地铁无线通信使用频率之二(1800M 和 3G 频段)

第三频区,1700 ~ 2700MHz,全为 3G,有移动 TD-LTE 的 7 个频段,有电信和联通的 LTE1800 和 LTE2100,LTE1800 和 LTE2100 均为 FDD——不分上下行频段,如图 10-20 所示。

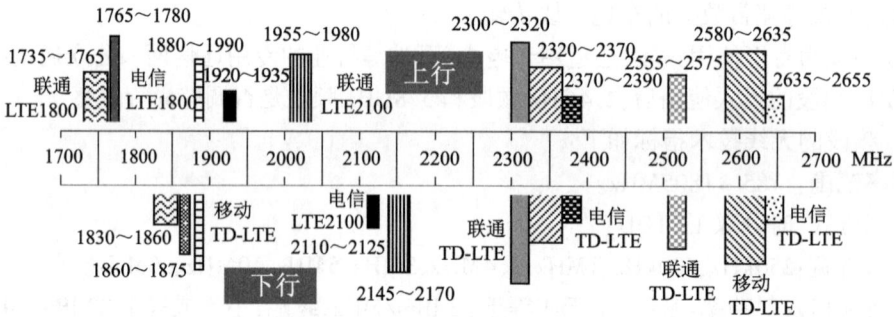

图 10-20　4G 时期我国地铁无线通信使用频率之三(4G 频段)

这三幅图,直观地展示了各系统的频率范围和系统间的频率间隔,有助于研究它们的干扰和干扰抑制问题。

10.7　公网与专网间杂散干扰分析

10.7.1　公网对专网的杂散干扰分析

(1)干扰传输模型

在地铁每个车站,无线公网基站和专网基站,都安装在各自的通信机械室。由于机柜和电缆的密封屏蔽通常很好,公网基站杂散发射进入专网基站接收的途径,主要是漏缆耦合与天线耦合。因此,干扰传输便有两种模型:漏缆耦合型(模型Ⅰ)和天线耦合型(模型Ⅱ)。

公网对专网干扰传输模型Ⅰ(漏缆耦合型)如图 10-21 所示。

公网对专网干扰传输模型Ⅱ(天线耦合型)如图 10-22 所示。

图中,把产生杂散发射的公网基站视为干扰源,把装在附近的专网基站接收机视为干扰对象。P_{T1} 是干扰源的杂散发射功率,I_2 是专网基站接收机输入端的干扰功率,单位都是 dBm。其他符号的含义是:

L_1——POI 带外抑制(dB);

L_2——公网下行耦合器与射缆的衰减(dB);

L_3——公网漏缆全长传输损耗(dB);

L_4——漏缆隔离损耗(dB);

L_5——专网漏缆传输损耗(dB);

L_6——专网上行耦合器与射缆损耗(dB);

L_7——公网分布式天馈线衰减(dB);

L_8——公网天线至专网(集群)天线的传输损耗(dB);

L_9——专网天线和射缆的损耗(dB);

干扰源的杂散发射功率 $P_{T1} = -36\text{dBm}$;

被干扰系统接收机可接收的干扰功率 $I = -123\text{dBm}$。

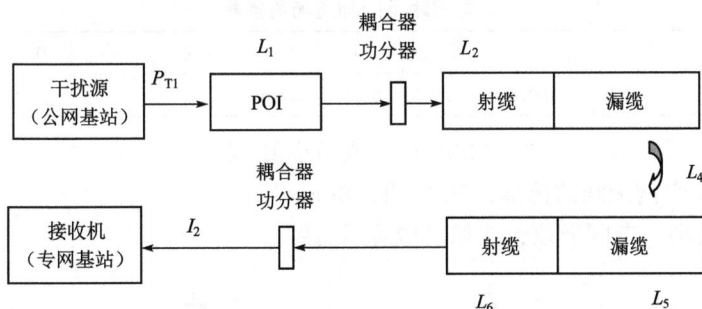

图 10-21 干扰传输模型 I(公网对专网,漏缆耦合)

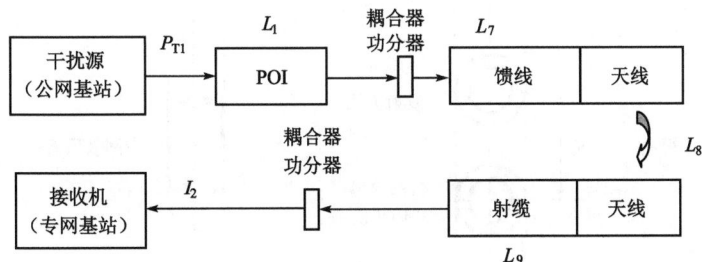

图 10-22 干扰传输模型 II(公网对专网,天线耦合)

(2)数据核定

①杂散发射功率 $P_{T1} = -36\text{dBm}$。

②POI 带外抑制 $L_1 > 80\text{dB}$,可取 80dB,今取 70dB。

③公网下行耦合器与射缆的衰减 $L_2 = 2 \sim 10\text{dB}$,从严取最小值 2dB。

④公网漏缆全长传输损耗 $L_3 \geqslant 18\text{dB}$。

⑤漏缆隔离损耗 $L_4 = 58\text{dB}(D$ 为 2m)

图 10-23 是地铁漏缆间距图。

漏缆隔离损耗计算公式为:

$$L_4 = 64 + 20\lg\left(\frac{D}{0.3}\right) \quad (\text{dB}) \qquad (10\text{-}12)$$

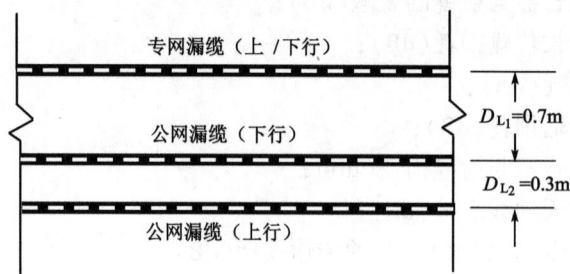

图10-23　地铁漏缆间距图

计算结果载于表10-5。

不同间距下的漏缆隔离损耗　　　　　　表10-5

两漏缆距离 D(m)	0.1	0.2	0.3	0.4	0.5	0.6	0.7	0.8	0.9	1.0
隔离损耗(dB)	54.5	60.5	64	66.5	68.4	70	71.4	72.5	73.5	74.4

⑥分布式天馈线衰减 $L_7 = 22 \sim 33$dB，从严取最小值22dB。

⑦公网天线至专网天线的传播损耗 L_8，取38dB。

图10-24 是公网和专网吸顶天线相对位置示意图。

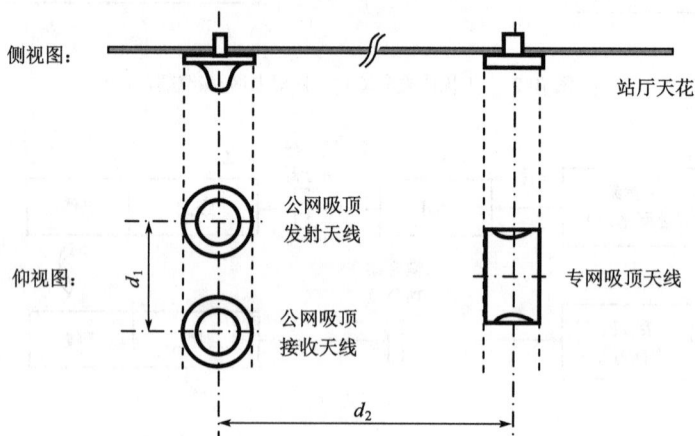

图10-24　公网和专网吸顶天线相对位置示意图

公网天线至专网天线传播损耗的计算公式：

$$L_8 = 92.4 + 20\lg f + 20\lg d \quad (\text{dB}) \tag{10-13}$$

典型计算值载于表10-6。

传播损耗与天线间距的关系　　　　　　表10-6

天线间距 d(m)		1.0	1.5	2.0	2.5	3.0	4	6	8	10	12	14	16
传播损耗(dB)	0.9GHz	31.4	34.9	37.4	39.4	40.9	43.4	47	49.4	51.4	53	54.4	55.4
	1.8GHz	37.4	40.9	43.4	45.4	46.9	49.9	53	55.4	57.4	59	60.4	61.4

⑧专网天线和射缆的传输损耗 $L_9 = 23 \sim 25$dB，取最小值23dB。

(3)估算公式

经漏缆输入 TETRA 基站的干扰估算公式：

$$I_2 = P_{T1} - L_1 - L_2 - L_4 \tag{10-14}$$

经天线输入 TETRA 基站的干扰估算公式：

$$I_2^* = P_{T1} - L_1 - L_7 - L_8 - L_9 \tag{10-15}$$

(4)估算结果及分析

将上述有关数据代入，得 $I_2 = -166\text{dBm}$。此估算结果，与 TETRA 基站接收机可容忍的干扰 $I_0 < -123\text{dBm}$（已含干扰保护比6dB）相比，尚有43dB余量。

同理，将上述有关数据代入，得 $I_2^* = -189\text{dBm}$。此估算结果与 TETRA 基站接收机可接受的干扰 $I_0^* < -123\text{dBm}$ 相比，尚有66dB余量。

10.7.2　专网对公网的杂散发射干扰分析

专网对公网干扰的传输模型，也有漏缆耦合型和天线耦合型，与公网对专网干扰的传输模型基本相同，区别在于传输方向相反。此时，把产生杂散发射的专网基站视为干扰源，把装在附近的公网基站接收机视为干扰对象。P_{T2} 是干扰源的杂散发射功率，I_1 是公网基站接收机输入端的干扰功率，单位都是 dBm。其他符号的含义与前相同。

公网和专网之间的杂散发射干扰分析小结，载于表10-7。它说明，在满足上述数据的技术状态下，公网和专网的杂散发射，都不会给对方造成干扰，并有一定余量。

杂散发射干扰分析小结　　　　表10-7

干扰源 （dBm）	最大干扰估算结果（dB）				可接受的干扰（dBm）		结　论
	公网对专网		专网对公网		专网	公网	
	天线耦合	漏缆耦合	天线耦合	漏缆耦合			
−36	−189	−166	−189	−166	−123	−120	不会相互干扰

10.8　公网与专网间互调干扰分析

10.8.1　互调干扰区

为了分析无线公网和无线专网之间的互调干扰，应当关注无线专网附近的局部频谱图（图10-25）。从该图可见：

①无线专网数字集群通信 TETRA800 的频率范围，上行和下行均为 15MHz。无线公网联通 CDMA800 的频率范围，上行和下行均为 10MHz。两者上行与下行的频率间隔均为 4MHz。

②TETRA800 频段高于 CDMA800 频段。TETRA800 下行频段与 CDMA800 上行频段相距16MHz，CDMA800 下行频段与 TETRA800 上行频段相距 49MHz。因此，TETRA800 下行三阶互调产物对 CDMA800 上行的威胁，大于 CDMA800 下行三阶互调产物对 TETRA800 上行的威胁。

③紧靠 TETRA800 下行的，还有 GSM900 上行，它们相距 24MHz，因此 GSM900 上行受互调干扰的可能性小于 CDMA800 上行。

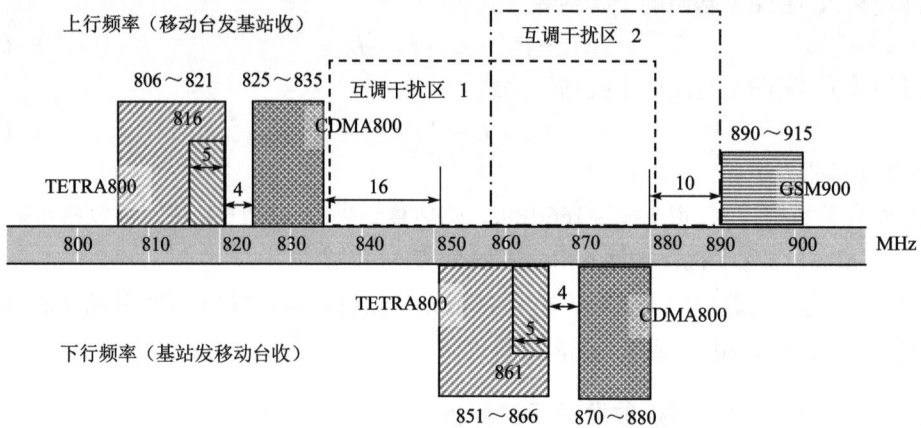

图 10-25 地铁无线专网和公网互调干扰区图

因此,对无线公网和无线专网之间的互调干扰,采用如下分析思路:

①首先分析 TETRA800 下行对 CDMA800 上行的互调干扰,然后分析 CDMA800 下行对 TETRA800 上行的互调干扰。如果干扰不存在或者可以容忍,则不必继续分析。如果干扰不可容忍,则必须继续分析下去。

②分析从两个方面进行:一是频域分析,看下行的互调频率是否落在对方的上行频带内;二是幅度分析,看互调产物是否高于允许值。

③频域分析时,采用计算互调产物最高频率和最低频率的方法,即算出互调频率的范围。计算公式如下:

$$\left. \begin{array}{l} F_{\max} = 2f_{\max} - f_{\min} \\ F_{\min} = 2f_{\min} - f_{\max} \end{array} \right\} \tag{10-16}$$

式中:$F_{\max}$、$F_{\min}$——分别是互调产物的最高频率和最低频率;

$f_{\max}$、$f_{\min}$——分别是下行频带的最高频率和最低频率。

④互调干扰的幅度分析,可以列入对杂散发射的分析之中,而不单独进行。这是因为,互调干扰主要来自发射机,其限值和传输途径与杂散发射相同,干扰的分析也相同。

10.8.2 TETRA800 下行的互调干扰频率

按国家无委规定,TETRA800 下行(基站发射)的频率范围是 851~866MHz,这也是 f_1、f_2、f_3 的取值区间。

为求 $(2f_1 - f_2)$ 的最小值,取 $f_1 = 851$MHz(最小值)和 $f_2 = 866$MHz(最大值),算得 $(2f_1 - f_2)_{\min} = 2 \times 851 - 866 = 836$(MHz)。

为求 $(2f_1 - f_2)$ 的最大值,取 $f_2 = 851$MHz(最小值)和 $f_1 = 866$MHz(最大值),算得 $(2f_1 - f_2)_{\max} = 2 \times 866 - 851 = 881$(MHz)。

可见,互调干扰频率范围为 836~881MHz,称作互调干扰区 1,如图 10-25 中虚线所示。此区在 CDMA800 上行(基站接收)频率范围 825~835MHz 之外,比其上限高 1MHz。

同样,为求 $(f_1 + f_2 - f_3)$ 的最小值,取 $f_1 = f_2 = 851$MHz(最小值)和 $f_3 = 866$MHz(最大值)。

为求($f_1 + f_2 - f_3$)的最大值,取$f_1 = f_2 = 866\text{MHz}$(最大值)和$f_3 = 851\text{MHz}$(最小值)。得到相同结果。

在深圳地铁一期工程中,TETRA800 实际使用的频率是:下行 861.3625 ~ 865.3625MHz;上行 816.3625 ~ 820.3625MHz。

因此,TETRA800 下行产生的互调干扰频率范围为 857.3625 ~ 869.3625MHz,在 CDMA800 频段(825 ~ 835MHz)之外,比其上限高 22MHz。

10.8.3　CDMA800 下行的互调干扰频率

CDMA 下行(基站发射)的频率范围是 870 ~ 880MHz,这也是f_1、f_2、f_3的取值区间。

为求($2f_1 - f_2$)的最小值,取$f_1 = 870\text{MHz}$(最小值)和$f_2 = 880\text{MHz}$(最大值),算得($2f_1 - f_2)_{\min} = 2 \times 870 - 880 = 860(\text{MHz})$。

为求($2f_1 - f_2$)的最大值,取$f_2 = 870\text{MHz}$(最小值)和$f_1 = 880\text{MHz}$(最大值),算得($2f_1 - f_2)_{\max} = 2 \times 880 - 870 = 890(\text{MHz})$。

可见,互调干扰频率范围为 860 ~ 890MHz,称作互调干扰区 2,如图 10-25 中点划线所示。此区在 TETRA 上行(基站接收)频率范围 806 ~ 821MHz 之外,比其上限高 39MHz。

同样,为求($f_1 + f_2 - f_3$)的最小值,取$f_1 = f_2 = 870\text{MHz}$(最小值)和$f_3 = 880\text{MHz}$(最大值)。为求($f_1 + f_2 - f_3$)的最大值,取$f_1 = f_2 = 880\text{MHz}$(最大值)和$f_3 = 870\text{MHz}$(最小值)。得到相同结果。

10.8.4　互调干扰分析小结

互调干扰分析结果,载于表 10-8。它清楚表明,无论公网还是专网,下行互调频率都未落在对方的上行频带内,因此不会带来互调干扰。

互调干扰的频域分析结果 表 10-8

互调干扰频率范围(MHz)		上行频率范围(MHz)			结　　论
TETRA800 互调产物	CDMA800 互调产物	TETRA800	CDMA800	GSM900	
836 ~ 881 (实际 857 ~ 869)	860 ~ 890	806 ~ 821	825 ~ 835	890 ~ 909	范围不重叠

10.9　公网内系统间杂散干扰分析

近几十年,地铁民用无线通信的发展都遵循"多网合一、天馈共用"模式,具体实现方案有两种:一种是收发合缆方案,即各系统下行和上行信号采用同一套天馈子系统;另一种是收发分缆方案,即各系统下行和上行信号各自采用一套天馈子系统。

收发合缆方案,虽然可以节省一半左右的工程投资,但新加坡地铁初期经验和上海地铁测试都证明,这种方案容易带来大量干扰。相反,收发分缆方案虽然增加了投资,但却大大提升了收发空间隔离度,对防止干扰极为有利。因此,在地铁移动通信系统引入工程中,为保证能够为用户提供良好服务,普遍采用分缆方案。

这样一来,便使现代地铁民用无线通信网络,呈现出"多网合一、天馈共用、收发分缆"的鲜明特征;同时,也给电磁兼容性工作不断带来新的要求。

10.9.1 干扰传输模型

天馈共用、收发分缆系统间的干扰传输模型,如图 10-26 所示。

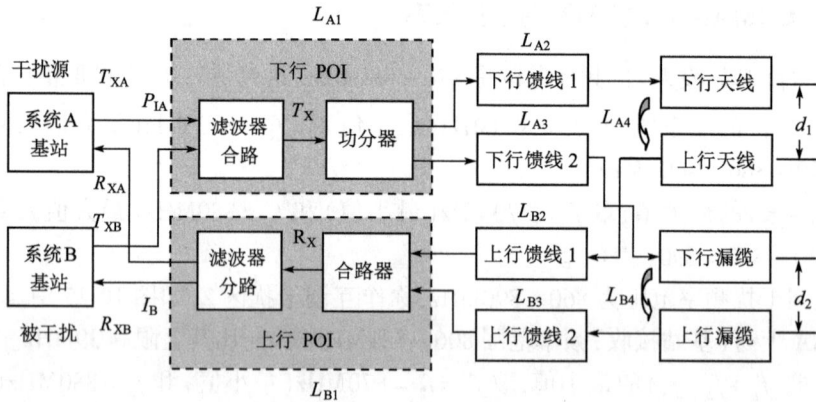

图10-26 天馈共用、收发分缆系统间干扰传输模型

L_{B4}-漏缆传输损耗和耦合损耗(dB);d_1-发射天线和接收天线的间距(m);d_2-下行漏缆和上行漏缆的间距(m)

假定系统 A 基站为干扰源,系统 B 基站为被干扰对象。两路发射信号经下行 POI 滤波合路,再分别经下行馈线送给下行天线和下行漏缆。两路接收信号分别经上行馈线送给上行 POI,经上行 POI 分路,再分别送给系统 A 基站和系统 B 基站接收。

经天线耦合系统 B 基站收到的干扰功率用下式计算:

$$I_{B1} = P_{IA} - L_{A1} - L_{A2} - L_{A4} - L_{B2} - L_{B1} \tag{10-17}$$

经天线耦合的干扰隔离度用下式计算:

$$MCL_{01} = L_{A1} + L_{A2} + L_{A4} + L_{B2} + L_{B1} \tag{10-18}$$

经漏缆耦合系统 B 基站收到的干扰功率用下式计算:

$$I_{B2} = P_{IA} - L_{A1} - L_{A3} - L_{A4} - L_{B3} - L_{B1} \tag{10-19}$$

经漏缆耦合的干扰隔离度用下式计算:

$$MCL_{02} = L_{A1} + L_{A3} + L_{A4} + L_{B3} + L_{B1} \tag{10-20}$$

上述四式中:P_{IA}——系统 A 基站的干扰发射功率(dBm);

$\qquad I_{B1}$——经天线耦合系统 B 基站收到的干扰功率(dBm);

$\qquad I_{B2}$——经漏缆耦合系统 B 基站收到的干扰功率(dBm);

$\qquad MCL_{01}$——经天线耦合的干扰隔离度(dB);

$\qquad MCL_{02}$——经漏缆耦合的干扰隔离度(dB);

$\qquad L_{A1}$——下行 POI 插入损耗(dB);

$\qquad L_{A2}$——下行馈线 1 传输损耗(dB);

L_{A3}——下行馈线 2 传输损耗(dB);

L_{A4}——天线耦合损耗(dB);

L_{B1}——上行 POI 插入损耗和隔离度(dB);

L_{B2}——上行馈线 1 传输损耗(dB);

L_{B3}——上行馈线 2 传输损耗(dB)。

10.9.2 估算数据选定

(1)馈线传输损耗

馈线传输损耗,包括射频电缆、无源器件和接头的损耗。从严考虑,取最靠近基站的天线计算,$L_{A2} = 2\text{dB}$,$L_{A3} = 2\text{dB}$。

(2)天线耦合损耗

天线耦合损耗,包括天线增益和空间传播损耗。吸顶天线增益取 0dBi。收、发天线间距多数地铁取 1.5m,算得空间传播损耗为 35dB(900MHz)。故天线耦合损耗 $L_{A4} = 35\text{dB}$。

(3)漏缆传输损耗和耦合损耗

漏缆损耗,包括漏缆传输损耗和漏缆耦合损耗。从严考虑,取漏缆传输损耗为 0。漏缆间距 $d_2 = 0.3\text{m}$ 时,13/8″漏缆耦合损耗 $L_{B4} = 64\text{dB}$。

(4)POI 损耗

下行 POI 插入损耗,取 $L_{A1} = 5\text{dB}$。上行 POI 插入损耗 5dB,带外抑制从严取 60dB,故 $L_{B1} = 65\text{dB}$。

(5)干扰发射功率及可接收的干扰功率

系统 A 基站的干扰发射功率,取 $P_{IA} = -36\text{dBm}$。系统 B 基站可接收的干扰功率,取 $I = -120\text{dBm}$。

10.9.3 计算结果及判定

将选定数据代入式(10-17)~式(10-20)进行计算,得到结果及判定如下:

①在天线耦合情况下,干扰隔离度是 109dB,若系统 A 基站发射的干扰发射功率为 -36dBm,则系统 B 基站收到的干扰信号为 -145dBm,这比可接收的干扰功率 -120dBm 要低 25dB。

②在漏缆耦合情况下,干扰隔离度是 138dB,若干扰系统 A 基站发射的干扰发射功率为 -36dBm,则系统 B 基站收到的干扰信号为 -174dBm,这比可接收的干扰功率 -120dBm 要低 54dB。

③因此,系统 A 不会对系统 B 造成干扰。同理,系统 B 也不会系统 A 造成干扰。

10.10 公网内系统间互调干扰分析

今以移动 DCS1800 下行以及联通 WCDMA 下行,对移动 TD-SCDMA 上行的影响为例,就公网内系统间互调干扰进行分析。

已知移动 DCS1800 下行的频率范围是 1805 ~ 1830MHz,这也是 f_1、f_2、f_3 的取值区间。为

求$(2f_1 - f_2)$的最小值,取$f_1 = 1805\,\text{MHz}$(最小值)和$f_2 = 1830$(MHz最大值),算得$(2f_1 - f_2)_{\min} = 2 \times 1805 - 1830 = 1780\,(\text{MHz})$。

为求$(2f_1 - f_2)$的最大值,取$f_2 = 1805\,\text{MHz}$(最小值)和$f_1 = 1830\,\text{MHz}$(最大值),算得$(2f_1 - f_2)_{\max} = 2 \times 1830 - 1805 = 1855\,(\text{MHz})$。

可见,互调干扰频率范围为$1780 \sim 1855\,\text{MHz}$,称作互调干扰区1,如图10-27中虚线所示,在移动TD-SCDMA频率范围之外,因此不会产生互调干扰。

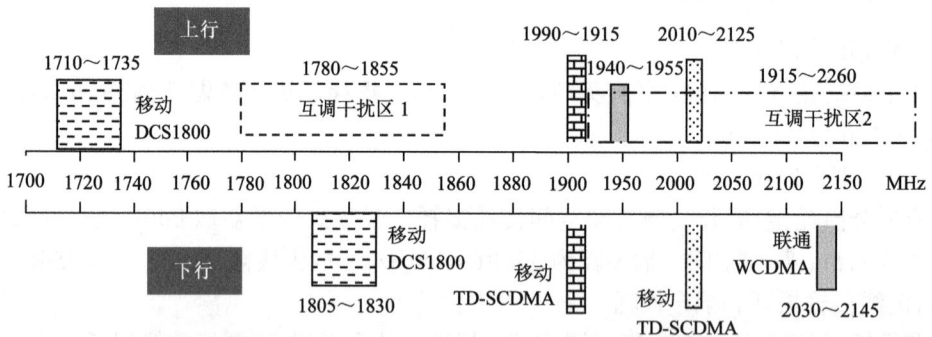

图10-27 移动DCS1800下行和联通WCDMA下行的互调干扰区

同样,为求$(f_1 + f_2 - f_3)$的最小值,取$f_1 = f_2 = 1805\,\text{MHz}$(最小值)和$f_3 = 1830\,\text{MHz}$(最大值),得$f_1 + f_2 - f_3 = 1780\,(\text{MHz})$。为求$(f_1 + f_2 - f_3)$的最大值,取$f_1 = f_2 = 1830\,\text{MHz}$(最大值)和$f_3 = 1805\,\text{MHz}$(最小值),得$f_1 + f_2 - f_3 = 1855\,(\text{MHz})$。所得结果与上述分析相同。

同理,已知联通WCDMA下行的频率范围是$2030 \sim 2145\,\text{MHz}$,这也是$f_1$、$f_2$、$f_3$的取值区间。算得$(2f_1 - f_2)_{\min} = 2 \times 2030 - 2145 = 1915\,(\text{MHz})$；$(2f_1 - f_2)_{\max} = 2 \times 2145 - 2030 = 2260\,(\text{MHz})$。

可见,互调干扰频率范围为$1915 \sim 2260\,\text{MHz}$,称作互调干扰区2,如图10-27中点划线所示,移动TD-SCDMA第二个频率范围重叠,因此可能会对TD-SCDMA带来互调干扰。为此,需进行互调干扰幅度分析。

工程上,把互调干扰幅度分析纳入杂散干扰分析之中。这是因为,互调干扰主要来自发射机,其限值和传输途径与杂散发射相同,因此干扰分析方法和分析结论也相同。

10.11 2.4GHz频段特征分析

10.11.1 2.4GHz频段技术特征

2.4G频段的工作频率为$2400 \sim 2483.5\,\text{MHz}$,频带宽度$83.5\,\text{MHz}$,紧靠3G频段。

依据802.11国际标准和我国的使用规定,2.4GHz频段带宽为$83.5\,\text{MHz}$,最多有13个信道可用,其信道标号、中心频率、高低端频率及信道宽度,如表10-9所示。相邻两个信道中心频率的间隔为$5\,\text{MHz}$,每个信道宽度$22\,\text{MHz}$。

图10-28是2.4GHz频段信道分配图。

2.4GHz 频段信道划分
表 10-9

信道表号	信道中心频率(MHz)	信道低端频率(MHz)	信道高端频率(MHz)	信道宽度(MHz)
1	2412	2401	2423	
2	2417	2406	2428	
3	2422	2411	2433	
4	2427	2416	2438	
5	2432	2421	2443	
6	2437	2426	2448	
7	2442	2431	2453	22
8	2447	2436	2458	
9	2452	2441	2463	
10	2457	2446	2468	
11	2462	2451	2473	
12	2467	2456	2478	
13	2472	2461	2483	

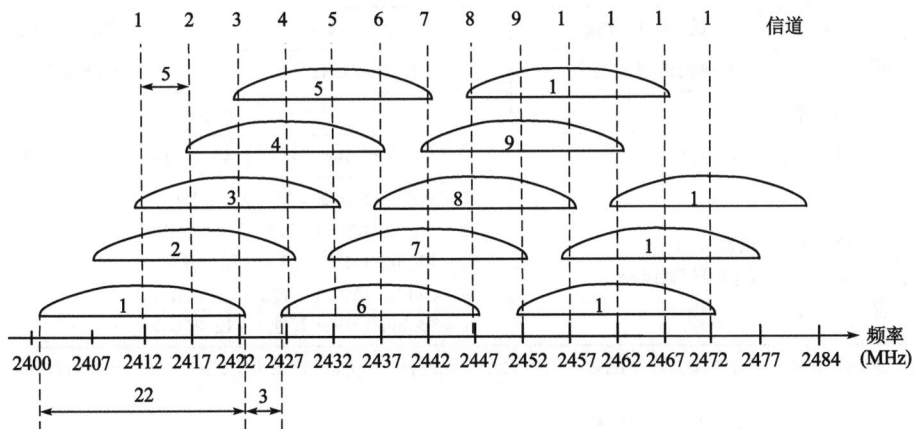

图 10-28 2.4GHz 频段信道分配图

在多个频道同时工作的情况下,为保证频道之间不相互干扰,要求两个频道的中心频率间隔不能低于 25MHz,故同频道间必须两两隔离,直接序列扩频(DSSS)技术最多可以提供 3 个不重叠的频道同时工作,应用中一般选择 1、6、11 或 2、7、12 或 3、8、13 三个频道进行配置(频率规划)。

实际应用中,要特别关注发射方向的辐射功率。因此,工程上引入"有效全向辐射功率"概念,它又称等效全向辐射功率,英文缩写 EIRP(Effective Isotropic Radiated Power),其定义是发射设备的天线发送出的功率(P)和该天线增益(G)的乘积:

$$EIRP = P \times G \tag{10-21}$$

如果用 dB 计算,则为:

$$EIRP(dBW) = P(dBW) + G(dBW) \tag{10-22}$$

EIRP 表示了发送功率和天线增益的联合效果。

EIRP 是通信系统和无线网络中的一种重要参数。有效全向辐射功率 EIRP 为发射设备在指定方向上的辐射功率。它为天线增益与功放输出功率之对数和,单位为 dBW。

工程上,EIRP 的计算公式为:

$$EIRP = P - L + G \tag{10-23}$$

式中:P——放大器的输出功率;

　　L——功放输出端与天线馈源之间的馈线损耗;

　　G——天线的发送增益。

信部无[2002]353 号文,对 2.4GHz 频段无线电发射设备的主要技术指标作了调整,如表 10-10 所示。表中,发射功率限值与天线增益有关,这是因为天线增益 ≥10dBi 同天线增益 <10dBi 相比,意味着前者的方向性大于后者——前者在指定方向以外的辐射能量将小于后者,故前者放大器的输出功率可以高于后者。

2.4GHz 频段发射功率限值　　　　　　　　　　表 10-10

指 标 名 称		指 标 数 值	
		天线增益 <10dBi	天线增益 ≥10dBi
等效全向辐射功率(EIRP)		≤100mW 或 20dBm	≤500mW 或 ≤27dBm
最大功率谱密度 (EIRP)	跳频工作方式	≤20dBm/MHz	≤27dBm/MHz
	直接序列扩频等工作方式	≤10dBm/MHz	≤17dBm/MHz
载频容限①		20ppm	
带外发射功率(EIRP)		≤ -80dBm/Hz(在 2.4~2.4835GHz 频带以外)	
杂散发射(辐射)功率 (对应载波 ±2.5 倍信道带宽以外)		≤ -36dBm/100kHz(30~1000MHz); ≤ -33dBm/100kHz(2.4~2.4835GHz); ≤ -40dBm/1MHz(3.4~3.53GHz); ≤ -40dBm/1MHz(5.725~5.85GHz); ≤ -30dBm/1MHz(其他 1~12.75GHz)	

注:①载频容限指发射中心频率偏离指配频率的最大允许误差,单位 ppm 为"百万分之…",如 1ppm 即百万分之一。

10.11.2　2.4GHz 频段使用特征

1)主要使用对象

2.4GHz 频段,是各国共同使用的 ISM 频段,即工业、科学和医用频段。

2.4GHz 频段,在我国,还作为无线局域网、无线接入系统、蓝牙技术设备、点对点或点对多点扩频通信系统等各类无线电台站的共用频段。符合技术要求的各类无线电通信设备,在 2.4~2.4835GHz 频段内,与无线电定位业务及工业、科学和医疗等非无线通信设备共用频率,均为主要业务。

目前,在我国通信领域,使用 2.4GHz 频段的主要有:数字无绳电话、无线网络技术、蓝牙技术(一种短距离无线通信技术,可实现多种设备之间无线连接)、无线鼠标(全双工模式传输,最大传输距离可达 10m)、无线键盘、无线耳机、无线上网(WiFi)等。在医疗领域,使用 2.4GHz 频段的有微波综合治疗仪(发射功率可达 100W)等。

2)抑制同频干扰

在 2.4GHz 频段,最突出最常见的是同频干扰。

在城市轨道交通领域,使用 2.4GHz 频段的手机付费读写器,其磁场感应距离小于 10cm,无线通信距离在 3~5cm 范围,因此它的电磁兼容性(EMC)问题不是关注的重点。

一般地说,为了抑制来自 2.4GHz 同一频段的同频干扰,除屏蔽、滤波、接地(或搭接)等电磁兼容性的常规措施外,还可以采用下列办法:

(1)信道隔离

合理信道配置,或在受到干扰时实施信道间的自动跳频,使有用信号频谱远离无用信号频谱,至少让两者没有重叠,则可防止跨信道干扰,实现有用信号与无用信号的信道隔离。

例如,使用 1、4、8 和 11 四个信道,则可能产生跨信道干扰,如图 10-28 所示。

(2)极化隔离

有用信号发射端和接收端的极化,应当保持一致(实现匹配接收);有用信号与无用信号的极化最好正交(比如一个是垂直极化另一个是水平极化),至少也要让两者明显错开,以便实现两种信号的极化隔离。

(3)距离隔离

使有用信号设备远离无用信号设备,让无用信号进入有用信号设备的强度低于有用信号的接收门限,则可实现有用信号与无用信号的距离隔离。

(4)方向隔离

如果有用信号设备或无用信号设备的辐射都有一定方向性,让两者的辐射方向错开,则可实现有用信号与无用信号的方向隔离。

(5)提高接收门限

在加大有用信号设备发射功率而又不影响其他设备的前提下,提高有用信号的接收门限,则可将相当数量的无用信号"拒之门外"。

(6)采用抗干扰技术

抗干扰技术,主要有编码、扩频等技术,包括已经采用正交频分复用(OFDM)、跳频序列扩频(FHSS)和直接序列扩频(DSSS)等技术。

(7)使用专用频段

一般情况下,前六种办法单独使用就会见效,组合使用效果更佳。但是,前六种办法也有局限性。比如,若无用信号太强,强到使有用信号接收机堵塞的程度,就不能彻底避免某个专用通信系统被干扰的可能了。因此,对安全性要求很高的专用通信系统来说,只有使用专用频段才能彻底解决问题。然而,这并非易事,必须得到国家无线电管理部门、设备供应商、建设单位、使用单位的大力支持和积极参与,而且专用频段的方案要严密,相关试验要严谨,努力达到"先进性、安全性、兼容性、前瞻性、可行性、经济性"的"六性"要求。

10.11.3 2.4GHz 频段管理特征

(1)免费使用,无须审批

2.4GHz 频段是公众免费频段,免交频率资源占用费,免于申请与审批,无须使用许可证。但是,必须遵守发射功率限制,并且不要对其他频段造成干扰。

(2)必须按照一体化设计和生产

2.4GHz 频段内的无线电发射设备的射频部分与其天线,必须按照一体化设计和生产。其外部的调整或控制装置,仅用于在型号核准的技术指标范围内进行调整或控制。在设置使用时,不得擅自改用其他天线或额外加装射频功率放大器。

(3)产生干扰应自行解决或协商解决

2.4GHz 频段内的无线电台站之间产生干扰,原则上不受保护,应自行解决或协商解决。为便于协调而需查找干扰源,可请当地无线电管理机构协助查找。为便于查找干扰和协调,在室外环境设置使用2.4GHz 频段无线电台站,应报所在省、自治区、直辖市无线电管理机构备案。

10.11.4　关于5.8GHz 频段

当2.4GHz 频段的干扰难以消除时,人们会自然地把目光投向5.8GHz 频段。例如,深圳地铁4 号线乘客资讯系统(PIS)使用的就是 5.8GHz 频段。

工信部〔2002〕277 号文称,5.8GHz 频段,工作频率 5725 ~ 5850MHz,发射功率≤500mW 和≤27dBm,是点对点或点对多点扩频通信系统、高速无线局域网、宽带无线接入系统、蓝牙技术设备及车辆无线自动识别系统等无线电台站的共用频段。设置使用 5.8GHz 频段点对点或点对多点扩频通信系统、无线局域网、宽带无线接入系统的无线电台站,原则上用于公众网无线接入通信运营企业,须取得相应的基础电信业务经营许可。

交通管理部门利用5.8GHz 频段设置车辆自动识别等交通管理专用无线电台站,须到所在省、自治区、直辖市无线电管理机构办理台站审批手续,并交纳频率占用费,40 元/MHz/基站。

在该频段内的无线电台站,不得对合法无线电定位台站产生有害干扰,若产生干扰,应立即停止使用,采取措施消除干扰后方可继续使用。

在该频段内的其他无线电台站受到干扰时不受保护,原则上应自行解决或协商解决。为便于协调而需查找干扰源,可请当地无线电管理机构协助查找。

显然,对安全性要求很高的专用通信系统而言,5.8GHz 频段并非最佳选择。

本章参考文献

[1] 中华人民共和国行业标准. YD/T 1592.2—2012 2GHz TD-SCDMA 数字蜂窝移动通信系统的电磁兼容性要求和测量方法　第 2 部分:基站及其辅助设备[S]. 北京:人民邮电出版社,2013.

[2] 陶孟华. 概述高速铁路的噪声干扰和电磁波干扰[J]. 科学技术通讯,1994(2).

[3] 陶孟华. TETRA 在地铁里的应用[C]. 四川:四川铁道学会年会优秀论文,2006.

[4] 周杭. 对地铁无线通信公网与专网相互干扰的研究[J]. 现代城市轨道交通,2007(5).

[5] 蒲先俊. 让多个无线通信系统在地铁和睦相处[J]. 专业无线通信,2013(4).

[6] 肖远强,许琳,蒲先俊. 如何正确使用2.4GHz 免费频段[J]. 专业无线通信,2013(3).

[7] 任浩杰. 浅谈移动通信网络干扰问题的解决[J]. 电信网技术,2003(1).

[8] 姜吉. 2G 和3G 系统共存抗干扰问题——新型合路器初探[J]. 中国新通信,2009(5).

[9] 李宗恒,刘蕴. 地铁场景下移动通信系统共存干扰分析[J]. 移动通信,2012(12).

[10] 贾连志,师煜. 地铁环境中多网通信共存的干扰分析[J]. 城市轨道交通,2013(10).

附 录

附录一 英制与公制长度换算表

公里	公尺(米)	厘米	英里(哩)	海里(浬)	英尺(呎)	英寸(吋)
1	1000	100.000	0.621382	0.539611	3280.89	39370.7
0.001	1	100	0.000621	0.000539	3.28089	39.3707
0.00001	0.01	1	0.000006	0.000005	0.032808	0.393707
1.60931	1609.31	160931	1	0.868961	5287	63360
1.853	1853	185318	1.1508	1	6076.21	72914.6
0.000304	0.304794	30.4794	0.000189	0.000164	1	12
0.000025	0.025399	2.53995	0.000015	0.000013	0.088333	1

注:1海里=1.853公里,1海里=10链,1节=1海里/小时,1英尺=0.305米,1英寸=2.54厘米。

附录二 dBm与P(功率)常用换算表

dBm	P	dBm	P	dBm	P	dBm	P	dBm	P	dBm	P
50	100w	40	10w	30	1.0w	20	100mw	10	10mw	0	1.0mw
49	80w	39	8w	29	800mw	19	80mw	9	8mw	-0.1	0.80mw
48	64w	38	6.4w	28	640mw	18	64mw	8	6.4mw	-0.2	0.64mw
47	50w	37	5w	27	500mw	17	50mw	7	5mw	-0.3	0.50mw
46	40w	36	4w	26	400mw	16	40mw	6	4mw	-0.4	0.40mw
45	32w	35	3.2w	25	320mw	15	32mw	5	3.2mw	-0.5	0.32mw
44	25w	34	2.5w	24	250mw	14	25mw	4	2.5mw	-0.6	0.25mw
43	20w	33	2w	23	200mw	13	20mw	3	2mw	-0.7	0.20mw
42	16w	32	1.6w	22	160mw	12	16mw	2	1.6mw	-0.8	0.16mw
41	12.5w	31	1.25w	21	125mw	11	12.5mw	1	1.25mw	-0.9	0.125mw

附录三　dB数与倍数的快速换算法

工程实践中,常常需要根据分贝数快速心算倍数。为此,推荐行之有效的《dB数与倍数的快速换算法》,如下所示。

分贝数计算公式:

$$G(\text{dB}) = 10\lg\frac{P_o}{P_i}$$

式中:P_o 和 P_i——分别为输出功率和输入功率,W 或 mW;

　　　　G——输出功率和输入功率比值(无量纲)的对数形式,即分贝数(dB)。

《dB数与倍数的快速换算法》的核心是:

①注意 dB 数的相加,对应的倍数是相乘;

②记住 1dB 对应 1.25 倍,2dB 对应 1.6 倍,3 dB 对应 2 倍,10dB 对应 10 倍。

示例1:

　　　　$5\text{dB} = 3\text{dB} + 2\text{dB}$,对应 $2 \times 1.6 = 3.2$ 倍。

示例2:

　　　　$17\text{dB} = 10\text{dB} + 3\text{dB} + 3\text{dB} + 1\text{dB}$,对应 $10 \times 2 \times 2 \times 1.25 = 50$ 倍。

示例3:

　　　　$43\text{dB} = 3\text{dB} + 4 \times 10\text{dB}$,对应 $2 \times 10^4 = 20000$ 倍。